国家出版基金项目
NATIONAL PUBLICATION FOUNDATION

中国参政党丛书

中国民主建国会史

中国民主建国会中央委员会 著

華文出版社
SINO-CULTURE PRESS

图书在版编目（CIP）数据

中国民主建国会史／中国民主建国会中央委员会著
. -- 北京：华文出版社，2024. 10
（中国参政党丛书）
ISBN 978-7-5075-5796-1

Ⅰ. ①中… Ⅱ. ①中… Ⅲ. ①中国民主建国会—党史
Ⅳ. ①D665. 4

中国国家版本馆 CIP 数据核字（2024）第 070295 号

中国参政党丛书：中国民主建国会史

标准书号：ISBN 978-7-5075-5796-1
丛书编者：“中国参政党丛书”编辑委员会
本册著者：中国民主建国会中央委员会
责任编辑：雷 平
责任印制：刘力新
封面设计：李琳琳
出版发行：华文出版社
地　　址：北京市西城区广外大街 305 号 8 区 2 号楼
邮政编码：100055
电　　话：总 编 室 010-58336239　发行部 010-58336270
责任编辑 010-58336254
经　　销：新华书店
印　　刷：北京新华印刷有限公司
开　　本：710mm × 1000mm　1/16
印　　张：29. 75
字　　数：425 千字
版　　次：2024 年 10 月第 1 版
印　　次：2024 年 10 月第 1 次印刷
定　　价：698. 00 元（全 8 册）

“中国参政党丛书”
编辑委员会

总　　序

2018 年 3 月，习近平总书记在看望参加全国政协十三届一次会议的民盟、致公党、无党派人士和侨联界委员时明确指出：中国共产党领导的多党合作和政治协商制度作为我国一项基本政治制度，是中国共产党、中国人民和各民主党派、无党派人士的伟大政治创造，是从中国土壤中生长出来的新型政党制度。习近平总书记的重大理论判断，为我们理解中国的政党和政党制度提供了根本遵循。

一个国家实行什么样的政党制度，是由其特定的历史传承、文化传统、政治经济状况和现实国情等因素决定的。中国共产党领导的多党合作和政治协商制度植根于中华优秀传统文化，孕育于近代以来中国民主革命的历史进程，形成于协商建立新中国的伟大实践，发展于社会主义革命、建设、改革的伟大事业，完善于中国特色社会主义新时代，它是中国近现代社会发展的必然结果，是马克思主义政党理论与中国实际紧密结合的产物，是中国共产党、各民主党派和中国人民的共同政治选择，符合中国的基本国情，体现了中国人民的政治智慧。中国新型政党制度以合作、参与、协商为基本精神，以团结、民主、和谐为本质属性，具有政治参与、利益表达、社会整合、民主监督和维护稳定的重要功能，实现了执政与参政、领导与合作、协商与监督的有机统一，是人民当家作主的重要实现形式和社会主义协商民主的重要制度载体。它能够实现利益代表的广泛性，体现奋斗目标的一致性，促进决策施策的科学性，保障国家治理的有效性，在发展全过程人民民主中发挥了重要作用。

中国新型政党制度中包括中国共产党和八个民主党派，以及无党派人士。八个民主党派是中国国民党革命委员会（简称民革）、中国民主同盟（简称民盟）、中国民主建国会（简称民建）、中国民主促进会（简称民进）、中国农工民主党（简称农工党）、中国致公党（简称致公党）、九三学社、台湾民主自治同盟（简称台盟）。

长期以来，中国共产党同各民主党派长期共存、互相监督、肝胆相照、荣辱与共，形成了通力合作、团结和谐的新型政党关系，奠定了“共产党领导、多党派合作，共产党执政、多党派参政”的政治格局。中国共产党处于领导地位和执政地位。中国共产党是中国特色社会主义事业的坚强领导核心，各民主党派、无党派人士自觉接受中国共产党的领导，拥护中国共产党的领导地位和执政地位。中国共产党对各民主党派、无党派人士的领导，主要是政治领导，即政治原则、政治方向和重大方针政策的领导，中国共产党支持各民主党派、无党派人士独立自主地开展工作，充分履行职能、积极发挥作用。民主党派不是在野党、反对党，也不是旁观者、局外人，而是中国特色社会主义参政党，在中国共产党领导下参与国家治理。民主党派的基本职能是参政议政、民主监督、参加中国共产党领导的政治协商。民主党派参政的基本点是，参加国家政权，参与重要方针政策、重要领导人选的协商，参与国家事务的管理，参与国家方针政策、法律法规的制定和执行。民主党派的参政地位和参政权利受宪法保护，这是人民民主的重要体现。民主党派围绕国家经济社会发展中的重大问题献计出力，是中国特色社会主义事业的亲历者、实践者、维护者、捍卫者。

各民主党派是在中国人民反帝爱国、争取民主和反对独裁专制的斗争中产生和发展起来的，其社会基础主要是民族资产阶级、城市小资产阶级以及同这些阶级相联系的知识分子和其他爱国人士。除致公党 1925 年成立于美国旧金山、农工党成立于 1930 年外，民主党派大都成立于抗日战争和解放战争时期。在中国共产党统一战线政策的影响和团结下，各民主党派不断加深对中国共产党的了解，特别是1948年中国共产党发布“五一口号”后，民主党派积极响应，纷纷表示“愿在中共领导下，献其绵薄，贯彻始终，以冀中国人民民主革命之迅速成功，独立、自由、和平、幸福的新中国之早日实现”，积极参加新中国的筹备工作。在血与火的斗争洗礼和比较选择中，民主党派在政治上实现了从同情和倾向中国共产党到公开表示自觉接受中国共产党领导、走新民主主义道路的根本转变。1949年新政协的召开，标志着中国共产党领导的多党合作和政治协商制度这一新型政党制度的正式确立，为各民主党派同中国共产党在更大范围和更深程度上的团结合作提供了制度保障。

在社会主义革命和建设时期，各民主党派积极参加国家政权和国家事务的管理，调动成员和所联系的群众参加各项民主改革和新中国的建设，参加社会主义改造，作出了重要贡献，其自身阶级属性发生深刻变化，逐渐成为一部分劳动者的政党。

进入改革开放和社会主义现代化建设新的历史时期，各民主党派努力加强自身建设，充分发挥各自特点和优势，在深化改革、扩大开放、建设社会主义事业、维护安定团结的政治局面、促进国家统一方面不断作出新贡献。随着中国特色社会主义事业的不断推进，各民主党派进一步发展成为各自所联系的一部分社会主义劳动者、社会主义事业建设者和拥护社会主义的爱国者的政治联盟，成为接受中国共产党领导、同中国共产党通力合作的亲密友党，成为进步性与广泛性相统一、致力于中国特色社会主义事业的参政党。民主党派的性质发生了根本变化，由阶级联盟转变为政治联盟。共产党领导、多党派合作，共产党执政、多党派参政的良好政治格局更加巩固，民主团结、生动活泼的和谐政党关系更加融洽。

中国特色社会主义进入新时代，以习近平同志为核心的中共中央统筹中华民族伟大复兴战略全局和世界百年未有之大变局，形成了习近平总书记关于做好新时代党的统一战线工作的重要思想，强调必须坚持好发展好完善好中国新型政党制度；提出各民主党派是中国特色社会主义参政党，基本职能是参政议政、民主监督、参加中国共产党领导的政治协商；提出要推动多党合作展现新气象，思想共识取得新提高，履职尽责展现新作为，各民主党派要做中国共产党的好参谋、好帮手、好同事。这些新理念新思想新论断，系统回答了在新时代“坚持和发展什么样的多党合作制度、怎样坚持和发展多党合作制度”“建设什么样的参政党、怎样建设参政党”等重大问题。各民主党派认真学习习近平新时代中国特色社会主义思想，不断加强自身建设，提高建言资政水平，为推进国家各项事业发展作出了重要贡献。

知所从来，思所将往。习近平总书记指出：“一切向前走，都不能忘记走过的路；走得再远、走到再光辉的未来，也不能忘记走过的过去，不能忘记为什么出发。”回首中国新型政党制度和各民主党派的形成和发展，同样有着值得铭记的历史和不能忘却的初心。民主党派几经变迁和考验，始终秉持进步理念、认真履行职能、保持自身特色，形成了许多优良传统和宝贵经验，给人以深刻启示。

自觉接受中国共产党领导，是民主党派不断发展的根本保证。中国共产党的领导是中国特色社会主义最本质的特征，是中国特色社会主义制度的最大优势。历史和实践充分表明，中国共产党的领导是民主党派加强自身建设、不断发展进步的根本保证。民主党派的发展史，就是对中国共产党在认识上不断深化、政治上不断认同、行动上不断靠拢的历史。中国共产党的领导核心地位越突出，民主党派自身建设就越有力，多党合作的政治格局就越稳固。迈进新的征程，各民主党派要坚持自觉接受中国共产党领导的政治立场不变、与中国共产党亲密合作和同心同德的政治态度不变，始终做到肝胆相照、荣辱与共。

致力于国家富强、民族复兴和人民幸福，是民主党派不断发展的价值追求。正确的价值取向和目标追求，反映着政党的进步性，决定着政党的生命力。我国民主党派之所以能够经历大浪淘沙、不断发展，就是因为从一开始就以国家和民族大义为团结奋斗的价值追求。围绕这一价值目标，民主党派在民主革命时期同帝国主义和国民党反动派进行不屈的斗争，最后同中国共产党走到了一起。围绕这一价值目标，在新中国建设 70 多年历程中，各民主党派发挥优势作用，凝聚奋进力量，作出重要贡献。迈进新的征程，民主党派只有始终高扬爱国主义旗帜，积极践行致力于国家富强、民族振兴和人民幸福的价值追求，才能更加有所作为、有所进步。

推进社会主义民主政治建设，是民主党派不断发展的重要基础。人民民主是社会主义的生命，也是我国多党合作制度的基石。中国共产党自诞生之日起，就以发展人民民主为己任，开启了中国民主政治发展新征程。中国新型政党制度，就是中国共产党与各民主党派共同推动中国民主政治发展的重大成果，同时又是在新的历史条件下进一步推进全过程人民民主、最广泛地动员和组织人民依法管理国家和社会事务的重要途径。在这一制度下，民主党派作为参政党的作用和优势得到充分发挥。迈进新的征程，各民主党派要始终坚持走中国特色社会主义政治发展道路，进一步把中国新型政党制度坚持好、发展好、完善好，使我国社会主义政治制度的特点和优势得到更充分体现。

坚持进步性与广泛性的统一，是民主党派不断发展的内在要求。民主党派的进步性，集中体现在同中国共产党通力合作，共同建立新中国，共同致力于推进中国特色社会主义事业。民主党派的广泛性，主要表现在其成员来自不同的社会阶层和群体，负有更多地反映和代表各自所联系群众的具体利益和要求的责任。没有进步性，民主党派与中国共产党的合作就没有存在的基础；没有广泛性，民主党派就失去了存在的意义。迈进新的征程，民主党派要紧跟时代步伐、适应形势发展，不断增强进步性、保持广泛性，认真学习借鉴执政党建设的创新理念、经验做法，转化为符合自身实际、体现各自特色的思路举措，始终沿着正确的方向健康发展，不断前进。

为了更好地继承和弘扬民主党派的优良传统，在中央统战部的大力支持下，各民主党派中央持续开展历史传统记录工程，在此基础上撰写了“中国参政党丛书”。这套丛书共八册，主要目的是回望过去，把握现在，展望未来。回望过去，就是系统梳理各民主党派产生、发展、演变的历史脉络，深入总结历史经验，帮助民主党派广大成员深入理解统一战线和多党合作因党而生、伴党而行的光荣历史，充分认识中国共产党对民主党派发展的指引和帮助，感悟民主党派老一辈领导人对中国共产党的深厚感情，传承他们的爱国情怀，弘扬优良传统，搞好政治交接；把握现在，就是立足中国特色社会主义进入新时代的历史方位，从中西对比中深刻认识中国新型政党制度的进步性和优越性，深刻理解多党合作所蕴含的制度价值、政治价值、思想价值和文明价值，坚定制度自信；展望未来，就是顺应中国特色社会主义进入新时代、世界面临百年未有大变局的大趋势，从完善我国基本政治制度、发展全过程人民民主的高度，贯彻落实中共中央关于加强参政党建设的部署和要求，从中国共产党百年奋斗的伟大成就和历史经验中汲取智慧和力量，始终做同中国共产党通力合作的亲密友党和好参谋、好帮手、好同事，在全面建设社会主义现代化国家新征程中再立新功。

我们相信，在以习近平同志为核心的中共中央坚强领导下，我国各民主党派一定能够紧跟时代步伐，保持正确政治方向，谱写蓬勃发展、凝心聚力的崭新篇章！中国新型政党制度这一具有中国特色、中国气派、中国底蕴的好制度，将会展现更加超凡的制度优势，迈出更加坚实的发展步伐！

“中国参政党丛书”编辑委员会

2022 年 8 月

序　言

民建中央主席　郝明金

历史是最好的教科书。习近平总书记非常重视对历史的学习运用，强调要在对历史的深入思考中做好现实工作、更好走向未来，不断交出坚持和发展中国特色社会主义的合格答卷。进入21世纪以来，我们出版过两本中国民主建国会历史书，一本是2000年出版的《中国民主建国会史稿》，另一本是2010年出版的《中国民主建国会简史》。这两本史书在帮助会员了解历史、继承传统、增进共识方面起到了积极的作用。2021年是中国共产党成立100周年，是全面建设社会主义现代化国家和“十四五”规划的开局之年。编写包括《中国民主建国会史》在内的“中国参政党丛书”，将八个民主党派的历史按照统一体例整体性推出，意义非常重大。此次编写的《中国民主建国会史》参照《中国共产党的九十年》的编写体例，把政治原则与科学精神、史料叙述与分析评价、存史留志与资政育人有机统一起来，在系统呈现民建发展史的同时呼应了中国共产党领导的多党合作史，不仅突出了民建的界别特色，也彰显了我国新型政党制度的独特优势。

民建具有爱国、革命的光荣历史。1945年，在中国人民取得抗日战争伟大胜利的历史时刻，在中华民族面临两种前途、两种命运抉择的历史关头，以黄炎培先生、胡厥文先生为代表的一批爱国民族工商业者和进步知识分子，在中国共产党的影响下，发起创建了民主建国会，提出了要求民主、要求建设的国是主张。民建一经成立，就致力于团结爱国民族工商界人士，与中国共产党和各界人士一道，积极投入反对内战、争取和平的民主斗争中。在经历沧白堂事件、较场口事件以及南京下关事件等斗争洗礼后，民建逐渐认清了国民党政府坚持内战、谋求独裁的真实面目，更加明确了跟着中国共产党走的政治信念。1948 年，中共中央发布“五一口号”后，民建作出积极响应，坚定选择了接受中国共产党领导的政治立场，成为我国新型政党制度的参与者、实践者、推动者。1949 年针对美国国务院炮制的《美国与中国的关系》白皮书，民建及时发表《加强内部团结和警惕，答告美帝好梦做不成》的声明，不仅阐明了中国民族资产阶级接受中国共产党领导、走新民主主义道路的历史必然性，也因此建立了民建作为一个政党的主动性。在中国共产党的领导下，民建积极参加中国人民政治协商会议，参加人民政府的工作，标志着民建走上了新的历史道路。

新中国成立后，民建以中国人民政治协商会议通过的《中国人民政治协商会议共同纲领》（以下简称《共同纲领》）替代本会原有之政纲，团结带动工商界人士为恢复国民经济献计出力，积极参加抗美援朝、土地改革等反帝反封建斗争，为争取国民经济状况好转、捍卫新生人民政权发挥了重要作用。特别是在国家对资本主义工商业进行社会主义改造的过程中，民建各级组织广泛宣传中国共产党的方针政策，帮助工商业者认清社会发展规律，主动接受公私合营，并及时反映工商业者的意见要求，协助党和政府制定与完善对工商业者的政策，为顺利完成社会主义改造、建立社会主义基本制度作出了重要贡献。正是在这一时期，民建提出了“听毛主席的话、跟共产党走、走社会主义道路”的口号，成为全体会员的自觉追求。虽然“听、跟、走”口号早已定格于历史的长河，但是其承载的多党合作优良传统、与中国共产党风雨同舟的精神力量却能穿越时空，烛照当下，影响深远。即使在“文化大革命”的十年浩劫中，广大民建成员也没有动摇接受中国共产党领导和走社会主义道路的信念。

中共十一届三中全会以后，我国进入了改革开放和社会主义现代化建设的新的历史时期，民建焕发了新的生机。1979 年年初的“五老火锅宴”，提出“钱要用起来，人要用起来”，极大地调动了工商界人士的政治热情和工作积极性。根据新的形势和任务，民建把工作重点转移到为社会主义现代化服务上来，确立了“坚定不移跟党走，尽心竭力为四化”的行动纲领。民建坚持把中国共产党的路线、方针和政策与民建的具体实际结合起来，围绕经济建设这个中心，积极参与国家大政方针的协商，为促进改革、发展、稳定献计出力。特别是动员组织广大会员发挥专长，开展经济咨询服务、工商专业培训、对外经贸联络，兴办企业协助安置就业，为民营经济发展、经济体制改革和对外开放做了大量工作，促进了经济发展和社会稳定，赢得了社会赞誉。民建利用自身的特点和优势，就改革和建设中的重大问题深入开展调查研究，提出意见和建议，得到了重视和采纳。1993 年，民建中央提出把中国共产党领导的多党合作和政治协商制度写入宪法的建议，促使这一基本政治制度得以从国家根本大法的高度确立下来。随着改革的深化和社会的发展，民建成员主体由工商界拓展到经济界，民建服务经济社会发展和现代化建设的领域也不断拓展，形式更加丰富。1999 年创办的中国风险投资论坛和 2003 年创办的中国非公有制经济发展论坛成为民建履行参政党职能的重要平台，2007 年成立的中华思源工程扶贫基金会也取得良好反响。

中国特色社会主义进入新时代，决胜全面建成小康社会、进而全面建设社会主义现代化强国、奋力实现中华民族伟大复兴中国梦，成为中国共产党和各民主党派共同的历史使命，民建的舞台更加宽广、责任更加重大。中共十八大以来，民建秉持在长期实践中形成的密切联系经济界的历史特点和界别特色，围绕深入推进新型城镇化、防范系统性金融风险、推动长江经济带发展、探索建设自由贸易港、促进先进制造业和现代服务业融合发展、提升产业链现代化水平等重大问题，深入调查研究，积极建言献策。在中共中央赋予民主党派脱贫攻坚民主监督的新任务后，民建中央对口广西开展脱贫攻坚民主监督，积极协助打赢脱贫攻坚战。民建始终把参与定点扶贫和对口开展脱贫攻坚民主监督作为发挥我国多党合作制度效能的重要实践，勇挑重担，尽锐出战。2020 年新冠肺炎疫情发生后，民建坚定不移同中国共产党想在一起、站在一起、干在一起，坚定不移同中国共产党同舟共济、风雨同行，以实际行动践行多党合作初心，在大战大考中交出了一份合格答卷，展现了民建持续加强中国特色社会主义参政党建设的成效，彰显了新时代民建人的家国情怀和责任担当。

时间是伟大的书写者，也是忠实的见证者。长期以来，民建积极投身中国共产党领导的建立新中国、建设新中国、探索改革路、实现中国梦的伟大实践，走过了一条不断追求探索、不断有所作为、不断成长进步的发展道路。如今，民建已经发展成为主要由经济界人士组成的、具有政治联盟特点的政党，是接受中国共产党领导、与中国共产党通力合作的中国特色社会主义参政党。会员人数从当初发起时的100余人，发展到现在的21万余人。实践充分证明，民建作为中国共产党久经考验的亲密友党和中国特色社会主义参政党，是中国从站起来、富起来到强起来伟大征程中的一支重要力量，是决胜全面建成小康社会、夺取新时代中国特色社会主义伟大胜利的一支重要力量，是实现中华民族伟大复兴中国梦的一支重要力量。

“物有甘苦，尝之者识；道有夷险，履之者知。”回顾民建逾75年的奋斗实践和发展进步历史，我们更加深切地体会到，接受中国共产党领导是民建作出的正确历史抉择；更加深切地体会到，中国共产党领导的多党合作和政治协商制度是中国共产党、中国人民和各民主党派、无党派人士的伟大政治创造，是从中国土壤中生长出来的新型政党制度；更加深切地体会到，中国共产党领导和我国社会主义制度、我国国家治理体系具有强大生命力和显著优越性。我们坚信，作为中国人民主心骨和国家最高政治领导力量的中国共产党一定能够带领我们战胜前进道路上的各种风险挑战，不断开辟“中国之治”新境界，实现国家治理体系和治理能力现代化，也一定能够跳出历史周期率，确保党和国家长治久安、中国特色社会主义事业蓬勃发展，实现中华民族伟大复兴。

中共十九届五中全会锚定2035年远景目标，综合考虑未来一个时期国内外发展趋势和我国发展条件，对“十四五”时期我国发展作出系统谋划和战略部署，充分体现了以习近平同志为核心的中共中央谋划未来的远见卓识和继往开来的历史担当，深刻指明了今后一个时期我国发展的指导方针、目标任务、战略举措，为动员和激励全党全国各族人民战胜前进道路上的各种风险挑战、夺取全面建设社会主义现代化国家新胜利注入了强大的思想和行动力量。

当前，我国正处于实现中华民族伟大复兴关键时期，世界正经历百年未有之大变局。时代需要我们奋力谱写民建崭新篇章，历史也期待我们新的回答。作为密切联系经济界的中国特色社会主义参政党，民建要高举中国特色社会主义伟大旗帜，坚持以习近平新时代中国特色社会主义思想为指导，按照习近平总书记提出的“四新”“三好”要求和中共十九届五中全会指明的方向，坚持“围绕中心、服务大局、发挥优势、全面履职”，更好履行参政议政、民主监督、参加中国共产党领导的政治协商基本职能，携手写好新时代坚持和发展中国特色社会主义这篇大文章。

我们要以编写《中国民主建国会史》为契机，结合中共党史学习教育，讲好多党合作中的民建故事，巩固“不忘合作初心，继续携手前进”主题教育活动成果，引导广大会员和所联系群众不断深化对中国共产党领导是中国特色社会主义最本质特征和中国特色社会主义制度最大优势的理解，不断增强对马克思主义中国化成果特别是习近平新时代中国特色社会主义思想科学性真理性的掌握，不断提高政治判断力、政治领悟力、政治执行力，自觉在思想上政治上行动上同以习近平同志为核心的中共中央保持高度一致，始终保持同中国共产党同心同德、团结奋斗的政治本色。要胸怀中华民族伟大复兴的战略全局和世界百年未有之大变局，聚焦中共中央制定的“十四五”规划和2035年远景目标，围绕科学把握新发展阶段、深入贯彻新发展理念、加快构建新发展格局积极建言践行，为促进我国实现更高质量、更有效率、更加公平、更可持续、更为安全的发展贡献智慧和力量。要全面加强会的自身建设，一以贯之“讲政治、识大局、严要求、善履职”，坚持建言资政和凝聚共识双向发力、自身建设和履行职能深度融合，努力把民建建设成为政治坚定、组织坚实、履职有力、作风优良、制度健全的中国特色社会主义参政党，为推进国家治理体系和治理能力现代化、实现中华民族伟大复兴中国梦发挥更大作用。

站在“两个一百年”奋斗目标的历史交汇点上，我们承载着历史的荣光，更肩负着未来的希望。让我们更加紧密地团结在以习近平同志为核心的中共中央周围，增强“四个意识”、坚定“四个自信”、做到“两个维护”，同心同德，顽强奋斗，在全面建设社会主义现代化国家的新征程上携手创造新的历史伟业。

2021 年 5 月

目录

第一章

中国民主建国会的创立

一、抗日战争时期的民族工商业

1840 年鸦片战争以后，由于帝国主义的侵略，中国逐渐由封建社会变成半殖民地半封建社会。中国社会的阶级结构发生了新的分化，形成了“两头小、中间大”的局面。少数买办资产阶级和地主阶级，是帝国主义的附庸和统治中国的工具；伴随着中国民族资本主义的发展而成长起来的工人阶级代表了中国先进生产力前进的方向，虽然人数不多，但是具有彻底的革命性；在这两个根本对立的阶级之外，是人数众多的农民阶级、城市小资产阶级和民族资产阶级。中国半殖民地半封建社会的基本矛盾，是中华民族同帝国主义的矛盾、人民大众同封建主义的矛盾。

在中国半殖民地半封建社会的历史条件下，民族资产阶级既受外国资本的巨大压力，又受国内封建势力的严重摧残。同时，由于自身的弱点，它又与外国资本主义和国内封建势力有着千丝万缕的联系，因而在政治上具有两面性：一方面有着反帝爱国、反封建的要求，具有革命性；另一方面又缺乏彻底的反帝反封建的勇气，具有妥协性。中国民族资产阶级的这一自身弱点，决定了他们在中国政治历史舞台上的基本立场和态度。

（一）与全国人民一道投入抗日救亡运动

19 世纪后半叶的中国，外受帝国主义列强的侵略和掠夺，内受封建主义的腐朽统治和盘剥，国家风雨飘摇，人民濒于绝境。许多志士仁人在苦难中多方寻求富国强民之路。

出身于知识分子家庭、参加过辛亥革命的黄炎培，目睹中华民族的深重苦难，忧心如焚。在蔡元培先生的影响和感染下，他逐步形成了教育救国的志向。“兴教育、办学堂”是黄炎培早期救国思想的核心。1903 年，黄炎培在江苏川沙（今属上海市）办起了川沙小学堂，希望用教育“唤起民众”。之后，经过对国内外教育的研究和考察，黄炎培又认为中国教育的弊端在于教育与职业的分离，为此他主张实行职业教育，以“解决社会、国家最困难的生计问题”。这个主张得到了当时教育界、实业界知名人士马相伯、蔡元培、张元济等人的支持。南洋华侨领袖陈嘉庚先生也慷慨捐赠。1917 年 5 月 6 日，黄炎培联合蔡元培等人在上海成立了我国近代教育史上第一个全国性职业教育机构——中华职业教育社。

与此同时，许多志士仁人选择了实业救国的道路。胡厥文就是其中一位代表，他 26 岁时就创办上海新民机器厂，开始了实业救国道路的摸索。为了带动同业，使民族工商业能在帝国主义、封建主义、官僚资本主义势力的夹缝中艰难图存，胡厥文于 1927 年又发起创办了上海铜铁机器业同业公会。

1932 年 1 月 28 日，日本帝国主义的军队进犯上海，蒋光鼐、蔡廷锴率十九路军奋起抗敌。同时，上海人民也轰轰烈烈地支援前线，配合军队作战。国难当头，焉能安业？胡厥文也立刻投入到抗战洪流之中，他与黄炎培合作，通过中华职业教育社等组织，发动上海市工商界支援抗战。爱国企业家日夜赶制手榴弹、炮弹、水雷、地雷，支援前线守军。几十天里，胡厥文日夜奔忙，无暇理发剃须，竟至鬓髯盈颊，他索性蓄须以记国难。

1937 年，抗日战争全面爆发。在民族存亡的紧急关头，爱国工商界发扬反帝爱国的传统，与全国人民一道，积极投身抗日救亡运动，为争取抗日战争的胜利作出了贡献。

为了保存民族工业，支援抗战的军需民用，胡厥文等多方奔走。拟将自办工厂迁往内地，以实际行动支援抗日战争。1937 年 8 月 10 日，国民政府行政院通过了资源委员会关于搬迁上海民族工业的提案。随后，成立了上海工厂联合会迁移委员会。在爱国实业家胡厥文、颜耀秋、支秉渊、吴蘘梅等人的推动下，内迁工厂开始了紧张的筹备工作。8 月 27 日，首批 27 艘满载新民机器厂、合作五金厂以及其他工厂部分人员、设备的船只开始了内迁的征程。此后，大批工厂陆续内迁。到 1940 年，沿海民营工业迁入四川、广西、贵州、陕西等地的企业共有 452 家。其中，有被誉为“味精大王”的吴蕴初创办的天厨味精厂、天原化工厂，“铅笔大王”吴羹梅创办的中国标准铅笔厂，“灯泡大王”胡西园创办的亚浦尔灯泡厂，马冠雄主持的顺昌机器厂，“火柴大王”刘鸿生创办的章华纺织厂，李国伟主持经营的武汉申新纱厂、福新面粉厂，周仲宣经营的周恒顺机器厂，李葆和主持经营的中国煤气机制造厂，范旭东、侯德榜、李烛尘主持经营的天津永利、久大、黄海企业集团等。

在整个内迁过程中，民族工商业家在上有敌机轰炸、下有日军追击，运输工具非常紧张的情况下，不顾生命财产受到威胁，克服了重重困难，终于完成了史无前例的民族工业大迁徙，表现了高度的爱国热情。特别值得一提的是，民生轮船公司承担了绝大部分迁川工厂物资和人员的运输任务。1937 年，民生轮船公司在镇江设立了联合运输处，协助上海等企业内迁。1938 年，为便于调度和指挥，卢作孚派童少生以重庆总公司兼宜昌分公司名义驻宜昌指挥，统一调配内迁车辆和船只。民生轮船公司为民族工业的内迁作出了积极贡献，付出了重大牺牲。在抢运过程中，先后有 16 艘船只被日本飞机炸沉、炸毁，117 人献出了宝贵生命。

民族工业的内迁，是我国民族工商界的一次爱国壮举。内迁的民族工业，不仅在组织军需民用产品的生产、支援抗战方面作出了重大贡献，而且对大后方工业的开拓与建设、改变全国工业布局也发挥了重要作用。永利、久大、黄海企业集团迁川后，在犍为创办了“新塘沽”工业区，并首创枝条架浓卤法，节省了燃料，制造出盐、酸、碱等民用及军需产品。周恒顺机器厂、顺昌机器厂、中国汽车公司华西分厂、新民机器厂、合作五金厂等分工合作，生产了大量迫击炮弹、地雷、水雷及飞机炸弹引信、弹尾等军需产品。天原厂生产的盐酸、烧碱等产品供不应求。中国煤气机制造厂生产了用煤气发生炉装备的汽车。鄷云鹤在四川创办的西南化学厂为制造炸药生产了大批甘油。

原本在大后方的民族工商业者在抗日战争时期也作出了重要贡献。胡子昂与胡仲实、胡叔潜于1932年在重庆筹组华西兴业公司，到抗日战争时期，华西公司已发展成拥有华西机器厂、华联炼钢厂、四川水泥厂、华泰木厂、协和火药厂、华西猪鬃厂等企业的华西企业集团。这些企业的产品成为抗战时期的重要物资。华西企业集团还于1941年创办了华康银行，胡子昂任董事长兼总经理，在促进民族工业发展方面发挥了积极作用。被誉为"猪鬃大王"的古耕虞，在经营四川畜产公司时通过猪鬃出口，换取了战时急需的外汇和物资。

为了更好地支援抗日战争、振兴民族工业、发展战时经济，民族工商业者先后在重庆等地成立了一些社团组织。如胡厥文担任理事长和执行委员的迁川工厂联合会，胡子昂等参与组建的西南实业协会，庞赞臣、颜耀秋、潘仰山等创立的中国全国工业协会，罗叔章、徐崇林等创办的中国中小工厂联合会。这些社团成立以后，以不同的形式开展活动，主张发展民族工业、反对官僚资本，争取和平民主、反对内战卖国。迁川工厂为展示在大后方取得的成就和民族工业实力，于1942年元旦在重庆举办了"迁川工厂出品展览会"。先后有200多家工厂参展，展出产品49类，为期15天。中共驻渝代表周恩来、董必武、邓颖超，国民党政府官员林森，美国和苏联驻华大使均前往参观。周恩来在题词中写道："民族的生机在此。我的感想是：一、政府应以主要的人力、财力一部分支援民族工业；二、人民应以投资民族工业、服务民族工业、使用国货为荣；三、厂方专家应不计困难专心一志，务期一物一业得底于成；四、民族工业的基础在重工业，而重工业的成果都不能短期得见，故必须以政府与人民的全力助其成。"董必武题词称赞："集合西南各种工业之大成，表现我国抗战建国力量之雄伟。"邓颖超题词为："联合互助，发扬科学，提倡生产，建设新的中国。"1944年10月10日，迁川工厂联合会同中国全国工业协会在重庆举办"会员厂矿出品展览会"，再次轰动山城。周恩来、董必武、邓颖超等再次前往参观并题词，对民族工业给予高度评价，使民族工商业者受到极大鼓舞。

（二）抗战胜利后工商界面临的严峻局势

抗战胜利前夕，国民党召开第六次代表大会，制定战后建国方案，顽固地认为，今后的中心工作在于消灭共产党，只有消灭中共才能实现建国目标。会后，在美国的支持下调兵遣将，部署内战。同时，中国共产党于1945年4月召开了第七次全国代表大会。大会确定了放手发动群众，壮大人民力量，在中国共产党的领导下，打败日本侵略者，解放全国人民，建立一个新民主主义中国的政治路线，并提出成立以人民革命力量为主体的联合政府。这样，抗战胜利后的中国就面临着是建立大地主大资产阶级专政的半殖民地半封建国家，还是建立无产阶级领导的人民大众的新民主主义国家的两种前途、两种命运的历史抉择。

此时此刻的中国民族工商业者，盼望国家走上和平统一、独立富强、民主自由的道路，主张和平民主，反对内战独裁，希望在良好的环境中振兴民族工商业。但是，国民党的倒行逆施使他们的希望最终成为泡影。

1944年上半年，大后方民主人士争取民主的斗争空前活跃。黄炎培在重庆召开民主宪政问题座谈会，提出实行约法、尊重人民自由、刷新政治、革除弊端、全民动员、武装人民等十项主张，得到全国各界人士的响应。在抗战后期，大后方通货不断膨胀，物价急剧上涨，经济每况愈下。民族工商业者饱受国民党政府的管制、限价、重税、高利贷以及贪官污吏的压榨勒索之苦。大部分工商企业日趋衰落、朝不保夕。抗战胜利以后，国民党政府不顾民族工商业的死活，一方面允许美货大量倾销，一方面又取消订货合同、停止原料供应，同时借“接收”敌伪财产之机侵吞民族工商业者的资产，使民族工商业身陷困境。在此情况下，迁川工厂联合会理事长胡厥文及胡西园、吴羹梅、李烛尘、刘鸿生等会同迁桂、迁湘各厂负责人召开内迁工厂联合会会员大会，全国工业协会总会召集了工业界核心人士座谈会，商讨应付困难的办法，并推举刘鸿生、李烛尘、胡西园、胡厥文、吴羹梅等作为工商界代表，多次与国民党政府交涉，但国民党政府根本没有解决问题的诚意，交涉没有取得结果。之后，胡西园、胡厥文、吴羹梅三人要求面见蒋介石，蒋介石迫于进步力量的抨击和各界舆论的巨大压力，被迫接见了代表，但仍然没有答应代表的要求，使民族工商业者感到极度失望。

面对国民党的消极态度和官僚资本掠夺蚕食的严酷现实，民族工商界的代表人物开始总结历史经验和教训，意识到靠实业救国的理想并不能挽救国家和民族的命运，也不能为民族工商业拓展足够的生存和发展空间。因此，需要建立一个既能在民主团结、和平建国中发挥作用，又能维护切身利益的政治组织。这一时期，他们在思考中得出的结论，比较集中地体现在后来的《民主建国会成立宣言》当中。“世界需要和平，国家需要民主统一，人生需要自由康乐”，而要达此目的，就需要把平民组织起来。“在过去，中国的平民曾经表现出来极其伟大的力量。由辛亥革命、北伐，以至抗战，哪一场的胜利不是靠着平民争取得来的？所可惜的就是平民没有自己的经常组织，事情完了，一哄而散。于是再让恶势力死灰复燃，再让政客官僚们投机取利，再让国事开倒车，结果是再让平民自己受罪！这种循环，今后是万万不能再有了！”

（三）黄炎培等访问延安

与此同时，与民族工商界有联系的社会贤达和民主人士也在思考国家未来的前途和民族工商界的命运。当时，国共谈判陷于停顿状态。毛泽东在中共七大所作《论联合政府》的报告正在重庆印发流传，黄炎培等人读后颇有触动。为了推动国共谈判，他与冷遹等六位国民参政会参政员于1945年7月访问延安。

在延安期间，黄炎培亲眼目睹了中国共产党的施政政策和解放区建设的成就，接触和认识了中共中央大部分领导人和高级将领，特别是有机会与毛泽东多次促膝长谈。在一次谈话中，黄炎培说：“我生六十多年，耳闻的不说，所亲眼看到的，真所谓‘其兴也勃焉’‘其亡也忽焉’。一人，一家，一团体，一地方乃至一国，不少单位都没有能跳出这周期率的支配力。”“中共诸君从过去到现在，我略略了解的了，就是希望找出一条新

★ 1945 年 7 月，毛泽东与黄炎培（左）在延安机场交谈。

路，来跳出这周期率的支配。”毛泽东答：“我们已经找到新路，我们能跳出这周期率。这条新路，就是民主。只有让人民来监督政府，政府才不敢松懈。只有人人起来负责，才不会人亡政息。”黄炎培说：“这话是对的，只有把大政方针决之于公众，个人功业欲才不会发生。只有把每个地方的事，公之于每个地方的人，才能使得地地得人，人人得事。把民主来打破这周期率，怕是有效的。”

这次延安之行，使黄炎培眼界大开，对中国共产党有了新的认识，对中国的光明前途有了新的信心，鼓舞了他追求真理的勇气，成为他一生中一个重大的转折点，为日后新政党的筹组和发起奠定了思想基础。7 月 14 日，黄炎培与冷遹、江问渔在重庆联名发表声明，不参加关于国民大会的讨论，支持中国共产党关于成立民主联合政府的主张。回到重庆以后，黄炎培自行出版了《延安归来》一书，盛赞中共的政策和解放区的形势，在重庆产生了良好的影响。

二、民主建国会的诞生

（一）民主建国会的筹组过程

基于对当时局势的认识判断以及中国共产党政策的影响，民族工商业代表人物和与其有联系的知识分子开始酝酿成立政治团体。

1945 年 8 月 21 日下午，黄炎培和杨卫玉到六厂联合办事处与胡厥文谈论抗日战争胜利后国家的前途问题，一致认为民族工商界不能只埋头搞实业，还必须有一个自己的政党，取得应有的地位。于是，决定共同发起组织一个新的政党。胡厥文提出，工商界目前关心国家大事的人不多，且大都不擅长搞政治，要成立自己的政治团体，就必须联合社会上对政治研究有素的人士参加，将民间力量扩大起来，才能相得益彰。经研究，决定邀请章乃器、施复亮、孙起孟参加筹备工作。

正是这个时候，中国共产党为争取和平，派毛泽东、周恩来、王若飞到重庆与国民党进行谈判。8 月 28 日下午，黄炎培到机场欢迎毛泽东来重庆后，异常兴奋地到胡厥文家中，介绍机场欢迎的场景和毛泽东的书面谈话。9 月 17 日，毛泽东在曾家岩招待重庆部分工业界人士。随后，胡厥文、李烛尘、颜耀秋、吴蕴初、胡西园、吴羹梅等在桂园宴请毛泽东、周恩来等中共领导人。不久，毛泽东、周恩来、王若飞在重庆中共代表团驻地会见了重庆工商界各团体的负责人。毛泽东向他们介绍了国内外形势和中国共产党和平建国的基本方针、民族工商业政策、中国民族工商业的发展道路等问题，使在座的工商界人士加深了对中国共产党的了解，对蒋介石坚持内战独裁的阴谋也有了警惕。

随着形势的发展，建立新政党的筹备工作也进一步加快。9 月 11 日晚，黄炎培、胡厥文、杨卫玉、章乃器、胡西园、吴羹梅等再次开会，讨论政党的筹组工作，由章乃器负责起草纲领。9 月 29 日上午，毛泽东在桂园会见民主建国会发起人黄炎培、胡厥文、吴羹梅、孙起孟等。下午，黄炎培、胡厥文、杨卫玉、胡西园、吴羹梅、章乃器、孙起孟、章元善聚会，商定组织名称为“民主建国会”。10月3日，黄炎培、胡厥文、章乃器、杨卫玉、孙起孟、吴羹梅、章元善、李烛尘讨论通过了《民主建国会政治主张》。10月6日，黄炎培、胡西园、章元善、杨卫玉、孙起孟再次就政治主张和组织原则进行了讨论。

10月12日，主要筹组人员讨论了《民主建国会章程（草案）》。在紧张筹备的关键时刻，10月19日，周恩来应西南实业协会邀请，发表了题为“当前经济大势”的演讲，肯定了工商界关心政治是个进步。周恩来的演讲对筹组民主建国会起了积极的促进作用。11月16日，又开会决定将《民主建国会政治主张》改为《民主建国会政治纲领》。11月28日，民主建国会筹备会议在迁川工厂联合会举行，30多人出席了会议。会议推举黄炎培、胡厥文、章乃器、胡西园、孙起孟、章元善、施复亮、鄞云鹤、胡子婴、辛德培、黄墨涵、张雪澄、陈之一（钧）、徐崇林、周子义（焕章）为筹备干事。在12月5日的筹备干事会议上，通过了章乃器起草的《民主建国会成立宣言》。在民建的筹组过程中，胡子昂参加了酝酿工作，但由于其重庆市参议会议长的身份，不便公开出面，因而介绍华康银行协理鄢公复代表其参加发起，并在筹集经费等方面尽力给予了支持。

（二）民主建国会成立大会

经过紧张的筹备，134人参加了民主建国会的发起签名。其中，约半数是民族工商业者、金融界代表人物，约半数是与工商界有密切联系的文教界中上层知识分子和经济工作者，还有少数中共党员。最后议定，1945年12月16日在重庆白象街西南实业大厦召开民主建国会成立大会。

1945年12月16日下午，民主建国会成立大会在重庆白象街西南实业大厦举行。当日，93人出席了成立大会。大会公推黄炎培、胡厥文、黄墨涵组成主席团。胡厥文致开会词。他说：“本会之筹设，其最大目的为促成民主。本会非少数人垄断之团体，牺牲小我，完成大我，以国家民族为前提，我们是代表全民的。本会绝对与全民一体，本会工作前途之成功即全民之成功，所以前途非常光大。”黄炎培报告筹备经过。他指出：“本会产生于每一个人的要求，一部分产业界，一部分文化教育界，这两部分人觉得为公为私，都应当有这样一个组织，最初发起的一天是八月二十一日，……每周开会一次或二、三次，最后一次筹备会为十二月十四日，共开会二十四次，其间经过虽为时不久，但亦相当艰苦，参加签名而已经离渝者已不少，愿参加而未及签名者亦复不少。”彭一湖、黄墨涵、章乃器、胡西园、王之轩等人分别致辞。大会通过了《民主建国会成立宣言》《民主建国会章程》《民主建国会政纲》《民主建国会组织原则》等重要文件，选举了民主建国会领导机关。黄墨涵致闭幕词。最后，大会在“民主建国万岁”“世界和平万岁”的口号声中胜利闭幕。从此，民主建国会宣告诞生，一个新的政党出现在中国的政治舞台。

（三）民主建国会的国是主张

民主建国会成立大会通过的《民主建国会成立宣言》《民主建国会章程》《民主建国会政纲》等重要文件，提出了对政治、经济、社会发展的主张和对时局的看法。概括起来就是要求民主，要求建设。

《民主建国会章程》规定，民主建国会“以团结各界思想进步行动踏实之分子，合力推进民主政治，并以互助方式发展各种有利建国之事业为宗旨”。《民主建国会政纲》把民有、民治、民享作为民建的最高理想，“认定民治实为其中心，必须政治民主，才是贯彻民有，才能实现民享”。同时，针对当时局势指出：“抗战既获胜利，我人认为必须于和平中完成建设，以恢复元气，增进国力；于统一中实行自治，以安定秩序，发挥民力，而和平与统一，均须于民主政治中求之。有效之国防，亦端赖政治进步，经济充实，益以教育文化之发达，始能奠定其基础。”

《民主建国会成立宣言》具体地阐述了民建的政治主张，涉及国际关系、国内政治、经济、社会、教育、文化等各个方面。

在国际关系方面，主张“必须披肝沥胆，向世界表示爱好和平的赤诚，以袪除一切国家的疑虑。对于美苏两国，必须采取平衡政策，以求获得双方的亲善与协助。进一步巩固联合国的基础，以保证世界的永久和平，逐渐达到世界大同的终极目标”。

在国内政治方面，主张“和平统一，民主集中，政府必须即刻停止以武力干涉人民的政治活动，充分尊重人民身体、信仰、言论、出版、结社、集会、通信的自由，以昭大信于天下；各政治党派以国家利益为前提，相忍相让，通过政治的民主化以达成军队的国家化。然后由直接普选产生各级议会，由议会行使各级政权，以彻底铲除贪污，充分提高行政效率，从人民有权以进于政府有能。同时，以户为单位的保甲制度，必须取消，改用以人为单位的自下而上的自动自发的组织，以实现真正的自治。所有足以阻抑人民参与政治的公民宣誓，以至民选官吏及人民代表候选人必须经过考试考核的规定，必须完全废除”。

在经济方面，主张“有民主的经济建设计划，与在计划指导之下的充分企业自由。在目前阶段，国家必须以全力培养资本，同时集中力量，用和平合理的手段解决土地问题，以解除农民痛苦，并扫除国家工业化的障碍。工业农业必须兼筹并顾，以谋求国民经济发展之健全，货币、金融、贸易、捐税等政策，必须彻底改善，期能密切配合国家工业化的要求。工业区必须迅速指定，工业标准必须尽速完成，以便利人民之经营”。

在社会方面，主张“政府须有全部就业计划，并负责求其实现，以期无业者之有业；同时充实职工福利及业余生活设施，以期有业者之乐业。政府须制定公平合理的分配制度，奠定劳资合作之基础。工厂管理须力求民主化，但不能以此破坏管理权的完整，因而妨害企业精神和生产效率。工会农会应鼓励其自由自动组织，工农以外的政治社会力量只能从旁协助，而不应加以控制和操纵。扩大妇女教育和妇女职业，以切实提高妇女的地位；但应同时顾及生理条件的适合，且须扩充社会设备使妇女职业不会影响家庭生活、生育保护和儿童健康。社会保险制度必须逐步推行，限期完成。卫生保健工作，应从社会最低层入手。一切社会救济设施，均须以无告的贫苦人民为对象，而力求有效”。

在教育文化方面，主张“应以国家力量，一面鼓励其自由发展，一面调整其地域和部门的偏枯。义务教育必须努力推行，以求普及；免费学额必须大量扩充，以求教育机会均等。各级学校课程，必须斟酌删减；同时充实设备，提高教育水准，以求效果之宏大。人格的培养与生活技能的训练，必须兼顾；更宜尊重教学自由，以启发民主精神，并诱导高深学术的探讨。天才儿童必须加以爱护；文学家、艺术家、科学家及在技术上有特殊成就者，均宜特别尊崇，以鼓励文化学术上的创造发明”。

民建的上述主张，体现了当时民族工商界和知识界对和平统一、民主建国的期望。民建强调民主，是当时民族工商界反对国民党独裁统治，反对帝国主义、官僚资本主义和封建主义压迫的需要。民建要求建设，是为了反对外敌经济侵略和内战的破坏，争取民族经济的复兴。这些主张，适应了历经磨难的中国人民对和平与民主的渴望，同中国共产党新民主主义革命阶段纲领的要求大体一致。政治纲领的进步性为民建与中国共产党的合作创造了条件。

由于时代和阶级的局限，民建的纲领具有两面性，既有进步民主性的一面，也有消极妥协性的一面。如在成立宣言中提出：“我们不是一个党同伐异的政党，我们对于一切为民主建国而努力的党派及个人，都愿保持极度的友善，然而同时保留对于任何方面的完全的批评自由，我们愿以纯洁平民的协力，不右倾，不左袒，替中国建立起来一个政治上和平奋斗的典型。对于美苏两国，必须采取平衡政策，以求获得双方的亲善与协助。”“中间路线”的提出，反映了当时民族资产阶级两面性的特点。

（四）民主建国会领导机关

《民主建国会组织原则》对民建的组织制度作了规定。基本特点是“不采取领袖制，会务分工负责，重大事宜，以合议制决定之。在会议中，主席之职权仅为维持会场秩序；对外言论，代言人仅能表示团体之意思”。“现有上层组织，为临时性，俟全国各地分支会组织完成，再行由下而上之选举，以决正式组织。”

根据上述规定，在成立大会选出37位理事、19位监事。担任理事的有：胡厥文、章乃器、黄炎培、胡西园、施复亮、吴羹梅、李烛尘、王纪华、杨卫玉、孙起孟、王却尘、俞寰澄、张澍霖、酆云鹤、胡子婴、林汉达、庄茂如、章元善、王靖方、王载非、徐崇林、黄墨涵、萧万成、毕相辉、夏炎德、鄢公复、宁芷村、范尧峰、王孝绪、漆琪生、林涤非、姜庆湘、陈钧、文先俊、罗叔章、王之浩、周勖成。担任监事的有：李组绅、阎宝航、冷遹、董问樵、彭一湖、贾观仁、张雪澄、沈肃文、魏如、杨美真、萧伦豫、胡景文、董幼娴、邓建中、徐伯昕、刘伯昌、钟复光、刘丙吉、姚维钧。

1945年12月19日，第一次理、监事联席会议在迁川工厂联合会召开，互选了常务理事和常务监事。会议选举胡厥文、章乃器、黄炎培、胡西园、施复亮、吴羹梅、李烛尘、杨卫玉、孙起孟、章元善、黄墨涵为常务理事，选举李组绅、冷遹、彭一湖、张雪澄、刘丙吉为常务监事。

12月20日，召开第一次常务理事会，决定设立秘书处、财务组、会员组、分支会组、言论出版组、技术研究组、事业推广组、对外联络组等办事机构，明确了相应的负责人。其中，秘书处主任孙起孟，副主任何萼梅、范尧峰；财务组主任黄墨涵，副主任鄢公复；会员组主任章乃器；分支会组主任杨卫玉，副主任温仲六；言论出版组主任施复亮，副主任毕相辉、伍丹戈；技术研究组主任胡厥文，副主任酆云鹤、魏如；事业推广组主任章元善；对外联络组主任胡西园，副主任徐崇林。

同时，为了宣传国是主张、推进会务和沟通成员之间的联系，会议决定创办《平民》周刊。《平民》周刊于1946年1月12日正式出版，至2月9日共出版四期。胡厥文、黄炎培、黄墨涵为周刊发行人，伍丹戈、施复亮、姜庆湘、孙起孟、章乃器、章元善、毕相辉、彭一湖、张雪澄为编辑委员，具体工作由施复亮负责。周刊社址设在重庆江家巷1号。

《平民》周刊是民建的机关刊物。其主要刊载民建成立大会通过的重要文件和成员的政见文章。

三、致力于民主建国

民建成立以后，以民主和建设为宗旨，提出推进民主、反对独裁，争取和平、反对内战，要求建设、反对破坏的政治主张，并与中国共产党和各界人士一道积极投入到反内战、保和平的民主斗争中，为新民主主义革命的胜利作出了重要贡献。

（一）向政治协商会议提供意见

抗日战争胜利以后，迫于国际国内压力，国民党发动全面内战还需要一段准备时间。正是在这种情况下，为争取时间、调兵遣将、部署内战，蒋介石邀请毛泽东去重庆举行国共两党的谈判。谈判历经 43 天，于 1945 年 10 月 10 日签署了《政府与中共代表会谈纪要》，即双十协定。其中提出“由国民政府召开政治协商会议，邀请各党派代表及社会贤达，协商国是，讨论和平建国方案及召开国民大会各项问题”。然而，协定签署不久，蒋介石就发布了进攻解放区的密令，总兵力达 190 万人以上。国民党悍然发动内战，激起全国人民的强烈愤怒，国民党统治区的民主运动日益高涨。1945 年 12 月 15 日，马歇尔作为美国总统杜鲁门的特使来华“调停”内战。12 月 27 日，苏、美、英三国外长会议发表关于中国问题的协议，宣称必须停止内争。在这种情况下，蒋介石被迫同意按照双十协定的规定，召开政治协商会议。

1946 年 1 月 10 日，政治协商会议在重庆国民政府礼堂开幕。参加会议的有国民党代表八人，共产党代表七人，民盟代表九人，青年党代表五人，无党派社会贤达代表九人。民建因为刚刚成立，又未被国民党政府承认，因此没有代表。黄炎培以民盟代表身份参加，李烛尘以无党派社会贤达代表身份参加。会议历时 22 天，通过了政府组织案、国民大会案、和平建国纲领、军事问题案、宪法草案等五项协议。

民建作为一个新的政党，积极投入到促成召开政治协商会议的活动中，为促进会议的举行作了积极的努力，同时也拉开了民建参加争取民主、反对独裁，争取和平、反对内战斗争的序幕。

1946 年 1 月 8 日，即政治协商会议召开前夕，民建在西南实业大厦举行茶会，招待政治协商会议代表及各界人士，报告民建成立经过，向政治协商会议提供初步意见。胡厥文、彭一湖主持招待会。出席民建招待会的有中共代表董必武、王若飞、陆定一，国民党代表邵力子，民主同盟代表张东荪、梁漱溟、罗隆基、章伯钧、张申府，青年党代表陈启天、杨永浚、常乃德，无党派代表郭沫若、王云五、胡霖、钱永铭、缪嘉铭，政府方面有于右任、褚辅成，各界人士陈博生、马寅初、胡子昂、胡健中、董时进、胡光熙、陈铭德、陶行知、王昆仑、蒋匀田、潘梓年等 140 多人。

黄炎培因患病未能出席会议，由常务理事杨卫玉代为致辞。黄炎培在致辞中说，经过极艰苦的八年抗战，人人都有了新的觉悟，这就是每一个人，都需关心政治、研究政治、参与政治。基于这样的认识，经少数人倡议，得到工商企业家、银行家、大学教授、文化教育界人士响应，决议成立一个新的政党。至于“民主建国”四字，也是当时“发起诸人冲口而出，一个极本色的名词”。黄炎培在致辞中表示，民建不是一个“党同伐异”的政党，而是“以政党为若干志士，立共同之主张，为共同之行动。因而有此结合”的政党。他特别强调，本会参与政治本着“天下为公，选贤与能”，“他日参加选举，义务所在不敢规避，而决不欲强自为谋。谁贤谁能，求之于天下。选之与之，公之于天下”。

常务理事章乃器代表民建向政治协商会议提供了初步意见。其基本精神是，希望全国同胞共同努力，促进政协会议成功，政协代表更应抱必成的决心，以使国家在生死存亡的重大关头避免内战，实现民主建国。“第一，开会以前诚意的表示，重于开会以后的协商。因此，内战必须先停止；人民身体、信仰、言论、出版、结社、集会、通信等基本自由必须先全部赋予；释放政治犯，政党合法化，和特务机构的解散，必须先全部实现”，“第二，协商要有结果，会内会外的组织必须健全。因此，我们认为会内需有专家顾问的协助，会外还必需组织军事调查团”，“第三，要协商能得一致的同意，须有广大民意的反映。因此，会议必须完全公开，还要发动全国人民组织政治协商会议期成会，随时发表意见”，“第四，为促进统一，国民党必须开放政权，其方式，或为组织最高政治委员会，或者就利用政治协商会议而充实其职权”，“第五，为达到军队的国家化，必须大量裁兵。国军官兵必须脱离党籍，军费必须出自人民可以控制的来源，军权必须交给无党关系的文人，一切军管党化的方式都必须全部废止”，“第六，为保持未来宪政的圣洁，国民大会组织法和代表选举法必须修改，国民大会代表必须重选。宪法必须重行起草”，“第七，在过渡时期，必须商定共同政治纲领，以代替训政时期临时约法”，“第八，会议还应检讨一下当前复员问题和一般经济政策。”“特别在产业方面，政府过去为了财政收入，曾经用不合理的捐税政策和统制手段摧残产业，结果的悲惨已经有目共见；现在再为财政收入进一步垄断产业，初步的结果也已经表现出来了。由于产业政策的失当和一般经济上现在还没有一些决策，造成前后方不必要的大量失业和大批破产的局面，对国家和人民的损失实在太大了！这也是一般人民希望会议能有解决的”。

在这次招待会上，中共代表董必武对民建意见给予了肯定。他说：“民主建国会对协商会议的初步意见，首先在《新华日报》登载，可见我们对贵会的态度。”并表示：“贵会所提的意见，大体与本党向协商会所提出的相同。至于具体意见如‘组织顾问团’问题，我们也同意。”“其他如‘须有广大民意的反映’，我们也赞同，因为会议本身很狭小，一切的决定都要人民支持，如果没有人民支持，即使决议是好的，也不易实施，坏的更不必谈了！希望协商会的议决公诸社会，得到群众的批评。”

招待会期间，于右任、邵力子、褚辅成、张东荪、陈启天、郭沫若、梁漱溟、胡霖、章伯钧、缪嘉铭、胡光宸等先后发言。胡厥文综合大家的意见后说：“党派的利益可以互让，但国家基础和人民的基本权利是不能作为政党的礼物。”他的讲话，赢得了热烈的掌声。会议取得圆满成功。

为促进政治协商会议成功，1946 年 1 月中旬，民建再次向政治协商会议提供意见。意见包括政治协商会议、保障基本人权、政治、军事、财政及货币、企业等六项内容。

对政治协商会议，认为“以争取人权保障之实现为先，政治之开放为次，治权之充实又次之”，“应先解决原则，然后逐步解决各种具体问题。其首须解决之大原则，为法统论之地位，其次为商定共同纲领”，“党派权力可以退让，宪政初基之圣洁与人民基本权利则不能退让”，“协商之结果，必须较协商时期更为进步，更为民主”。

关于保障基本人权，认为应“实施提审法及冤狱赔偿制度”；“除应修正或废除妨害人民自由权利之各种法令外，应制定妨害人民自由治罪法公布实施”；“地方政府对于已查户籍登记之人民应负责保障其身体之自由及安全”。

关于政治，提出“公布粮食征购及发放详细数字”；国民政府主席“要有时间接近人民，听取民意”；“各行政部门的政策必须随时公布，并不得有急遽之变更，以保持政治的稳定”；“用普选的方式，彻底改革地方自治”。

关于军事，提出“军事机构不得干涉行政，一切军事管理之方式，须即日全部废除”。

关于财政及货币，提出政府需“公布抗战期间备年度之预算决算，最近之货币发行数字及准备状况”，“一切地方摊派及非法附加，应严格禁止。人民除缴纳赋税外不得再予任何负担”。

关于企业自由，提出解散新成立的垄断性的中国纺织建设公司及中国蚕丝公司，依就地区的不同，分组民营公司经营，还强调提出“民营企业战时损失，除因政府行动所致部分应依据国家总动员法原则速予赔偿外，其由敌人行动所致者，在未取得赔偿以前，应由政府先予垫付，使无停顿萎缩之虞”。

与此同时，民建在上海的理、监事吴羹梅、胡西园、冷遹、俞寰澄、王纪华、王却尘及会员30多人联名致函政治协商会议，表示完全同意章乃器代表民建提出的意见，要求改组政府，改选国大代表，实现蒋介石在政协开幕词中关于人民享有身体、信仰、言论、出版、集会、结社的自由，各政党在法律面前一律平等，并得在法律范围内公开活动，各地积极推行地方自治，依法律实行由下而上的选举，政治犯除汉奸及确有危害民国之行为外，分别予以释放等诺言。

（二）在政协会议中的斗争

1945 年 12 月 16 日，以周恩来为首的中共代表团抵达重庆，准备参加政治协商会议。为了协商会议顺利进行，中共代表团首先提出无条件停止内战的建议。经过多次呼吁和多方努力，1946 年 1 月 5 日，国共两党达成关于停止国内军事冲突的协定，使经历了长期战乱的中国人民燃起了新的希望。

1946 年 1 月 10 日，政治协商会议在国民政府礼堂举行。然而，国民党对政治协商会议的内容和范围作了种种的规定和限制，实际上仍想保持一党专政的实权。国民党的行为，引起了各党派的不满。1 月 15 日，黄炎培在政治协商会议第五次大会作了发言，针对蒋介石在国民党六届大会上对筹组联合政府的攻击，进行了严正的批驳。黄炎培指出，“有些政府里的要人，骂热心参与政治、要求组织联合政府者为分赃主义。用这种话来骂人是个莫大的笑话，实在太荒谬了。这些人读过孙中山的《三民主义》吗？殊不知你政府要人骂联合政府和参与政治为分赃，首先就不打自招地认为你所把持的政权是赃物了。岂不是自居于窃国自盗的大盗贼的地位吗？所以，我奉劝那些大人先生再不要闹这种笑话了”。

黄炎培的发言，引起了国民党的恐慌。1 月 26 日上午，军警宪兵特务闯进黄炎培的寓所“菁园”，捆绑了黄宅的工作人员，控制了电话，封锁了通道，翻箱倒柜进行大肆搜查。事件发生后，民盟主席张澜立刻召开紧急会议，决定向国民党政府提出严正抗议，声明在事件未得妥善处理之前，民盟代表拒不出席政治协商会议。黄炎培也致函蒋介石，要求严肃查究。中共代表团向黄炎培表示了慰问和支持，并在第二天的《新华日报》上以《军警宪兵特务竟搜查黄炎培住宅》为题，详细报道了暴行真相，发表了“实现人民身体和居住自由”的社论，严正抨击国民党政府的恶劣行径。黄炎培在1月31日的大会上，又即席发言强烈要求国民党政府立即制定侵害人权治罪法，当场发起组织“人民自由保障委员会”，把他预先制备好的签名簿请与会代表签名。

李烛尘在政协会议竭力呼吁国共合作，消弭内战，在和平民主的环境中建设新中国。他认为，中国应以农立国、改善民生、解决生计问题，工业则由民族工业界去做。因此，他提出“国农民工”的口号。我国较大的企业多数是买办资本与官僚资本，纯粹的民族资本是很微弱的。因此民族资本是一个扶植的问题，而不是节制的问题。他的这些论点，反映了民族工商业对受帝国主义、官僚资本主义压迫的强烈不满。

黄炎培、李烛尘等虽然以民盟和社会贤达代表的身份参加会议，但他们经常与民建领导成员一起交换意见，实际上代表了民建的意见。

（三）沧白堂事件和较场口事件

促进政治协商会议成功，需要团结各界民主力量，广泛发动群众，把政治协商会议内外的斗争结合起来。为此，民建邀请中国人民救国会、陪都文化界政治协商会议协进会筹备会，于1946年1月11日在迁川工厂联合会举行了政治协商会议促进演讲会。会议由胡厥文、章乃器、李公朴主持，听取了沈钧儒关于政治协商会议进展的报告。会议决定成立政治协商会议陪都各界协进会，民建捐款五万元作为活动经费。会后，民建推派章乃器、徐崇林、胡子婴等五人分别联系在重庆的全国邮政总工会、中国农业协进会、中国妇女联谊会、陪都青年联谊会、三民主义同志联合会、中国劳动协会、杂志联谊会、育才学校、重庆青年会、东北文化协会、音乐艺术社、华北政治经济协会等23个单位，组成政治协商会议陪都各界协进会。协进会选出理事35人，胡厥文、章乃器、徐崇林、施复亮、孙起孟、罗叔章、田钟灵、温仲六、胡子婴等民建成员当选；胡厥文、章乃器、徐崇林被推选为协进会常务理事。

协进会成立以后，先后举行了八次各界民众大会。首次报告会在迁川工厂联合会举行，邀请梁漱溟、李烛尘、黄炎培作报告，有300多人参加。此后，参加报告会的听众异常踊跃，虽遭受特务骚扰，但群情激昂，不为所阻。由于听众越来越多，从第四次起改在沧白堂举行。章伯钧、罗隆基、张申府、李烛尘、郭沫若、张东荪、梁漱溟，中共政协代表王若飞分别作了报告。各界群众纷纷向政治协商会议提供建议，要求国民党开放政权，释放政治犯，取消特务机关，审判汉奸，保障人民的基本权利，取消经济管理等。

为扼杀群众性政治活动，国民党派出特务进行骚扰破坏。在1月16日的第四次大会上，当郭沫若讲到军队国家化时，混在群众中的100多名特务狂呼乱叫，使大会未能终场。协进会理事会立即致函政治协商会议，报告国民党特务捣乱会场的暴行。在第六次大会上，当中共代表王若飞作报告时，一批特务在台下敲起小锣，有的手持木头、石块向台上打去，不少群众受伤。在第七次大会时，特务五次扔石子、放爆竹，疯狂破坏。在第八次大会上，特务又包围谩骂中共代表王若飞。对国民党特务一连串的破坏活动，历史上称为沧白堂事件。

不仅如此，特务们还非法抓捕、毒打协进会的工作人员。由于协进会新闻处逐日报道协进会的活动情况，如实表达民意，揭露特务打手行径，深为国民党当局所嫉恨。1月24日晚，新闻处负责人、民建成员李学民、田钟灵夫妇在归家途中，遭到十多名特务的围殴，李学民受伤十余处。幸有群众闻声赶来，国民党特务才罢手。事件的发生，激起了广大人民的义愤。1月25日，重庆万名大学生举行民主大游行。1月26日下午，协进会在迁川大厦举行记者招待会，通报连日来特务逞凶破坏的情况。李学民从医院送来书面报告，控诉特务罪行。章乃器、胡子婴等先后发言，对沧白堂事件提出严正抗议。各报记者也非常愤慨，在报刊进行披露和谴责。许涤新、罗叔章、徐崇林及各界人士纷纷前往医院，对李学民表示慰问和声援。

迫于国内外舆论的强大压力，同时由于中国共产党与民主党派、民主人士通力合作，利用合法斗争争取国民党内民主人士的支持，国民党代表被迫在政治协商会议通过的协议上签了字。

1946年1月31日，政治协商会议闭幕。然而，协议的墨迹未干，蒋介石就撕毁协议，加紧部署全面内战。对此，民建进行了针锋相对的斗争。民建联合政治协商会议陪都各界协进会等20多个团体，组织召开陪都各界庆祝政协大会筹备会议，商定于2月10日在重庆较场口举行大会，由郭沫若、李公朴、章乃器、施复亮、徐崇林等组成大会主席团，邀请周恩来、董必武、邵力子、孙科、沈钧儒、李烛尘等政协代表出席讲话。

筹备会也向重庆市农会、总工会、教育会、商会等团体发出了通知，但他们未派人参加。2月9日深夜，市农会理事刘野樵、总工会理事长谭泽森等四人突然来到章乃器的住宅，要求参加庆祝大会并做大会主席。

2月10日大会开会前，刘野樵等人早早来到会场，前排位置也被数百名特务分子抢占，这些人要求立即开会。国民党市党部委员兼教育会理事长吴人初、市商会秘书周德侯夺取了扩音器，大呼提议刘野樵为总主席，台下打手们鼓噪附和。刘野樵走上主席台，擅自宣布开会，并要开始报告。施复亮等人高呼“请李公朴先生报告”。当李公朴要报告时，即被特务包围起来拳打脚踢。顿时，特务们在台上台下大打出手。李公朴被扯着胡须，一脚踢到台下，胡子被扯掉半边，头部被铁尺打破，血流如注。施复亮被追打到附近一家小杂货店，幸好被胡子昂用车救走。郭沫若眼镜被打掉。马寅初不但身负重伤，连马褂都被剥去，文稿被抢走。年近七旬的沈钧儒也被追打。主席团成员和群众受伤的有60多人。闻讯赶到的中共代表周恩来、国民党元老冯玉祥，目睹会场惨状，痛斥特务的暴行。这就是震惊中外的“陪都血案”，又称较场口事件。

“陪都血案”发生后，筹备会立即召开记者招待会，民建成员和其他团体代表向中外记者报告了血案经过，《新华日报》《大公报》等数十种报纸也报道了事实真相。当日，周恩来、邓颖超、廖承志赶赴医院慰问伤员。董必武、王若飞、李烛尘等11人联名向蒋介石提出抗议。晋、冀、鲁、豫等地文化界和北平、上海、武汉、广州、香港、西安等地知名人士纷纷函电慰问。黄炎培、胡厥文等43人联名致电国民政府，要求将暴徒绳之以法。施复亮、李公朴等向法院提起诉讼。

对这一血案，国民党当局进行了歪曲事实、颠倒黑白的宣传。中央社竟诬蔑“民主建国会行列中跳出壮汉殴伤刘野樵”，《中央日报》叫嚣要“解散民主建国会”，“依法制裁肇事祸首李公朴、章乃器”等。为驳斥国民党对血案的歪曲宣传，民建联合重庆23个民主政团发表了《向全国同胞控诉——报告二月十日陪都血案真相》声明，又联合陪都各界庆祝政治协商会议成功大会筹备会发表了《驳斥可怜可耻的反宣传的声明》，披露陪都血案真相，揭露国民党凭空捏造事实、信口雌黄的宣传，控诉国民党特务的罪行。

在此情况下，国民党当局只好使出对簿公堂的一招。施复亮、李公朴等在血案发生当天，即由史良律师陪往重庆地方法院，验明伤情，提出控告。然而法院迟迟不提公诉。3月初，施复亮、李公朴再次向法院提出自诉；刘野樵等人也提出自诉，反诬章乃器、施复亮、李公朴等人“聚众逞凶，扰乱集会，伤害他人身体”。这时，法院才以双方自诉并案审理。3月15日开庭时，旁听席座无虚席。在全国人民的声援和铁的事实面前，刘野樵等人的自诉漏洞百出，自相矛盾。最后，法院宣布先交付调解，如调解不成，再定期审判，以此借口不了了之。

沧白堂事件和较场口事件使民建在争取和平民主的斗争中经受了一次战斗的洗礼。

（四）反对内战，争取和平

1. 南京请愿和下关事件

1946年5月，国民党政府迁回南京。为适应当时的局势，民建总会于1946年4月12日迁到上海。

此时，国民党在美国的支持下，开始了向解放区的进攻，全面内战即将爆发。1946年5月5日，民建、民进等上海53个政团在南京路劝工大楼成立上海人民团体联合会，选出马叙伦、胡厥文等29人为理事。民建推举胡厥文、沈肃文、王纪华三人为代表，参加上海人民团体联合大会工作。在5月12日的理事会上，选出沙千里、马叙伦、林汉达、胡厥文、汤桂芬、罗叔章、许广平、陈巳生等为常务理事。随后，决定发起组织上海人民反对内战大会。6月8日，民建会员阎宝航、包达三、盛丕华等与上海164位知名人士上书蒋介石呼吁和平、反对内战，并把全文附寄中共代表团。6月9日，民建举行会员座谈会，专门讨论如何挽救民族经济危机问题。会上，章乃器、盛丕华、包达三、张絅伯、王却尘、陈钧等提出派代表到南京请愿，面陈对时局的意见。6月15日，民建再次举行会员座谈会，经过充分的讨论，正式决定推派代表赴南京请愿，向国民党当局呼吁和平、要求停止内战。6月16日，上海人民团体联合会召开理事会，决定赴南京请愿，推举马叙伦、盛丕华、雷洁琼、张絅伯、胡厥文、蒉延芳、包达三、阎宝航、吴耀宗和上海学生和平促进会代表陈震中、陈立复11人组成上海人民团体代表团，又称上海人民和平请愿团。胡厥文因故未能成行。马叙伦被推为团长，胡子婴、罗叔章担任秘书。其中，盛丕华、张絅伯、蒉延芳、包达三、阎宝航、胡子婴、罗叔章都是民建会员。

6月21日，民建在《联合晚报》《大公报》《时代报》《中华时报》发表了《为挽救国运解决国是奠定永久和平而呼吁》的声明。6月22日，民建继续举行会员座谈会，通过了“欢送本市人民代表赴京请愿吁请和平案”，决定全体会员到火车站欢送代表并参加反内战游行。

6月23日，上海人民团体代表团赴京请愿。这次活动，得到了中共上海地下党的支持，动员组织了数万人前往欢送。上午7时，上海北站聚集了数万人。上午10时，欢送大会正式开始。民建常务理事王却尘任大会主席。请愿团代表在会上发言，说明去南京请愿宗旨，得到大会的热烈响应。大会通过了“10代表请愿，只许成功，不许失败”和致电美国政府“不要助长中国内战”等决议。会后，进行了游行示威。民建还自备了大卡车，高举民主建国会旗帜，高呼“要和平不要内战，要民主不要独裁”的口号，为请愿团送行。载有请愿团代表的列车上午11时开动。列车经过苏州、常州时，开始有特务上车纠缠。到达镇江时，又来了一伙自称“苏北难民代表”的人，围住列车不让开行，要代表不去南京请愿，而向“共产党请愿”，否则就要卧轨。代表们摆脱阻拦，列车继续西行。下午 7 时到达南京下关车站后，遭到数百名伪装成苏北难民的国民党特务围殴，长达四五个小时。暴徒辱骂民建会员阎宝航，并逼其下跪。阎宝航愤慨地说：“我是东北人，在日寇铁蹄下我从来没屈膝过，我决不会受此凌辱。”他和马叙伦、雷洁琼、陈震中等被打得多处受伤，血流满面，财物被抢。经过多方交涉，直到晚 11 时许，国民党当局才派宪兵到达现场“维持秩序”。当受伤代表被送到中央医院救治时，已是 6 月 24 日凌晨。这就是震惊中外的下关事件。

民建闻讯后，急电表示慰问，并派胡厥文到南京会同黄炎培、王纪华慰问、照顾受伤人员。6 月 24 日下午，代表团成员盛丕华、张絅伯、包达三、蒉延芳出席国民参政会，蒉延芳在会上报告了组织请愿经过，盛丕华代表请愿团发表了声明。代表团成员推选蒉延芳为负责人，访问各方面人士和国民政府文官长吴鼎昌，要求面见蒋介石。蒋介石对蒉延芳谎称“我不要打，是共产党要打”。“放心，和平是有希望的，即使他打过来，我也不打过去。”但就在当天，蒋介石密令刘峙调动大军开始了对中原解放区的进攻。

6 月 26 日，《联合晚报》刊登了记者在现场拍摄的照片，揭露国民党特务的血腥罪行。各民主党派、人民团体纷纷发表声明、通电，抗议国民党制造的暴行。在沪民建会员发起了捐款慰劳请愿代表的活动。

下关事件发生后，在南京的中共代表周恩来、董必武、邓颖超等闻讯立即到医院慰问。中共代表团的热情关怀，使大家深受感动。6 月 25 日晚，中共代表团在梅园新村设宴招待代表团。周恩来报告了与国民党历次谈判的经过，阐明了共产党今后的政策和主张。他对中国形势精辟、科学的分析，使代表们对局势有了新的认识。6 月 29 日，周恩来、董必武、滕代远、邓颖超、李维汉联名写信给马叙伦、张絅伯、吴耀宗、雷洁琼、蒉延芳、包达三、盛丕华、阎宝航，对请愿团给予高度评价。7 月 5 日，毛泽东、朱德致电请愿团代表：“先生等代表上海人民奔走和平，竟遭法西斯暴徒包围殴打，可见好战分子不惜自绝于人民。中共一贯坚持和平方针，誓与全国人民一致为阻止内战、争取和平奋斗。”7 月 19 日，周恩来写信给民建等 17 个政团，代表中国共产党对他们反对内战、坚持和平的态度表示肯定。信中指出：“诚以非和平则不能进行战后之经济建设，而非民主则无以实现国内之真正和平。当前经济危机已万分严重，内战如继续发展，全国经济即有崩溃之虞”，“欲挽此危机，端赖全国各界人民共同奋斗，以一切力量争取立即停止内战，实现全国和平”。这给民建以很大鼓舞。

下关事件使民建从血的教训中逐渐觉醒过来，进一步认清了国民党政府坚持内战、镇压人民的真实面目。

2. 反对“美援”和美军驻华

国民党一方面大举进攻解放区，一方面残酷镇压国民党统治区的民主运动。美国为了支持国民党打内战，在中国境内派驻了 14 万军队。在此紧要关头，民建同全国人民一道，进行了无畏的斗争。

1946 年 8 月 10 日，美国新闻处发表美国特使马歇尔和驻华大使司徒雷登的“联合公报”，宣布调处失败。13 日，民建发表《对马歇尔特使及司徒雷登大使联合公报的意见》（以下简称《意见》），刊于《联合晚报》《文汇报》《时代报》《时事新报》，并译成英文分送上海各外文报社和马歇尔、司徒雷登。《意见》指出：“美国对华政策，实有重加检讨之必要。中国应为美苏两大国亲善之桥梁，实为无可移易之至理。本会政纲，主张以主动地位执行对美对苏平衡政策，亦即此意。但美国如欲以中国为防苏根据地，中国倘亦自愿为防苏之前锋，则其结果，自必背道而驰。其足以妨害马司两使之努力，甚至使美国之援华政策失其原来之意义。”还指出：“国际互信之重见，苏联也自负有极重大责任，而我国外交政策之改正，更属理所当然，事不容缓，是不但关系中国之安危，世界究能久享和平，抑或再遭惨祸，均于此决之。”《意见》最后正告国民党当局“历史上未有能以弁髦法令，毁弃道德之手段，维持政权而达于成功者。自乱必自毁，幸政府当局之知所警惕也”。

1946 年 8 月 30 日，国民党政府与美国政府签订了《中美剩余物资购买合约》，美国政府将价值20亿美元的战争剩余物资以5亿美元的低价出售给国民党政府，变相支持蒋介石打内战。9月7日，民建发言人发表《民主建国会反对签订中美物资协定的谈话》，严正指出："此次美国所让售的物资，原为对日的军用品，在此内战日益扩大的时机，显然可能依旧作为军用，被好战分子利用为扩大内战的武器，以重苦我国人民"，并指出"在民主统一的联合政府未成立以前，美国任何片面援助，后果都只有加重我们国内的纠纷，不独有损于我国人民利益，而且有损于美国人民的利益"。谈话号召"全国人民一致起来要求国共双方立即停止内战，重开政协会议，依据政协决议来解决当前一切政治、军事问题，不让这次美国让售的剩余物资被利用为扩大内战，屠杀人民的工具"。

为反对美国政府支持国民党打内战，民建与九三学社、上海人民团体联合会等13个政团从9月23日开始，发起了"美军退出中国周"的活动。民建由章乃器、王却尘、陈钧等作为代表，并派张絅伯、胡子婴、罗叔章等参加筹备工作。在活动周中，连续招待中外记者、英美在沪工商界、中国工商界和文化教育界人士，并致电联合国和美国政府，要求美军退出中国。胡子婴还撰写了《"美军退出中国周"的世界观》刊登在《大公报》上。声势浩大的宣传活动，对于配合解放军粉碎国民党军队的进攻发挥了积极作用。

1946年12月24日，北京大学女学生被驻华美军士兵强奸，引起全国人民的极大义愤，全国各地迅速掀起了抗议美军暴行的运动。民建和上海各团体共同发表了抗议美军强奸中国女大学生的声明。1947年2月5日，重庆学生上街抗议美军暴行，许多学生被殴打致伤。学生向国民党重庆市政府请愿，再遭殴打，重伤六人、失踪四人。2月9日，民建重庆分会与民盟重庆支部、九三学社重庆分社等15个政团派人慰问受伤学生，并联合发出通电，呼吁全国各民主党派、各界人士和全国人民团结起来，共同反抗美军暴行。

1948年5月至6月间，全国又掀起了反对美国扶植日本军国主义的运动。上海学生于5月4日举行了声势浩大的活动，各阶层人士纷纷响应声援。民建成员中的许多工商业者、文教知识界人士多次聚会演讲、发表声明、意见，揭露美国扶植日本的罪恶目的，抨击国民党政府的卖国外交政策。

3. 反对召开“国民大会”

1946 年 10 月 11 日，国民党政府宣布召开“国民大会”，并要中共和各民主党派交出国大代表名单。同时，以“改组政府、制定宪法”为诱饵，企图拉拢民主党派，孤立中国共产党。对此，民建于 11 月初致函第三方面和有关团体，呼吁各界保卫和平、反对内战、维护政协决议。当时，各党派是否参加“国民大会”，已成为各种政治力量在国共两党斗争中何去何从的分水岭。在国民党高官厚禄利诱下，青年党、民社党已经投靠了国民党。11 月 11 日，蒋介石为争取中间势力，决定会议延期召开。国民党派出要员陶希圣、张群、钱新之、杜月笙轮番做黄炎培的工作，动员他参加“国民大会”，遭到黄炎培的坚决拒绝。为此，民建重庆分会致电黄炎培，对他的高风亮节深感钦佩。

在共产党和各民主党派拒绝参加“国民大会”后，国民党在 1946 年 11 月 15 日单独召开了所谓的“国民大会”，通过了“一党宪法”。

12 月 31 日，民建与民进、九三学社等 11 个政团联合发表声明，一致认为“一党宪法”是将“人民送上死路，国家送上绝道”。

1947 年 1 月 3 日，民建召开常务理事会，详细地讨论时局问题，一致通过《民主建国会常务理事会反对国民党召开国大通过宪法的决议》，再次表明了民建反对“国民大会”的态度。

继“国民大会”之后，国民党又进行了“改组政府”的骗局，蒋介石拉拢了民社党、青年党和某些“社会贤达”参加了“国民政府”，称这个政府是“多党”的政府。此举无疑又为和平带来了一片阴影，政协精神再次遭到破坏。

1947 年 4 月 22 日，民建针对国民党“改组政府”发表声明，一针见血地指出“在内战中改组的政府，那里说得到政协路线，和扩大政府的群众基础”，并表示中国要走上和平、民主、团结、统一、独立、进步的道路，“只有重新恢复政协的精神和原则，组织全国统一的真正民主的联合政府，彻底实行和平建国纲领”。

4. 反饥饿、反内战、反迫害

国民党在发动全面内战的同时，在国民党统治区血腥镇压民主运动，杀害民主人士。仅1946年6月间，就逮捕了1.33万多名工人、学生和市民，7月又封闭了反内战的文化团体、言论机关100多处，接着制造了骇人听闻的李公朴、闻一多血案。

李公朴、闻一多被害，引起全国人民的公愤。民建闻讯后，对国民党的暴行表示强烈谴责。10月，民建会员33人会同上海各界人民团体发起举办悼念活动，民建捐赠30万元作为纪念活动经费。黄炎培、章乃器在《文汇报》上发表了悼念李公朴、闻一多的诗作，赞扬了他们的革命精神，对国民党特务的暴行表示极大愤慨。10月6日，上海各界又在静安寺集会，举行公祭活动，周恩来率中共代表团参加，胡厥文主祭，民建常务理事杨卫玉宣读了祭文。民建和各社团开展的悼念活动，进一步推动了全国人民反内战、反迫害的民主运动。

国民党内战、独裁政策和美货倾销，造成我国民族工商业的大量破产。为了振兴、发展我国民族工商业，国民党统治区掀起了抵制美货运动。1947年2月9日，上海百货业青年职工数百人在南京路劝工大楼举行爱用国货抵制美货委员会成立大会。大会尚未开始，就遭国民党特务破坏，数十人被打伤，永安公司职工梁仁达被当场打死，造成“二九惨案”。血案发生后，民建立即组织抗议和声援活动。2月10日，民建发表《民主建国会对上海劝工大楼血案的严正声明》，并发起组织“二九惨案”后援会，给予物质和精神的援助，陆续捐款近70万元。

1947年5月4日，上海各校学生举行游行示威，反对内战。这一爱国运动迅速扩大到北平、南京、天津、沈阳、重庆等许多城市。国民党对学生运动进行极端野蛮的镇压。5月20日，各地学生6000多人在南京举行联合请愿大游行。国民党当局出动大批军警宪特人员，以铁棒、木棍、皮鞋、水龙围攻毒打手无寸铁的学生，重伤19人，被捕28人，500多人惨遭毒打，制造了骇人听闻的“五二〇”大血案。接着，又在上海、武汉、重庆等地大肆逮捕青年学生和文化教育界进步人士，制造了震惊中外的“六一”大逮捕事件。惨案发生后，民建发表了《民主建国会对和平运动的意见》，声明民建自成立以来，“一贯地站在人民的立场，反对内战，呼吁和平”。黄炎培在日记中写道：“我生从事教育四十六年，眼见学生受伤惨状，为之流泪。”

1947 年年初，国民党军队在重点进攻中节节失败，为挽救其失败的命运，欺骗人民，指使上海的所谓“工商团体及各界人士”，发起组织所谓“和平运动”，以迷惑视听。民建于 1947 年 2 月 1 日发表《民主建国会对“反对内战争取和平”发表意见》，揭露这些人过去主张“戡乱”的反动立场。5 月 22 日，民建召开由百余位工商界人士参加的“当前社会危机检讨会”。马寅初、章乃器、胡厥文等出席座谈会，章乃器在会上宣读了讨论提纲。与会人士对物价飞涨、社会动乱等社会问题进行了讨论，一致认为引起物价飞涨的“真正原因只有两个血腥的大字‘内战’”，“如果人人都能安居乐业，当然不会发生学潮、工潮”。与会者对学生运动表示同情和声援，愤怒谴责国民党当局依靠美援打内战的行径。

在此期间，许多民建会员有的出钱资助爱国人士和青年学生，有的帮助他们摆脱国民党政府的追捕，有的为爱国学生出版宣传刊物提供经费，有的掩护和营救中共地下党员，为争取和平、反对内战做了大量工作。

四、迎接新中国的诞生

从 1947 年夏开始，中国人民解放军由战略防御转入战略反攻，并取得节节胜利。1948 年 4 月 30 日，中国共产党发表了关于召开新政治协商会议、成立民主联合政府的号召。民建积极响应并参加了新政协的筹备工作，同共产党一道为推翻国民党反动统治、建立新中国而共同奋斗。

（一）响应中共中央“五一口号”

1. 由公开活动转为地下斗争

中国人民解放军由战略防御转入战略反攻以后，国民党为挽救其灭亡的命运，在国民党统治区更加疯狂地镇压民主运动，迫害民主人士。1947年5月3日，国民党“中央通讯社”发表了捏造的《中共地下斗争路线纲领》，并由所谓“观察家”向中央社记者发表谈话，声称：“民盟及其化身民建、民进、民联等党派，已为中共所控制，其行动均遵循中共旨意。”5月4日，国民党中央宣传部训令各级党报“揭露”民盟、民建等团体的“共产奸谋”。7月上旬，伪“国大”通过了所谓“国家总动员案”，并颁布“戡乱动员令”。随后，国民党当局在上海、北平、广州等地，以共产党嫌疑犯的罪名，逮捕了大批爱国人士。10月间，又在上海、西安、杭州等八个城市先后屠杀爱国人士和革命青年2000余人，开始了蒋介石独裁统治最黑暗的时期。10月27日，国民党内政部宣布民盟为“非法团体”。民建从成立之时起，就没有得到国民党政府的承认，因而倍受迫害和镇压，民建会所数度被查抄。为保存实力、积蓄力量，民建总会决定由公开活动转向秘密的地下斗争。

民建总会迁到上海后，于1946年10月创办了机关刊物《民讯》，主要刊载民建的重要文献，宣传民建的政治主张，在扩大政治影响、推动会务、沟通成员联系方面发挥作用。1947年10月，因国民党压制，民建组织转入地下活动，《民讯》也被迫停刊。《民讯》共出版过四期，先后刊登了《挽救国运，解决国是，本会为永久和平呼吁》《本会抗议下关暴行》《本会联合工商各界举办“美军退出中国周”》《反对中美剩余物资协定》《本会对时局意见》《本会对于政府改组的声明》等文章。

为适应地下斗争需要，总会采取了一系列应变措施。1947年11月18日，在沪的理、监事黄炎培、胡厥文、施复亮、杨卫玉、冷遹、盛丕华、俞寰澄、陈巳生、章元善、王纪华、范尧峰、杨美真等秘密召开会议，商讨民盟被宣布为“非法团体”之后，民建要采取的策略。会议决定，把理、监事和主要骨干分别编入以青建、英建、包建、寰建、康建、修建、核建、纪建、轮建等为代号的小组，每周采用聚餐、茶会等方式进行分散活动。民建核心层的活动也经常替换使用各种代号或跨组进行。留沪的主要成员的活动地点主要有盛丕华开设的红棉酒家、上元公司，胡厥文、包达三、王艮仲等人的住宅，各同业公会的会所等。活动内容主要是交换情况，沟通信息，研讨政局时事，商量会务发展。有时邀请著名人士共同交换意见，分析国内外形势，传播战场消息。这些经常举行的秘密活动，团结了会员，联系了群众，稳定了人心，鼓舞了斗志。许多工商业者因为参加了活动，受到教育，消除了疑虑，陆续加入了民建组织。

民主党派转入地下斗争之后，严酷的现实使民建逐步认识到，实现自身的理想，只有与中国共产党合作才是唯一的出路。因而这一时期的活动，由维护、贯彻政治协商会议决议逐步转向配合中共推翻蒋介石统治、建立新中国的斗争。黄炎培曾感慨地说："今后只有一件大事，我们应该依靠中共，并与中共取得联系。"

2. 通过赞成中共中央"五一口号"的决议

毛泽东于 1947 年年底发表的《目前形势和我们的任务》阐述了中共对待民族资产阶级的政策："新民主主义革命所要消灭的对象，只是封建主义和垄断资本主义，只是地主阶级和官僚资产阶级（大资产阶级），而不是一般地消灭资本主义，不是消灭上层小资产阶级、中等资产阶级。由于中国经济的落后性，广大的上层小资产阶级与中等资产阶级所代表的资本主义经济，即使革命在全国胜利以后，在一个长时期内，还是必须允许他们存在；并且按照国民经济的分工，还需要他们中一切有益于国民经济的部分有一个发展；他们在整个国民经济中，还是不可缺少的一部分。"毛泽东的这一讲话，给民建和工商界以极大的鼓舞。

1948 年 1 月，民建组织会员秘密学习《目前形势和我们的任务》。在一次核心层的聚餐会上，商定要早日派人与香港中共组织和各党派保持联系。随后，王纪华、盛康年等频繁往来于沪港之间，听取在港中共代表的意见，并向上海同仁传达。

1948年4月30日，中共中央发布纪念“五一”劳动节口号，号召“全国劳动人民团结起来，联合全国知识分子、自由资产阶级、各民主党派、社会贤达及其他爱国分子，巩固与扩大反对帝国主义、反对封建主义、反对官僚资本主义的统一战线，为着打倒蒋介石，建立新中国而奋斗。”“各民主党派、各人民团体及社会贤达，迅速召开政治协商会议，讨论并实现召集人民代表大会，成立民主联合政府。”

RHENMIN RHBAO

人民日報

中共中央發佈

紀念「五一」勞動節口號

民主建国会总会常务理监事
联席会议关于赞成中共
“五一”号召的决议

（一九四八年五月二十三日）

民建总会举行常务理监事联席会议，决议赞成中共“五一”号召，筹开新政协，成立联合政府，并推章乃器、孙起孟为驻港代表，同中共驻港负责人及其他民主党派驻港负责人保持联系。

★ 1948年4月30日，中共中央发布“五一口号”。民建秘密举行常务理监事联席会议，决议赞成中共“五一”号召。

“五一口号”是夺取新民主主义革命胜利、建立联合政府的行动纲领，很快得到在香港设有总部或有代表机构的民主政团的响应。当时，黄炎培正在上海。他获得消息以后，曾与张澜等商谈响应的事宜。5 月 14 日，盛康年由香港带着沈钧儒给张澜、黄炎培的信，回到白色恐怖笼罩的上海，介绍了在港的各民主党派响应“五一口号”的行动和立场。随后，民建于 5 月 23 日在上海秘密举行了常务理、监事联席会议。出席会议的有黄炎培、胡厥文、施复亮、张絅伯、杨卫玉、盛丕华、俞寰澄、王纪华、陈巳生、盛康年、郑太朴等。经过讨论，一致通过了“赞成中共‘五一’号召，筹开新政协，成立联合政府。并推章乃器、孙起孟为驻港代表，同中共驻港负责人及其他民主党派驻港负责人保持联系”的决议。

这个决议，是民建在发展历史上的一个极为重要的里程碑，标志着民建政治立场、政治纲领的转折。它实际上宣布民建放弃了最初成立时“不右倾、不左袒”的中间路线，在国共两党的激烈斗争中，最终选择了接受中国共产党的领导、与中共团结合作的立场。这一事件，为以后民建事业的发展，奠定了正确的思想基础。

12 月 4 日，在香港的章乃器、施复亮、孙起孟、王却尘、俞寰澄、杨美真一致决定，与民革、民盟、农工党、致公党等联名发表《各民主党派为保护产业保障人权告国内同胞及各国侨民书》，这是民建转入地下活动以来，第一次以组织名义参加签名的政治文件。

3. 成立临时干事会

从 1948 年秋到 1949 年年初，辽沈、淮海、平津三大战役相继进行，中国人民解放事业成功在望。处在国民党统治区的民主党派活动日益艰难。为了适应这种形势，民建总会于 1948 年 11 月 15 日在上海红棉酒家召开常务理事会，决定授权黄炎培、胡厥文、盛丕华全权处理总会会务。同时决定组成临时干事会，负责总会与上海分会的地下工作。临时干事会由黄竞武、范尧峰、莫艺昌、何萼梅、周庚、钟复光、朱德禽、胡肇昌、徐又德、张勉之、笪移今、何叔伦、陆亚东、吴荫松、丁云山等组成，莫艺昌、周庚、黄竞武为常务干事。临时干事会下设秘书组、组织组、联络组、财务组。临时干事会成立以后，以“民立公司”为代号，每周秘密集会，联系在沪理、监事，推动各小组进行活动；联络其他党派和人民团体，并与中共上海地下党保持联系。

当时，工商界普遍感到国民党政权将很快垮台，因而十分关注中共的工商业政策。为适应工商界的这种要求，民建通过多种渠道和形式，宣传中共“发展生产、繁荣经济、公私兼顾、劳资两利”的政策，稳定了工商业者的情绪，为团结工商界支援解放战争发挥了积极作用。

（二）为解放战争贡献力量

1. 民建领导人到达解放区

1948 年秋天，解放战争进入最后阶段。1948 年 11 月和 1949 年 1 月，中共中央两次致电中共华南分局，邀请在上海和香港响应“五一口号”的各民主党派和爱国民主人士代表进入解放区，共同商讨筹备召开人民政协和组织联合政府等问题。民建总会接到邀请后，黄炎培、胡厥文、盛丕华协商决定，推派章乃器、施复亮、孙起孟代表民建到解放区参加新政协的筹备工作。

1948 年 12 月 26 日晚，章乃器、施复亮、孙起孟等 30 余位民主人士在中共安排下，登上苏联货船“阿尔丹”号驶离香港，开始北上。1949 年 1 月 10 日到达沈阳，受到了中共代表李富春、张闻天的热烈欢迎。到达东北之后，他们先后参观了大连、旅顺、沈阳、哈尔滨等地的工厂、农村、学校、煤矿、电站，大家感到耳目一新，心情非常激动。在一次参观途中，同行的人们唱起一支歌曲，开头的歌词是“没有共产党就没有中国”，章乃器提议增加一个字，改为“没有共产党就没有新中国”。不久，章乃器见到毛泽东，毛泽东对他说：“你提的意见很好，我们已经让作者把歌词改了。”

1948 年年底，黄炎培寓居上海，上了特务的黑名单，处境十分危险。中共地下党对他的境况非常关心，经过周密安排，他乘船化装去了香港。同轮去港的还有姚维钧、盛丕华、俞寰澄、盛康年等人。在港期间，他们对民建的立场问题作了专门的讨论，得出三点结论。一是民建的特性是代表民族工商业的企业者，二是民建属于政治性的集合体，三是民建的行动方式是团结、合作。黄炎培一行还与中共代表作了多次商谈。1949 年 3 月 14 日，黄炎培一行离港，25 日到达北平，受到中共领导人的热烈欢迎。

1949 年 2 月 25 日，章乃器、孙起孟、施复亮、罗叔章、胡子婴等一行 35 人，乘“天津解放”号专车由沈阳抵达北平。天津的李烛尘、资耀华也于同日乘车到达。至 3 月底，民建的主要负责人都已陆续到达北平。

4 月初，民建恢复了总会常务理事会。9 月 20 日，为发展会务、配合经济建设，举行理、监事联席会议，决议成立全国会务推进委员会。会议推选黄炎培、盛丕华、章乃器、孙起孟、胡厥文、吴羹梅、施复亮、陈巳生、章元善组成会务推进综合领导小组，由胡厥文为召集人，吴羹梅、施复亮为干事。1949 年 9 月 27 日，总会理、监事会议决定，民建总会由上海迁往北平。

2. 拥护“将革命进行到底”

辽沈、淮海、平津战役以后，蒋介石于 1949 年 1 月 1 日发表“求和”文告，提出与中共进行和谈。毛泽东发表新年献词，号召“将革命进行到底”，1 月 5 日，发表《评战犯求和》，揭露蒋介石求和的阴谋，接着又发表了《关于时局的声明》，提出了和谈的八项条件，以实现真正的和平。

各民主党派热烈拥护“将革命进行到底”，支持中共提出的和谈条件。1 月 22 日，章乃器、施复亮、孙起孟与李济深等 55 位民主人士发表对时局的意见，“革命必须贯彻到底，革命与反革命之间绝无妥协与调和之可能”。“在今天，帝国主义、封建主义和官僚资本主义，是中国人民革命之对象，是障碍中国实现独立、民主、自由、幸福之最大敌人，倘不加以彻底肃清，则名实相符的真正和平，绝不能实现。因此，我们对于蒋美所策动的虚伪的和平攻势必须加以毫不容情的摧毁。”“中共主席毛泽东先生最近发表的对时局声明，为了贯彻革命到底，为了粉碎和平攻势，严正地揭穿了蒋美集团的阴谋，而提出了真正的人民民主和平的八项条件。这正是对于蒋介石所提出的要求的无情反击，我们是彻底支持的。”我们“愿在中共领导下，献其绵薄，共策进行，以期中国人民民主革命之迅速成功，独立、自由、和平、幸福的新中国之早日实现”。

3. 积极配合大城市的解放

1948年年底，平津战役的序幕拉开了。天津是民族工商业者比较集中的地区，稳定工商界情绪，不仅关系到天津日后生产的恢复，也对其他城市有重要影响。

李烛尘以天津市参议会议长之职，日夜奔走各方，与周叔弢等一起，同民族工商界和民主人士经常聚集在三五俱乐部共商和平解放事宜，宣传中共的方针政策。中共地下党也派李定以《大公报》记者的身份，经常到这里参加活动。

为避免天津毁于战火，李烛尘等人力劝天津市市长杜建时、天津警备司令陈长捷放下武器，争取和平解放。这些工作虽然没有成功，但对于动摇国民党军队的士气起了重要作用。

李烛尘劝降警察局长李汉元的工作取得了成效。天津解放前，李汉元已下令保管了警察局的档案和物资。在天津解放之际，他下令释放了全部在押人员，解除了全部警官的武装，并下令各分局和保安大队维持治安，防止发生破坏和抢劫。

天津解放后的第二天，李烛尘、资耀华等就恢复经济问题向军管会提出了意见。此后，多次与市长黄敬探讨迅速恢复工业生产和开展经济建设等问题，为重建天津作出了贡献。

1949年4月，中国人民解放军攻克南京，宣告了国民党政权的垮台。为解放和接管中国的最大都市上海，毛泽东、周恩来多次嘱勉民建理、监事为解放上海效力。黄炎培、章乃器、施复亮、盛丕华、吴羹梅、张絅伯、俞寰澄、包达三、盛康年、胡子婴等，就接管上海的问题连续在北京六国饭店开会，先后七次进行专题研究，提出了很多有益的建议。期间，毛泽东邀请黄炎培、盛丕华、章乃器、施复亮、包达三、张絅伯、孙起孟、吴羹梅、胡子婴、俞寰澄、杨美真等到香山双清别墅餐叙，听取意见。

4月24日夜，黄炎培在电台作了《为人民解放军迫近上海，劝上海同胞作局部和平运动》的广播。黄炎培、章乃器、施复亮起草了《欢迎解放军宣言》，并设法送给上海的胡厥文，准备在上海解放时发表。民建的宣言号召上海的工商业家，按照“增加生产、繁荣经济、公私兼顾、劳资两利”的政策，“维持并恢复生产，协助人民解放的事业，并毫不迟疑地振奋起来，支援民主革命在全国的胜利”。

在解放上海的过程中，许多民建会员利用各自的地位和社会关系做了大量实际工作。姚惠泉、陆勋把上海碉堡的分布图及时送到解放军部队，为进军上海创造了条件。胡方、夏循元组织人员保管工厂账册、图纸，保护机器设备等物资。

5月27日，上海解放。张勉之、范尧峰、张雪澄、胡厥文、俞寰澄、冷遹、杨卫玉、徐永祚、陈巳生、盛康年、章元善、朱德禽、莫艺昌、王洪昌等人联合发表了《我们要立即复工复业，尽我们应尽的责任——上海市工商界人士宣言》，表示在新中国的建设中，协助军管会检举四大家族财产和官僚资本企业，使人民财产不受隐匿的损失。以“发展生产、繁荣经济、公私兼顾、劳资两利”为原则，在新中国的经济建设中发挥作用。6月25日，中共中央发出《关于决定聘请黄炎培等十四人为上海市政府顾问给华东局电》，其中黄炎培、施复亮、盛丕华、包达三、张絅伯、王却尘、吴羹梅、俞寰澄、胡子婴等九人为民建会员。他们在一个多月时间里，与中共中央华东局和上海市委领导一起，集中商讨了粮食、劳资、就业、公用事业等问题，为协助做好上海接管工作贡献了力量。

民建成员为成都的解放也作出了积极的贡献。1949年5月，黄墨涵来到成都，与陈祖湘、张再生、龚思义、楼兆馗等一起开展工商界的工作，迎接成都解放。1949年下半年，黄墨涵、陈祖湘将中共七届二中全会文件的手抄本向会员秘密进行传达，统一思想。然后，由会员分头向所联系的对象进行宣传。

成都解放前夕，国民党残余部队聚集四川，扬言在撤退前炸毁工厂，破坏一切设施。中共地下党号召“护厂”“护店”，迎接解放。黄墨涵、陈祖湘、张再生、龚思义和黄鱼门通过成都市自卫总队副总队长乔曾希、警察分局局长熊倬云、警备司令部副司令黄调元、国民党一二六师师长谢德堪、九十五军军长黄逸民等派出部队守卫工厂、商店。同时，组织工人护厂队保全机器设备和生产资料，完成了配合和迎接成都解放的光荣任务。此外，民建会员赵懿明和民盟的同志一道，在中共地下党的领导下，积极策动和协助川军将领刘文辉、邓锡侯、潘文华率部在彭县宣布起义，实现了四川的和平解放。

解放军入城后，国民党残余特务和土匪制造谣言，发动暴乱，阻碍城乡物资交流，破坏货币信用，扰乱市场，危害人民生活。为了稳定物价，保障人民生活必需，黄墨涵、陈祖湘极力支持张再生接受军代表李青匀的布置，服从人民政府的指挥和安排，派出得力人员分赴四门粮油市场，帮助政府大量抛售大米。同时，要求民建会员经营的厂、店，积极响应政府号召，鼓励职工坚持全勤。这些工作，为安定人心、稳定市场、维护社会秩序，发挥了重要作用。

特别需要提到的是，在解放战争中，有的民建会员为中国人民的解放事业献出了自己的宝贵生命。

黄竞武，1903 年出生于上海川沙，是黄炎培的次子。他从清华大学毕业后留学美国，获哈佛大学经济学硕士学位。1929 年他回国后，任湖南沅陵盐务稽核所所长，因革除时弊，为上级所忌而辞职。抗战期间他任中央银行稽核专员，开始投身民主运动，担任民盟总部组织委员。抗战胜利后他随中央银行复员回上海，并加入民建。在国共和谈时，他曾一度担任周恩来与美国方面会谈时的翻译。1947 年民盟被宣布为“非法团体”以后，黄炎培受到监视，不能公开活动，重要事务由他代为联系。后来，形势更加艰难，他同表叔孟征祥等共同奔波，建立了秘密联络点。1948 年冬，他受命与莫艺昌、周庚等担任民建临时干事会常务干事，具体负责民建的组织工作。上海解放前夕，黄竞武在中共地下党的指导下，秘密进行了两项重要工作。一是秘密发动中央银行员工，阻止国民党偷运黄金、白银去台湾省。同时，联系新闻界朋友揭露国民党的偷运阴谋。二是通过各种社会关系，对国民党军队进行策反工作。1949 年 4 月 24 日夜，黄炎培在北平向上海人民作了广播后，大家提醒黄竞武注意隐蔽，谨防毒手，劝他暂时离开上海。为以防万一，黄竞武把民建的组织名册和各项重要文件及时转移到了更加安全的地方。然后，他仍照常办公，并把办公室作为秘密联络地点。5 月 12 日上午 9 时，当他踏进办公室的时候，突遭特务逮捕。在受审时，尽管受到毒刑逼供，但他始终严守秘密，坚贞不屈。5 月 18 日深夜，黄竞武被国民党特务杀害。上海解放以后，市政府追认黄竞武为革命烈士。

姜化民，1903 年出生于江苏沭阳，上海大夏大学毕业。1928 年 1 月，他参与沭阳革命青年反击当地土豪劣绅武装力量的斗争，震慑了当地封建势力的气焰。1930 年后他在沭阳办教育。抗战爆发后他北上抗日，在西安的抗日青年集训班执教一段时间，后被派去重庆中央工业试验所工作，业余进行工人补习教育。抗战胜利后，他回上海先任中纺十七厂厂长秘书，后为接近工人群众，自愿当伙食管理员。1946 年，他参加民建组织，后被选为上海分会理事。1949 年 5 月 14 日晨，国民党特务突然包围了中纺厂宿舍，姜化民与其他六人一起被捕。在狱中他遭受“老虎凳”等酷刑逼供，坚决不向敌人屈服。后来，由于特务抄到了一些密件，暴露了身份，于 20 日在闸北宋公园惨遭杀害。上海解放后，市政府追认姜化民为烈士。

郑太朴，1901 年出生于上海。他早年进商务印书馆当学徒，利用有利条件发奋自学，数理、外语、史学成绩惊人，深受蔡元培赏识。1922 年他被提名由商务印书馆资助保送德国留学。1924 年在柏林与朱德、邓演达相识，并任中国国民党海外支部驻欧总支执委，后任中国共产党留德直属组书记。1926 年他回国参加北伐战争，担任国立中山大学校委会常委。蒋介石叛变革命后，他加入邓演达的第三党，任组织部部长。1931 年邓演达被蒋介石杀害后，他也被判处死刑。淞沪战争爆发后，经宋庆龄等营救获释，因健康原因专心从事教育和著述，先后担任中山大学、同济大学、交通大学教授，著述成果丰硕。民建在重庆成立时，他参加了民建组织，1946 年被总会理、监事联席会议增补为常务理事。1949 年年初，他接受中国共产党的邀请，赴解放区参与筹备召开新政协。在去香港途中，由于他平时生活艰苦，健康状况较差，不幸猝然晕倒，当场亡故。上海解放后，市政府追认他为革命烈士。

4. 发表对美国“白皮书”的声明

1949 年 4 月 3 日，由毛泽东领衔的十个党派负责人联合发表了《各民主党派反对北大西洋公约》联合声明。民建推选黄炎培代表民建参加署名。这一事件，标志着民建放弃了最初提出的在美苏两国之间采取平衡政策的主张。

8 月 5 日，美国国务院发表了题为《美国与中国的关系》白皮书，叙述了从 1844 年美国强迫清朝签订《望厦条约》以来的中美关系。其中，充满了对中国人民的诬蔑和仇恨，并把颠覆新中国的梦想寄托在发展“民主个人主义”上。

白皮书的出笼，对各民主党派是一个严峻考验，也是绝妙的反面教材。针对美国的白皮书，毛泽东先后发表了五篇评论文章，揭露美国对华政策的帝国主义本质，批评了一部分资产阶级知识分子对美帝国主义的幻想。黄炎培、杨卫玉、罗叔章、孙起孟等民建主要领导成员多次开会学习、讨论毛泽东的评论文章。经过集体讨论，由孙起孟执笔，起草了《加强内部团结和警惕，答告美帝好梦做不成》的声明（以下简称《声明》），发表在 8 月 24 日的《人民日报》上。《声明》揭露和驳斥了美帝国主义企图利用“民主个人主义者”颠覆人民革命的阴谋。指出由于中国民族资产阶级和帝国主义基本利益的矛盾，决定了“中国民族资产阶级不会变成美帝工具”。认为中国的民族资产阶级从它出现在历史舞台开始，“就受到封建的阻碍和帝国主义的摧残”，而帝国主义的危害“尤其严重”，“中国近百年史黯淡的一页也就是中国民族资产阶级受尽帝国主义打击的一页”。通过长期的斗争，中国民族资产阶级的品质得到提高，

“懂得跟着中国共产党走，进行了反帝、反封建、反官僚资本的斗争，终于获得解放，从绝望中复苏回来。今后怎么样，新民主主义经济政策订得明明白白，有利于国计民生的私人工商业，会大大发展。根据过去的经验和今后的观察，中国民族资产阶级凭哪一条也不会变成美帝发展‘民主个人主义’的资本或条件，只有新民主主义，才是它惟一的光明幸福的道路”。

民建的声明，阐明了我国民族资产阶级接受中国共产党领导，走新民主主义道路的历史必然性。声明的发表，受到中国共产党的高度评价。毛泽东在声明发表的当天致信黄炎培，称赞“民建发言人对白皮书的声明写得极好，这对于民族资产阶级的教育作用是极大的，民建的这一类文件（生动的积极的有原则的有前途的有希望的），当使民建建立了自己的主动性，而这种主动性是一个政党必不可少的”。

8 月 24 日，黄炎培复信毛泽东：“读尊示对民建斥美帝白皮书的发言的指示，我们是很感动，很兴奋的。”“民建自接受团结全国民族资产阶级任务以来，我们常在奋勉之中带一些悚惧，悚惧不是对外，倒是对内的教育问题，整个的对外政策的胜利，我们确是有信心的，问题是在如何使得一般民族资产阶级迅速些了解到建设中斗争、斗争中建设的真理，而鼓起他们的勇气，发挥出力量来，希望主席时时指教。”毛泽东读后再次致信黄炎培：“民建此次声明，不但是对白皮书的，而且说清了民族资产阶级所以存在和发展的道理，即建立了理论，因此建立了民建的主动性，极有利于今后的合作。民建办事采用民主方式亦是很好的，很必要的。此种方式，看似缓慢，实则迅速，大家思想弄通了，一致了，以后的事情就好办了。”

民建的声明在自身发展道路上有着极为重要的地位和作用。它从民建成员主要是民族资产阶级分子这一基本状况出发，以毛泽东关于中国民族资产阶级两面性的科学论断为指导，弄清民族资产阶级所以存在、发展的道理，从而确定了自己所应当选择的政治道路和政治前途。毛泽东的回信，在我国统一战线历史上第一次肯定了民主党派理论建设的重要作用，并把它提到了民主党派建立主动性和发展多党合作的高度。民建对于美国白皮书的声明和毛泽东给黄炎培的书信，为民建参加中国人民政治协商会议，参与制定和接受《共同纲领》，奠定了思想基础。

（三）参加新政协

1949 年 5 月 26 日，周恩来邀集黄炎培、盛丕华、章乃器、孙起孟等 12 位民建理、监事聚餐，讨论民建前途和今后的重点分工问题。周恩来提议，民建应使民族工商业家与新民主主义经济密切结合起来，团结、教育、领导工商业者，为新中国经济建设服务。他建议，再吸收一些私营及国营企业的厂长、经理参加。对周恩来的意见，民建进行了认真的讨论。根据成立初期以爱国民族工商业者和有联系的知识分子为主体这样一个特点，一致赞成和同意民建以民族工商业者为骨干、包括国营企业管理人员为重点对象的方针。这一方针的确定，为以后民建的自身发展以及在多党合作格局中充分发挥它的独特作用奠定了基础。

随着解放战争的胜利、各民主党派领导人先后进入解放区，召开新政治协商会议，建立民主联合政府的条件已经成熟。于是，开始了新政治协商会议的筹备工作。1949 年 6 月 15 日至 19 日，新政治协商会议筹备会第一次全体会议在北平中南海勤政殿举行。出席会议的有中国共产党和各民主党派等 23 个单位、134 位代表。在出席新政协筹备会议的代表中，有民建成员 12 名。其中，黄炎培、章乃器、胡厥文、施复亮、胡子婴作为民建的代表，李烛尘、盛丕华、包达三、张絅伯、俞寰澄、吴羹梅作为产业界的代表，罗叔章作为上海人民团体联合会的代表参加了筹备会。

在这次筹备会议上，黄炎培被推举为筹备会常务委员会常务委员，孙起孟、阎宝航、罗叔章被推举为常务委员会副秘书长。此外，黄炎培、罗叔章被推举参加拟定新政协参加单位及代表名额小组，施复亮、俞寰澄参加新政协组织法起草小组，章乃器、李烛尘参加共同纲领起草小组，胡厥文、俞寰澄参加中央人民政府组织法起草小组，李烛尘参加宣言起草小组。

9月17日召开的新政协筹备会第二次全体会议，将新政治协商会议定名为中国人民政治协商会议。根据新政协筹备会《关于参加新政治协商会议的单位及其代表名额的规定》，民建协商产生12名正式代表，他们是：黄炎培、章乃器、胡厥文、施复亮、胡子婴、孙起孟、陈巳生、章元善、盛康年、冷遹、杨卫玉、沈子槎。产生候补代表2名：陈维稷、莫艺昌。此外，其他界别的民建成员或以后加入民建的政协代表还有40多人，他们是：沙千里、孙晓村、李象九、陈经畬、资耀华、周士观、盛丕华、李烛尘、简玉阶、包达三、俞寰澄、张絅伯、吴羹梅、巩天民、王新元、刘一峰、酆云鹤、罗叔章、黄延芳、侯德榜、阎宝航、吴觉农、徐永祚、黄长水、胡子昂等。

1949年9月21日至30日，中国人民政治协商会议第一届全体会议在北平中南海怀仁堂隆重举行。参加会议的有45个单位，正式代表510人、候补代表77人、特邀代表75人。这是一次划时代的会议。毛泽东在开幕词中向世界庄严宣告："我们的会议是一个全国人民大团结的会议"，"我们的工作将写在人类历史上，它将表明：占人类总数四分之一的中国人从此站立起来了"，"我们的民族将从此列入爱好和平自由的世界各民族的大家庭，以勇敢而勤劳的姿态工作着，创造自己的文明和幸福，同时也促进世界的和平和自由"。

在这个划时代的会议上，各民主党派以主人翁的姿态共商国是。黄炎培兴奋地说，中华人民共和国是"一所新的大厦，是钢骨水泥的许多柱子撑起来的。这些柱子是什么？第一是中国共产党，还有各民主党派、各人民团体、各地区、人民解放军、各少数民族、国外华侨和其他爱国分子，这些单位就是一根一根的柱子。这钢骨水泥是什么？就是中国工人阶级、农民阶级、小资产阶级、民族资产阶级和其他爱国分子的人民民主统一战线。这些新的大厦的基础是什么？说理论基础吧，就是马克思列宁主义、毛泽东思想。这所新的大厦最高的顶尖上边，飘扬着一面大旗，大旗上写的是什么？是新民主主义。这所新的大厦有多大？有九百五十九万多平方公里。中间住着多少人？有四万万七千五百多万人。连我在内，我们将乘着大厦成立的机会，立刻创设一个工作总机构，就是中华人民共和国中央人民政府”。“这所新的大厦，有五个大门，每个门上两个大字，让我们读起来：独立、民主、和平、统一、富强。”“这所新的大厦，周围有很辉煌灿烂的墙壁，墙壁上写着一行一行顶大的大字，就是中国人民政治协商会议共同纲领。”

9 月 22 日，民建总会向大会发出贺电：“象征着全国人民大翻身大团结的中国人民政治协商会议已经在北平开幕，全国人民今后在毛泽东旗帜之下向独立民主和平统一富强的道路迈进，以达到最后的成功，这是中国历史上最彪炳辉煌的一页，是全国人民欢欣鼓舞的日子，我们为此敬向大会致最热烈的庆贺，并保证今后为彻底执行大会决议而努力。”

9 月 29 日，会议一致通过了《中国人民政治协商会议共同纲领》。《共同纲领》规定：“中华人民共和国为新民主主义即人民民主主义的国家，实行工人阶级领导的、以工农联盟为基础的、团结各民主阶级和国内各民族的人民民主专政，反对帝国主义、封建主义和官僚资本主义，为中国的独立、民主、和平、统一和富强而奋斗。”“中华人民共和国中央人民政府必须负责将人民解放战争进行到底，解放中国全部领土，完成统一中国的事业。”“中华人民共和国必须取消帝国主义国家在中国的一切特权，没收官僚资本归人民的国家所有，有步骤地将封建半封建的土地所有制改变为农民的土地所有制，保护国家的公共财产和合作社的财产，保护工人、农民、小资产阶级和民族资产阶级的经济利益及其私有财产，发展新民主主义的人民经济，稳步地变农业国为工业国。”

中国人民政治协商会议履行全国人民代表大会职权。会议通过了《中华人民共和国中央人民政府组织法》和《中国人民政治协商会议组织法》。

9 月 30 日，大会选举了中华人民共和国中央人民政府主席、副主席。黄炎培、李烛尘被选为中央人民政府委员。

中国人民政治协商会议是中国共产党领导的团结全国各被压迫阶级、各民主党派、各人民团体、各少数民族、国外华侨和其他爱国民主分子的，具有广泛性的人民民主统一战线的具体组织形式。民主党派参加中国人民政治协商会议、参加人民政府工作，标志着我国的民主党派走上了新的历史道路，民主党派已经不再是国民党统治下的在野党、“不合法团体”，而是接受中国共产党领导的、共同担负管理和建设国家重任的致力于社会主义事业的政党。中国共产党和各民主党派在《共同纲领》基础上，建立起新的合作共事关系，开创了具有中国特色的新的政党格局，开始了中国共产党领导的多党合作的新纪元。

新政协会议召开以来，民建同其他各民主党派代表以高度的政治热情和历史使命感，提出了不少有针对性的提案，为恢复和发展国民经济作出了重要贡献。开幕式后的主席团第一次会议上，收到代表提案 14 件。郭沫若、李济深、沈钧儒、黄炎培、马叙伦等 44 人提请以大会名义急电联合国否认国民党反动政府代表案，内容是要求大会致电联合国，驱逐国民党政府驻联合国代表。这件提案的实施在国内外产生了重大的政治影响。经代表提案审查委员会合并审查，主席团常务委员会认为：中国人民政治协商会议所选举的中华人民共和国中央人民政府为唯一能代表中国人民之政府，应由政府发出声明，否认伪国民党政府所派出席联合国会议所有代表的代表资格①。中华人民共和国中央人民政府成立后，11 月 15 日，外交部部长周恩来代表中国政府分别致电联合国秘书长特吕格弗·赖伊、联合国大会主席卡洛斯·罗慕洛，声明：人民解放战争业已获得了决定性的全国胜利，国民党政府已经流亡溃散，中华人民共和国中央人民政府是代表全体中国人民的唯一合法政府。中国政府正式要求联合国立即取消“中国国民政府代表团”参加联合国的一切权利。

五、地方组织的建立

民建成立以后，为了扩展会务，开始着手地方组织的建设。1945 年至

① 1949 年 9 月 29 日新华社电文，《人民日报》次日刊登。

1949年，先后在重庆、上海、港九、北平等地建立了分会和组织，在武汉成立了地下小组。

（一）重庆分会

1945年12月20日，民建总会第一次常务理事会通过了成立重庆分会的决议。会议指派章乃器、杨卫玉、徐崇林、鄢公复、赵懿明、田钟灵、董幼娴、辛德培、温仲六等九人组成重庆分会筹备委员会，进行筹建工作。

1946年1月4日，筹备委员会举行会议，增补了20位筹委会委员。2月24日，重庆分会在重庆市白象街西南实业大厦正式成立。根据总会理、监事不兼任分会理、监事的原则，大会选举了分会的领导机构。辛德培、袁庶华、王智仁、赵友农、田钟灵、陶守诚、黄鼎臣、李学民、赵懿明、彭友今、黄次乾、冯克煦、桂仙樵、胡夏畦、鄢宝璋、刘崑水、罗又立、孙运仁、李国珍、尚丁、伍丹戈、闵陶笙、沈其明、冯子源、黄勋、楚湘淮、李德明、田嘉谷、唐崇礼等29人为理事。辛德培、袁庶华、王智仁、赵友农、田钟灵、陶守诚、黄鼎臣为常务理事。程铭勋、张群华、寿墨卿、顾定九、郭香谷、樊景云、张维良为监事。重庆分会为民建组建最早的一个分会，有会员300余人。

分会第一次理事会议决定，分会会址暂定在迁川工厂大厦内，与总会一起办公。同时，决定以《自由导报》为重庆分会机关报。民建总会迁往上海后，重庆分会迁至大梁子青年会大厦办公。

总会迁沪后，为了领导、帮助重庆分会的工作，民建总会决定，由留在重庆的理、监事组成"四川会务指导员办事处"，由黄墨涵、鄢公复、徐崇林、黄次咸为召集人。

重庆分会成立以后，积极开展政治活动。先后与中小工厂联合会、西南实业协会、扶轮社等举行座谈会、报告会、聚餐会，邀请张友渔、许涤新、李澄之、马寅初、章乃器、施复亮等到会讲演，揭露官僚资本的罪恶，帮助工商界提高认识。

1946年，为反对美国干涉中国内政，重庆分会联合重庆中小工厂联合会共同发起要求和平、反对内战的签名运动，从重庆分会和中小工厂联合会的成员开始，很快扩展到社会各界，签名的有4271人，并向蒋介石发出通电，要求“以谈判方式解决一切内争”，并在《新华日报》上发表通电内容和签名名单。

国民党宣布民建为非法团体后，重庆分会的活动转入地下秘密进行。1947年11月，徐崇林、田钟灵等秘密召开会员大会，决定调整领导力量，将仍在重庆的总会理事和分会部分理、监事共同组成核心领导小组，徐崇林为召集人。同时确定由徐崇林、刘崑水为分会与中共和其他友党接洽的代表。根据会员本人自愿和职业界别，分别编为工业、商业、财金、文教、社会福利等小组，以聚餐会等不同形式开展活动。在重庆解放前夕，分会在护厂护矿、策动伪警人员起义等方面做了有效的工作，为重庆解放作出了积极贡献。

（二）上海分会

民建成立以后不久，就推派常务理事杨卫玉赴上海发展会员。先后有盛丕华、张絅伯、包达三、陈巳生、徐永祚、沈子槎、盛康年、李正文、莫艺昌、潘公昭、陈维稷、朱德禽、周肇基、郝玲星、顾留馨、秦柳方、笪移今等加入民建。

1946年1月10日，民建总会函请在沪理、监事推动上海会务工作。1月27日，在沪会员举行首次大会，推选于炳南、王却尘、王载非、王纪华、田和卿、何叔伦、沈肃文、周仰汶、姚惠泉、俞寰澄、徐永祚、徐伯昕、高步阶、陈巳生、胡西园、张企翁、盛丕华、庄茂如、杨卫玉、杨拙夫、鲍文希等21人为上海分会筹备委员。在2月3日召开的筹备会议上，胡厥文报告了民建在重庆的成立经过，孙起孟报告了发起组织政治协商会议陪都各界协进会的活动情况和民建今后的方针。筹备会议决定，由杨卫玉、王载非、王却尘、田和卿、姚惠泉、徐永祚、周仰文组成会员资格审查委员会，办理会员入会、登记等事宜。

4月12日，民建总会由重庆迁往上海。5月22日召开的总会常务理、监事联席会议决定，总会全体常务理事都为民建上海分会筹委会委员。10月下旬，民建总会改组分会筹委会，推举章乃器、施复亮、张勉之、尚丁、范尧峰、周肇基、林大琪、胡肇昌、孙运仁为委员，章乃器为召集人，加紧分会的筹备工作。

1946年11月10日，举行了上海分会成立大会。出席会议的有黄炎培、胡厥文、杨卫玉、章乃器、施复亮、包达三、王却尘、盛丕华、张絅伯、孟望渠、陈巳生、俞寰澄等120余人。大会选举林大琪、周肇基、郝玲星、何萼梅、胡肇昌、莫艺昌、笪移今、孙运仁、尚丁、朱德禽、勇龙桂、叶敞、潘公昭、林永俣、张勉之、李正文、姜化民、袁庶华、顾思义为理事，张沛霖、辛德培、黄菊森、夏循元、史慕康为候补理事；徐永祚、孟望渠、盛康年、沈子槎、吴蜀希、吴荫松、王憩新、于炳南、杨椒其为监事，吴盘勋、顾留馨为候补监事。

大会通过了《民建上海分会成立宣言》。宣言阐述了民建当时的政治主张和政治态度。

上海分会成立以后，与总会一起开展了艰苦卓绝的斗争，为上海的解放和新中国的建立作出了重要贡献。

（三）港九分会

1947年7月，民建总会召开常务理、监事联席会议，讨论如何根据形势需要开拓海外工作。会议决定，由何民麟、章乃器、孙起孟、田钟灵、徐崇林、林大琪、严希纯着手筹备民建香港分会。会后，章乃器赴香港开展筹备工作。

1949年年初，在港会员已有近50人。2月19日，召开港九分会成立大会。会议由何民麟主持，他在开幕词中指出，民建在重庆成立以来，推动民主运动已著光辉史迹，“目前之新政协亦有本会代表出席参加，港九为华南及海外重要据点，任务非常艰巨，希望会员诸君共同努力，建造一个新民主主义的新中国”。李葆和代表分会筹备委员会报告了筹备经过，盛丕华代表民建总会致辞。大会当天，恰逢黄炎培到达香港，他非常高兴地出席了会议并讲话。

大会通过了《民主建国会港九分会章程》。“本会以团结各界思想进步、行动踏实之分子，合力推进民主政治并以互助方式发展各种有利建国之事业为宗旨。”港九分会“设理事会为最高执行机构，由会员大会选举理事七人至十七人组织之，理事任期一年，连选得连任。理事互选常务理事三人至七人组织常务理事会，并依照理事会决议分工处理会务”。理事会下设总务组、财务组、会员组、研究组等，并决定必要时经过理事会决议增设其他各组。民建港九分会由何民麟、黄玠然负责。他们在向上海、重庆民建组织传达解放区消息、宣传中共政策方面，做了不少工作。同时，在接待内地经香港转赴解放区人员的工作中发挥了重要作用。中华人民共和国成立以后，根据各民主党派协商一致的意见，港九分会停止了活动。

（四）北平分会

1949 年 1 月，北平和平解放。各民主党派和民主人士经东北、华北、华南及香港等地，陆续到达北平。2 月至 3 月，民建总会理、监事黄炎培、章乃器、施复亮、孙起孟等到达北平后，遂与在北平的会员肖心之等商议，根据工商业者的要求，决定发起组织“新知识座谈会”，宣传革命道理和新民主主义经济政策。3 月 13 日，由民建会员肖心之集合了热心服务、积极学习的李金声、张永康、丁佑迪、郑如陵等同志，在大阮府胡同 16 号举行了一次茶会，欢迎民建总会负责人抵平。民建总会的几位同志分别就东北解放后的观感、知识分子的思想改造，在国民党反动统治下的工商业和在新民主主义制度下的工商业前途的展望等问题作了讲话，深受与会同志们的欢迎。大家决定每两周举行一次（后改为每周举行一次）这样的座谈，以后，即以此次茶话会作为“新知识座谈会”的第一次会议。

3 月 23 日，第二次座谈会由黄炎培、盛丕华、俞寰澄等同志讲话，并解答了与会同志提出的一些问题，到会同志的学习情绪非常热烈。4 月 17 日，第五次座谈会上通过了肖心之、李金声起草的“新知识座谈会组织规程”，改变起初几次“自来自去”的做法，改换长期听课证等。并根据听课次数、学习表现物色和发展会员。规程中还规定：“座谈会以学习革命理论，探讨新时代中的实际问题，端正思想方向，并在不同的观点上建立新的友谊为宗旨。”同时把座谈会的学习范围定为政治理论学习和业务学习两个方面。前者以马列主义毛泽东思想的理论作为提高觉悟思想改造的基础；后者侧重研讨工商业者本身业务中遇到的实际问题，把新民主主义制度现行方针、政策与这些实际问题联系起来讨论学习。

座谈会初期，民建总会常务理事会北平工作委员会孙起孟担任总干事，决定继续开好“新知识座谈会”，积极推动筹建民建北平分会，并指定孙锡三、唐庆永、赵宜之、浦洁修等为筹备干事。

座谈会举行了几次之后，许多工商业者和知识分子都来参加听讲。大家一致认为，这样的座谈有助于工商业者政治水平的提高，有助于对国家政策、法令的认识理解和主动执行。参加座谈会的人数由最初十几个人发展到几十人、几百人。至 1950 年 12 月 16 日，“新知识座谈会”连续举行达 100 次时，除作为当时民建会友的 330 余人之外，领有长期听课证的固定会友已达 450 余人。1949 年 5 月 29 日，肖心之提出筹建民建北平分会的提议。会上，孙起孟同志勉励“新知识座谈会”不只“坐而谈”，还要“起而行”，对成立北平分会的建议表示了肯定和支持的态度。当时又推出 6 位会友和 7 位干事组成一个 13 人的研究小组，专门研究组织成立民建北平分会的问题。“新知识座谈会”的会友们对成立民建北平分会的要求极为迫切，随之又扩大了北平分会筹委会组织。

经过筹备，民建北平分会于 1949 年 8 月 21 日在协和礼堂举行成立大会（即第一届会员大会），由孙起孟作筹备经过报告、黄炎培讲话。大会通过分会会章。选出 19 人为理事、7 人为候补理事、9 人为监事。当时会员为 176 人。分会会址临时设于南河沿欧美同学会，后迁至东城无量大人胡同24号总会内。

在有关部门支持下，“新知识座谈会”邀请过蜚声中外、颇负盛名的专家学者。在哲理方面，曾请过艾思奇、孙定国等；马列主义、毛泽东思想方面，曾请过肖三、陶大镛等；政体国体方面，曾请过邓初民、胡绳等；政治经济方面，曾请过许涤新、千家驹等；劳资关系方面，曾请过李立三、刘子久等；金融财贸方面，曾请过南汉宸、姚依林等；国际时事方面，曾请过郭沫若、吴冷西等；科学技术方面，曾请过马寅初、裴文中等；政策法令方面，曾请过朱学范、崔敬伯等；革命史话方面，曾请过肖华、邓拓等。此外总会的黄炎培、章乃器、李烛尘、施复亮、孙起孟、俞寰澄、胡子婴、杨卫玉、罗叔章、孙晓村等领导同志也多次来会讲话。1951年，除政治理论时事内容外，“新知识座谈会”向工商界作的经济政策宣传主要是“发展生产、繁荣经济，公私兼顾、劳资两利，城乡互助、内外交流”等内容。

北平分会成立后，“新知识座谈会”活动内容自然地成为北平分会宣教部门的工作重点之一。但是原座谈会的会务，仍然由“新知识座谈会干事会”负责进行。“新知识座谈会”对推动会员、会友的学习，协助北平分会从事宣教工作，团结知识分子进行自我改造以及引导广大工商业者走社会主义的康庄大道都起到一定的作用。

1950年7月18日，民建总会常务委员会第15次会议通过“民主建国会关于初步总结新知识座谈会一类工作经验的通报”。

从1949年3月13日至1951年年底的两年零九个月时间里，“新知识座谈会”共举行143次，总计参加人数两万余人次。到1951年年底前，因客观形势变化很大，“新知识座谈会”于“三反”“五反”运动开始后即停止，从而完成了它的历史使命。

（五）武汉地下小组

1946年2月12日，民主建国会总会在重庆召开第九次常务理事会，决议推周仲宣（周恒顺机器厂总经理）、施之铨（建国工业社总社长）、朱楚辛（五丰面粉厂厂长）三人为武汉推广会务代表，但限于种种原因，未能实现。

1948 年 8 月，施之铨赴沪，向民建总会负责人胡厥文汇报武汉情况，决定发展华煜卿等四人为会员，成立民建地下小组。在中共武汉地下市委的领导下，开展反拆迁、反破坏斗争。随后，施之铨应中共邀请去香港转赴解放区参观，经过上海时，向民建总会地下负责人胡厥文汇报武汉情况，建议在武汉工商界吸收一些进步人士入会，建立民建组织，开展活动，迎接解放。胡厥文表示同意，并委托施之铨进行。施之铨乃于 1949 年 1 月函其同事金斌统（建国工业社副社长）去沪，会见胡厥文，商议武汉民建的筹组事宜。并由胡、施介绍金斌统办理了入会手续。施之铨还向胡厥文推荐华煜卿（汉口申福新公司副经理）、厉无咎（汉口申福新公司经理）、蓝昌农（国光印刷厂经理）、贺尔梅（兴华锯木厂厂长）四人入会。他们都是汉口市工业会常务理事或理事，与武汉工商界有着广泛联系，胡厥文在重庆时对他们早有接触和了解，表示同意。并嘱金斌统回汉征得他们同意入会后，即建立民建地下小组，利用各种形式开展工作，宣传中国共产党的政策，安定工商界的情绪，劝说他们不逃跑，不拆迁，维持好生产，迎接武汉解放。施之铨并写信给华煜卿等四人，交金斌统带回。

1949 年 2 月，金斌统回汉，首先与华煜卿联系，面交施之铨信件，次日邀蓝昌农、贺尔梅传阅该信，并传达了胡厥文的指示，大家都同意参加民建，当即办了入会手续，成立了民建武汉地下小组，推华煜卿为组长，成员为蓝昌农、贺尔梅、金斌统。大家认真研讨了民建总会负责人胡厥文的指示精神，结合当时武汉形势，确定了开展工作的方向和做法，积极开展活动。

民建地下小组成立后，在中共武汉地下市委的直接领导下，以民建会员为核心，以汉口申福新公司为联络点，以市工业会和“星六聚餐会”

为宣传活动阵地，利用各种有利条件，在武汉工商界上层人士中开展了活动。

华煜卿、蓝昌农、贺尔梅均系“星六聚餐会”成员，金斌统以后也参加了。他们利用这一组织形式和自己在工业会的身份，在每次聚餐前后和在平日交往中，与大家交谈时事，有意识地宣传中共城市工商政策，揭露国民党假和谈的阴谋，使大家认清形势，消除顾虑，维持生产经营；并发动和支持职工护厂，组织联防，作好各种应变准备和对付国民党军警骚扰破坏的策略等。参加聚餐会的人士，以后大多被吸收为民建会员。

1949年4月上旬，中国人民解放军已经开始准备渡江。白崇禧企图破坏武汉之后逃窜。除申新纱厂的少量发电能力外，承担武汉水电供应的是全部由宋子文官僚资本主办的既济水电公司。中共地下党组织委托华煜卿，配合工人做好既济公司总经理兼总工程师孙保基和电信局局长尤基绍的工作，动员他们留在武汉，不拆迁工厂、不破坏机器，备好燃料，保证水电供应和电讯畅通。武汉地下小组还与工商界人士研究应付国民党强行拆迁甚至破坏机器的对策。通过多次交谈和动员，孙保基和尤基绍按照华煜卿的要求，留在了武汉。华煜卿等民建会员还利用社会关系配合中共地下党争取了伪资源委员会煤矿总局汉口供应处处长盛希康的配合，从而完整地保存了这些单位的设备和器材。

武汉地下小组千方百计保存了武汉的工厂、商店免遭敌人破坏。为了做好工商界安定思想、迎接解放的工作，印发了题为《迎接大时代的到来》的宣传材料，分别寄发工商界人士。内容阐明解放的必然趋势，“希望工商界人士不要听信国民党的谣言，不要逃跑，不要迁厂迁店，反对国民党的苛捐杂税，维护好工厂、商店的正常生产和经营。人民解放军解放武汉的日子已临近了，新的大时代即将到来，我们工商界要为武汉的解放而欢呼！”

1949年5月15日，国民党军队逃出武汉。中共党组织指示华煜卿设立观察站，随时汇报敌军撤退情况。国民党军队撤退时，把市内的公有粮库抢掠一空，解放军的粮食供给发生困难。民建成员积极行动，迅速向米厂、面粉厂借到大批粮食，协助解决了人民解放军的急需。

武汉解放后，华煜卿、蓝昌农、贺尔梅、金斌统公开了民建会员身份，受到中共中南局统战部张执一部长的接见和表扬。随后中共武汉市委宣传部李尔重部长亲自到申福新公司看望华煜卿等民建会员，感谢他们为协助武汉解放出了力。

第二章

为新中国的建设献计出力

一、学习贯彻《共同纲领》

1949 年 10 月 1 日，中华人民共和国成立，中国从此进入了由新民主主义有步骤地转变到社会主义的过渡时期，各民主党派也由此进入了一个新的历史发展阶段。民建明确宣布以《共同纲领》为自己的政治纲领，团结和引导成员，与中国共产党通力合作，发挥自身特点和优势，为贯彻实施《共同纲领》贡献自己的力量。

（一）以《共同纲领》为民建政纲

中国人民政治协商会议通过的《共同纲领》，具有临时宪法的作用，确立了中华人民共和国的国体和政体，决定了国家当时在各方面的重大方针政策。《共同纲领》是中国人民共同意志和坚强团结的表现，也是中共与各民主党派团结合作的政治基础。

1949 年 10 月 7 日，民建全国会务推进委员会召开第一次会议，通过了《民主建国会全国会务推进委员会组织大纲》，并推选了常务委员会。10 月 9 日，在常务委员会第一次会议上，根据施复亮的提议，经会议讨论后作出如下决议："本会以中国人民政治协商会议通过的《共同纲领》替代本会原有之政纲。"民建的这一决议，进一步确立了接受中国共产党领导、为社会主义服务的政治路线。

1950 年 7 月 18 日，总会第十五次常委会议通过了《民主建国会加强组织方案》，进一步明确了民建的基本方针。提出"在政治上接受中国共产党的领导，并与其他民主党派密切合作"；"确认人民政协《共同纲领》为本会的纲领，并坚决为其彻底实现而奋斗"；"确认毛泽东思想为教育会员的指导思想，并鼓励会员努力学习马列主义”；“在组织上采取民主集中制的原则”。

1952 年 7 月，民建召开第二次总会扩大会议。会议通过了新的《民主建国会会章》，规定“本会是一个新民主主义的统一战线的政党，确认中国人民政治协商会议《共同纲领》为本会的纲领，接受中国工人阶级的政党，即中国共产党的领导，以《共同纲领》为准则，团结中国民族资产阶级，进行自我教育和自我改造，并代表其合法的利益”。会议明确了民建今后的任务是“密切联系民族资产阶级，了解、研究、反映他们的意见和要求，并协助政府宣传国家的政策法令”。“以《共同纲领》、政策法令和‘五反’（反行贿、反偷税漏税、反盗窃国家资财、反偷工减料、反盗窃国家经济情报）原则为教育成员的主要内容，组织所有成员进行普遍深入的学习；并根据自愿的原则，帮助成员学习马克思列宁主义、毛泽东思想”，“帮助成员把学习和实际密切联系起来，特别和经济活动密切联系起来，进行批评和自我批评”。

1952 年 8 月，民建总会发出通知，要求各分会配合当地工商联筹委会，在工商界中普遍开展《共同纲领》的学习。各地方组织先后以各种形式广泛地开展了学习贯彻活动。北京分会成立了北京市工商界学习《共同纲领》委员会，先后有 6419 人（次）参加了学习。自 1950 年至 1953 年，配合政府政策法令的宣传学习，北京市分会主办的千人以上的报告会达 20 多次，听报告者达 3.7 万多人（次）。民建上海临时工作委员会成立了新时代工商学习会工作委员会，围绕形势、政策、法令，先后组织 1500 多人（次）参加学习。1952 年 8 月，又成立《共同纲领》学习工作组，领导和推动成员学习《共同纲领》。天津市分会通过新世纪学习座谈会，围绕《共同纲领》的学习，传达贯彻中共的方针政策，介绍国内外形势以及工商业者关心的问题。武汉、重庆、成都、沈阳、昆明等地民建组织，通过组织工商界人士学习，使他们进一步明确了民族资产阶级的地位与前途，巩固了爱国主义思想，增强了贯彻《共同纲领》的自觉性。

（二）参加人民政府工作

中央人民政府成立以后，各民主党派和无党派民主人士参加了人民政府的领导工作。在6名中央人民政府副主席中，有非中共人士3人；在56名委员中，有非中共人士27人。在4名政务院副总理中，有非中共人士2人；在15名政务委员中，有非中共人士9人。在政务院34个部、会、院、署中，担任正职的非中共人士有14人；还有一些非中共人士担任副部长和地方人民政府的领导职务。

一批民建成员在中央人民政府担任了领导职务。黄炎培任中央人民政府委员、政务院副总理兼轻工业部部长，李烛尘任中央人民政府委员，南汉宸任中国人民银行行长，章乃器任政务院政务委员、编制委员会主任，孙起孟任政务院副秘书长，罗叔章任中央人民政府委员会办公厅副主任，沙千里任贸易部副部长，施复亮任劳动部副部长，陈维稷任纺织工业部副部长，王绍鏊任财政部副部长，吴觉农任农业部副部长，杨卫玉、王新元任轻工业部副部长，章元善、盛康年、周士观任中央人民政府政务院参事，孙晓村任政务院财经委员会委员、计划局副局长，吴羹梅任政务院财经委员会委员、私营企业局副局长。

还有一批民建成员在地方人民政府中担任领导职务。乐松生任北京市副市长，盛丕华任华东军政委员会委员、上海市副市长，毕鸣岐任天津市副市长，巩天民任沈阳市副市长，陈经畲任武汉市副市长，韩望尘任西安市副市长，胡子昂任西南军政委员会委员、重庆市副市长，徐崇林、邓季惺任西南军政委员会委员，黄长水任广州市副市长，陈巳生任华东人民监察委员会副主任，萧延芳任华东生产救灾委员会主任，金学成任华东军政委员会副秘书长。

民主党派在各级人民政府担任领导职务，既充分反映了中国共产党同民主党派、无党派民主人士的真诚合作，共同担负起管理和建设国家重任的诚意，也充分反映了在人民民主专政条件下中央人民政府是统一战线的联合政府的特点。从此，民建和其他民主党派作为接受中国共产党领导的

★ 1951 年 10 月，章乃器在全国政协一届三次会议上代表民建发言。

参政党，参加国家政权，活跃在国家的政治舞台上。

（三）调整和健全组织

中华人民共和国成立初期，民建成员人数较少、组织不健全，与发展会的事业和多党合作的要求不相适应。为此，民建以调整组织、发展会务为重点，采取措施加强自身建设。

1949 年 10 月 7 日，全国会务推进委员会在北京召开会议，根据“会务推进工作综合小组”的建议，推选了 97 名会务推进委员会委员。其中，除总会理、监事 54 人为当然委员外，新增加了 43 名委员。在此基础上，推选出常务委员组成常务委员会，处理日常会务。被选为常务委员的有：王却尘、王新元、包达三、吴羹梅、吴觉农、李组绅、李烛尘、李葆和、冷遹、沈肃文、周士观、胡厥文、胡子昂、施复亮、南汉宸、俞寰澄、孙起孟、孙晓村、凌其峻、章乃器、章元善、张絅伯、张雪澄、陈巳生、黄炎培、黄墨涵、盛丕华、彭一湖、杨卫玉、杨美真、资耀华、刘一峰、刘丙吉、简玉阶、罗叔章、陈维稷、龚饮冰。会议通过了《民主建国会全国会务推进委员会组织大纲》，对全国会务推进委员会的组成、任务、工作机构作了明确规定，进一步规范和加强了会务工作。10月9日，第一次常务委员会会议推选黄炎培、章乃器、南汉宸为常务委员会召集人。

1950年7月18日，总会第十五次常委会议修正通过了《民主建国会筹备分支会的原则和办法》，确定民建的性质、任务、筹备分支会的条件和发展成员的重点。明确发展成员“要放在民族工商业者的身上，要尽可能地争取工商界积极优秀的爱国分子参加”，“不仅包括资本家和企业家，还应当包括技术人员和普通工商从业人员”，“还需尽可能地争取进步的知识分子，尤其是研究经济问题的专家和科学人才参加，也要适当地争取公营企业和经济、行政负责人参加”。会议还通过了《民主建国会加强组织方案》，对民建的基本方针和工作态度、整理会籍、吸收成员、分编小组、加强各地领导机构作出明确规定。

1950年9月2日，总会第十七次常委会议通过了《民主建国会分会筹备委员会组织通则》，对地方组织的建立等问题作出明确规定。1951年9月，总会第四十次常委会议通过《民主建国会总会各大行政区办事处试行组织通则》，规定了各大行政区设立办事处的具体办法，并决定成立西南区办事处，由胡子昂为主任，负责推动、发展、指导西南区各地会务。

在此期间，重要城市的工商界人士分批到北京及东北各大城市参观学习。民建总会多次举行招待会，宣传民建的性质和任务，对各地发展组织起了积极的推动作用。天津、广州、成都、武汉等十多个城市陆续开始了筹备工作。至1951年12月，民建分会已经发展到26个。

在发展会员方面也取得了很大进展。在中华人民共和国成立前夕，民建只有404名会员，人数较少。根据“以民族工商业者为骨干、包括公营企业者”的重点分工，陆续在大中城市吸收了一批拥护《共同纲领》、有代表性、有影响的民族工商业者入会。荣毅仁、郭棣活、刘靖基、刘鸿生、吴蕴初、乐松生、毕鸣歧、朱继圣、巩天民、陈经畲、韩望尘、黄长水、童少生、古耕虞等就是在这一时期加入民建的。此外，应民建要求，中共还推荐在金融工商部门工作的南汉宸、许涤新等参加民建，并担任了领导工作。

同时，根据中共中央《有关各民主党派组织活动的决议》，1950 年 7 月 26 日，民建总会发出《关于不在军队等系统发展组织的通函》，明确不在军队、情报机关、外交机关、各种旧人员训练班及少数民族地区发展成员、开展会务。

1951 年 5 月 3 日，民建召开组织工作会议，研究确定组织工作的任务和措施。5 月 22 日，总会第三十三次常委会议通过了《民主建国会向中小工商业者发展组织的决定》。提出今后发展成员，在继续争取工商界代表性人士入会外，“应以中小工商业者为主要对象”。

由于组织不断发展，专职干部新人增多，为巩固与发展会务，提高和加强他们的政治水平和工作能力，总会常委会于 1950 年 2 月通过了《召开干部学习会议办法》，并于 4 月举办了各地分支会干部学习会议。随后，又制定了《民主建国会训练干部办法》，对干部的培训作了详细规定，为日后以学习为基本途径的自我教育提供了有益的经验。

（四）为恢复国民经济献计出力

中华人民共和国成立初期，国民党残余势力不断制造混乱，不法奸商操纵扰乱市场，新中国面临严峻挑战。为此，中共中央着手建立经济工作领导机构，统一全国财经管理。为抑制通货膨胀，实现社会经济的稳定，1949 年 7 月，中央人民政府组建了财政经济委员会，陈云任主任，薄一波、马寅初任副主任。黄炎培、胡厥文、章乃器、孙晓村、盛丕华、胡子昂、包达三、俞寰澄、冷遹、吴羹梅等 50 人为委员，胡子婴担任副秘书长。民建成员在参与财经委员会的工作中，为抑制通货膨胀、统一财政管理、调整工商业、实现社会经济的稳定，做了大量工作。

在恢复国民经济过程中，民建积极参加了重大问题的协商讨论，发表了很好的意见。在全国政协一届四次会议上，黄炎培就提高民族工商业者经营的积极性发表了意见。在全国政协二届一次会议上，黄炎培提出民建要“协助政府宣传推行国家的政策法令”，“为了加速国家经济建设”而努力。在恢复国民经济的具体工作中，民建发挥自身优势，团结所联系的工商界人士，发挥了特殊作用。

1. 积极认购公债

中华人民共和国成立后，政府面临克服财经困难、稳定物价、安定民生的重大任务。章乃器向周恩来建议，应发行人民胜利折实公债。1949 年 12 月 2 日，中央人民政府政务院第四次会议通过了发行公债的决定。1950 年 1 月，民建总会发出《关于公债宣传的几点意见》，要求成员踊跃认购公债，积极参加公债推销工作。

北京市分会的唐庆永、傅华亭、刘一峰、浦洁修、凌其峻当选为北京市公债推销委员会常委。分会接受了 170 万份推销公债任务。为此，分会成立了推销委员会支会。当时，由于工商业者受过国民党政府的坑害，对公债的发行心存怀疑。分会有针对性地组织报告会、座谈会，印发了宣传手册，并利用报刊、广播进行宣传，取得了很大成绩，最终超额 6.4 万份完成了任务。

在上海，盛丕华、胡厥文、荣毅仁担任了市公债推销委员会副主任，俞寰澄、陈巳生、蒉延芳等当选常委。各民主党派联合成立了一个分会，胡厥文当选主任委员。1 月 17 日，民建上海临工会又成立公债推销支委会，积极展开推销工作。在认购公债过程中，俞寰澄、王艮仲、夏炎德在上海大中华电台进行广播宣传，荣毅仁代表申新纺织厂系统认购了 60 万份。在民建成员的带动下，上海工商界掀起了认购热潮，共认购 2670 多万份，占上海市公债总数的 89%。

在其他城市，都有民建成员担任公债推销委员会的领导职务，如李烛尘、资耀华任天津市公债推销委员会委员，华煜卿任武汉市公债推销委员会副主任，等等。

1953 年 12 月，中央人民政府发行经济建设公债，总额 6 万亿元（人民币旧币）。12 月 16 日，民建总会发出通函，号召各地方组织推动成员踊跃认购，宣传推销。广大成员爱国热情高涨，在认购、推销、交款入库工作中积极带头，按时超额完成了任务，为克服国家财政经济困难发挥了重要作用。

2. 协助平抑物价

中华人民共和国成立初期，除东北外，各地物价一度剧烈上涨。一些投机商利用国家的暂时困难，凭借其经济力量在市场上抢购套购物资，囤积居奇，哄抬物价，扰乱金融，追逐暴利，先后引起四次大规模的涨价风潮，给新中国的建设和人民生活造成严重损失。为此，1950 年 3 月 3 日，政务院发布《关于统一国家财政经济工作的决定》，统一全国财政收支、物资调度及现金管理。随后，在全国大规模调运粮食、棉布、棉花、煤炭、食盐，在全国各大中城市敞开抛售，稳定了市场。

在这期间，民建积极配合政府平抑物价，先后三次招待出席全国劳动局长会议、全国税务会议和橡胶、卷烟、粮食加工、进出口贸易专业会议的工商界代表，宣传国家财经政策和措施。1950 年 5 月 1 日，总会发出《五一劳动节谨告全国工商业家》，号召民族工商业者遵守《共同纲领》，正确处理公私关系和劳资关系，守法经营，照章纳税，为争取国家财政经济状况的根本好转作出努力。同时，在工商界中成立纳税互助组，积极协助政府平抑物价，为推动工商界依法纳税、接受加工定货、努力恢复生产、稳定市场，做了大量有效的工作。

在工商业比较集中的上海，为煞住物价涨风，市政府采取了果断措施。民建上海临工会组织号召成员坚决支持市政府的决策，没有一人卷入或参与破坏经济秩序的行为。1950 年 2 月 6 日，国民党飞机对上海进行狂轰滥炸，许多重要工厂被炸，造成企业停产减产。工商界成员到会反映情况、诉说困难。临工会及时向有关部门反映，并协助政府做好成员的思想工作，组织成员集思广益，帮助企业尽快复工。为响应政府号召，刘靖基将在香港的价值 100 余万美金的瑞士新纱锭运到上海，在浦东投资办厂，发展生产。

武汉市民建会员在政府的指导下，协助市工商联筹委会成立了物价研究委员会，对市场情况进行研究，及时向政府反映情况，提出建议，为平抑物价、稳定市场作出了贡献。

3. 协助推动城乡物资交流

1950年年初稳定物价、统一全国财经之后，过去因货币贬值导致抢购囤积货物的社会虚假购买力突然消失，随之出现市场需求不足、商品滞销、工厂关门、商店歇业、失业职工增加等现象。

根据国家发展生产、繁荣经济、公私兼顾、劳资两利、城乡互助、内外交流的政策，总会积极推动各级组织和广大成员协助政府搞好城乡物资交流，繁荣经济，提高劳资双方的积极性。

1952年11月，总会成立了由李烛尘牵头的工商调查工作组，重点对京、津两地工商业者的生产经营情况进行调查研究，总结经验，发现问题，提供给有关部门参考，为扩大城乡物资交流创造条件。

这期间，民建北京市分会与市工商联组织贸易代表团，先后参加了东北、华北、上海、青岛、广州、济南、西安、郑州等56个地区的物资交流会。1952年夏季至1953年春节，又配合政府组织了四次物资交流会，相继组织了43个贸易代表团，购销金额高达1347亿元（人民币旧币）。在以上活动中，有168名民建成员参加，15人被评为模范工作者。

1951年10月至1953年春，华北区城乡物资交流会、天津城乡物资交流会、春季城乡物资交流会先后在天津举行。天津分会先后组织200多名成员参加大会服务工作，四人被评为劳动模范。为顺利搞好物资交流，天津分会先后九次召开工商业者座谈会，及时向有关部门反映意见、提出建议。还主动协助外地来津贸易代表团，解决了商品积压和开拓灾区产品销路问题，受到外地工商界的好评。

上海、武汉、重庆、广州、郑州、西安、沈阳、济南、成都等地方组织都在促进城乡物资交流方面做了大量积极有效的工作。这项工作的开展，使广大成员进一步认识到物资交流对发展城乡贸易、巩固工农联盟的重要意义，体会到中共和政府扶持私营工商业政策的政治意义及其深远影响，从而鼓舞了他们生产经营的积极性。同时，对宣传和扩大民建的影响，推动民建的组织发展，起到了积极作用。

4. 配合做好私营批发商转业工作

到1952年年底，私营批发商的商品批发额一度占到全国的36.3%。1953年实行统购统销政策后，原来经营粮、棉、油等人民生活必需品的私营批发商，全部由国营商业所取代，整个市场关系发生了深刻变化，市场对社会经济的调节作用受到限制，旧的自由市场的活动范围大大缩小，国营商业对市场的统一管理和监督得到加强。私营零售的主要部分，已不能像过去那样从私营批发商或生产者方面进货，而必须依靠从国营商业、合作社商业方面进货，来维持他们的营业。

市场关系的变化和改组，为改造私营商业创造了前提，同时不可避免地使商业中的公私关系趋于紧张。1954年下半年，国家采取“留、转、包”的方式，对私营批发商进行社会主义改造。在此过程中，民建各级组织积极协助政府了解情况、反映意见，并通过多种形式做工商业者的工作，促进了这项工作的顺利完成。

上海分会配合市工商行政管理局，召集有关行业的民建成员和重点地区基层小组长座谈，了解各行业的思想与业务情况，传达对批发商改造的政策精神，号召成员无论为国家利益还是个人前途，都要积极投入，发挥骨干、带头和桥梁作用。以后又多次举行座谈，在40多天中写出14份报告，供政府参考。北京分会与市工商联一起，做好工商业者的思想工作，使一部分批发商顺利地完成了转业任务。天津分会在粮食行业的批发商转业中，进行了大量的调查研究，根据国家需要和本人情况，推荐一部分批发商转业到有关行业和部门，有的还被录用为国家干部。重庆分会对经营批发业的成员进行细致的思想工作，使他们自觉实行改造和转业，并通过他们带动同业，很快地完成了转业工作。到1954年4月底，重庆市有八个行业的95户批发商完成了转业工作。郑州分会与有关部门密切配合，使全市棉布、百货、五金、颜料、商业等五个主要行业的45户批发商实行了转业。

通过协助政府做好批发商转业的工作，使民建工商业者成员不仅增强了爱国守法意识，而且提高了生产经营的积极性，有力地配合了我国对资本主义工商业的社会主义改造。

二、参加三大运动

中华人民共和国成立初期，面临着恢复国民经济、巩固人民民主政权的重要任务。在中国共产党的领导和推动下，民建积极参加抗美援朝、土地改革、镇压反革命运动，对争取国民经济状况的根本好转、捍卫新生的人民政权发挥了积极作用。

（一）参加抗美援朝

1950 年 6 月 25 日，朝鲜内战爆发。9 月 15 日，美国政府派兵在朝鲜仁川港登陆，占领汉城，越过三八线，把战火烧到鸭绿江边，并派飞机轰炸中国东北边疆城市和乡村。9 月 30 日，周恩来代表中国政府发出强烈抗议。

在中华人民共和国刚刚诞生就面临侵略威胁的时刻，各民主党派成员表现了高度的爱国热忱。周恩来的声明发表后，各民主党派和无党派民主人士纷纷表示拥护，一部分人明确主张以武力抵抗美帝国主义的侵略。同时，也有一些人怀有崇美、恐美、亲美思想，怕“引火烧身”。

在是否出兵抗美援朝的问题上，中国共产党和中国政府采取了非常慎重的态度。中共中央曾多次在党内讨论，并与各民主党派、无党派民主人士进行了协商座谈、征求意见。经过协商很快达成了共识。根据黄炎培的建议，称出兵援朝的队伍为“中国人民志愿军”。

为加强抗美援朝工作，中国共产党与各民主党派、各人民团体和民主人士协商决定，成立抗美援朝运动委员会。各民主党派纷纷组织成员积极参加抗美援朝运动。1950 年 10 月 26 日，中国人民保卫世界和平、反对美国侵略委员会在北京成立。1950 年 11 月 4 日，由中国共产党领衔，发表了《各民主党派联合宣言》，宣布“中国各民主党派誓以全力拥护全国人民的正义要求，拥护全国人民在志愿基础上为着抗美援朝、保家卫国的神圣任务而奋斗”。

抗美援朝运动开始后，民建总会及各地方组织纷纷开展了深入广泛的教育活动，以各种形式揭露美帝国主义的侵略暴行，破除亲美、崇美、恐美的思想迷障，调动和鼓舞广大工商界的爱国热情。

1950 年 8 月 15 日，黄炎培、章乃器、南汉宸致电朝鲜首相金日成，代表民建祝贺朝鲜解放五周年，声援朝鲜人民的抗美斗争。1950 年 11 月，民建总会举行扩大会议，通过了《全国工商界团结起来，为抗美援朝保家卫国而奋斗》的政治报告。会议指出：“工商界在运动中的基本任务是疏通物资、稳定市场、发展生产、巩固经济、踊跃纳税、保障供给，以实际行动支持抗美援朝。”会议期间，周恩来等党和国家领导人分别作了政治经济政策、统一战线、劳资关系的报告，引导工商界把个人利益同国家利益结合起来，以抗美援朝、保家卫国作为当前的中心任务，团结全国工商界，为粉碎美帝侵略而奋斗。

在此期间，总会发出了《关于“抗美援朝，保家卫国运动”的宣教要点》，号召各级组织“把所有进步分子都动员起来，集体讨论，分头工作，组织各种各样的座谈会和演讲会，把现在落后的人们逐渐提高，提高到自己一样的政治水平”。各地组织进行了认真传达和深入讨论，组织成员控诉美帝侵华罪行，签订爱国公约，以实际行动积极投入到抗美援朝、保家卫国的运动中去。

1950 年 11 月 30 日，李烛尘、毕鸣岐、朱继圣率领天津工商界四万多人举行抗美援朝示威游行，并致电毛泽东。毛泽东复电天津工商界：“你们认清了美帝国主义者发动侵略中国和朝鲜的反动性质，你们不受他们的欺骗，不怕他们的恐吓，坚决地站在抗美援朝保家卫国的爱国立场上，并在十一月三十日举行了正义的示威游行，这是值得欢迎的。美国帝国主义者对于中国人民做了很多的欺骗宣传，一切爱国者都不应相信这些欺骗言论。美国帝国主义者侵略朝鲜，侵略中国的台湾，轰炸中国的东北，并使用各种流氓手段恐吓中国人民，一切爱国者都应有决心反抗美帝国主义的侵略，并不受他们的恐吓，中国人民抗美援朝保家卫国志愿军的英勇行为，是值得赞扬的。全国工人、农民、知识分子及工商业家，凡是爱国者，一致团结起来，反对美帝国主义的侵略，是完全正确的。我希望全中国一切爱国的工商业家，和人民大众一道，结成一条比过去更加巩固的反对帝国主义侵略的统一战线，这就预示着中国人民在反对帝国主义侵略的神圣斗争中一定要得到最后胜利。”12 月 9 日，傅华亭、刘一峰、浦洁修等率领北京市工商界五万多人，举行庆祝平壤解放、反对美帝侵略示威大游行。游行队伍由各行业负责人高举门旗作为先导，从先农坛出发经前门箭楼后分为东西两路，沿途振臂高呼，情绪激昂。12 月 16 日，胡厥文、郭棣活、刘鸿生、吴蕴初、荣毅仁、刘靖基等率领上海工商界 15 万人举行抗美援朝示威大游行。荣毅仁手擎大旗，走在队伍最前面。沈阳、西安、武汉、成都、广州、济南、重庆、郑州、福州、长沙、无锡、开封等地工商界也相继组织了抗美援朝大游行。据 21 个市的不完全统计，仅在 12 月份就有 70 多万人参加，掀起了抗美援朝运动的高潮。

同时，民建派成员赴朝鲜慰问中国人民志愿军。胡厥文、胡子昂、章乃器、凌其峻、朱继圣、陈巳生、卢广绩、陈俊明、王懋德、秦育之、梁尚立、王文彬、朱巳训、李镜天、陈叔敬、杨达权、萧则可、梅岭先、徐崇林、刘光智、陆鲁一、闵子、倪松茇、俞寰澄、侯德榜、莫艺昌、杨美真、吴羹梅、唐巽泽、徐祖潮、高事恒、刘念义、吴中一、汤蒂因、蔡叔厚、吴逸生、魏如、罗伯昭、韩志明、孙瑞璜、荣漱仁、赵忍安、孙耀华、林厚周、李肇基、厉无咎、马公瑾、周焕章、田梅村、艾鲁川、袁熙鉴等先后赴朝，到硝烟弥漫的前沿阵地慰问志愿军。归国以后，他们向各界人士报告中国人民志愿军的英雄业绩，激发对帝国主义的义愤，以实际行动搞好生产，支援抗美援朝运动。

上海临工会陈巳生在参加赴朝慰问时，以民建及上海工商界代表的身份，向全国各界人士发出捐献飞机大炮的倡议。这一倡议，得到了全国人民的热烈响应和支持，并成为后来中国人民抗美援朝总会“六一号召”

的重要内容之一。1951年6月4日、6月18日，民建总会相继发出通知，号召全会响应“六一号召”，并成立了抗美援朝捐献运动委员会。

在捐献工作中，北京工商界捐献飞机31架；天津工商界捐献战斗机38架、现金29亿元（人民币旧币）；上海工商界捐献战斗机404架，其中民建成员捐献179架；武汉工商界捐献战斗机44架；成都工商界捐献飞机4架；济南、青岛工商界捐献战斗机34架；福州工商界捐献飞机8架。其他城市的工商界也都积极投入捐献运动，贡献自己的力量。

在抗美援朝运动中，不少民建成员或成员亲属参军赴朝作战。胡厥文、胡子昂、吴蕴初等亲送子女上前线。吴蕴初说：“我爱我的女儿，但更爱我的祖国。”1953年春季，美帝国主义发动细菌战后，各民主党派与中共联合发表了《对于帝国主义进行细菌战的抗议》。随后，民建成员参加了“美帝国主义细菌战罪行调查委员会”，赴我国东北地区和朝鲜前线进行实地调查。

在抗美援朝、保家卫国运动中，民建高举爱国主义旗帜，动员广大成员和工商界人士，热烈响应“六一号召”，踊跃捐献飞机、大炮，坚持生产，积极纳税，为祖国奉献了一片赤子之心。

（二）参加土地改革

进行土地改革是新民主主义革命的一项重要任务。中华人民共和国成立后，全国还有三亿多农民的新解放区没有实行土改。为此，中共七届三中全会、全国政协一届二次会议都把土地改革作为中心议题。随后，中央人民政府发布了《中华人民共和国土地改革法》（以下简称《土地改革法》）。民建参与了《土地改革法》的讨论和制定。

1950年6月15日，黄炎培参加中国人民政治协商会议土地改革小组，被选为召集人。在全国政协一届二次会议上，他和李济深、张澜、沈钧儒、马寅初、陈叔通等人联名提出《拟请先就各大行政区各择若干县或乡实行土地改革案》。认为土地改革在全国推行，无论干部数量和工作经验均恐不够，请先就少数地区实行，然后逐步推广。

《土地改革法》颁布以后，民建总会于1950年6月25日至28日召开了会务推进委员会，通过了《拥护政府土改办法和财经措施的决议》，要求全体成员积极推动工商界拥护土地改革。各级组织组织成员学习《土地改革法》，结合成员实际，有针对性地做好思想工作，特别是针对工商业者兼地主的情况，提出了一些政策性建议。在具体工作中，采取组织领导干部和骨干成员参加土改、参观土改的方法，使民建成员在实践中接受教育、发挥作用。

1950年冬，民建成员参加了华东、中南的土改运动和西南的减租退押工作，在工商界起了良好作用。1951年春夏之交，上海、北京、天津、重庆、武汉、西安、长沙、济南、福州、南昌等地近百名成员参加了西南土改运动。章乃器任中央西南土改工作团团长。京津两地成员通过参观皖南、湖南及沪郊的土改，看到了翻身农民的生产积极性和发展城乡贸易的良好前景。北京分会从1950年开始，发动骨干和各行业有代表性的积极分子，自愿参加各地的土地改革运动。天津分会组织52名成员、分八批参加了土改工作团和参观团。上海临工会有17位成员参加了三个土改工作队，到上海郊区大场、真如、杨思及皖北、苏南等地区搞土改工作，还有121位成员参观了土改工作。武汉市工商业者兼有土地关系的约占90%，在土改工作中曾一度引起工商界的不安。为此，市政府成立了城乡联络处，民建成员参加了联络处的工作，协助政府搞好土改。在此期间，武汉市分会筹委会多次召开成员大会和土改问题座谈会，要求成员把土改政策宣传到广大工商业者中去，发动工商业者积极支持农民的土改运动。为了加强工作，分会筹委会还成立了土改小组，专门研究处理成员中的土地问题，向政府提出建议。

民建各级组织在组织参加或参观土改工作中，还就某些地区具体工作中存在的偏差，及时进行了反映，保护了地主兼营的工商业或直接用于经营工商业的土地和财产，稳定了工商业者的情绪，调动了他们的经营积极性。

参加土地改革运动，使工商界接受了一次深刻的反封建教育。由于民建组织的宣传鼓动和深入细致的思想工作，使成员在参加土改的实际工作中，增强了对中国共产党关于农村政策正确性的认识，切身感受了农村土改后欣欣向荣的气象，看到了工商业在农村的广阔前景。广大成员在实践中既发挥了作用，也经受了锻炼。

（三）参加镇压反革命运动

中华人民共和国建立初期，国民党在大陆遗留了200多万土匪、60多万特务以及60多万反动党团骨干分子。他们以暗杀、爆炸、抢掠等方式从事破坏活动，严重危及新生的人民政权和人民生活。为此，政务院和最高人民法院于1950年发布了《关于镇压反革命活动的指示》。

为了取得民主党派和无党派民主人士对镇反运动的理解与支持，毛泽东多次电示各地党政机关，要特别注意政策，不要四面出击，要集中力量稳、准、狠地打击反革命首恶分子。根据这一精神，中共邀请民主党派和无党派民主人士积极参与。毛泽东曾把广东、广西的报告送给黄炎培，并附言说明镇压反革命的必要性。1951年3月，中共中央发出了《关于在镇压反革命中处理涉及民主党派民主人士爱国分子问题的指示》，规定对于在中华人民共和国成立前就已开始反蒋斗争、与中共合作的民主人士和真正起义的军官，在镇反中予以特殊照顾和宽大处理。这样，消除了一部分民主党派和无党派民主人士的疑虑，对镇压反革命工作取得了共识。

1951年2月，中央人民政府公布《中华人民共和国惩治反革命条例》，贯彻镇压与宽大相结合的原则，使镇反运动有了法律依据。随后，民建总会发出了《关于积极进行镇压反革命的通知》，通知指出，镇压反革命、土地改革与抗美援朝保家卫国，是当前的三大任务。要求各地分会组织成员认真学习镇反文件，鼓励曾经参加过反动党团、会道门的成员进行坦白登记，不得吸收有反革命嫌疑与不明历史底细的人入会。

各地分会按照总会要求，结合当地实际情况，积极开展了宣传教育活动，并配合政府积极做好工作。各地以座谈会、报告会等形式组织成员认真学习惩治反革命条例。上海市临工会布置了有关“镇压反革命问题”

的学习讨论提纲，对成员进行反特宣传教育。北京分会组织成员对罪犯案情进行调查了解，提出自己的调查意见供有关部门参考。武汉分会分筹委会针对“观望态度和侥幸心理”，召集工商界人士举行了三次座谈会。民建其他地方组织也组织成员认真学习文件，参与镇反工作。通过学习，成员普遍提高了认识，统一了思想。

各级组织还鼓励成员检举揭发，动员曾参加反动党团、会道门的成员坦白交代。与此同时，各级组织进行了清理整顿组织的工作，对个别混入民建的反革命分子及时予以清理。

民建参加镇反运动，配合政府保卫了新生政权、安定了社会秩序、保障了经济建设的顺利进行，也使成员受到了教育，纯洁了会的组织。

三、调整和明确工作方针

1951 年年底和 1952 年年初，中共中央开展了“三反”“五反”运动，民建各级组织和成员积极参加，经历了一次接受改造的考验和守法经营的教育。在此基础上，民建召开第二次总会扩大会议，进一步确定了民建的性质、任务和工作方针。与此同时，民建协助中共和政府调整公私关系、劳资关系，为实现我国财政经济状况的根本好转，作出了重要贡献。

（一）参加“三反”“五反”运动

在取得抗美援朝、土地改革、镇压反革命三大运动胜利的基础上，中共中央于 1951 年 12 月 1 日作出《关于实行精兵简政、增产节约、反对贪污、反对浪费和反对官僚主义的决定》，全国开始了反贪污、反浪费、反官僚主义的“三反”运动。在运动中，发现一个共同现象，即一切重大贪污案件都是不法商人和蜕化分子相勾结，共同盗窃国家财产。黄炎培给毛泽东写信说，机关人员的贪污行为往往与工商界有关，当查诘商店时，又发现不少漏税、行贿、送回扣等问题。此种风气根深蒂固，如不扑灭，难以整饬机关风气。他建议在工商界开展“消灭行贿、消灭回扣”的斗争。根据黄炎培的建议，中共中央决定在大、中城市发动反对资产阶级行贿、偷税漏税、盗骗国家财产、偷工减料、盗窃国家经济情报的“五反”运动。1952 年 1 月 26 日，中共中央发出《关于在城市中限期展开大规模的坚决彻底的“五反”斗争的指示》。

1952 年 1 月 9 日，民建总会发出通告，“最近全国各地正在大张旗鼓地、雷厉风行地展开反贪污、反浪费、反官僚主义运动。这是一个具有重大政治、经济意义的运动。我全体会员必须充分重视，热烈参加，积极行动，并与继续加强抗美援朝、增产节约和思想改造学习三大中心工作紧密结合进行”，“各地分会必须立即召集全体委员会议，详细讨论推进反贪污、反浪费、反官僚主义运动的步骤，组织专门委员会，通过会员小组会议，学习有关文件，先进行会内检查，在进行检查当中，必须主管负责，亲自动手，首先作认真地、彻底地自我检讨，同时号召自动坦白”。2 月 16 日，民建总会致函各分会、筹委会，要求做好五项中心工作，即搜集及整理成员违法、犯法行为资料，每周详细汇报总会，以便研究处理；进行会内工作检查，从领导层到全体干部及服务人员，必须层层、人人彻底坦白，并尽量检举别人；进行推动、帮助工商界成员在“五反”运动中，大胆地坦白、检讨、批评及抢救工作；暂停发展成员及改选分会，彻底进行整理工作；刊出《民讯》的分会，应即改为油印快报，及时发挥战斗的组织与教育作用。

“三反”“五反”运动对与工商界有密切联系的民建是一次严峻的考验。当时，工商界许多人对运动的意义认识不足，有的态度消沉，有的企图“混关”，对坦白检举顾虑很多。在民建成员中也存在一些疑虑。此外，在运动初期，由于不少地方和单位曾一度发生简单粗暴的做法，乱抓资本家进行审讯和逼供，有的还提出要“打老虎”，使一些工商业者失去了生产经营的信心。黄炎培等通过调查研究，及时把情况报告毛泽东。中共中央及时指示各地纠正这种做法。到运动后期，人民政府成立了节约委员会，对有些定性不当和退补不实的问题，重新进行了实事求是的处理。

在运动中，民建各级组织反复向成员及工商界人士交代政策，引导他们划清与“五毒”的界限，端正态度，投入运动。

上海是我国民族资本家最集中的城市，运动搞得如何，直接关系着全局。陈毅在一次报告中，明确对303户工商界人士采取严肃教育、团结生产、保护过关的政策。把他们集中在市政协大楼，进行“互助互评”，“不单纯着眼于违法数字的大小，而是重视违法的情节和企业的性质，资方在政治上生产上的表现”。使303户的问题及早得到了解决，对上海的“五反”运动和恢复生产，起了较大的推动作用。在运动后期，上海成立“五反”评议委员会，复查审议一些重大案件，胡子婴、汤蒂因等担任评议委员。民建上海市分会参照政府对工商界成员的处理结果，按照总会在“三反”“五反”中对成员的会内处理办法，区别不同情况，作了慎重的会内处理。

北京分会举行“三反”“五反”运动动员大会，制订了推进工作的具体计划。1952年1月，在中山公园召开新知识座谈会，黄炎培发表了《倡立四不公约》的演讲，提出以不行贿、不逃税、不诈欺、不送回扣来响应“三反”运动。天津分会号召成员带动全市工商界大胆揭露不法行为，配合政府做好工作。王光英被任命为天津市人民法院副审判长。

据24个地方组织的统计，参加运动的工商业者成员有2442人，占成员总数的52%。在成员经营和负责的1742户企业中，有1054家企业定为守法户、基本守法户，占61.2%；严重违法和完全违法的有427户，占26.7%。

在“三反”“五反”运动中，民建组织和成员经受了严峻考验，受到了深刻的教育，为更好地服从国营经济的领导、接受工人群众的监督、从事有利于国计民生的生产经营，奠定了基础。

（二）第二次总会扩大会议

1952年3月15日，毛泽东约黄炎培谈“五反”以后民建的工作方针。毛泽东问黄炎培：“你看这次运动影响到团结上怎样？”黄炎培答：

“是好的。”毛泽东说：“这次运动是为了团结，斗争是为了团结，这次运动的成功，应该是增进了团结。”毛泽东指出，民建在运动中带动了工商界，是有功的。从全国看来，有些大工业家，他们掌握着工厂，经济作用比某些城市全部小工商业还要大，用经济观点，向远的大的方面看，这些情况是值得注意的。民建对“五毒”俱全、完全违法的资本家，一定不能要；守法的及基本守法的要争取，半守法半违法的也要争取。要教育改造他们。还要特别重视工业，劝导大家在人民政府领导下，依据国家经济需要，有步骤地把商业资本转向工业，于国家是有利的。商业中间特别是投机商，于国家人民全无益处，绝对不要。毛泽东希望民建注意两件事：一是帮助资本家去掉“五毒”；二是好好地学习《共同纲领》。

这些谈话，对于帮助民建巩固和发展组织，联系团结工商界起了重要作用。总会在《关于民主建国会工作要点》中明确提出，民建的主要发展对象应当是对国家经济建设有重大作用的大的工商业资本家，过去以中小为基础的组织方针应加以改正。

为贯彻以上精神，民建于 1952 年 7 月 1 日至 7 日召开第二次总会扩大会议。出席和列席会议的代表有 278 人。

会议由章乃器致开幕词。黄炎培传达了毛泽东的谈话精神，并谈了自己的体会。第一，我们对资产阶级的看法，要有区别。中间有守法的，有违法的，要认识它的本质，要帮助它好好改造。对工业和商业的看法，也要有区别。同时，还要特别重视于国家经济建设有重要贡献的大工业。第二，工商业家经过“三反”“五反”运动深刻的教育，又接受了毛主席的指示，定将好好地配合实际的行动来学习《共同纲领》，一面提高警惕性，从此彻底地肃清“五毒”；一面发挥积极性，在国家生产总计划领导之下，在国营经济领导之下，好好地结合群众力量，尽最大的努力，继续经营生产工作，这样才配合了国家和人民迫切的需求。第三，民建同志们全心全意接受了毛主席的鼓励和指示，对会的工作方针和任务，一致地有了新的明确的认识，从今以后，有区别地吸收工商业家，好好地团结他们、帮助他们，在人民政协全国委员会指示之下，配合省市协商委员会，配合工商联，广泛地适当地开展组织学习《共同纲领》，同时尽可能协助他们解决问题，期使他们好好地正确践履《共同纲领》的规定，在“工人阶级领导”“国营经济领导”“公私兼顾”“劳资两利”的大原则下，完成他们为国家发展生产的神圣使命，而我民建自身，加强了组织，加紧了团结，在这些上边好好地努力起来，同样是一方面配合了国家和人民迫切的需求，一方面符合了毛主席殷切的期望。这样，将使一般人认识到这是“三反”“五反”运动以后新的民主建国会。

大会决定，民主建国会更名为“中国民主建国会”。

大会通过了《中国民主建国会会章》。新会章对民建的性质和任务作了如下规定：“本会是一个新民主主义的统一战线的政党，确认中国人民政治协商会议《共同纲领》为本会的纲领，接受中国工人阶级的政党即中国共产党的领导，以《共同纲领》为准则，团结中国民族资产阶级，进行自我教育和自我改造，并代表其合法的利益。”民建的主要任务是“密切联系中国民族资产阶级，了解、研究、反映他们的意见和要求，并协助政府宣传国家的政策法令”。民建的主要发展对象，是对国民经济有重大作用的、拥护《共同纲领》的工商业资本家及其代理人，同时吸收有代表性的中小工商业者，并应吸收适当数量的私营企业高级职员，财经机关、公营企业工作人员及进步知识分子。

会议决定，改“会务推进委员会”为“总会委员会”。取消理、监事名义，召集人改为主任委员、副主任委员。会议推选黄炎培为主任委员，章乃器、南汉宸、李烛尘、盛丕华、施复亮为副主任委员，孙起孟为秘书长。常务委员有王却尘、王新元、包达三、吴觉农、冷遹、沈肃文、周士观、胡厥文、胡子昂、俞寰澄、孙起孟、孙晓村、凌其峻、章元善、张絅伯、陈巳生、黄墨涵、彭一湖、杨卫玉、杨美真、刘一峰、简玉阶、罗叔章、陈维稷、龚饮冰、许涤新、傅华亭、李承干、浦洁修。会议还决定施复亮担任组织委员会主任委员、章乃器担任宣传教育委员会主任委员、李烛尘担任工商研究委员会主任委员。

这次总会扩大会议是民建历史上一次非常重要的会议。它不仅为进一步发挥政党职能打下基础，在自身建设特别是领导制度建设方面也迈出了重要一步。

（三）协助调整公私关系和劳资关系

随着“三反”“五反”运动的深入开展，一些地方再度出现市场停滞、交易清淡的情况，私营工商业生产经营发生困难，部分工厂停工，工人失业。1952 年 3 月 14 日，政务院发出《关于必须立即进行生产恢复交流活跃经济的指示》，要求各地以开展农村土产收购和恢复城市加工订货为中心，采取措施，使城乡经济活跃起来；要求利用私营工商业这支力量。经过各地扩大加工订货、收购滞销品、提高工缴利润、放宽行政管理、组织物资交流、减低银行利息等，私营工商业的积极性有所提高，生产走向正常。但私营商业困难仍然很大，营业额下降，歇业户增多，失业人员大量增加。1952 年 11 月 15 日，中共中央发出《关于调整商业的指示》，要求在全国范围内对公私商业关系进行调整。

为了加强对工商界的了解，帮助工商业者成员正确处理公私关系和劳资关系，促进生产经营，民建设立了工商研究处，对私营工商业进行调查研究，反映他们的合理要求，帮助解决一些具体困难。1953 年 3 月，民建总会常委会通过了《关于加强工商调查研究工作的决议》，决议指出，近几个月来各地反映私营工商业者在公私关系、劳资关系和税收方面都存在着不同程度的问题。我会通过工商研究和宣教工作，对于这些问题有了一些了解，对反映和解决工商界的问题以及提高成员的认识起着一定的作用。根据当前的迫切需要，我会应把工商调查研究工作作为全年的中心工作，作为发展、巩固组织的条件和进行宣教工作的基础。要求各分支会都要设立工商研究机构，加强这方面的工作。

在 1953 年 4 月召开的工商情况汇报会议上，一些代表反映私营工商业者存在程度不同的“五毒”行为和不服从国营经济领导的情况。同时，也反映了工商界在生产经营中存在的困难和问题。根据这个情况，黄炎培还带队进行了调查研究，先后整理了《各地工商业情况反映》《民建、工商联工商问题座谈纪要》《私营企业劳资问题现状的一斑》《私营工商业现存的问题和解决的办法建议》等调查报告送中共中央。黄炎培还多次写信给毛泽东，反映工商界接受社会主义改造的动态、工商界的意见要求。8月1日，民建总会通函各地加强“五反”原则的教育，提出“加紧号召成员首先严格检查自己，在私营工商业界起骨干带头作用，有效地防止‘五毒’行为的重犯，是我会当前头等重要的任务”。

在此过程中，民建一方面加强对成员的教育，一方面代表成员的合法权益，积极协助政府处理“五反”运动中的“退赔”问题。退赔的政策性很强，为做好工作，总会多次要求各级组织正确处理“退赔”问题，协助调整好公私关系、劳资关系。各地组织遵照上述精神，配合政府对工商户的违法所得数字反复进行了核实。在核定工商户的违法所得后，按照对偷税漏税所得只退1951年部分、基本守法户免于退补、半守法半违法户只退不罚等规定，确定了退补罚的户数和金额。这项工作，对调整公私关系、劳资关系发挥了重要作用。

四、学习贯彻国家过渡时期总路线

1952年年底，中共中央提出过渡时期总路线。为了提高和统一认识，协助中共和政府做好贯彻总路线的工作，民建召开了总会委员会全体会议，动员全体成员团结广大私营工商业者，在贯彻国家过渡时期总路线过程中发挥了重要作用。

（一）总会委员会全体会议

中华人民共和国成立后，在短短三年内就根本扭转了国民党反动统治留下的混乱局面，实现了政治、经济、社会的稳定，各方面都取得了超出预期的成绩。

1953年，我国开始实施第一个五年计划，开始了大规模的经济建设，

★ 1953 年，中国共产党提出了我国过渡时期总路线，民建在工商界中进行了广泛的学习宣传工作。图为施复亮在作学习总路线的报告。

中共中央开始酝酿实行过渡时期总路线。9 月 7 日，毛泽东邀请各民主党派中央负责人和部分工商界的代表人士召开座谈会，请大家协助做好过渡时期总路线的宣传工作。黄炎培、章乃器、李烛尘、盛丕华等出席。毛泽东发表了《改造资本主义工商业必由之路》的讲话，提出“国家资本主义是改造资本主义工商业和逐步完成社会主义过渡的必经之路”。10 月，中共中央公布了过渡时期总路线。宣布“从中华人民共和国成立，到社会主义改造基本完成，这是一个过渡时期。党在这个过渡时期的总路线和总任务，是要在一个相当长的时期内，逐步实现国家的社会主义工业化，并逐步实现国家对农业、对手工业和对资本主义工商业的社会主义改造”。

过渡时期总路线的提出，引起了私营工商业者的疑虑和不安。为了帮助成员学习和了解过渡时期对待中国民族资产阶级的方针政策，协助中共和政府做好贯彻总路线的工作，民建总会于 1953 年 11 月召开全体会议。会议有 988 人出席、110 人列席。参加会议的还有正在出席全国工商联代表大会的民建成员及北京分会委员等。

在大会开幕时，黄炎培作了《全体会员动员起来，在中国共产党的领导下，团结私营工商业者，为贯彻国家过渡时期的总路线而奋斗》的讲话。他说："在这次会议上，我们有一个极其重大的问题要讨论决定，就是关于本会今后方针、任务的问题。""从今年起，我们国家已进入到一个有计划的国民经济建设时期，同时向全国人民明确地宣布了过渡时期的总路线。"他在全面阐述国家过渡时期总路线之后，提出"为了适应国家总路线的要求，本会今后的工作方针和中心任务，就是：通过私营工商业的改造工作、增产节约和各项爱国运动，依靠全体会员的努力，培养和提高本会工商业者的会员成为工商界中的骨干分子，也就是要使他们首先做到真正爱国守法，积极改进生产经营，努力学习，认真接受社会主义改造，忠诚地接受中国共产党和人民政府的领导，并紧密联系、团结工商界群众，正确地发挥带头的、模范的和在人民政府与工商界间的桥梁的作用，为贯彻国家过渡时期的总路线而奋斗"。

盛丕华作了总会常务委员会工作报告。大会通过了《关于召开本会全国代表大会的决议》。经过 13 天的努力，与会同志提高了对国家在过渡时期的总路线和总任务的认识，并根据总路线和总任务的要求，确定了本会今后的工作方针和中心任务。会议的召开，对民建在中共的领导下，团结私营工商业者，实现对资本主义工商业的和平改造，具有重要意义。

总会委员会全体会议之后，各地方组织广泛开展了学习国家过渡时期总路线的活动。1953 年 12 月，总会发出《中国民主建国会总会为贯彻总会委员会全体会议决议，加强学习国家过渡时期总路线致各地方组织的通函》，根据各地方组织学习总路线的情况提出了如下要求：总路线的学习对私营工商业的社会主义改造是最重要的思想工作，亦是我会当前宣教工作的重点；在学习中有任何怀疑和问题，应鼓励大家尽量提出，展开自由辩论，务求做到彻底敞开，大胆暴露；各地方组织的负责同志，应亲自领导并切实掌握这次的学习工作，宣教部门应密切配合其他各部门做好宣传学习工作；各地方组织要培养骨干，深入成员小组进行宣传，帮助学习，发挥骨干作用，提高学习效果；在学习中，应进一步要求成员结合自己的业务和思想情况，展开批评与自我批评，实行相互帮助，相互监督。

针对当时工商界的思想情况，总会于1954年1月，组织力量分赴若干城市，了解工商界学习总路线后的思想情况。在北京、天津工商界思想情况汇报会上，浦洁修反映，私营工商业者在国家总路线宣布之初，思想上是有波动的。经过学习之后，不少工商业者在思想认识上有了提高，并且有许多人在行动上有了积极的表现。但还有一些中小工商业者，他们对总路线的认识仍相当模糊。为此，北京分会多次组织成员认真学习，引导他们逐步提高认识。

黄炎培、孙晓村、王艮仲、姚维钧专程赴上海宣讲过渡时期总路线。黄炎培作了《关于国家过渡时期总路线》的报告，有2000多人参加。上海分会举行了基层小组骨干会议，组织全体成员系统、深入、全面地学习。施复亮、钟复光赴武汉、重庆，吴觉农、张絅伯赴西安、郑州、开封等地宣讲总路线，了解情况。天津分会和市工商联采取“层层传达、逐步深入”的办法，首先举办了124人参加的骨干学习班，然后深入基层开展宣讲工作，取得了较好的效果。从1953年年初至1954年上半年，民建西南区办事处对工商业者成员企业进行调查，协助改善生产经营工作，并向成员进行前途教育，解除对国家资本主义道路的顾虑。民建其他地方组织也分别组织成员学习过渡时期总路线，使成员普遍提高了思想认识，加深了对总路线的理解，纷纷表示要努力学习，爱国守法，积极改善生产经营，真诚接受社会主义改造。

（二）金融业的公私合营

金融业事关国家经济命脉，国家首先对私营金融业进行了全行业公私合营。

1949年年底，全国私营银行、钱庄有833家，1951年减至344家。在这一期间，国家对银行业采取了一系列措施。在全国大城市解放之后，人民政府接管了中国通商、中国实业、新华、四明四家官商合办的大银行，改组为公私合营银行。随即又在公股占一半以上的建业银行实行公私合营。其他全国性的大银行，如上海商业储蓄银行、南四行（上海、浙江兴业、国华、聚兴诚）、北五行（金城、东南、大陆、盐业、联合）也派了公股董事加强领导。

1951年5月，中国人民银行总行决定“建立公私合营银行联合管理机构，实现进一步的集中领导”。年底，全国性的大银行都成立了联合管理机构，实行合并经营。地方性的小银行、钱庄也在当地分别组成联营集团。为了尽快实现金融业由国家统一经营，1952年5月，中国人民银行总行决定“坚决淘汰私营钱庄，彻底改造公私合营银行”，对金融业全行业实行社会主义改造。对资本家实行定息制度，并安排和他们原来大体相当的地位。对私营银行职工，一部分留下工作，一部分进行训练后另作安排。

在金融业公私合营过程中，民建成员发挥了积极作用。金城银行董事长周作民、浙江兴业银行总经理项叔翔、新华银行总经理王志莘、存诚钱庄经理沈日新、上海银行总经理资耀华、四川聚兴诚银行总经理杨受百、和成银行董事长吴晋航等，利用自身优势，在协商各方、联系推动、沟通公私关系、协助筹建机构和安排人员中做了大量工作。他们参与了金融业的合营筹备工作，多次在公私方之间进行联系和协商，并以自己的行动影响其他私方人员，使大多数私营银行、钱庄的负责人比较乐意地接受合营方案。

到1952年12月，全国60多家金融业企业实现了全行业公私合营，成立了统一的公私合营银行，周作民、王志莘任联合董事会副董事长，徐国懋任副总经理。金融业的公私合营为全国工商业的社会主义改造积累了有益的经验。

（三）推动对工商业的改造

在国民经济恢复时期，我国大多数民族工商业者接受了国家资本主义的初、中级形式，如工业接受加工订货、统购包销，商业统购代购、经销代销。

同时，一部分工商界代表人士积极申请，实行了国家资本主义的高级形式，走上公私合营的道路或将企业转为国营。其中，大多是民建成员。1949 年，吴羹梅将中国标准铅笔厂与哈尔滨企业公司合营，创办了公私合营哈尔滨中国标准铅笔公司。古耕虞经营的四川畜产公司、黄凉尘任总经理的宝元通公司、武汉国贸公司，于 1950 年直接转为国营企业。1949 年，李烛尘代表“永、久、黄”企业集团提出公私合营要求。1951 年，吴蕴初经营的天原厂，以及浙江西山窑业厂、上海华丰钢铁厂、南昌的沈三阳、四川大华纺织厂等实行了公私合营。1952 年，荣毅仁经营的无锡开源机械厂、童少生经营的民生轮船公司获准公私合营。1952 年，永利公司、塘沽永利碱厂、南京永利碱厂获准公私合营，定名为公私合营永利化学工业公司，侯德榜任总经理。随后久大公司、久大精盐厂获准公私合营，并与永利合并，定名为永利久大化学工业公司，李烛尘任董事长，侯德榜任总经理。

在 1952 年前后公私合营的企业主要以工业为主，其中民建成员经营的企业占绝大多数。他们虽然为数不多，但影响很大，在工商界中起了示范作用。毛泽东在民生公司合营后指出，民生公司的公私合营，不仅使公司获得新生，而且对其他私营企业具有指导作用。

1953 年 10 月，毛泽东约见工商界代表刘靖基、刘鸿生等座谈，鼓励他们在公私合营中起表率作用。12 月，刘靖基代表安达、大丰企业提出公私合营，随后安达、大丰、公永三厂合并为公私合营安达纺织股份有限公司，刘靖基任总经理。1953 年年底，刘鸿生申请上海水泥股份有限公司、章华毛纺厂的公私合营获得批准。1953 年公私合营的企业还有胡厥文经营的新民机器厂，陈铭珊经营的上海信谊药厂，乐松生经营的北京同仁堂，万国权经营的天津利中酸厂，荣毅仁、郭棣活与合肥市政府合营兴建的安徽棉纺织一厂、荣氏企业无锡申新纺织三厂、北京朝阳电机厂、福兴面粉厂、六必居酱园等。1954 年，刘国钧经营的江苏常州大成纺织公司获准公私合营。

民建成员不仅将自己经营的企业率先实行公私合营，而且做了大量宣传工作。荣毅仁、胡厥文、王光英、万国权、陈铭珊、乐松生等都曾以自己的亲身经历，宣传公私合营给企业带来的新变化，说明处理清产核资、人事安排、公私关系、劳资关系的政策，解除了工商业者的疑虑，在对资本主义工商业的和平改造当中发挥了带头作用。

为了推动成员和工商界接受社会主义改造，黄炎培在 1953 年 11 月召开的总会委员会全体会议上提出，要对成员进行爱国守法教育，“爱国守法，这是成员最起码的最重要的也是最基本的条件，没有这个条件，就根本谈不到接受社会主义改造”。1954 年 7 月，总会召集西南区办事处、北京、天津、上海、南京、杭州、武汉、广州、长沙、西安等地分会代表举行了“爱国守法教育工作座谈会”。会议明确了爱国守法教育的方针，主要是培养和提高工商业者成员的爱国守法思想，帮助他们积极接受社会主义改造，推动他们在工商界中发挥骨干作用。会后，民建总会批转了《总会爱国守法教育工作座谈会对于本会爱国守法教育工作的意见》。这个文件，对于在广大成员中宣传爱国守法思想，起了很好的指导作用，取得了积极成效。

五、第一次全国代表大会

随着国家对资本主义工商业社会主义改造的深入，出现了许多新情况和新问题。适应形势发展的需要，民建召开第一次全国代表大会，总结十年来的历史经验，确定今后的方针、任务，为团结、教育成员和工商业者积极接受社会主义改造，协助中共和政府完成过渡时期总任务，作了政治上、思想上和组织上的准备。

（一）学习和宣传宪法

1953 年 1 月的中央人民政府委员会第二十次会议，决定召开全国人民代表大会。黄炎培、李烛尘、章乃器分别参加了宪法起草委员会和选举法起草委员会的工作，并发挥了积极作用。

1954 年 9 月 15 日，第一届全国人民代表大会第一次会议在北京举行。大会通过了《中华人民共和国宪法》，选举了中华人民共和国主席、副主席，全国人大常委会委员长、副委员长及委员。黄炎培当选副委员长，李烛尘、南汉宸、施复亮当选为委员。随后，任命章乃器担任粮食部部长、李烛尘担任食品工业部部长。

宪法公布以后，民建总会发出《关于组织会员学习中华人民共和国宪法及第一届全国人民代表大会第一次会议重要报告并贯彻实行的通函》，要求各级地方组织领导成员把宪法与大会的其他文件结合起来，进行深入的学习，提高思想认识，并在行动上贯彻实行。一是认清我国除社会主义道路以外，不能走资本主义道路。民建成员必须以身作则，带动工商界积极接受社会主义改造，为实现宪法规定的目标，积极贡献出自己的力量。二是发挥最高的积极性，改进企业的生产经营，团结职工群众，主动地克服企业经营管理中的困难和缺点，在国家资本主义的轨道上，发挥在国民经济中应起的作用。三是提高爱国主义的精神，切实遵守宪法和法律。四是在学习中要不断地按照宪法和法律法令来检查自己，在企业改造的过程中改造自己的资本主义思想。五是加强工作，加强团结，推动工商业者，为解放台湾贡献最大的力量。

此后，民建各级组织结合贯彻过渡时期总路线，广泛开展学习宣传宪法活动，极大地提高了民建组织和成员对社会主义建设和社会主义改造的认识，为召开第一次全国代表大会创造了条件。

（二）第一次全国代表大会

1955 年 4 月 1 日至 12 日，民建第一次全国代表大会在北京举行。出席会议的代表共 318 人，代表 43 个地方组织的 7000 多名成员。这是民建成立十年来规模最大的一次全国性会议。黄炎培在开幕词中说：“自从国家过渡时期总路线宣布后，国家对资本主义工商业的社会主义改造，有了更大的发展，一年多来，国家资本主义经济的发展是很显著的，特别是公

★ 1955 年 4 月 1 日至 12 日，民建第一次全国代表大会在北京举行。

私合营工业的扩展，商业方面的逐行逐业改造，取得了重点有益的经验。为了适应国家过渡时期总任务的要求，我会在 1953 年 11 月总会委员会全体会议上规定了新的工作方针，就是：培养、提高工商业者会员成为工商界的骨干分子，联系并带动尽可能多的资本主义工商业者积极接受社会主义改造。一年多来的实践证明，这一工作方针是正确的，但应当指出，我们的工作还远不能适应国家对资本主义工商业的社会主义改造工作的要求。今后国家对资本主义工商业的社会主义改造必将有更大的发展，随之而来的将是在改造过程中的许多新的情况和新的问题。因此，如何使我们的工作在质和量等方面能够很好地配合，这已经成为当前的重要的议题了。”“我会当前的任务和今后的工作方针是很明确的。作为人民民主统一战线中的一个民主党派，我会当然要和全国人民一道以国家在过渡时期的总任务为自己的总任务，也就是，一定要以国家在过渡时期的总任务为我会的各级组织和全体成员总的奋斗目标。在这个总任务中，我会在协助国家逐步完成对资本主义工商业的社会主义改造这一方面，还负有特殊的使命，这就是：我会要把工商业者成员培养、提高成为民族资产阶级中接受社会主义改造的骨干分子，并教育、帮助他们继续结合企业改造进行个人改造，通过骨干分子的真人实例和他们的积极作用，提高工商界对于国家政策的认识和接受社会主义改造的积极性，争取、引导尽可能多的资产阶级分子参加到社会主义建设的光荣行列中来，以协助国家顺利地逐步完成对资本主义工商业的社会主义改造。”

章乃器代表总会作工作报告。报告指出，从过去十年的工作实践中，我们得到了三点极其深刻的基本认识：一是必须忠诚地接受中国共产党领导；二是必须牢记并掌握关于中国民族资产阶级两面性的基本特点；三是必须认真做好培养、提高工商业者成员成为工商界骨干分子的工作。在谈到今后的任务时，报告特别指出，必须在爱国主义教育基础上，培养集体主义精神，努力克服个人主义和分散主义；必须加强实事求是的作风；要充分发挥非工商业者成员的积极作用。

大会通过了《中国民主建国会章程》。新会章规定，民建“是中国人民民主统一战线中的一个民主党派，以中国人民政治协商会议章程的总纲为本会的纲领，在中国共产党领导下，根据国家过渡时期总任务的要求，团结、教育中国民族资产阶级分子积极接受社会主义改造、坚持对国内外敌人的斗争，为建设社会主义社会而奋斗”。民建“根据国家对资本主义工商业进行社会主义改造的要求，以工商业资本家和资本家代理人为吸收会员的主要对象，并适当吸收国家机关、人民团体、国营企业的工作人员，公私合营企业、私营企业的高级职员和其他与工商界有联系的知识分子，以利会务推进”。

大会选举了第一届中央委员会。第一届中央委员会由 157 名委员组成。在随后召开的一届一次中委会议上，选举 48 人组成常务委员会。主任委员为黄炎培，副主任委员为李烛尘、章乃器、南汉宸、盛丕华、施复亮、胡厥文、胡子昂、孙起孟，秘书长由孙起孟兼任。王绍鏊、王新元、包达三、朱继圣、冷遹、何松亭、沈肃文、李承干、吴觉农、周士观、侯德榜、俞寰澄、浦洁修、徐崇林、孙晓村、凌其峻、毕鸣歧、许涤新、章元善、郭棣活、张絅伯、陈维稷、华煜卿、项叔翔、彭一湖、黄长水、黄玠然、黄凉尘、黄墨涵、杨美真、杨卫玉、荣毅仁、巩天民、乐松生、刘一峰、刘鸿生、韩望尘、简玉阶、罗叔章为常务委员。

一大的召开，是民建历史上的一件大事，是进一步团结、引导成员和工商业者积极接受社会主义改造，协助中共和政府完成过渡时期总任务的总动员，反映了民建在多党合作中的独特作用。

第三章

为社会主义建设发挥独特作用

一、推动全行业公私合营

有计划地推进对资本主义工商业的社会主义改造，是和农业、手工业合作化同步进行的又一国家战略步骤。1954 年 1 月，中共中央财经委员会提出《关于有步骤地将有十个工人以上的资本主义工业基本上改造为公私合营企业的意见》，开始转入有计划地扩展公私合营阶段。[①] 1955 年上半年到 1956 年年初，全国掀起了全行业公私合营的高潮。在这个过程中，民建积极推动成员投入到公私合营高潮中去，在工商业者当中发挥了骨干带头作用。

（一）在全行业公私合营中发挥作用

扩展公私合营的工作，一般是从规模较大的企业入手，当时称作“摘苹果”。1954 年 12 月至 1955 年 1 月，国务院有关部门召开扩展公私合营工业计划会议，决定采取“统筹兼顾、归口安排、按行业改造”的方针。[②] 到 1955 年下半年，除继续逐个实行公私合营外，上海、北京、天津、山东、浙江、四川、云南、辽宁、河南、陕西、黑龙江等省市，开始出现以大带小、以先进带落后的全行业公私合营的方式，当时称作“摘葡萄”，这就加快了改造私营工业的步伐。上海有棉纺、毛纺、麻纺、面粉、碾米、卷烟、造纸、搪瓷八个轻工业以及三个冷藏制冰厂共 168 个工厂，北京有面粉、电机制造、化学制药、机器染布四个行业的 75 家私营

---

① 中共中央党史研究室著：《中国共产党的九十年》，中共党史出版社、党建读物出版社 2016 年版，第 430 页。

② 同①，第 431 页。

工厂，天津有橡胶、车具等八个工业行业的1395户企业按行业进行了公私合营。1955年这一年，全国私营工业中共有3019户被批准实行公私合营，总产值为71.88亿元，占公私合营、私营工业总产值144.54亿元的49.7%，大大超出了国家原来的计划。

针对工商界在社会主义改造中动荡不安的情绪，1955年10月27日和29日，毛泽东邀请民建、全国工商联领导人陈叔通、李烛尘、胡子昂、胡厥文、荣毅仁等和出席全国工商联执委会议的全体执行委员举行座谈会。毛泽东系统阐述了中国共产党的和平改造和赎买政策，要求私营工商业者认识社会发展规律，主动掌握自己的命运，走社会主义的道路。毛泽东向他们说明，共产党和国家将对接受社会主义改造的工商界人士给以政治上和工作上的适当安排，继续贯彻赎买政策，鼓励他们把自己从一个剥削者改造成为自食其力的劳动者。又说，在工商界里面，要有少数核心人物，希望每一个大城市有几十个、几百个核心的人物，这些人比其他的人要觉悟一些，经过他们去教育其他的人，逐步适应新制度。毛泽东的讲话，对加快资本主义工商业的社会主义改造起了极大的推动作用。李烛尘当场表示，要积极推动民建和工商联的成员搞高级形式的公私合营。荣毅仁讲了荣家的发展史和父辈在旧社会办实业的坎坷经历，认为只有跟着中国共产党走，才有光明前途。

1955年11月18日，民建中央常委会议通过了《关于迎接国家对资本主义工商业的社会主义改造的新形势，进一步加强培养、提高工商界中骨干分子工作的指示》，指出“国家对资本主义工商业利用、限制和改造的政策是一贯明确的”，要求各级地方组织要认真学习毛泽东关于“认清社会发展规律，掌握自己命运”的重要讲话，“坚持不渝地拥护党的路线，为协助国家逐步完成对资本主义工商业的社会主义改造这一有历史意义、国际意义的革命事业而努力”，“要满怀信心地、全力以赴地努力培养、提高更多的工商界骨干分子，同时通过他们带动工商界中尽可能多的人积极接受社会主义改造”，“要团结他们，和全国人民‘同命运、共呼吸’，一道走社会主义的光明道路”。万国权在他经营的天津利中酸厂公私合营后，经常在工商界举行的座谈会上介绍公私合营的经验和实现公私合营的优越性。华威钟表厂的曲安洲，就是在听了万国权的报告后，解除了思想疑虑，要求申请公私合营的。①

经过对上述几次会议精神的传达和学习，消除了工商界代表人物的怀疑和顾虑，稳定了动荡不安的情绪，鼓舞了多数人接受社会主义改造的积极性。

在民建组织和成员的积极参与和推动下，1956年初始，北京迎来了全行业公私合营的高潮。1955年12月，民建北京市委向成员传达了毛泽东邀集全国工商界代表人士举行的座谈会上的指示，随后又组织学习了陈云关于资本主义工商业实行全行业公私合营的具体指示。与此同时，中共北京市委成立了对资改造领导小组及各行业公私合营工作委员会，培训了准备派到公私合营企业去当公方代表的干部。随之，北京市的棉布业、机制面粉业又相继批准了全行业公私合营。而最有代表性、影响最大的是北京市327户私营国药店的全行业公私合营。

1956年1月4日，以乐松生为首的全市327家私营国药店资方举行会议，一致拥护全行业公私合营，并推乐松生、乐元可、乐东屏等九人为私方代表，参加北京市国药业全行业公私合营筹备工作委员会，乐松生任筹委会主任。乐松生在会上作了动员报告，结合同仁堂在公私合营后的巨大变化，说明国家对私营工商业改造是正确的。1月5日，北京市国药业实现全行业公私合营。1月8日，北京市有20个行业、300多家商店被批准全行业公私合营。1月10日，北京市人民委员会召开资本主义工商业公私合营大会，宣布35个工业行业的3990户工厂和42个商业行业的13973户坐商，共17963户全部被批准公私合营。1月15日，包括1万多工商界人士在内的20多万人在天安门广场举行了庆祝社会主义改造胜利大会，毛泽东、刘少奇、周恩来等党和国家领导人出席了大会。会上，乐松生向毛泽东献上北京市全行业公私合营的喜报。彭真在会上宣布："我们的首

① 刘延东主编：《当代中国的民主党派》，当代中国出版社1999年版，第169—170页。

★ 1956年1月15日，北京市全行业公私合营。乐松生（左一）代表北京工商界在天安门城楼向毛泽东递报喜信。

都已经进入了社会主义社会。”北京市对资改造的形势大大推动了其他城市的改造高潮。1月16日，中国民主建国会中央常务委员会向地方组织发出通电，要求地方组织和全体会员，在当地党组织和政府领导下，在私营工商业全部合营工作中，站在前列，作出成绩，树立榜样。

1955年10月，上海市有轻工业8个行业、重工业13个行业实行全行业公私合营。1956年1月3日，上海市私营工商业者家属代表会议通过了《告全市工商界家属书》，号召全市工商界姐妹“必须看清楚国家的前途，积极接受改造，坚决走社会主义道路，这样才能与全国人民一道获得幸福美满的生活”。1月14日，中共上海市委召开工商界人士座谈会，荣毅仁等要求加快公私合营的速度：“我们要最快地在一个星期内争取全市公私合营。”1月15日，上海工商界召开临时代表会议。在通过的决议中，要求在6天内完成全市资本主义工商业公私合营的申请。16日，民建上海分会举行全体成员大会，号召全体成员积极行动起来，站到运动的最前列，迎接高潮。20日，上海市各界在中苏友好大厦举行隆重集会，全市各行各业2500多人参加了会议。民建上海分会主任委员盛丕华双手捧着红木镶边缎面精装的上海市资本主义工商业公私合营申请书，民建成员、工商界著名人士刘靖基、刘念义、经叔平、陈铭珊、王兼士、刘公诚、吴振珊、韩志明八人抬着四只扎彩的红漆条箱，里面放着用红布包裹的各行各业要求全行业公私合营的申请书走在最前面，民建上海分会副主任委员胡厥文、荣毅仁和全体代表迈着整齐的步伐进入会场。盛丕华代表全市工商业者向大会递交申请书，曹荻秋副市长代表陈毅市长签字盖章，批准了全市85个工业行业的35163户企业和120个商业行业的71111户企业的公私合营。至此，上海市全行业公私合营完成。

1956年1月初，天津市为了推动对资改造工作的进程，组织了工商界参加资本主义工商业社会主义改造工作队，李烛尘任队长。他们根据北京的经验，不分昼夜，深入到各行业、各地区的工商业者中宣传政策，帮助解决疑难问题，推动清产估值工作，加快了全行业公私合营的速度。1月9日，天津市私营商业全部被批准公私合营。1月14日，天津市工业全部被批准公私合营。

1956年1月6日，沈阳市工商界代表800多人开会，宣传学习宪法和对资改造的有关政策。民建沈阳分会和市工商联积极响应会议精神，动员各自成员投入到全行业公私合营的工作中。12日，沈阳市的南市、北关、沈河三个市区的全部工商业者申请公私合营。14日，4430户被批准。15日，沈阳全市私营工商业105个行业的11806户被批准公私合营。

1956年1月16日，中共广州市委召开会议，部署实行全行业公私合营，决定全市统一领导，集中力量，分片包干，按行业成立公私合营工作委员会。民建广州分会和市工商联积极组织成员参加到各行业的工作委员会中，协助完成清产核资、并厂改组、人事安排等工作。20日，广州市工业企业138个行业的4000多户，商业、运输业132个行业的16200多户企业实行了公私合营。

到1956年1月底，私营工商业相对集中的北京、上海、天津、沈阳、广州、武汉、西安、重庆等大城市及50多个中等城市相继实现了全行业公私合营。1月30日，民建中央副主任委员李烛尘、盛丕华率领24个省（区）和北京、天津、上海工商界人士和家属代表乘全国政协二届二次会议开幕之际，向毛泽东、刘少奇、周恩来等中共中央和国家领导人报喜，庆贺社会主义改造的胜利。到1956年年底，全国私营工业户数的99%、总产值的99.6%，私营商业户数的82.2%、资金的93.3%，已分别纳入了公私合营和合作社的轨道。

实现全行业公私合营是我国对资本主义工商业改造具有决定意义的一步，得到了广大私营工商业者的积极响应。在这一过程中，工商业者中的民建成员表现了高度的热情，许多人积极增加企业投资、缴清欠税、归还宕账、认购公债，推动自己亲属和企业其他资方把私蓄、垫款等投资到企业中，有的成员还公开了保密十多年的自动化技术。上海民建成员季慕卿、季震元兄弟俩拿出了珍藏多年的父亲遗留下来的495两黄金投入企业。北京民建成员杨献庭把自己的100多间房屋和1.8万元存款投入企业，并动员他的两个哥哥各以房屋30多间投入了合资企业。在其他城市，类似的事例也很多。民建成员所表现出的高涨的爱国热情和发挥的骨干作用，在很大程度上推动了社会主义改造的进程。我国的民族工商业者特别是广大民建成员在企业的改造过程中，积极进行学习，把企业的改造和人的改造结合起来进行，逐步由剥削者改造成为自食其力的劳动者。

（二）开展青年和家属工作

在对资本主义工商业的社会主义改造过程中，民建针对工商界青年和家属的特殊性，协助中国共产党和政府，做了大量工作。通过宣传、教育和团结，他们成为社会主义改造中的一支生力军，发挥了独特的作用。

在我国对资改造时期，全国工商界青年约七万人，其中一部分是民建成员。党的过渡时期总路线提出后，一部分工商界青年在开始时思想上有较大波动，对社会主义改造存有疑虑；有的听到要消灭剥削、消灭阶级，就感到恐惧，为自己的前途担忧，认为资本家牌子太臭，不愿再搞工商业。针对这种情况，民建各级地方组织积极协助当地的新民主主义青年团和民主青年联合会等组织，通过开座谈会、听报告、举办讲习班、召开工商青年积极分子大会、参观工厂和农业合作社等形式，广泛地对工商界青年进行过渡时期总路线、宪法、中共对资改造方针政策和社会主义前途的教育，逐步解除他们的思想顾虑，减少消极情绪，使他们认识到民族资本主义工商业走社会主义道路的正确性和接受社会主义改造的必要性。鼓励他们参加一定的工作，发挥骨干作用，带动其他工商界青年共同走社会主义道路。

在 1956 年年初的全行业公私合营过程中，各地绝大多数的工商界青年都积极参加了工作，成为推动公私合营的积极分子。上海卢湾区工商界青年发起组织了第一个全区性的有 106 人参加的工商青年突击队，并向全市工商界青年提出四点建议，得到各区工商界青年的响应。他们提出："要在社会主义改造中走在最前列，发挥青年的积极作用，争取为社会主义立功。" 1956 年 1 月 18 日，上海市工商界青年代表会议召开，会议致电毛泽东，表示要坚决走社会主义道路。其间，全市参加突击队的工商界青年发展到 2600 人，他们不分昼夜，对工商户做发动工作，出色地完成了任务。不少工商界青年还提出把私人储蓄、企业垫款等向合营企业投资，或购买建设公债，有的甚至提出捐献各种贵重器材物资，包括房地产等。工商界青年在社会主义改造中所表现出的积极性，受到了各级党组织和政府的表彰。天津市 30 岁以下的工商青年有 4300 多人，民建积极协助共青团天津市委召开青年工商业者拥护社会主义改造大会，学习和宣传中共和国家对资改造的方针政策，号召青年认清形势，积极行动，推动工商界的社会主义改造。四川一些城市的工商界青年组织服务队，带头搞好本企业的清产核资工作，做到合营生产两不误；同时在行业中宣传党的方针政策，及时向有关部门反映情况，帮助人手少、有困难的同业进行清产核资、登记报表等工作。据统计，重庆、泸州等八个城市，有1100多名先进工商青年参加组成了68个服务队，发挥了工商界青年在全行业公私合营中的积极作用。

为了进一步发挥工商界青年积极分子在社会主义改造中的积极作用，1956年2月22日至29日，中国新民主主义青年团中央委员会与中华全国民主青年联合会在北京召开了全国工商界青年积极分子大会。出席这次大会的男女青年共809人，列席65人（包括全国青联的委员在内），其中有民建成员250人。大会开幕式由胡耀邦主持，全国青联主席廖承志作了《跟祖国一道前进，为社会主义立功》的重要报告。民建中央主任委员黄炎培到会致辞，他指出，从1956年1月以来，全国各地展开了私营工商业社会主义改造的高潮，在高潮当中，工商界青年自己先带了头，并进一步说服亲属、同业接受改造，又组织了青年突击队、服务队或者工作队等等，参加了清产核资、宣传鼓动等工作，非常值得钦佩。他进一步向与会人员提出两点意见，一要努力生产，二要加强思想改造，要把提高思想认识与工作实践密切结合起来，严格加以执行，并认真接受组织上和群众的监督和检查。会议期间，毛泽东、刘少奇、朱德、周恩来、陈云、邓小平、陈毅等中共中央领导在中南海接见了北京代表孙孚凌、天津代表王光英、上海代表陈铭珊等，并与全体代表合影。这次大会极大地鼓舞了工商界青年的信心，并在全国工商界青年中掀起一个宣传、学习和贯彻大会精神的高潮。会后，民建中央常务委员会邀请代表团中的部分成员举行座谈。李烛尘在座谈会上讲话指出，这次大会在中国共产党的关怀下开得很好，成员们在大会中也发挥了一定的骨干作用。他要求大家把会议的精神和成就带回去加以贯彻执行，并勉励全体与会人员，戒骄戒躁，继续努力前进，争取从一个工商界的青年积极分子，进一步成为一个工商界的核心分子。这次会议以后，许多工商界青年后来逐步发展成为工商界的核心和骨干力量，并在各个岗位担当了重要领导职务，成为社会主义事业的坚定拥护者。有一部分人还申请加入了民建，从而使民建增添了新的力量，其中不少人经过培养，先后担任各级组织的领导职务。

开展家属工作，是民建的一项具有特色的工作。在新中国成立后的各项政治活动中，如义卖慰劳解放军、支援抗美援朝、捐献飞机大炮、和平签名以及购买胜利折实公债等，工商界家属都发挥了积极作用。在对资本主义工商业的社会主义改造过程中，工商界家属积极鼓励、协助和推动亲属接受社会主义改造，更是发挥了特殊的作用，并涌现出一批骨干分子。北京市成员家属组织工作小组，通过访问、座谈等方式了解工商界家属对于资本主义工商业的社会主义改造的思想情况和存在的问题，并做了宣传和解释工作。天津市工商界家属在社会主义改造中成立了工作大队，进行宣传和鼓动工作。工作大队的 4 名负责人中，2 名是民建成员，2 名是民建成员家属；13 名委员中，有 10 名是民建成员家属。上海市工商界家属成立了学习委员会，委员 36 人，其中有 25 人是民建成员家属，5 人是民建成员；206 名学员中，有 106 名是民建成员家属。在成员骨干的带动下，工商界家属在社会主义改造过程中，不仅帮助了亲人，也解放了自己。不少人通过家庭会议、访问、座谈等方式，帮助、动员老年家庭成员和亲友认清前途，为社会主义改造事业增加助力；还有不少人走出家门，放弃养尊处优的生活，参加劳动和公益事业，有的还获得了“五好积极分子”“三八红旗手”的光荣称号。

为了进一步推动工商界家属积极协助亲属接受社会主义改造，1956 年 1 月 25 日至 2 月 3 日，民建中央在北京召开了为期十天的工商界家属工作汇报会。参加会议的各地代表汇报了关于开展工商界家属工作的情况，介绍了许多帮助亲人和带动其他家属接受社会主义改造的生动事例，以及本人的思想转变过程和当前存在的问题。会议期间，蔡畅、邓颖超、李维汉等与会议代表举行了座谈，亲切地向大家指出：思想改造是一个长期的反复的细致的过程，工商界妇女要从社会主义改造中解放自己，把自己的前途同国家的前途结合起来，并鼓励亲人改造成为自食其力的劳动者。

1956 年 3 月 29 日至 4 月 6 日，民建中央同全国妇联、全国工商联联合召开全国工商业者家属和女工商业者代表会议。出席代表 1024 人，列席 269 人。会议的目的是，进一步团结全国工商业者家属和女工商业者，教育和鼓励她们努力学习，认清前途，改造自己，推动亲友，为彻底完成社会主义改造发挥积极作用。全国妇联副主席邓颖超在会上作了《跟着祖国前进，为社会主义贡献力量》的报告，报告指出，几年来工商业者的家属和女工商业者在接受共产党和政府的领导，响应党和政府的号召，拥护国家对资本主义工商业的社会主义改造政策方面，发扬了她们的爱国热情，经过不断努力，觉悟程度不断提高。特别是在资本主义工商业的社会主义改造高潮中，广大的工商业者家属和女工商业者更加积极和踊跃，涌现了许多积极分子。对于今后的努力方向，报告提出五点希望：一是鼓励自己的丈夫和亲人，进一步接受社会主义改造，积极搞好企业的生产经营；二是搞好家务，教养好子女，建立互助互勉、共同进步、团结和睦的家庭；三是要重视劳动，养成劳动的习惯，树立劳动光荣的思想；四是积极学习，参加社会活动和社会公益事业；五是扩大团结，培养更多的积极分子，带动广大的工商业者家属前进。会议经过讨论，通过《告全国工商界姊妹书》，号召工商界姐妹们努力学习，积极参加社会公益事业，树立劳动光荣的思想，建立团结和睦的家庭，鼓励自己的亲人接受社会主义改造，团结广大工商界姐妹共同前进。这次会议高度评价了工商界家属在资本主义工商业社会主义改造中的特殊作用，明确了努力方向，极大地调动了工商界家属走社会主义道路的积极性。

为了做到家属工作经常化，民建中央常务委员会成立了妇女工作委员会，由罗叔章担任主任委员。1960 年 4 月，民建同工商联协作，成立家属工作委员会，由罗叔章任主任委员，浦洁修、杨鉴清等任副主任委员。各省市地方组织也先后成立了家属工作委员会。

通过学习和细致的工作，民建工商业者会员进一步提高了对社会主义改造的认识，消除了思想上的疑虑，自觉接受社会主义改造，多数人发挥了骨干作用。①

---

① 刘延东主编：《当代中国的民主党派》，当代中国出版社 1999 年版，第 168 页。

（三）清产核资、人事安排和定息

私营企业公私合营前后，一项重要的工作是清产核资。清产核资就是对企业的实有财产进行清理估价，核定私股股额，以此作为定息的依据，也便于今后企业实行经济核算。全行业公私合营期间清产估价的做法，与过去单个行业公私合营时期不同。过去是一家一户地由国家派遣工作组会同私营工商业者进行清理估价，需要较长时间才能完成。高潮期间，一个地区一次公私合营的户数很多，不仅国家一时派不出这么多的干部，而且拖长时间也影响企业的生产经营。北京市首先采取了由工商业者自己来做的办法，即由工商业者自估、自报，职工清点，同业互评，行业合营工作委员会审查批准的做法，使北京市将近 4000 户私营工业及大部分的私营商业分别在三天与五天之内，基本上完成了资产的清估工作。1956 年 1 月 16 日，《人民日报》发表《在高潮的最前面》的社论，肯定并推广了这种做法。

在清产核资过程中，民建积极推动各级组织和成员协助政府做了大量工作。许多工商业者中的民建成员白天忙完了业务工作，晚上又和职工们一起突击清点财产。部分成员完成了本企业的清估工作后，还参加了政府组织的清产核资小组，帮助其他企业完成此项工作。民建各级组织举行了大量的座谈会、典型经验报告会，帮助大家了解国家各项政策。与此同时，各级民建组织及时地向党和政府反映工商界的困难、意见和合理要求，积极提出解决问题的建议，参与有关政策的协商制定。民建提出的许多建议，被中国共产党和政府采纳。如清产核资工作除了仍然采取高潮前实行公私合营时的“公平合理，实事求是”的原则外，中国共产党和政府又在吸纳民建建议的基础上，提出了“从宽处理，尽量了结”的方针，所谓“宽”就是对财产清理估价有关公私关系方面的问题，如关于机器、设备、房屋、土地的估价，对于私营时期公积金的处理，对于家、店（厂）不分的企业的生活资料的处理等，凡是可以从宽处理的，都从宽处理。所谓“了”，就是对企业原来的各种债务和财产关系，包括企业原有的债务、呆滞物资和其他财产关系等，能够在公私合营时了结的，都尽量了结。这个方针的主要目的在于私营时期遗留下来的复杂的财产关系，都能得到适当处理，不留尾巴，使私方人员能够安心接受改造，积极地做好生产经营管理工作。

私营企业经过全面清估财产，处理好债权债务，最后核定参加公私合营的私股股额，作为贯彻国家赎买政策、实行定息的依据。至1956年年底，全国公私合营企业的私股股额为24.1864亿元（包括1956年高潮前公私合营的私股股额），其中公私合营工业的私股股额为16.9345亿元，商业、饮食业为5.8639亿元，服务业为0.3632亿元，交通运输业为1.0248亿元。

清产核资工作完成后，根据政府“包下来”的原则和“量才录用，适当照顾”的方针，民建协助政府对工商业者进行了人事安排，大批学有所长、有经营管理才能的工商业者担任企业的领导工作。

各地的做法，一般采取“私提公批，公私协商”的方式进行。民建各级地方组织协同工商联、同业公会和私方人员共同协商提名，与企业职工商量，广泛地征求了各方面的意见后，再由政府或有关业务部门批准。在步骤上，采取自上而下，逐级安排的方法，即一般是先安排工商界的上层或中上层分子，后安排一般人物。企业已作了人事安排的，如有不妥之处，予以调整。

根据1957年的统计，全国拿定息的71万在职私方人员和10万左右资方代理人，全部安排了工作。据几个大城市的统计，大体是：安排直接参加生产经营的占40%—65%，安排为管理人员的占35%—40%。在上海、北京、广州、武汉、西安、青岛、重庆等七大城市已被安排的私方实职人员共计45905人中，担任市一级专业公司经理、副经理的有168人，担任工厂正、副经理、厂长职务的有16482人，占36%左右。

对资方实职人员除了安排在企业工作以外，对于私营工商业者中的部分上层分子，由于他们在工商界具有较大的代表性，国家还安排了他们的政治职务。根据1957年年底的统计，民建和工商联成员被选为第一届全国人大代表的有70人，第二届全国政协委员的有65人，担任部长、副部长的有7人，大专院校校长的有2人，副省长的有7人，北京、上海和天津三大城市副市长的有4人，正副局长的有24人，省正副厅长的有35人。各地对资方人员进行安排以后，绝大多数工商业者感到欢欣鼓舞，他们形容自己的心情是“又兴奋，又愉快，又惭愧”。由于工商业者在安排工作中受到了教育和鼓舞，大大提高了思想觉悟和社会主义积极性，并以极高的热情投入到社会主义建设事业中。

所谓定息，就是企业在公私合营时期，不论其盈亏情况如何，国家对私股股东的股额，一律按照固定的息率发给股息。在单个企业公私合营时期，已经有少数公私合营企业采用了定息办法。1956年全行业公私合营后，随着客观形势的需要，国家规定对全国公私合营企业的私股，全面推行定息办法。

定息问题是工商界普遍关心的一个问题，民建多次就这一问题组织人员进行调研，并积极向有关部门反映意见，提出建议。中共中央、国务院曾一度规定：全国公私合营企业私股年息的总幅度为1厘—6厘，一般不要使资本家的所得少于他们在合营高潮前的实际所得。后来，由于私营工商业的盈余情况相当复杂，并存在着许多不合理现象，各地在确定息率的过程中，产生了一些困难。中共中央吸收了各方面的建议，本着从简从宽的原则，重新规定：不分工商，不分大小，不分盈余户、亏损户，不分地区，不分行业，统为年息5厘；个别需要提高息率的企业，可以超过5厘；对过去已采取定息办法的公私合营企业，如果他们的息率超过5厘，不予降低，如果息率不到5厘，要提高到5厘。工商界对定息息率的期望原来是“坐三望四”，当政府公布定息5厘时，他们都表示“喜出望外”。有的人说：“过去对定息的看法是：定3厘低，4厘不好讲，5厘不敢想。”有的人说：“规定定息5厘，是超出了一般人的期望，定息比公债利息还高，真是‘高价赎买’。”有的人说：“我厂历年盈余分配也没有这么多，便宜占得太大，内心惭愧。”上海的工商业者自发发起建立“工商界生活互助基金”，即在定息中提取10%作为“互助金”，用以解决工商业者及其家属的生活困难，解除他们的后顾之忧。这项措施以后在许多地方得到了推广。

1956 年 12 月 7 日，毛泽东针对工商业者担心定息能拿多久的思想，向民建和全国工商联的代表明确宣布：“定息时间七年为期，如果没有解决问题，到第三个五年计划还可能拖一点尾巴。”事实上，1962 年定息期满后，政府又两次延长定息，直至 1966 年 9 月才停发。

中华人民共和国成立后，中国共产党和毛泽东从中国的国情出发，根据民族资产阶级的两面性，运用社会主义的强大政治优势和经济优势，对民族资产阶级采取统一战线的政策，得以胜利实现对资产阶级的和平赎买。邓小平后来指出：“我国资本主义工商业社会主义改造的胜利完成，是我国和世界社会主义历史上最光辉的胜利之一。”这个胜利的取得，主要是中国共产党根据我国情况制定的马克思主义政策，同时，资本家阶级中的进步分子和大多数人在接受改造方面起了有益的配合作用。

（四）积极参加人民外交活动

中华人民共和国成立以后，民建组织及其成员积极参加了人民外交活动。

1950 年 11 月，盛丕华出席在波兰首都华沙召开的第二届世界保卫和平大会。1952 年 4 月，盛丕华、吴蕴初出席在莫斯科召开的国际经济会议。1952 年 12 月，李烛尘、刘靖基参加了以宋庆龄为团长的中国代表团，出席了在维也纳举行的世界人民和平大会。1954 年 6 月，李烛尘参加了以郭沫若为团长的中国代表团，出席了在斯德哥尔摩举行的缓和局势国际会议。1956 年 11 月，胡子昂、乐松生、郭棣活参加了以彭真为团长的全国人民代表大会代表团，访问了苏联和波兰、捷克斯洛伐克、罗马尼亚、南斯拉夫等国家。

1957 年 6 月，民建中央常委会应德意志民主共和国自由民主党的邀请，推派民建中央副主任委员胡厥文、民建中央委员唐巽泽、民建天津市委会副秘书长唐宝心组成民建代表团，参加了 7 月 5 日至 8 日在魏玛举行

★ 1957年7月，胡厥文（右）率民建中央代表团应邀参加德意志民主共和国自由民主党第七次代表大会。

的自由民主党第七次代表大会。这是我国民主党派第一次派代表团出席兄弟国家民主党派代表大会，受到热烈欢迎。胡厥文在致祝词时，赞颂德国自由民主党在德国人民争取和平、统一、民主以及建设中所作的贡献，介绍了民建在中共领导下帮助中国民族资产阶级接受社会主义改造的情况。胡厥文还在广播电台播讲，介绍中国的大好形势，盛赞中德人民的友谊。胡厥文一行的访问，增进了中德两国人民的友谊。

二、一届二中全会和反右派斗争

1956年，在我国社会主义改造基本完成以后，中国共产党于9月召开了第八次全国代表大会。会议科学地提出了国内的主要矛盾已经不再是工人阶级与资产阶级之间的矛盾，而是人民对于建立先进的工业国的要求同落后的农业国的现实之间的矛盾，是人民对于经济文化迅速发展的需要同当前经济文化不能满足人民需要的状况之间的矛盾，全国人民的主要任务是集中力量发展社会生产力。在处理中共与民主党派的关系上，再次强调了“长期共存、互相监督”的方针。

（一）一届二中全会

1956 年，对资本主义工商业的社会主义改造完成以后，当时中国共产党对我国政治形势的估计是，我国人民民主专政国家政权的结构发生了重大变化，资产阶级作为一个阶级被逐步消灭，民族资产阶级和小资产阶级的成员逐步转变为社会主义劳动者；大规模的急风暴雨式的群众阶级斗争已基本结束，我国社会主义制度得到初步确立。

1956 年 4 月，毛泽东发表了对中国社会主义建设有全局性、长远性指导意义的《论十大关系》，提出的基本方针就是“一定要努力把党内党外、国内国外的一切积极的因素，直接的、间接的积极因素，全部调动起来，把我国建设成为一个强大的社会主义国家”。[①] 在谈到党与非党关系时，他说：“究竟是一个党好，还是几个党好？现在看来，恐怕是几个党好。不但过去如此，而且将来也可以如此，就是长期共存，互相监督。”1956 年 9 月，中共八大明确要求全党“必须按照长期共存、互相监督的方针，继续加强同各民主党派和无党派人士的合作，并且充分发挥人民政治协商会议和各级协商机构的作用。在一切政府机关、学校、企业和武装部队中，共产党员都必须负责建立起同党外人员合作共事的良好关系”。这样，中国共产党同各民主党派长期共存、互相监督作为一项基本方针被确定下来。这一方针的提出，具有重大的意义，标志着中国共产党领导的多党合作和政治协商制度在社会主义条件下得到进一步确立，为社会主义整个历史阶段中中国共产党团结民主党派，实行长期合作奠定了理论

① 中共中央党史研究室著：《中国共产党的九十年》，中共党史出版社、党建读物出版社 2016 年版，第 467 页。

基础。

在对资本主义工商业改造基本完成的新形势下，为了总结经验，研究确定民建新的方针任务，民建中央于1956年11月召开了一届二次中央全会。

会议筹备期间，在民建中央和地方组织内部，出现了对若干主要原则问题的思想分歧，主要是关于民族资产阶级在社会主义改造完成以后是否还存在两面性的问题。章乃器等提出了一些观点，引起了会内的争论。鉴于问题层次深、涉及面广，民建中央从1956年10月11日至29日连续举行了15次中央常务委员会扩大会议，发动与会人员敞开各自观点，进行自由论证。通过讨论，形成了中央常务委员会工作报告，并通过了《关于在1956年10月11日到10月29日15次中央常务委员会扩大会议上讨论章乃器同志所提出的几个主要原则问题的情况和意见向第一届中央委员会第二次全体会议的报告》。在这一报告中，中央常务委员会请求一届二中全会作出决定的问题有两个：一个是有关对当前中国民族资产阶级的两面性的看法问题；另一个是有关在中国共产党提出和各民主党派长期共存、互相监督的方针以后，民建应当如何接受中国共产党的领导，进一步协助国家彻底完成对资本主义工商业社会主义改造的问题。这些文件以及章乃器于11月6日写的《关于两面性、思想教育工作、对党的态度、理论性问题的讨论等若干原则问题的意见》，一并发给一届二中全会的与会人员。

这15次常委会的讨论，是民建在处理内部矛盾方面的一次尝试，它在指导方针上逐步明确并贯彻了“三个坚持”：一是坚持“既要弄清思想，又要团结同志”的原则；二是坚持批评和自我批评的基本方法，尤其是担任实际领导工作的同志要注意多作自我批评；三是坚持相信群众、依靠群众。这“三个坚持”的指导方针，为开好二中全会奠定了基础，发挥了积极作用。

1956年11月5日至16日，一届二中全会在北京正式举行。参加会议的有298人，其中中央委员133人，地方组织的负责人和积极分子165人。

黄炎培致开幕词，李烛尘作了《中央常务委员会工作报告》。会议审议并通过了《关于中央常务委员会工作报告的决议》《关于当前工作方针、任务的决定》《关于讨论当前几个主要原则问题的决议》等文件。会议发言踊跃，气氛热烈，是民建历史上罕见的。

黄炎培在开幕词中表示了民建拥护和贯彻中国共产党提出的“长期共存、互相监督”方针的态度和信心。他指出，三大改造的基本完成和“长期共存、互相监督”方针的提出，向各民主党派提出了更高的要求，要求民建培养更多的工商业骨干分子，更广泛地联系工商界群众，努力生产，在完成社会主义改造和监督中，发挥应有的作用，并且和全国人民一道，紧密地团结在中国共产党和人民政府周围，提高警惕，为保卫我们的社会主义事业和世界和平而奋斗。会议确定了民建当前的工作方针和中心任务是：进一步培养和提高工商业者成员成为工商界中的骨干分子，协助国家彻底完成对资本主义工商业的社会主义改造，积极参加社会主义建设。

会议期间，主要围绕章乃器提出的关于中国民族资产阶级的两面性问题展开了争论。章乃器的观点主要包括：

第一，在社会主义革命阶段，中国民族资产阶级的两面性，就是社会主义和资本主义的两面性；在全行业公私合营后，资产阶级的资本主义的一面，也就是经济上的一面已经不存在了，或者基本上不存在了。章乃器提出，八大政治报告中“改变生产资料私有制为社会主义公有制这个极其复杂和困难的历史任务，现在在我国已经基本上完成了”，“这句话能不能解释为，民族资产阶级政治上和经济上的两面性的物质基础已经基本上消灭了。如果可以那样解释，那么，我们就可以说：民族资产阶级政治上和经济上的两面性也已经基本上消灭了，留下来只是残余或者尾巴罢了”。

第二，在全行业公私合营后，就资产阶级分子来说，所谓两面性只是一个思想问题，这不只是工商界的问题，也是当时许多人所共有的长期的思想改造问题。章乃器说：“至于思想作风的两面性，一般不能作为两面性来提；从旧社会来的人都有光明的一面和阴暗的一面，那是长期的思想改造问题。不单是工商界要这样，许多人都要这样。”

第三，在现阶段再提“两面性”，会否定了中共中央和毛泽东提出的民族资产阶级是积极因素的提法，会有碍于工商界积极性的发挥，会动摇他们的信心。

另外一种观点则认为：

第一，资本主义与社会主义“谁战胜谁”的问题，讲的是整个社会主义革命过程的全局，与民族资产阶级两面性有关，但不能混为一谈。中国民族资产阶级在民主主义革命过程以及社会主义革命过程中，都具有两面性，这是他们的阶级本质使然，在不同的历史条件下，则有不同的表现和变化。在实现了全行业公私合营以后，民族资产阶级积极的一面是：工商业者成为公私合营企业的公职人员，他们有益的生产技术和业务经验已经成为国家的宝贵财富。消极的一面是：他们还具有资本主义的思想意识和工作作风，从而可能给企业带来某些不利于社会主义的消极因素。并且，在全行业公私合营后，虽然生产关系发生了根本变化，但是“定息”还存在，生产资料的资本主义所有制还没有最后消灭，思想改造还落后于客观形势的发展。因此，民族资产阶级的两面性还是存在的。但是，随着形势的发展，积极的一面会大大增加，消极的一面会大大缩小，并且会随着社会主义改造的进展、完成而逐步消灭。

第二，把民族资产阶级现阶段的两面性看成只是思想问题，这种问题在劳动人民中同样存在，也是不对的。因为考察民族资产阶级现阶段的两面性，不能离开具体的历史条件。当前资本主义的生产资料所有制还没有最后消灭，资本家也没有最后成为名副其实的劳动者，所以即使就经济方面来说，民族资产阶级的两面性是确实存在的。就把资本家改造成为名副其实的劳动者来说，其中必然涉及思想改造问题，它与具有不同社会地位的劳动人民的思想改造问题，也是完全不同的，后者根本不存在从剥削者改造为劳动者的问题。

第三，当前国家的总方针是要调动一切积极因素、化消极因素为积极因素，为社会主义建设服务，因此一切有利于调动工商界积极性的主张和办法都应当欢迎。然而问题不在这里，而在于究竟什么是当前工商界的积极性和怎样才能真正发挥他们的积极性。经过几年来的教育，绝大多数资方人员已经成为我们国家的积极因素，但不等于否认了他们还有消极的一面。如果只肯定积极因素，无视或者否认消极的一面，就等于说他们不再需要进一步接受改造，因此就会妨碍他们积极一面的不断增加，消极一面的愈益缩小，从而妨碍他们进一步成为建设社会主义事业的重要的积极因素。毛泽东提出民族资产阶级具有两面性的观点，其实质在于对中国的资产阶级一分为二，提示民族资产阶级的社会经济地位决定了他们在一定时期中和一定程度上能够参加革命的积极性，从而创造性地把他们和买办资产阶级区别开来。毛泽东的这种理论是中国共产党对民族资产阶级制定统一战线政策的重要依据，并通过不懈努力，团结、帮助他们在新民主主义革命中发挥积极作用，进而参与新中国的缔造和建设。中华人民共和国成立以后，又正因为明确他们具有在新的历史条件下的两面性，并据以进行大量的统一战线工作，工商界对于社会主义的认识和信心逐步提高，直至敲锣打鼓，积极地参与全行业的公私合营。当前应当做的是：根据具体实际和成功经验，正确地阐明工商业者在新的历史条件下的两面性，继续调动他们的积极性，充分发挥他们在国家建设中的积极作用，同时帮助他们通过自我教育克服消极性。

经过充分的民主讨论，二中全会通过了《关于讨论当前几个主要原则问题的决议》。决议包括如下两方面的内容：

第一，关于当前中国民族资产阶级的估价问题。决议指出，在资本主义工商业全行业公私合营后，中国民族资产阶级的两面性还是存在的。中国民族资产阶级的两面性，是随着中国人民革命各阶段的发展，而有其不同的内容和表现形式的。只要中国民族资产阶级作为一个剥削阶级还存在，它的两面性也必然还存在。但这两面性不是固定不变的，七年以来，特别是自从“五反”以后，这种两面性中积极的一面在不断地增长和扩大，消极的一面在不断地减少和缩小。全行业公私合营以后，由于企业原来的资本主义生产关系发生了根本性的变化，资产阶级与工人阶级的矛盾已经基本上解决，因此，资产阶级两面性的内容也就有了重大的变化，积极的一面已经成为主要的一面。但是由于定息还存在，生产资料的资本主义所有制还没有最后消灭，而且思想改造还落后于客观形势的发展，因此资产阶级的消极一面也还是存在的。民建当前的主要任务就是要在正确认识当前民族资产阶级两面性的基础上，协助中国共产党和政府加强对民族资产阶级分子的教育改造，使之能“破资本主义、立社会主义”，成为参加社会主义建设事业的积极因素。

第二，关于工人阶级与民族资产阶级的关系问题。决议认为，对于当前中国民族资产阶级的正确估价，“不仅关系着中国民族资产阶级分子进一步接受社会主义改造问题，而且也必然关系着资产阶级与工人阶级之间的关系的正确处理问题，也就是，在长期共存、互相监督的方针提出后，对于接受工人阶级及其先锋队中国共产党的领导的认识问题”。“中国民族资产阶级之所以必须接受工人阶级及其先锋队中国共产党的领导，正是由于民族资产阶级在中国革命中的地位与作用所决定的。这种领导与被领导的关系，使中国民族资产阶级分子七年来得到了进步与改造。”“现在，由于我国社会主义革命已经取得决定性的胜利，各民主党派已成为为社会主义服务的政党，中国共产党提出了党和各民主党派长期共存、互相监督的方针，这表明了我国社会主义的民主制度已经有了进一步的发展。”但是，对于这一方针，“决不能理解为与任何资本主义制度下的‘民主政治’有什么本质上的相同之处”。“任何离开了社会主义原则的，对这一方针的曲解，都是有害的。”

民建一届二中全会的重要意义在于，在处理内部矛盾方面，它运用了“团结——批评——团结”的公式，敞开观点，自由论证，坚持批评和自我批评的基本方法，为民建此后处理内部矛盾提供了十分有益的经验。对此，毛泽东十分赞赏。1956 年 12 月 4 日，毛泽东致信黄炎培，对民建这次会议的成果给予高度评价，并且第一次提出了正确处理两类社会矛盾的思想。[①] 他指出：“批评和自我批评这个方法竟在你们党内，在全国各地

① 李维汉著：《回忆与研究》，中共党史出版社 1986 年版，第 640 页。

★ 1957 年，毛泽东与黄炎培亲切交谈。

工商业者之间，在高级知识分子之间行通了，并且做得日益健全，真是好消息。社会总是充满着矛盾。即使社会主义和共产主义社会也是如此，不过矛盾的性质和阶级社会有所不同罢了。既有矛盾就要求揭露和解决。有两种揭露和解决的方法：一种是对敌（这说的是特务破坏分子）我之间的，一种是对人民内部的（包括党派内部的，党派与党派之间的）。前者是用镇压的方法，后者是用说服的方法——即批评的方法。”“人民内部的问题仍将层出不穷，解决的方法，就是从团结出发，经过批评与自我批评，达到团结这样一种方法。我高兴地听到民建会这样开会法，我希望凡有问题的地方都用这种方法”。毛泽东关于正确处理两类社会矛盾的思想，在 12 月 29 日《人民日报》发表的《再论无产阶级专政的历史经验》中公开作了详尽的阐述。①

① 李维汉著：《回忆与研究》，中共党史出版社 1986 年版，第 640 页。

（二）反右派斗争

社会主义改造完成以后，中共中央提出要把全党工作的重点转移到经济建设、技术革命上来。在 1956 年 11 月 15 日的中共八届二中全会上，毛泽东郑重宣布要在 1957 年开展一次新整风运动。1957 年 2 月，毛泽东发表《关于正确处理人民内部矛盾的问题》一文，系统阐述了正确处理两类社会矛盾的学说。4 月 27 日，中共中央正式发出《关于整风运动的指示》。为了推动整风运动，4 月 30 日，毛泽东、刘少奇、周恩来、朱德等中共中央主要领导人约集各民主党派中央负责人和无党派民主人士座谈，请他们帮助中国共产党整风。民建领导人黄炎培、章乃器、胡子昂、孙起孟等参加座谈。会上，毛泽东谈话表示共产党真诚欢迎民主党派和无党派人士提意见、作批评，以处理人民内部矛盾为题目，分析各方面的矛盾，找出解决的办法。他号召民主党派人士对高等教育、普通教育、文学艺术、科学技术、卫生等部门的官僚主义切实攻一下。毛泽东的谈话，调动了民主党派、无党派人士帮助共产党整风的政治积极性。

1957 年 5 月 6 日，民建以电话的形式向各级地方组织发出关于积极帮助共产党进行整风的指示，要求各级组织根据毛泽东提出的正确处理人民内部矛盾的指示精神，“着重地对‘百花齐放、百家争鸣、长期共存、互相监督’的方针，帮助成员深入学习，敞开讨论，以利于提高认识，改进工作，解决矛盾”。根据中共中央的部署，中共中央统战部于 5 月和 6 月召开了 13 次各民主党派负责人和无党派民主人士座谈会，又和国务院第八办公室联合召开了 25 次工商界人士座谈会，欢迎党外人士帮助整风。在这些座谈会上，包括民建在内的各民主党派、无党派人士对共产党和政府的工作提出了大量的批评意见和建议。中共中央多次指出，绝大多数党外人士的批评是诚恳的、正确的，对改正缺点和错误，改进工作极为有利，希望通过整风正确处理人民内部矛盾，加强中共同全国人民的团结。

这段时间是中华人民共和国成立以后党内外思想十分活跃的时期。[1]

然而，随着整风运动的迅猛开展，许多复杂情况出现了。[2] 1957 年春夏之交，在中共整风过程中，极少数人借机向共产党和社会主义制度发动进攻，散布反党反社会主义言论。他们的言论和主张，在社会上和人民群众中造成了很大的思想混乱，引起了中共中央的高度警觉。1957 年 5 月 15 日，毛泽东写了《事情正在起变化》一文，这篇文章标志着中共中央、毛泽东关于整风的指导思想已开始发生变化，主题开始由共产党党内整风转向反击右派。

9 月 9 日至 21 日，民建一届三中全会与工商联二届二次执委会联席会议在北京召开。会议通过《全国工商界对右派分子展开坚决斗争的联合指示》，推动工商界的反右运动。10 月 12 日，民建中央、全国工商联临时工作委员会改称为“中国民主建国会中央常务委员会、中华全国工商业联合会整风工作委员会”，负责推动包括反右派斗争在内的工商界的全面整风运动。

从整风运动到反右派斗争的进程表明，运动初期，对极少数右派分子的进攻进行反击，对反对党的领导、反对社会主义道路的思潮进行批判，在全国人民中间澄清大是大非，稳定刚刚建立起来的社会主义制度是必要的，也是正确的。但是，随着斗争的发展，反右派斗争被严重地扩大化了，造成极为严重的后果，给民主党派和多党合作带来严重的消极影响，使中国共产党领导的多党合作制度遭到严重挫折，给国家和民族造成巨大损失。

（三）自我改造“大跃进”

为尽快改变中国贫穷落后的面貌，1958 年 1 月，毛泽东在最高国务会议发表讲话，指出要把共产党和国家的工作重点逐步转到技术革命和社

---

① 中共中央党史研究室著：《中国共产党的九十年》，中共党史出版社、党建读物出版社 2016 年版，第 489 页。

② 同①，第 490 页。

会主义建设上来。5 月，中共八大二次会议通过了社会主义建设总路线，号召全国人民要鼓足干劲，力争上游，多快好省地建设社会主义。就在总路线提出后，毛泽东、中共中央发动了“大跃进”运动和农村人民公社化运动，当时被称为“三面红旗”。由于总路线的制定和“大跃进”运动是在反冒进的过程中进行的，盲目求快压倒一切，使得以高指标、瞎指挥、浮夸风和“共产风”为主要标志的“左”倾错误严重地泛滥开来。这进一步影响到政治思想领域。

1958 年 1 月 8 日，中共中央统战部发出了《关于工商界从反右斗争阶段转入一般整风阶段的意见》。1 月 10 日，各民主党派、无党派人士举行双周座谈会，讨论《各民主党派中央关于处理党派内部右派分子的若干原则规定（草案）》。1 月 26 日至 28 日，民建中央和全国工商联举行中央常务（执行）委员会第二十九次联席会议，对民建、全国工商联的中央副主任委员、执行委员、中央常务委员、中央委员中的“右派分子”提出处理意见，分别撤销一批人的领导职务。会议强调要开展以改造政治立场为主要内容的一般整风运动，逐步实现民主党派组织和个人的社会主义改造。这次会议标志着民建以反右派斗争为中心的整风运动基本结束和以社会主义改造为主要内容的一般整风运动的开始。

2 月 9 日，中国民主建国会中央常务委员会，中华全国工商业联合会常务委员会联席会议第三十次会议通过《关于推动一般整风运动的决定》。要求两会成员“积极投入一般整风运动中去，痛下决心，加紧自我改造，鼓起干劲，为国家的社会主义建设大跃进贡献一切力量”。决议成立两会中央整风工作委员会，胡子昂任主任委员。

1958 年 2 月 27 日，各民主党派、无党派人士举行双周座谈会，讨论通过《各民主党派中央关于在各民主党派内部进一步开展整风运动的意见》。意见发出后，不切实际地搞起了思想改造“大跃进”的群众运动。

1958 年 2 月 28 日，民建中央第四十次常委（扩大）会议在北京召开，会议号召各地组织“领导会员，掀起自我改造大竞赛，投入生产大跃进，力争三年内改造成为自食其力的劳动者”。3 月 1 日，民建中央发出通函，再次予以强调。随后，民建中央与全国工商联常委联席会议召开，号召全国工商业者开展自我改造“大跃进”运动。会后，由民建中央、全国工商联领导人组成了四个视察工作组，分赴各地进行视察和推动。自我改造“大跃进”的运动在民建各级组织和工商界迅速展开，并逐步升级。

1958 年 2 月 27 日，上海市民建全体成员 4000 人，举行了“鼓起干劲，投入生产建设大跃进，苦斗三年，力争自我改造大跃进”誓师大会，向上海市各民主党派组织和全国民建组织提出挑战，进行自我改造友谊赛。3 月 1 日，民建天津市委会、市工商联向全国各地工商业者发起思想改造的友谊竞赛，部分工商业者用大字报的形式提出了“向党交心”的口号，要求“把资本主义的思想和言行倾囊倒出”。3 月 4 日，北京市近万名工商业者举行社会主义改造“大跃进”的竞赛大会，大会通过了“鼓起革命干劲、力争自我改造大跃进”的保证书。3 月 16 日，北京市各民主党派、无党派民主人士举行自我改造促进大会，通过了《自我改造公约》和《上毛主席书》，表示要认真改造政治立场和思想意识，交出心来，走社会主义道路。

1958 年 4 月 14 日至 18 日，民建中央、全国工商联整风工作委员会在天津召开工商界自我改造经验交流现场会议。河北、山西、内蒙古、辽宁、吉林、黑龙江、山东等七个省、自治区和北京、上海、天津、沈阳、西安、武汉、广州、重庆等八个市地方组织的代表参加了会议。会议的目的是交流经验、促进运动。会上，与会人士拟定了自我改造竞赛协议书，使自我改造“大跃进”又掀起一个新的高潮。

“交心运动”是当时民建和工商界进行自我改造的主要方式。从北京、上海、天津、沈阳、西安、武汉、广州、重庆八个大城市和太原、成都、杭州等 20 多个省辖市来看，参加“交心运动”的工商业者达 14.5 万多人，“交出各种不利于社会主义的思想、言行共 3300 多万条”。5 月以后，“交心运动”告一段落，各地转入整风辩论，即发动群众“梳辫子”，把自己和本单位在整风中暴露出来的问题加以排队、归纳，找出关键，然后开展辩论。

1958年12月25日至1959年1月22日，民建一届四中全会、工商联二届执委会三次会议联席（扩大）会议在北京召开。会议讨论了工商界自我改造、积极服务的若干问题。会议坚持和风细雨、自由讨论的方针，按照正确处理人民内部矛盾的办法，开展批评与自我批评。会议通过了《关于当前工商业者加强自我改造、积极为社会主义建设服务问题的几点认识》和《关于批准李烛尘副主任委员代表民建中央、全国工商联常务委员会所作的工作报告的决议》。决议在肯定工商界取得进步的同时，提出继续改造的任务；提出了接受中国共产党领导，在劳动和实践的基础上，以企业和工作岗位为基地，逐步改造成为符合政治标准的自食其力的劳动者，努力为社会主义建设服务的要求。这次会议确立了服务与改造相结合的工作方针，并把工作转移到为社会主义服务的实践上来，标志着民建内部反右派斗争的结束。

三、第二次全国代表大会

从1959年到1961年，主要由于“大跃进”、人民公社化运动和“反右倾”的影响，加上当时的自然灾害和苏联政府背信弃义地撕毁合同，我国国民经济连续三年发生严重困难，国家和人民遭到重大损失。国际上，中国共产党与苏联共产党之间在意识形态领域里的论战日趋激烈和公开；国际反动势力也趁机掀起反华叫嚣和活动。面对国内外的严峻形势，民建成员和工商界大多数人士思想上相当紧张，怕批判斗争，不敢讲真话，心情不舒畅。针对反右斗争以后，特别是我国三年困难时期民族工商界的思想状况，中共开始对民主党派的方针政策进行调整和改善，稳定了工商界的情绪，调动了他们的积极性。

（一）中共调整对民主党派的方针政策

1958年下半年以后，中共中央和毛泽东开始察觉到在指导思想上“左”的错误，相继召开一系列会议，研究和纠正“左”的错误。同时，在对民主党派、无党派人士和工商业者的关系上，提出了“一张一弛”的方针，并采取措施缓和与民主党派、无党派人士和工商业者的紧张关系，强调要推动党外人士和工商界参加社会主义建设和文化、技术革命的实践，为社会主义建设服务。

1958年7月16日，在中共中央统战部主持召开的全国统战工作四级干部会议上，彭真代表中共中央作了题为《一张大字报》的重要讲话，批评了当时某些“左”的错误，指出对民主党派、知识分子和资产阶级分子不要总是斗下去，把弦绷得那么紧。现在整风应该告一段落，转到为社会主义服务的实践上来，从以斗争为主转入以团结为主，让他们到实践中去，以实际行动来表现思想改造的决心和成果。毛主席经常讲文武之道，一张一弛。老是那么紧不行，要松一松，让朋友们到实践中去为社会主义服务。让他们有多少劲使多少劲，有多大本事用多大本事，发挥他们的作用，为6亿人民作贡献，把他们的积极性调动起来。

在全行业公私合营以后，许多民建会员和工商业者在认真接受社会主义改造的同时，积极为社会主义建设服务，在各自工作岗位上作出了一定的贡献。在贯彻“弛”的方针指导下，1959年11月，有62名工商业者作为特邀代表出席了全国群英会，这次大会精神的传达，对于调动工商业者的积极性产生了很好的影响。

1958年年底至1959年年初，民建中央与全国工商联召开中执委联席会议，会上反映出工商界担心中共和政府改变赎买政策和安排政策的思想顾虑，同时也反映出厌倦改造的情绪。中共中央统战部负责同志根据中共中央的指示，在1959年招待民建、工商联与会人员的元旦宴会上，宣布了“五不变”的政策，即定息政策不变、领不领听便，高薪不变，政治上适当安排的方针不变，学衔制不变，根本改造的政策不变。这对工商界、民建以及其他民主党派都起到了团结稳定作用。

1959年7月，中共党内开展了“反右倾”运动。这场“反右倾”运动当时在各民主党派内部引起很大不安，多数人思想很紧张。毛泽东和中共中央对这一情况很重视，在对待与民主党派的关系上，采取了慎重的、比较稳妥的政策。9月15日，毛泽东邀集各民主党派负责人和无党派民主人士召开座谈会，明确指出：现在不是1957年那样的形势，知识分子大有进步，民主党派大有进步，工商界也大有进步。各民主党派和工商联贯彻了为社会主义服务的政治路线和自我教育、自我改造的政策，取得了成绩，应该继续前进，继续改造。总的说，大有进步，还有问题。他正式宣布，在党外人士中不搞“反右倾”运动。①

1960年，有些地区在精简机构、下放人员支援工农业生产第一线时，精简、下放了一批原资本主义工商业者，在工商界中引起相当大的震动，多数人心情非常紧张，怕被精简和下放农村，更怕到农村安家落户。针对这种情况，同时考虑到下放农村不利于对工商业者自身的改造，中共中央统战部提出，对于有定息的私方人员和资方代理人，应不下放农村安家落户，已经下放的应明确期限，定期调回。这样，纠正了一些地区的错误做法，使多数地区的工商界人士逐步稳定下来。

中共中央采取的一系列措施，对于缓解当时包括民建在内的各民主党派的紧张情绪，调动各民主党派和工商界人士为社会主义服务的积极性，具有重要的意义。民建二大正是在这样的历史背景下召开的，并且受到了中共中央的高度重视和自始至终的帮助和支持。

（二）第二次全国代表大会

民建内部整风运动结束后，鉴于民建与工商联担负着帮助成员加强思想改造、积极为社会主义建设服务的共同任务，为了更好地加强协作，开展工作，1959年2月20日成立了民建、工商联协作委员会。协

① 刘延东主编：《当代中国的民主党派》，当代中国出版社1999年版，第307页。

作委员会主任委员为胡子昂，副主任委员为孙起孟、孙晓村、项叔翔、罗叔章、黄玠然。协作委员会的主要任务是研究、贯彻党和国家的方针政策，执行民建中央、全国工商联的决议，推进民建、工商联成员加强改造，积极服务，包括宣传教育、调查研究、出版机关刊物和做工商业者家属工作。

由于当时中国共产党内正在开展“反右倾”运动，会议开头的时候，与会人员思想很紧张，怕在会上搞批判斗争，有些人来开会前就准备好了自我检讨的书面材料。进步分子则准备在会上大批大斗一场。这种形势如不及时扭转，势必形成乱批乱斗，而且势必在全国范围内造成阶级关系新的紧张。这在当时是非常不利的，也是违反中共中央不在党外人士中开展“反右倾”运动的指示的。为了帮助开好这次会议，中央统战部在会前和会议过程中，多次同陈叔通、黄炎培等谈话和举行座谈，建议并帮助改变原来那套程式化开会方法，采取和风细雨、“神仙会”的方法。①

12 月 5 日至 7 日，民建中常会与全国工商联联合举行第二十四次常委（扩大）会议。会上黄炎培等传达了中共中央统战部李维汉部长关于开好两会代表大会的相关建议，讨论了对党提出的“神仙会”的方针的认识及如何运用到两会代表大会中去的问题。12 月 12 日至 15 日，中国民主建国会一届五次中委会和全国工商联第二届四次执委会在京举行联席会议，讨论“神仙会”的方针、政策精神，并通过了两会工作报告等文件。

1959 年 12 月 16 日至 1960 年 2 月 21 日，民建第二次全国代表大会与全国工商联第三届会员代表大会在北京同时召开，这是第一次联合召开的代表大会②，史称“神仙会”。出席会议的有民建、工商联各级组织负责同志和工商界骨干分子近 2000 人。其中民建代表 459 人，代表 135 个地方组织的 23900 多名成员。

---

① 李维汉著：《回忆与研究》，中共党史出版社 1986 年版，第 667—668 页。

② 《中华全国工商业联合会简史》，中华工商联合出版社 2013 年版，第 86 页。

★ 1959 年 12 月 16 日至 1960 年 2 月 21 日，民建第二次全国代表大会与全国工商联第三届会员代表大会在北京同时召开。

大会分两个阶段进行。从 1959 年 12 月 16 日至 1960 年 2 月 18 日，首先召开了 60 多天的预备会议。黄炎培在预备会上致辞时指出，这是一次在党的领导下继续前进的大会，具有重大历史意义。大会的政治任务，就是要进一步提高认识，鼓足干劲，更好地改造，更好地服务。大会应继续贯彻和风细雨的自我教育精神，通过同志们提高自觉性和共同努力，成为一次方向明确、丰富多彩、心情舒畅、效果深入的大会，一次在中共领导下团结推动全国工商业者更好地在积极服务中进行自我改造的大会。

与会代表在预备会上听了周恩来总理和陈毅、李先念副总理的报告，交流了服务与改造的经验。会议集中讨论的主要问题是：对工商界多数人立场的估计；服务与改造的关系；工商界的前途。会议开得生动活泼，大家心情舒畅。经过深入讨论，取得一致意见，形成文件提交正式会议，为开好大会作了准备。

这次会议受到中国共产党的高度重视和支持。在会议快要结束的时候，中共中央领导同志刘少奇、朱德、陈毅、李先念、谭震林、李维汉等接见了与会全体代表。刘少奇同民建、工商联的领导人举行了座谈。刘少奇在讲话中就工商界定息、高薪、学衔、政治安排、生活待遇五个不变，重申了中共的“包一头、包到底”的根本政策。对于定息问题，他说，毛主席有过指示，七年定息，到1962年取消，必要时可以留尾巴。对于高薪问题，他说，我们的政策是高薪不降，调职不减薪，减者补发。号召工商界要“顾一头、一边倒”，即顾国家利益、人民利益这一头，倒向社会主义这一边，一心一意跟党走，一心一意接受社会主义改造，一心一意为社会主义服务。总而言之，工商业者只要跟着人民政府，一心一意搞社会主义，同共产党合作，不论老、病或有其他困难，国家都负责到底，包到底。刘少奇的谈话，进一步解除了工商界人士的思想顾虑。会后，《人民日报》发表了《工商业者应当下决心“顾一头”、“一边倒”》的社论，同时，对工商界的病假、工资、福利待遇等问题分别起草了文件，报经中共中央批转各地执行。这样，就使工商界的主要问题，获得圆满解决。①

预备会议结束后，2月19日至21日民建二大、工商联三大举行正式会议。黄炎培致开幕词，他说，我们这次大会，是一次在中国共产党领导下的团结的大会，一次工商界进行自我教育的大会，一次动员工商界积极参加社会主义建设的大会。在预备会议期间，我们成功地贯彻了和风细雨的精神，通过大、中、小各种会议的形式，大家亲切谈心，畅所欲言。在大会上发言的有101人，此外还有书面发言192篇。经过充分的深入的讨论，已就工商界当前带有普遍性的问题取得了比较一致的认识。“总之，我们的预备会议开得十分生动活泼，细致深入。这次预备会议，对于我们大家来说，等于进了两个月的社会主义学校，等于在社会主义大家庭中过了两个月的丰富多彩、心情舒畅的集体生活。”

陈叔通作了《全国工商业者，坚决响应中共八届八中全会的伟大号召，在总路线的光辉照耀下，提高自觉，鼓足干劲，更好地投入增产节约运动，更好地进行政治思想改造，为祖国的社会主义建设作出更多的贡

① 李维汉著：《回忆与研究》，中共党史出版社1986年版，第669页。

献》的报告。报告共分五个部分：一是关于工商界一年多来在接受社会主义改造方面变化情况的估计。报告肯定工商业者已大有进步，在由资产阶级分子向劳动人民转化的道路上又前进了一大步，其政治立场和思想有了明显的变化，资本主义一面减少了，社会主义一面增多了。但是，并没有前进到多数人解决了或基本解决了政治立场问题的地步。二是关于服务与改造的关系。报告指出：服务与改造的关系确切地说是劳动实践和政治思想改造的关系，劳动实践包括参加体力劳动、工作和各项社会活动，政治思想改造是指在劳动实践和政治学习中所进行的政治思想上的破资立社的自我教育，二者之间是辩证关系。工商业者应“以政治思想为统帅，以劳动实践为基础，以企业和其他工作岗位为基地，并且密切结合起来”进行改造。三是对于和风细雨的自我教育和自我改造的看法。报告认为这是工商业者接受社会主义改造的基本方法。四是关于工商界今后进行自我教育和自我改造的要求和措施。报告提出今后要“坚持劳动实践，继续进行政治立场和思想的改造以逐步达到改造成为大体上符合六条政治标准、自食其力的光荣的劳动者的目标”（注：六条政治标准即有利于团结全国各族人民，而不是分裂人民；有利于社会主义改造和社会主义建设，而不是不利于社会主义改造和社会主义建设；有利于巩固人民民主专政，而不是破坏或削弱这个专政；有利于巩固民主集中制，而不是破坏或削弱这个制度；有利于巩固中国共产党的领导，而不是摆脱或者削弱这种领导；有利于社会主义的国际团结和全世界爱好和平人民的国际团结，而不是有损于这些团结）。五是关于民建、工商联今后的工作。报告明确“在党的领导下，推动和帮助广大工商业者积极参加劳动实践，同时加强政治思想改造，争取不断进步，继续为社会主义建设作出更多的成绩”。

盛丕华代表民建第一届中央委员会作了会务报告。他指出：“本会成员通过历次政治运动，特别一年多来在工作和劳动实践中，多数人是有很大进步的；很多家属成员在参加街道工作和义务劳动等方面也有良好的表现。事实证明，本会作为中国人民民主统一战线中的一个民主党派，只要紧紧地依靠党的领导，沿着党所指示的道路前进，在工作中不断地巩固成绩，克服缺点，是一定能够发挥应有作用的。今后本会一定要在党和毛主席的领导下，根据党的建设社会主义总路线和毛主席所指示的六条政治标准，进一步团结、教育全体成员，充分发挥骨干分子的带头、模范和桥梁的作用，带动广大工商业者积极参加社会主义建设，认真进行自我教育、自我改造和对国内外敌人进行坚决斗争，为使自己向光荣的劳动人民转化，为把我们祖国早日建设成为一个伟大的社会主义国家而奋斗。”

大会通过了《中国民主建国会章程》。章程总纲规定“中国民主建国会是中国人民民主统一战线中的一个民主党派，主要由中国民族资产阶级分子组成，以中国人民政治协商会议章程的总纲为纲领，在中国共产党领导下，根据党的社会主义建设总路线和毛泽东主席所指示的六条政治标准，团结、教育中国民族资产阶级分子，在参加社会主义建设的工作中继续进行自我教育和自我改造、坚持对国内外敌人的斗争，为建设社会主义而奋斗”。章程规定“本会的主要任务，是培养和提高本会工商业者成员成为工商界中的骨干分子，在接受党的领导、走社会主义道路、向工人阶级学习、贡献才能等方面，取得成绩，做出榜样，并密切联系工商界群众，带动他们积极地在服务中继续改造，了解、研究、反映他们的意见和要求，代表他们的合法权益。反对不利于党的领导的、不利于社会主义改造的和不利于社会主义建设的行为”。

大会选出民建第二届中央委员会委员 169 人，二届一次中委会议选举了常务委员会组成人员。主任委员为黄炎培，副主任委员为李烛尘、南汉宸、盛丕华、施复亮、胡厥文、胡子昂、孙起孟、郭棣活，秘书长为孙晓村，常委为王光英、王艮仲、王绍鏊、王新元、乐松生、刘国钧、刘念义、刘靖基、巩天民、朱继圣、华煜卿、沈子槎、沙千里、陈经畬、陈维稷、吴大琨、吴晋航、吴觉农、吴羹梅、吴韫山、张絅伯、张敬礼、罗叔章、周士观、荣毅仁、胡子婴、侯德榜、俞寰澄、姚维钧、浦洁修、唐巽泽、徐崇林、凌其峻、章元善、许涤新、莫艺昌、黄长水、黄玠然、黄凉尘、童少生、项叔翔、资耀华、董林哲、潘式言、薛品轩、韩望尘、魏如。

二大的召开，是民建历史上的一件大事。它是在中国共产党的关怀和指导下，对毛泽东提出的关于实行“团结——批评——团结”公式，正确处理人民内部矛盾理论的又一次重要实践。会议采用和风细雨、发扬民主的“神仙会”方式，首先召开了长达60多天的预备会议，与会的工商界人士逐步解除了顾虑，敞开了思想。会上讨论，会后自由结合漫谈，走廊里、饭桌上，到处都在交谈、争辩，相互间有批评和自我批评，会议开得生动活泼，人人心情舒畅，实现了自我教育、共同提高的目的。经过深入讨论，就工商界当时带有普遍性的问题取得了比较一致的认识，为开好正式大会作了准备。会议中形成并贯彻了民建“自我教育”的方针，成为会的优良传统。自我教育要坚持“自己提出问题、自己分析问题、自己解决问题”的“三自”方针和“不抓辫子、不扣帽子、不打棍子”的“三不”原则。用“三不”来保证“三自”，用“三自”来达到敞开思想，实事求是，以理服人，提高认识的目的。这次大会还根据当时的历史背景以及民建和工商界的实际，提出了“听毛主席的话、跟共产党走、走社会主义道路”的口号。这句口号长期以来深入人心，在广大成员和工商业者中发挥了广泛的指导作用。会议期间，刘少奇同民建、工商联的领导人举行座谈，重申了中共“包一头、包到底”的政策，号召工商界要“顾一头、一边倒”。刘少奇的谈话，进一步解除了工商界人士的思想顾虑，给工商界人士吃了一颗“定心丸”。

“神仙会”在民建和工商联的全国代表大会上采用和取得成功后，中央统战部建议和帮助各民主党派同样采取这种方式分别召开中央会议。经过中国共产党、各民主党派、无党派人士的共同努力，“神仙会”的方式被推广到全国，获得了完全的成功。实践证明，“神仙会”是正确处理人民内部矛盾，深入进行思想政治工作的一种好形式，是调动人们为社会主义服务的积极性、推动自我改造的好方式。①

① 李维汉著：《回忆与研究》，中共党史出版社1986年版，第671页。

（三）推动工商界参加经济建设

民建二大以后，各级地方组织纷纷召开会议，对“神仙会”的精神进行学习和贯彻，特别对中共提出的“包一头、包到底”“顾一头、一边倒”的政策，组织广大成员和工商业者进行了广泛的宣传和教育，调动了工商界为社会主义服务的积极性。民建天津市委会、市工商联于1960年3月11日召开天津市工商界服务与改造汇报经验交流会，总结工商界服务与改造的成就，并交流经验、树立榜样，进一步掀起服务高潮。民建上海市委会、市工商联于3月14日举行传达动员大会，从15日起各区、局、县参加第一批传达的工商业者共1600余人，就中共中央领导人的报告进行了认真的学习和讨论。民建北京市委会、市工商联从3月21日起，在两周以内，先后在所属的四个市区组织、三个近郊区组织、十个县级组织开展了传达贯彻工作，基本上做到了“家喻户晓、人人皆知”。

★ 1960年，周恩来与胡厥文在一起。

1960年12月28日至1961年1月17日，民建中央与全国工商联在西安市召开常委第四次（扩大）联席会议。会议采取彻底敞开、自由漫谈的方式，要求与会人员对当前国内经济形势摆情况、摆观点、提问题、提意见。会议通过了1961年《民建中央、全国工商联共同工作要点》，提出要“继续贯彻党的鼓足士气、增强信心、埋头苦干、自力更生、坚持原则、坚持团结的方针，广泛深入地传达中共对工商界的政策，对民建中央、全国工商联成员和家属进一步加强‘顾一头、一边倒’的教育，推动和带动他们积极服务，加强世界观的改造”。民建、工商联各级地方组织对西安会议精神作了及时传达，并结合当地情况，对工商界人士展开了一次广泛而深入的形势教育活动。形势教育的内容主要涉及正确认识当前的国内形势，正确认识和对待当前存在的困难，正确体会中共中央的“包一头、包到底”“顾一头、一边倒”政策。形势教育的方式，一是召开各级组织委员扩大会议或代表会议，组织民建、工商联领导骨干、上层代表人士参加会议，进行学习讨论。如北京、上海、沈阳、济南、西安、南昌等市及四川、广东、陕西等省级组织先后举行常委联席会议或委员联席会议，邀请当地党政领导作了国内外形势报告，并进行学习和讨论。二是组织一般工商业者听报告，参加脱产政治学习或在企业同职工一道学习。有些地方对于不在职的工商业者，采取登门拜访的办法，对他们进行宣传教育。对于暂时调离企业支援农业生产和重点工商业生产的工商业者，指定专人，采取“送货上门”的办法，使他们同样受到教育。这次形势教育广泛采取了“神仙会”的方法，情况大家摆，问题大家找，分析大家做，办法大家议，逐步解除了工商界人士的疑虑。

“神仙会”精神的宣传与贯彻，在工商界引起极大反响。特别是中共的“包一头、包到底”的政策，使工商界人士深受鼓舞，认为是中国共产党对工商业者的又一次关怀，是给工商界人士吃了一颗“定心丸”。大多数的工商业者焕发出极大的服务热情，积极地投身于当时党所号召的以机械化、半机械化、自动化、半自动化为内容的技术革新和技术革命运动，掀起了工商界的建设热潮。民建北京市委会、市工商联组织于1960年2月底召开了“北京市工商界贯彻市群英大会精神继续跃进大会”，大会要求工商界积极投入技术革新和技术革命运动，掀起“学、比、帮”的社会主义竞赛高潮，大干60天，作出成绩，向“五一”献礼。天津市工商界在传达了民建中央、全国工商联会议精神后，纷纷表示要响应中国共产党提出的“顾一头、一边倒”的号召，积极服务，“以实际行动来报答党的恩情”。截至1960年12月底，工商界投入“双革四化”运动的人数达到80%以上，不仅工业的私方人员有革新项目，在商业、服务业和交通运输业的私方人员，也都有革新项目。很多项目经济价值较大。天津7个工业系统的私方人员在4月就生产了高精尖产品270件，实现了自动生产线213条，属于一般“四化”的项目达3931件，超过上年全年实现的项目数。武汉市江汉区在1960年第一季度实现献知识、献技能的“双献”项目达13661条，其中的“组合搪床”“水力冲砂机”“旋风铣”等价值都比较重大。从评奖情况看，上海市黄浦和卢湾两区私方人员在1960年的获奖人数均超过上一年，许多人获得了先进生产者的光荣称号。吉林省长春市有1226人被评为先进生产者，占工业私方总人数的17%。

在对工商界进行宣传教育的同时，民建中央与全国工商联协作委员会还先后派出多个工作组，分赴各地调查研究有关中共对工商业者“包一头”政策的贯彻执行情况和“顾一头”方面存在的问题，积极代表工商业者的利益。协委会北京工作组经过调查研究，先后写出了《关于大栅栏商场对“包一头”“顾一头”政策贯彻执行情况报告》《北京制药二厂私方的安排使用公私关系情况报告》《东城区服装鞋帽中心店公私关系情况问题》《东城区呢绒服装鞋帽中心店私方人员定息问题报告》等文章，提出了相应的意见和建议。协委会天津工作组在对天津市若干企业的公私合作共事关系进行调查后，与统战部的工作人员联合写出了《关于在企业中处理同私方人员合作共事关系的意见》，受到了中共中央的重视。

1961年3月27日至4月22日，民建中央、全国工商联在北京联合召开八市两省工作座谈会，参加会议的有北京、上海、天津、武汉、广州、西安、沈阳、重庆八市以及江苏、浙江两省的民建、工商联领导人。会议主要就私方人员的安排使用、病假工资和疾病医疗待遇、定息以及公私共事关系等问题进行了讨论，提出了意见和建议。在这次会议的基础上，6月21日至7月20日，民建中央、全国工商联在北京同时召开了十省工作座谈会和十市两省家属工作座谈会。参加十省工作座谈会的有山东、福建、安徽、江西、湖南、吉林、山西、河南、甘肃、云南等民建领导，参加十市两省家属工作座谈会的有北京、上海、天津、武汉、广州、重庆、沈阳、西安、哈尔滨、长沙等市和江苏、福建的民建成员。这两个座谈会，是八市两省工作座谈会的继续，着重座谈了五个专题，即安排使用和公私共事关系问题、工资福利问题、1962年后定息问题、工商业者家属参加劳动生产问题、工商业者家属工作骨干分子问题。两次座谈会所反映的情况和建议，经过整理和研究，向有关部门进行了及时反映，帮助工商业者解决了一些实际问题，起到了积极的效果。

1962年3月，周恩来在全国人大二届三次会议的工作报告中指出："要继续团结爱国的民族资产阶级分子，帮助他们进一步自我教育和自我改造，并且把定息从1963年起延长三年，到时再议。"周恩来在全国政协三届三次会议的闭幕词中指出，在贯彻以调整为中心的八字方针时，工商业者也面临着调整的问题，对他们如何妥善安置，政府要负责，工商联也可以协助政府做好工作。民建中央、全国工商联在随后开始的精简工作中，积极贯彻党和政府对于资产阶级工商业者的有关方针政策，协助做好精简工作。

1962年7月6日至23日，民建中央、全国工商联联合召开精简工作座谈会，讨论了精简中有关工商业者的方针、政策、规定和当前的宣教工作、生活互助金工作、办学问题、家属工作、开展专业活动以及小商小贩问题。会后，各级地方组织进行了及时传达。民建中央、全国工商联成立了精简小组展开调查研究，掌握工商界人士的思想动态，向有关部门提出意见和建议，推动了精简工作的顺利进行。

（四）参加社会主义教育运动

1962年下半年，由于认真贯彻了"调整、巩固、充实、提高"的八字方针，经过中国共产党全党和全国人民的努力，我国国民经济的严重困难逐步得到克服，经济形势有了明显的好转。这时，中共党内的“左”倾错误指导思想又重新抬头，使政治上阶级斗争扩大化的“左”倾错误进一步发展升级。

1962年9月的中共八届十中全会发展了自1957年反右派斗争以后提出的无产阶级同资产阶级的矛盾仍然是我国社会的主要矛盾的观点。八届十中全会后，中共中央决定在城乡发动一次普遍的社会主义教育运动，开展大规模的阶级斗争。在“左”的错误思想指导下，给当时的统战理论和政策造成极大混乱，正在进行的在政治运动中受到错误打击的党外人士甄别平反的工作被迫中断，统一战线内部调整关系的工作无法继续，并直接影响了各民主党派工作的开展。

在城乡社会主义教育运动的影响和推动下，民建中央与全国工商联在工商界普遍开展了以爱国主义、国际主义、社会主义为中心内容的思想教育，推动成员和工商界人士积极参加社会主义教育运动。

1962年12月24日至1963年1月20日，民建中央、全国工商联在北京举行中执委联席会议。参加会议的出、列席人员共310人。会议着重学习了中共八届十中全会公报，并一致认为我国对外政策的总路线是完全正确的，社会主义建设总路线、“大跃进”、人民公社“三面红旗”是完全正确的。会议同意，阶级、阶级矛盾和阶级斗争是客观存在的事实。工商业者只有在国际阶级斗争中站稳脚跟，在政治思想上不断进步，在增产节约中作出成绩，才是接受社会主义改造的具体表现。会议通过了《关于在工商界中开展爱国主义、国际主义、社会主义的思想教育，推动成员和家属鼓足干劲，努力增产节约的决议》。会议结束后，民建中央、全国工商联各地组织进行了深入的传达，并把开展“三个主义”的思想教育运动放在重要位置，组织成员、工商界人士及其家属建立各种学习小组，采取多种形式，学习政治理论，并使学习固定化、经常化。民建中央、全国工商联还多次举办宣教工作座谈会，研究分析成员的政治思想情况，交流“三个主义”教育的经验。

1963年3月以后，城市“五反”运动和农村“四清”运动先后展开。在国际方面，中苏争端日趋激烈，美、苏和印度三国形成反华大合唱，加上国民党当局叫嚣反攻大陆等，国际国内斗争形势紧张，一些工商业者的思想表现混乱。当时中共中央统战部在“左”倾路线指导下，认为“近一、二年来民族资产阶级发生了又一次大反复”。面对这种情况，1963年7月，民建中央、全国工商联在北京召开了一次大型的宣教工作座谈会，参加座谈会的有江苏、浙江、安徽、江西、山东、广东、湖南、河北、河南、山西、四川、辽宁、吉林、黑龙江等十四省以及北京、上海、天津、武汉、广州、重庆、沈阳、西安等八大市民建、工商联主管宣教工作的负责人，民建中央、全国工商联主委、部分副主委、常委、正副秘书长以及各工作部门负责人也参加了会议。座谈会的中心内容是：研究、分析当前工商界动态，并且在这个基础上，交流在工商界中开展爱国主义、国际主义、社会主义教育的经验。座谈会对工商界的“大反复”问题展开了激烈的讨论。会后，民建中央、全国工商联编发了座谈会纪要。由于受“左”的思想影响，纪要对工商界的政治思想状况作出了错误估计，认为工商界在政治、思想、经济、子女教育、企业工作等方面，存在大量问题，是在国内外阶级斗争风浪中发生的又一次“大反复”。“这个大反复，就其性质而言，是企图用‘和平演变’的方式，在我国复辟资本主义。”根据以上判断，会议决定：要在今后一个相当长的时期内，“以阶级斗争为纲”，在工商界中深入开展“三个主义”教育运动。随后，民建、工商联各级地方组织举办读书会、学习座谈会，以阶级斗争为纲，要求成员现身说法，联系实际，“查思想、找差距”，人人过关检讨，严重挫伤了他们为社会主义服务的积极性。

1963年11月，全国人大召开二届四次会议。会议发表的《新闻公报》重申了过渡时期阶级斗争和两条道路斗争的理论，指出了开展社会主义教育运动的重大意义。与此同时，全国政协举行三届四次会议，决定继续广泛地开展“三个主义”教育运动，帮助各界人士进行自我教育和自我改造。12月5日至10日，民建中央、全国工商联召开联席会议，主要讨论关于贯彻全国人大二届四次会议、全国政协三届四次会议的决议和精神的问题。会议通过了《关于坚决贯彻全国人民代表大会二届四次会议和中国人民政治协商会议三届四次会议的决议和精神，在工商界中更加广泛、更加深入地继续开展爱国主义、国际主义、社会主义思想教育的决议》。会议号召全体成员，“一定要在接受爱国主义、国际主义、社会主义思想教育中，进一步加强改造，克服大反复，提高自觉，在自我改造的道路上继续前进”。

为了总结经验，进一步推动工商界开展“三个主义”教育，1964 年 4 月至 6 月，民建中央、全国工商联在北京联合召开爱国主义、国际主义、社会主义思想教育工作经验汇报会。参加会议的有各省区、北京和上海民建、工商联的负责人。会议强调，“三个主义”教育的目的，是搞通思想，启发自觉，进行自我改造，落实到提高自我改造的自觉性和为社会主义服务的积极性。此后，民建、工商联各级地方组织先后举办了各种形式的读书会、座谈会、学习班等，推动成员进一步接受“三个主义”教育，组织工商界批判“求安”“怕变”“安居中游”“适可而止”的思想，等等。在这期间，民建中央号召各级地方组织认真推动成员学习“社会主义思想教育”有关文件，组织成员参观学习。动员一部分干部参加所在单位的“社会主义教育工作队”，前往农村开展社会主义教育工作，其中一些干部被分配到各生产队，与贫下中农同吃、同住、同劳动，帮助贫下中农搞“四清”。直到“文化大革命”开始，才奉命回原单位参加运动。

1965 年 12 月，民建中央主任委员黄炎培逝世。黄炎培是一位杰出的民主战士，忠诚的爱国主义者，著名的政治活动家和中国职业教育的先驱。他是民建的创始人和杰出的领导者，为民建的创立和发展，为巩固和发展爱国统一战线作出了重要贡献。

黄炎培逝世后，民建中央决定由李烛尘担任代主任委员。1968 年 10 月，李烛尘逝世。李烛尘是著名的政治活动家，忠贞的爱国者，中国共产党的亲密朋友，民建的杰出领导人之一，著名的实业家，我国民族化学工业的开拓者。

四、经受“文化大革命”的严峻考验

1966 年，在我们国家完成调整经济任务，开始执行发展国民经济第三个五年计划的时候，发生了“文化大革命”，这是一场由领导者错误发动、被反革命集团利用、给中国共产党和中华人民共和国以及全国各族人民带来严重灾难的一场内乱，使中国的社会主义事业和中国共产党领导的多党合作遭到严重的挫折和损失，[①] 民建各级组织和广大成员经受了严峻的考验。在“文化大革命”中，民建被迫停止活动，但广大民建成员始终没有动摇对中国共产党的信任和走社会主义道路的信念。

早在“文化大革命”前夕，全国人民就感到“山雨欲来风满楼”的紧张气氛，民主党派成员中也普遍存在不安情绪。“文化大革命”开始后，各民主党派尽管感到震惊，很不理解，但还是立即作出了决定，对“文化大革命”表示拥护，并号召成员积极参加，接受教育。1966 年 8 月 24 日，北京市的“红卫兵”发出最后通牒，限令各民主党派在 72 小时内自动解散。随后，各民主党派中央机关被查封，民建中央、全国工商联被迫宣布“停止办公”。从此，民主党派被迫停止一切活动，组织瓦解，人员流散。

“文化大革命”使统一战线事业和多党合作制度遭到严重破坏，在处境十分困难的情况下，包括民建在内的许多民主党派人士得到了中共老一辈领导人特别是周恩来的保护，在一定程度上减轻了在“文化大革命”中所受到的冲击。运动初期，当周恩来获悉民主党派被冲击、查封之后，非常痛心。他亲自草拟了保护民主党派、无党派人士的名单、范围、原则和具体方法，使一大批包括民建在内的民主党派负责人得到保护。1966 年 10 月 1 日，胡厥文、胡子昂等应邀登上天安门参加国庆观礼，周恩来

---

① 刘延东主编：《当代中国的民主党派》，当代中国出版社 1999 年版，第 342 页。

与他们一一握手，亲切交谈。周恩来同胡子昂握手时，关切地问："子昂，你怎么样啊？听说你们工商联和民建有不少人挨斗了。"胡子昂不忍心让周恩来为他担心，连忙掩饰说："我没有挨斗。"周恩来说："那就好。"[①]这在民建、工商联成员中产生了很大影响，大家普遍感到"望胡而安"，看到了光明。毛泽东说："民主党派还是要的。"但由于"文化大革命"所造成的全局失误，已无法扭转多党合作被破坏的局面。

1971 年 9 月，林彪反革命集团覆灭，周恩来亲自向民主党派、无党派人士传达、讲解。这是"文化大革命"以来，中共中央领导人第一次向各民主党派、无党派人士传达国家的重大政治事件，也是在当时历史条件下进行的一次重大的统一战线活动。由于周恩来细致、周密的安排，同民主人士语重心长的讲话，帮助民主人士正确了解了这一事件，统一了思想，稳定了情绪，增强了他们对共产党的信任和统一战线的凝聚力。[②]1972 年 10 月，各民主党派中央和全国工商联成立临时领导小组，撤销机关军代表，由临时领导小组负责领导联合办事机构的日常工作，正式恢复经常性学习活动。1973 年 6 月，周恩来亲自关心过问并周到细致地安排了各民主党派负责人到外地参观。胡厥文、胡子昂、孙晓村、沙千里、罗叔章、胡子婴、陈子彬、冯克煦等到河南、广东、湖南进行参观考察。1973 年 10 月，叶剑英、邓颖超受中共中央委托，邀请各民主党派负责人和无党派人士协商第四届全国人民代表大会代表名单，开始恢复民主协商的优良传统。

1975 年 1 月，第四届全国人大第一次会议在北京召开，周恩来所作的《政府工作报告》强调了坚持统一战线的重要性，明确指出："要全心全意依靠工人阶级、贫下中农，团结其他劳动群众和广大知识分子，进一步发展工人阶级领导的以工农联盟为基础的包括爱国民主党派、爱国人士、爱国侨胞和港澳同胞的革命统一战线。"这些论述，是"文化大革命"中第一次这样讲，对在当时历史条件下唤起人们重新认识坚持统一

① 刘延东主编：《当代中国的民主党派》，当代中国出版社 1999 年版，第 353 页。
② 同①，第 358 页。

战线和多党合作的重要意义，产生了积极的影响，各民主党派对此感到欢欣鼓舞。[①] 这次会上，胡厥文当选为全国人大常委会副委员长。

在“文化大革命”期间，各民主党派与中国共产党的长期合作关系遭到严重破坏，民建各级组织受到冲击，许多领导人和成员惨遭迫害，含冤受屈，身处困境。然而，在极其困难的情况下，绝大多数民建成员没有辜负组织的培养和教育，没有动摇爱国爱党的感情，没有动摇对中国共产党的领导和走社会主义道路的决心和信念[②]，与中共风雨同舟、患难与共，在困难中经受了锻炼和考验。他们坚信动乱是暂时的现象，相信这种状况一定会改变。

在十分艰难的条件下，许多同志仍然满怀爱国热忱和对人民事业的责任感，尽一切可能，克服重重困难，继续为人民作贡献。[③] 有的民建成员仍然坚守岗位，遵守制度，积极工作和劳动；有的在作为“专政对象”进行“监督劳动”的逆境下，积极发挥技术专长和管理才能，设法搞科研；有的还著书立说，不忘报效国家。武汉葛店化工厂工程师萧同智，被打成“反动技术权威”后，始终坚守工作岗位，在研制“1605”农药时，试验成功了“亚硫酸钠法”水解新工艺，解决了胶体硫磺堵管问题。此后，他又创造了一系列新工艺。1974 年该厂在生产“4049”农药过程中，因操作问题即将发生爆炸时，他不顾伤残身体，冲向现场抢救，减少了爆炸损失。在 1978 年的全国科技大会上，该厂的两种农药被授予奖状，萧同智被评为先进生产者、任命为副总工程师。有些成员在自己身受批斗和委屈的情况下，还不忘开导劝慰周围的同志。武汉分会主委华煜卿就特意约见蒙受不白之冤的普通会员杨村，与之谈诗歌、谈生活，并引用雪莱的名句“冬天来了，春天还会远吗?”与其共勉。[④]

就这样，广大民建成员与全国人民一道，度过了长达十年之久的历史

① 刘延东主编:《当代中国的民主党派》，当代中国出版社 1999 年版，第 360 页。
② 同①，第 364 页。
③ 同①，第 368 页。
④ 民建中央宣传部编:《民建史话》，社会科学文献出版社 2015 年版，第 109 页。

磨难，终于迎来了祖国新的春天。正如1979年10月19日邓小平在宴请各民主党派和工商联代表大会全体代表时讲话所指出的那样，“在万恶的林彪、‘四人帮’横行的十年里，各民主党派和工商联被迫停止活动，很多成员遭到了残酷迫害，绝大多数人经受住了这场严峻的政治考验，仍然坚信共产党的领导，没有动摇走社会主义道路的决心，这是难能可贵的”。[①]

他们之所以能够经受严峻考验，与中共风雨同舟、患难与共，第一，是由于他们有着强烈的爱国热忱，并在中国革命和建设的过程中，经过长期的不断学习、实践和锻炼，已经树立起拥护中国共产党的领导和为社会主义服务的牢固信念，这是经得住“文化大革命”的磨难而不动摇其意志和初衷的政治基础和思想基础；第二，他们在同中国共产党长期合作中已经成为中共的可贵诤友，所以能够理解中国共产党在其发展中出现的历史曲折，并能同中国共产党休戚相关，荣辱与共；第三，在“文化大革命”中他们得到了老一辈无产阶级革命家的关心和保护，特别是周恩来等中国共产党人在极端复杂的情况下，勇于团结和保护各民主党派，在一定程度上阻挡或减轻了“文化大革命”带来的灾难，使广大成员看到了前途和希望，能够满怀信心地期待着历史的转机。

① 邓小平：《各民主党派和工商联是为社会主义服务的政治力量》（一九七九年十月十九日），《邓小平文选》第二卷，人民出版社1994年版，第204页。

第四章

积极投身改革开放和社会主义现代化建设

一、第三次全国代表大会和确立新的行动纲领

1976年10月6日，中共中央一举粉碎了祸国殃民的江青反革命集团，结束了持续十年之久、给国家和人民带来深重灾难的“文化大革命”，使中国社会主义建设事业从危难中重新奋起。经过拨乱反正，民建逐步恢复了组织活动。1978年12月18日至22日，中共中央召开十一届三中全会，把工作重点转移到社会主义现代化建设上来，开启了改革开放和社会主义现代化的伟大征程。多党合作也由此进入新的发展阶段，民建在工作上和组织上都呈现出勃勃生机。

（一）逐步恢复组织

粉碎江青反革命集团以后，广大民建会员无不兴高采烈、奔走相告。1976年10月24日，民建中央领导人和机关干部到天安门广场参加了庆祝粉碎“四人帮”胜利的集会游行。1977年2月18日，胡厥文、胡子昂应邀参加了十年以来首次举行的全国政协春节联欢会。1977年9月27日，中共中央召集全国各省、自治区、直辖市党委组织部部长和统战部部长，集中讨论帮助各民主党派恢复活动的问题。10月11日，各民主党派中央、全国工商联的负责人就恢复和开展组织活动进行了协商。

恢复活动，首先是建立中央领导机构。12月24日，民建中央成立了临时领导小组。领导小组由胡厥文负责，胡子昂、孙起孟、郭棣活、孙晓村参加。全国工商联由许涤新、荣毅仁、黄长水、胡子昂、巩天民、沙千里、吴雪之、刘国钧、孙起孟、罗叔章、胡子婴组成临时领导小组，胡子昂为负责人。鉴于民建、工商联长期协作的传统和当时的实际情况，为了

集中力量推动两会共同性的工作，1978 年 5 月 13 日，经民建中常会临时领导小组和全国工商联临时领导小组联席会议决定，在两会临时领导小组之下成立由孙晓村、胡子婴、黄凉尘负责的临时联合工作委员会，负责处理民建、工商联协作的日常工作。临时联合工作委员会下设办公室和三个小组，负责综合协调、调查研究、宣传教育、人事保卫等相关具体工作。

中央领导机构建立以后，面临的任务十分繁重。一方面，必须尽快把在“文化大革命”中遭到破坏的地方组织恢复起来，把成员联系、发动起来；另一方面，协助中共和政府继续拨乱反正，落实对原工商业者的政策，在此基础上打开工作局面，发挥作用。

在此期间，五届全国人大一次会议、全国政协五届一次会议于 1978 年 2 月至 3 月在北京召开。胡厥文当选全国人大常委会副委员长，胡子昂、荣毅仁当选全国政协副主席。民建中央、全国工商联利用人大、政协会议的时机，多次邀请参加会议的成员座谈。时隔十多年以后，大家又聚集在一起，倍感兴奋和喜悦。在座谈中，大家分析和反映了当时民建、工商联成员的思想动态、各地工作情况以及有关落实政策等方面的问题。

人大、政协会议以后，民建中央和全国工商联组织了两个参观团，分赴四川、上海、福建等地考察了解情况，研究如何恢复组织、开展工作等问题。为了加强对地方工作的指导，从 1978 年 1 月起，民建中央、全国工商联联合编印了《工作通讯》《学习通讯》《各地情况摘编》等内部刊物，不定期分送地方组织。到 1979 年 7 月，先后印发了 30 期。

（二）召开成都会议和武汉会议

粉碎“四人帮”以后，广大成员有强烈的愿望和积极性，渴望为“四化”建设服务出力。但由于一些现实问题和历史遗留问题的困扰，无论思想上和工作上都存在大量亟待研究解决的问题。

为此，民建中央和全国工商联于 1978 年 11 月至 12 月间，委派胡厥文、胡子昂分别赴武汉、成都召开座谈会，就民建、工商联今后的方针和任务、组织的恢复和发展等问题，进一步了解情况，开展讨论，统一认识。参加成都会议的有四川省、贵州省、云南省、陕西省和成都、重庆、贵阳、昆明、西安市民建及工商联的部分负责同志。胡子昂、孙起孟、胡子婴、黄凉尘、冯和法、周同善等参加了会议。参加武汉会议的有湖北省、湖南省、广东省、广西省、山东省、河南省、江西省、安徽省和上海、武汉、长沙、广州、南宁、济南、青岛、南昌、合肥市民建及工商联的部分负责同志。胡厥文、胡子昂、孙晓村、虞效忠等参加了会议。

成都会议于11月20日开始，胡子昂出席并讲话。会议着重讨论研究了民建、工商联的方针任务，并对成员的政治思想状况展开了热烈讨论。武汉会议于12月5日开始，胡厥文出席并讲话。会议主要就民族资产阶级的两面性，特别是“摘帽子”问题进行了讨论。两次会议形成了纪要。会议认为，国家的工作重点已转变为进行社会主义现代化建设，这是全国人民、各条战线、各行各业头等重要的任务。民建、工商联必须为这个头等重要的任务服务。经过近30年的教育和改造，民建、工商联成员在政治上、思想上、生活上以及其他方面都有了很大的进步和变化。公私合营企业已经转为国有企业，定息已经取消，工商业者的工作和实践事实上都是为社会主义服务，他们已经愈益成为自食其力的社会主义劳动者，但仍然具有两面性，需要继续进行思想改造。会议要求，要做好成员中有文化、技术和管理知识的人员的工作，发挥他们的积极作用。同时，注意做好在国外的子女亲友以及国外侨胞、港澳同胞的联系接待工作，积极参加对台工作和外事工作。会议决定，要进一步加强调查研究，积极争取中国共产党的领导和支持，把恢复地方组织、建立基层组织的工作抓紧抓好，为召开民建三大和工商联四大做好准备。

随着组织的恢复，地方组织的工作也逐步展开。1978年上半年，浙江省民建、工商联拟订计划，推动成员调查研究，为加强企业管理提出建议。其中，《关于改进茶叶质量方面的几点建议和茶叶业向现代化进军的几点设想》《关于百货业改善经营管理的建议》得到政府有关部门的重视。上海市民建、工商联着重对有技术专长的成员进行了解和统计，发现他们大多数是工程技术人员，还有不少是外语人才。这一情况，对解决当时我国科教和经济领域人才青黄不接的问题，起了雪中送炭的作用。重庆市民建、工商联发动骨干成员献计献策，提出了提高生产、加强服务，革新挖潜、修旧利废，挖掘技术潜力、专业人员归队，勤进快出、加速资金周转等对当时企业经营管理针对性很强的建议。在景德镇陶瓷行业工作的原工商业者，一半以上获得先进生产（工作）者称号。广东省民建、工商联成员在恢复工作以前就参与了港澳同胞的联谊、接待工作。1979 年，他们在与香港工商界人士交往中，获悉其有意在广州投资，便积极牵线搭桥，促成广州市羊城公司与港商合资兴建中国大酒店的项目。

（三）邓小平在人民大会堂约见“五老”

1979 年 1 月 17 日，邓小平在人民大会堂福建厅约见胡厥文、胡子昂、荣毅仁、周叔弢、古耕虞五位民建、工商联老同志。邓小平首先提出：“听说你们对如何搞好经济建设有很好的建议，我们很高兴，今天就谈谈这个问题。”① 胡厥文接着发言说，原工商业者的技术专长不能发挥，统战部的投降主义帽子没有摘掉，这些问题不解决，工商界心有余悸。胡子昂补充说，原工商业者在技术管理专长方面大有人力可挖。荣毅仁发言提出，吸引外资需要有一个部门，避免多头对外。谈到引进外资，古耕虞发言提出，第一要互利，跟外国人做生意要互相有利，要长期发展下去必须互利；第二是互惠，给予对方一定好处，吸收外资必须减税。做买卖要各人算各人的账，我们自己的要求满足就可以了，对方赚多少不要管太多。古耕虞在发言中还风趣地问划分阶级是以口袋还是脑袋为主，1956 年全行业公私合营时企业已经交出来了，定息也停了好些年，资本家的帽子什么时候可以摘掉啊？他谈到，只有明确建国以来 17 年的统战政策是正确的，才能解决干部心有余悸的问题。他建议摘掉资本家的帽子，并递交了书面建议。

邓小平认真听取了“五老”的意见，当即提出要落实对原工商业者

① 邓小平：《搞建设要利用外资和发挥原工商业者的作用》（一九七九年一月十七日），《邓小平文选》第二卷，人民出版社 1994 年版，第 156 页。

的政策，包括他们的子孙后辈。“他们早已不拿定息了，只要没有继续剥削，资本家的帽子为什么不摘掉？落实政策以后，工商界还有钱，有的人可以搞一两个工厂，也可以投资到旅游业赚取外汇，手里的钱闲起来不好。你们可以有选择地搞。总之，钱要用起来，人要用起来。”① 邓小平还对荣毅仁指出：“希望你减少一些其他工作，多搞些对外开放和经济工作。形式你自己考虑。你主持的单位，要规定一条：给你的任务，你认为合理的就接受，不合理的就拒绝，由你全权负责处理。”② 谈话不知不觉到了中午，邓小平风趣地说，肚子饿了，该吃饭了，今天我们聚聚，我请大家吃涮羊肉。工作人员很快在福建厅一角摆了两张桌子，邓小平与五位老人一桌，陪同参加活动的孙起孟、孙晓村、孙孚凌、胡子婴和冯克煦等其他随同人员坐在另一桌。大家围着热气腾腾的火锅边吃边谈，气氛十分融洽。这次具有历史意义的谈话活动，因此也被誉为“五老火锅宴”。邓小平这次谈话打开了非公有制经济发展的禁区，极大地调动了工商界人士的政治热情和工作积极性。

1979 年 6 月，全国政协五届二次会议在北京举行。邓小平在《新时期的统一战线和人民政协的任务》的开幕词中，深刻分析了中国社会阶级状况的根本变化，科学界定了中国民主党派的性质和作用。邓小平指出，我国的资本家阶级原来占有的生产资料早已转到国家手中，定息也已停止 13 年之久。他们中有劳动能力的绝大多数人已经改造成为社会主义社会中的自食其力的劳动者。我国各民主党派现在都已经成为各自所联系的一部分社会主义劳动者和一部分拥护社会主义的爱国者的政治联盟，都是在中国共产党领导下为社会主义服务的政治力量。我国的统一战线已经成为工人阶级领导的、工农联盟为基础的社会主义劳动者和社会主义的爱国者的广泛联盟。

对邓小平的讲话，广大民建、工商联成员无不欢欣鼓舞，称之为邓主

① 邓小平：《搞建设要利用外资和发挥原工商业者的作用》（一九七九年一月十七日），《邓小平文选》第二卷，人民出版社 1994 年版，第 157 页。

② 同①。

席为我们“脱帽”（脱资产阶级的帽子）、“加冕”（加劳动者之冕）。邓小平关于新时期民主党派的性质、地位、作用以及中国共产党同民主党派的关系的科学论述，为新时期坚持中国共产党领导的多党合作以及各民主党派的发展奠定了思想理论基础。

（四）召开第三次全国代表大会

在中共十一届三中全会和邓小平讲话精神指引下，民建第三次全国代表大会和全国工商联第四届会员代表大会于1979年10月11日至22日在北京同时举行。民建出席大会的代表有361名，代表18339名会员。

★ 1979年10月11日至22日，民建第三次全国代表大会和全国工商联第四届会员代表大会在北京同时召开。

大会由胡厥文致开幕词。胡子昂作了《坚定不移跟党走，尽心竭力为四化》的工作报告。工作报告回顾了30年来民建和工商联成员在中国共产党的领导下走过的光明与曲折的历程。30年来，民建、工商联各级组织在中国共产党的领导下，协助贯彻对民族资产阶级的政策，教育、帮助成员接受这一政策，做了不少工作。民建根据自己的方针、任务，还和工商联一道组织、培养了一大批工商界骨干分子，对于推动成员改造和服务，起了积极作用。报告着重指出："我国国内主要矛盾和中心工作已经不再是阶级斗争，而是转变到有系统、有计划地进行社会主义现代化建设上来。这是一个历史性的伟大转变。""我们更加应该全心全意地、坚定不移地以实现全国工作着重点的转移，为我们的崇高使命和神圣职责努力奋斗。"民建、工商联的共同方针任务是"紧紧依靠党的领导，进一步加强思想政治工作和组织工作，调动民建、工商联全体成员的一切积极因素，为巩固和发展安定团结、生动活泼的政治局面，加速实现社会主义现代化建设，促进台湾早日回归祖国，实现统一大业，积极地、主动地贡献全部力量"。工作报告根据新的形势，赋予工商界在长期实践中形成的"听毛主席的话、跟共产党走、走社会主义道路"这一宝贵经验以新的内容，提出了"坚定不移跟党走，尽心竭力为四化"的行动纲领。

大会通过了《中国民主建国会章程》。新章程根据我国社会阶级状况已经发生根本变化的情况，在总纲中对民建的性质作了新的阐述："中国民主建国会是在中国共产党领导下为社会主义服务的民主党派，主要由工商界中一部分社会主义劳动者和拥护社会主义的爱国者以及与其有联系的知识分子所组成。"新章程以中国人民政治协商会议章程的总纲为纲领，确定了新时期的根本任务，即"团结、教育、帮助成员为实现我国新时期的总任务，把我国建设成为四个现代化的社会主义强国贡献力量，并在实践过程中改造世界观"。

大会还通过了政治决议。决议指出："要充分运用我们长期从事工商业、做经济工作中积累起来的生产技能经营管理经验，以及其他任何一技之长、一得之见，在四化建设、特别是在当前调整、改革、整顿、提高方针的贯彻中，提意见，献计策，见行动，出成果。要充分利用我们的特殊有利条件，遵照党的政策，加强同在港澳的和国外的亲属、故旧的联系，努力在发展国际友好关系，促进贸易往来，引进先进技术设备，利用国外资金等方面多做工作，为祖国的建设事业作出更多贡献。"

大会选举了新的中央委员会。中央委员会由175人组成。在随后召开的三届一中全会上，选举胡厥文为中央委员会主任委员，胡子昂、许涤新、孙起孟、郭棣活、孙晓村、周士观、童少生、浦洁修、王光英、汤元炳、吴志超为副主任委员，黄凉尘为秘书长。当选常委的有：王涛、王少岩、王艮仲、王纪华、邓季惺、古耕虞、叶仁寿、朱德禽、华煜卿、向德、刘公诚、刘丙吉、刘崑水、刘靖基、汤绍远、孙孚凌、李文杰、杨天受、杨美真、吴大琨、吴觉农、吴羹梅、何宗谦、沙千里、张敬礼、张蔚岑、陈乃昌、陈广生、陈子彬、陈元钦、陈铭珊、陈维稷、陈邃衡、罗叔章、荣毅仁、胡子婴、钟复光、侯启兴、俞佐宸、祝公健、莫艺昌、倪家玺、徐崇林、郭守昌、资耀华、黄大能、黄长水、黄玠然、章元善、虞效忠、漆琪生、潘式言、潘廉志。

★ 1979年10月19日，全国政协宴请民主党派主要负责人，邓小平与孙起孟（右一）亲切交谈。

会议期间，中共中央领导人叶剑英、邓小平、李先念在人民大会堂会见了出席大会的全体代表。10月19日晚，在全国政协、中央统战部举行的招待会上，邓小平发表了重要讲话。他在讲话中指出，在中国共产党的领导下实行多党合作，这是我国具体历史条件和现实条件所决定的，也是我国政治制度中的一个特点和优点。我们热诚地希望各民主党派和工商联都以主人翁的态度，关心国家大事，热心社会主义事业，就国家的大政方针和各方面的工作，勇敢地、负责任地发表意见，提出建议和批评，做我们党的诤友，共同把国家的事情办好。他特别指出，原工商业者中不少人有比较丰富的管理、经营企业和做经济工作的经验，在调整国民经济、搞好现代化建设中可以发挥积极作用。

第三次代表大会在民建历史上具有里程碑的意义，标志着民建工作进入了一个新的发展时期。

（五）认真落实各项政策

中共十一届三中全会召开前夕，胡厥文、胡子昂、孙起孟、孙晓村、胡子婴、吴羹梅等就落实对工商业者政策问题赴上海、南京调查研究后，向中共中央提出了意见和建议。1978 年 12 月，中共中央批转了中共上海市委《关于落实对民族资产阶级政策的若干问题的请示报告》，内容包括退还“文化大革命”中被查抄的存款、财物，恢复原工资、补发被扣减的工资，退还被占用的房屋，调整原工商业者的工作，改善有关的福利待遇，子女在入党、升学、招工等问题上不应受到歧视，等等。

随后，中共中央作出《关于进一步落实党对民族资产阶级的若干政策的决定》。围绕决定精神的落实，民建、工商联开展了深入的调查研究，积极反映成员的意见和要求，在协助退还被查抄物资、发还冻结存款和扣发工资、补发定息、清退被占房屋等方面，做了大量切实有效的工作。1980 年 8 月，民建中央、全国工商联又在调查研究的基础上，向中共中央提出了《关于落实对原工商业者的具体政策方面的一些意见和建议》。

对原工商业者的安排使用问题，民建先后向中共和政府提出了建议。1980 年 9 月 16 日，民建中央、全国工商联召开联席会议。在联席会议上，孙起孟作了《广开才路，协助做好对原工商业者的安排使用》的发言。

他说，民建和工商联成员是一支中国土生土长的、具有专业知识和能力的经济工作干部队伍，是值得重视的民族财富，是实现中国式社会主义现代化建设的重要力量。这支队伍人数不多，能量不小。中国民族工商业者有长期经营中小企业的丰富经验和知识。现代化建设不仅不排斥，而且要重视和发展中小型企业。民建和工商联成员这样一支现成的经济工作干部队伍，对于中国式的现代化建设来说，就具有特殊的重要性。会议通过了《关于协助党和政府做好对原工商业者的安排使用工作的决议》。决议指出："做好对原工商业者安排使用中的工作，不仅党政部门责无旁贷，我们民建、工商联各级组织和成员也要认真负起责任，在总结经验的基础上，采取切实有效的具体措施，努力协助党和政府更快、更好地解决这方面的问题，务使我们有专业知识和能力的同志各得其所、才尽其用。"

会议决议得到中共中央的重视。中央统战部、中央组织部联合向各地转发了民建中央、全国工商联的决议，要求各地统战、组织部门，对原工商业者的安排使用情况进行一次检查。对安排不当而未能发挥作用的，要有步骤地逐个加以解决。对有经营管理经验和技术专长又能坚持工作的，可以适当安排一定的领导职务，有的还应按规定授予技术职称。对年龄较大、健康状况差些、有一定业务技术专长、需要他们带徒传艺的，可以安排他们担任业务或技术顾问，在生活、工作上加以适当照顾。对已经退休、尚能工作、确有业务技术专长的，可聘请他们担任业务、技术顾问，生活上适当给予补助，或者采取其他措施，发挥他们的专长。1981 年 7 月，中央统战部、中央组织部再次发出通知，对原工商业者的安排使用问题进一步明确政策。民建中央、全国工商联派出工作组到一些地区进行调查研究，了解情况，推动工作。据不完全统计，先后对 11715 名在职成员的情况作了全面了解，对需要调整安排的 2822 人逐个提出具体安排意见。

与此同时，民建、工商联积极协助中共和政府加紧解决有关历史遗留问题。早在 1956 年的全行业公私合营时，一大批小商、小贩、小手工业者被划入工商业者范围，他们强烈要求从资本家中区分出来。1969 年以后，在一些大中城市进行了区别工作的试点，但由于"文化大革命"的干扰，这项工作陷于停顿。粉碎“四人帮”以后，这项工作得以恢复进行。中共中央批转了中央统战部等六部门《关于把原工商业者中的劳动者区别出来问题的请示报告》后，民建、工商联各级组织积极协助中共和政府落实对“三小”的政策，先后把70万小商、小贩、小手工业者从86万原工商业者中区分出来，恢复了他们的劳动者成分。

平反冤假错案是落实政策的一个重要方面。民建各级组织积极协助中共和政府做了大量细致的工作。其中，先后为3109名成员改正了被错划的右派，平反了124名成员的冤假错案，撤销了给予他们的各种会内处分。1980年6月，中共中央改正了章乃器的“右派”冤案。这些问题的解决，分清了历史是非，卸掉了多年来压在他们身上的沉重包袱。

拨乱反正、平反冤假错案，落实原工商业者政策，有利于新时期多党合作的坚持和发展，极大地调动了民建广大成员为“四化”建设服务的积极性。

（六）兴办企业和安置待业青年

在邓小平约见民建、工商联“五老”以后，荣毅仁于1979年2月向中共中央、国务院提出设立国际投资信托公司的建议。6月27日，国务院正式批准成立中国国际信托投资公司，荣毅仁出任董事长兼总经理。1983年4月，在王光英的积极努力下，中国光大集团有限公司（又称光大实业公司）正式成立，总部设在香港，王光英出任董事长兼总经理。荣毅仁和王光英都是爱国企业家的典范，是中国现代民族工商业者的杰出代表，是改革开放的先锋人物。两个公司的成立，作为中国对外开放的重要窗口，对引进资金、技术和人才，进一步做好进出口贸易等方面的工作发挥了积极作用。

1979年年初，随着各项统战政策的落实，上海的原工商业者心怀感激之情，希望将多余款项用于“四化”建设。这一想法，得到上海民建、工商联的肯定和支持。经过反复酝酿，市民建和工商联成立了筹备小组，筹组上海市工商界爱国建设公司。9月22日，公司正式成立。刘靖基当选董事长兼总经理，杨延修、吴志超为副董事长。参加集资的有946人，主要是民建、工商联成员。集资款高达5535万多元。民建中央对成立上海爱建公司非常关注。1980年6月，胡厥文在给刘靖基的一封信中谈到，目前，具有社会主义性质的集体企业正如雨后春笋般发展起来。过去由我们牵头兴办的这类企业为数不少，可否也选择一些单位，认真总结经验。在有关发展前景、原材料供应、产品销售、生产技术、人才培养、经营管理、财政税收、利润分配、多劳多得以及其他有关整个经济体制和企业内部管理特征等各方面，在我们力所能及的范围内，实事求是地提出问题、意见和建议。希望在中共和政府的统一领导下，由民建和工商联成员牵头所兴办的街道集体企业，有一个较大较快的发展。

上海爱建公司成立后，一些地方的民建和工商联起而仿效。1980年8月23日，南京市爱国建设公司成立。公司以原工商业者为主筹集资金，重点扶持街道企业发展生产、扩大安置待业青年、补充市场需要。民建和工商联兴办的这类公司，不仅为国家当时的经济建设作出了贡献，更重要的是为以后民营企业的创办和发展，推动经济体制的改革，作了有益的探索和尝试。

我国人口众多，安置就业的压力本来就很大，加上“文化大革命”时期遗留下来的问题，1977年至1981年平均每年需要安置700多万人就业。

在1979年6月的全国政协五届二次会议上，民建、工商联的82位全国政协委员，针对国家在安置就业方面的压力献计献策，联名提交《广开就业门路，培养就业能力》的提案，提出民建、工商联成员中不少人有生产技术、经营管理和其他专长，可以在职业训练和扩大就业方面，配合有关部门发挥作用。

1980年4月，民建中央、全国工商联召开协助安置待业青年就业座谈会。1981年8月，民建中央、全国工商联会同国家劳动总局发出《关于各地劳动服务公司和民建会、工商联密切配合广开门路，搞活经济，扩大城镇就业的通知》。许多地方组织和当地劳动部门联合召开会议，研究制定协作的具体实施方案。1981 年 11 月，中共中央、国务院发出《关于广开门路，搞活经济，解决城镇就业问题的若干决定》，责成政府有关部门和民建、工商联，在统筹规划下协同努力，为发展城镇集体经济和个体经济，解决就业问题，切实负起应尽的责任。

民建、工商联抓住时机，发挥成员优势，采取自办、同有关单位协办等方式，协助街道、工厂、机关、团体、学校等兴办多种形式的集体企业，拓宽就业渠道。1979 年，北京市民建、工商联协助有关部门创办了著名的“大碗茶”和稻香村食品厂等街道企业，后又协助创办了天桥建筑公司。1980 年，自筹资金创办了北京投资服务公司。公司的创办，发展了集体经济，吸纳了大量劳动力。1982 年 5 月，福建泉州市民建、工商联出资创办了建联针织厂，承办港商来料加工业务，拥有厂外计件工近 3000 人。许多地方的民建、工商联也先后创办了各种类型的工商集体企业，安置和培训了大量待业青年。

此外，许多地方组织把已经离退休的会员组织起来，利用他们的一技之长，组成“四化服务队”，奔赴各地开展经济咨询和各种技能的培训，协助创办集体企业，安置待业青年，为促进社会稳定、发展集体经济作出了特殊贡献。在这个过程中，他们不顾年事已高，东奔西走，不辞辛苦，不计报酬，“老牛明知夕阳短，不用扬鞭自奋蹄”，立志要在“四化”征程上留下自己晚年的脚印，为子孙后代树立榜样。他们的精神和业绩，得到了全社会的普遍赞誉，中央电视台为此专门制作了《他们是自己人》的电视专题片，在全国播放。

截至 1982 年年底，各地民建、工商联共组织 6000 多名成员，自办集体企业 208 家、合办 133 家、协办 3003 家，安置待业青年 9 万多人。在 1982 年 8 月举行的全国发展集体经济和个体经济、安置城乡青年就业先进表彰大会上，有两家民建、工商联创办的企业被评为全国先进单位，受到表彰。

在为“四化”服务的过程中，广大成员心情舒畅，精神振奋，表现出强烈的报国热情和主人翁的责任感。各级组织在工作实践中，创造了许多好的经验和做法。为了总结经验，更好地推动工作，民建中央、全国工商联决定召开一次全国性的经验交流会。

会议召开前夕，中共中央作出调整国民经济决策。民建中央、全国工商联经过反复研究，进一步确定了经验交流会的主题，要求在总结交流以往经验的基础上，围绕调整国民经济这个大局研究新问题，提出新设想，推动成员为“四化”建设作出新的贡献。

1981 年 1 月 18 日至 29 日，民建中央、全国工商联为社会主义现代化建设服务经验交流会在北京举行。参加会议的代表共 367 人。胡厥文在会议开幕时发表了热情洋溢的讲话。他说“四化”建设需要我们，我们更需要“四化”建设。我们大多数人的年龄已经不小了，正如有的同志所说的，报国之日苦短，报国之心倍切。为“四化”出力效劳，正是千金难买的时刻。他希望这次会议开成一个动员民建、工商联各级组织和全体成员扎扎实实地为促进安定团结，为调整国民经济、实现“四化”建设服务的大会。

会议围绕贯彻落实中共中央文件精神，进行了深入讨论和研究，293 份典型材料在大会上交流，提出了 178 份专题书面建议。在此基础上，集中大家的智慧，综合整理出《关于国民经济调整工作的建议书》送中共中央和国务院。建议根据国家中心任务和民建、工商联实际，提出建立经济咨询服务中心和工商专业培训中心，以此为重点，探索为“四化”服务的新途径、新路子。大会还向民建、工商联各级组织和全体成员发出了倡议书。

这次会议，受到中共中央、国务院的重视和关怀。姚依林、李维汉、乌兰夫、刘澜涛等领导人出席会议并讲话。国家计委、国家经委、商业部、化工部、劳动总局和总工会、全国妇联、全国青联的有关负责同志出席了会议。

（七）开展咨询和培训工作

为社会主义现代化建设服务经验交流会召开以后，民建、工商联把经济咨询服务和工商专业培训作为为“四化”服务的重点，广泛深入地开展起来。经济咨询服务的一个重大转变，是从个别分散的献计献策，向有组织地进行专业、专题咨询发展。

1981年3月至4月间，民建中央、全国工商联先后两次发出通知，要求各级组织从各地实际情况出发，采取切实的措施与恰当的形式，把成员进一步组织起来，更加广泛、更加有效地开展向中共和政府提建议的活动，得到各地的热烈响应，先后有27个地方组织提出了103份建议。这些建议，大都受到中共和政府的重视，作了妥善处理。轻工业部部长宋季文收到吴羹梅、汤蒂因、徐正元提出的《关于搞好我国制笔工业调整工作的意见》和《增加细杆铅笔产量多创外汇的建议》后，约吴羹梅面谈进一步征求意见，并表示立即采纳。武汉市会员朱复再根据市第二药厂存在的问题，向党委建议开展增产节约活动。活动开展以后，有效地帮助解决了企业的亏损问题，全年实现利润321万元。贵阳市民建、工商联卷烟业务研究小组提出《充分发挥我省产烟优势，加强科研工作，扩大卷烟生产的建议》，提议对贵烟一厂、二厂增加投资、扩大年产。建议实施后，产值增加1.5亿元，并吸纳了大量人员就业。云南昆明市民建、工商联为楚雄彝族自治州引进美国烟草良种和栽培技术，使当地80年代烟草业财政收入达到1000万元，占财政总收入的24%。到1985年，该地区烟草业财政收入达1.24亿元，占财政总收入的66%。

1981年4月下旬，胡厥文考察常州市工业发展情况后，写出《关于常州市工业发展情况的报告》，送邓小平、陈云、胡耀邦等中共中央领导同志。报告提出，常州市在发展工业的道路上，为我国各地中小城市根据各自的具体情况和条件，因地制宜、因时制宜地发展的特点和优势，扬长避短，用多快好省的办法，进行现代化建设闯出的这条新路，很值得借鉴。6月30日，胡耀邦批示，厥老从考察常州市的工业入手，提出了发展工业的一些好意见，指出了我们工作中存在的一些值得严重注意的问题。厥老是党外人士，年近九十，关心国家兴旺发达之心，溢于言表，尤其值得我们重视。

在中共和政府的鼓励支持下，民建中央、全国工商联从成员实际出发，选择国家经济生活中一些重要的问题，开展全国性调查，向中共中央、国务院提出了许多政策性建议。

1981 年 4 月下旬，胡厥文在南方调查中发现机械设备管理和维修方面存在严重问题，写信建议国务院注意解决。国家经委根据胡厥文的建议，向全国发出了《关于进一步加强设备管理工作的通知》。随后，民建、工商联的地方组织发动千余成员广泛调查研究、分析论证，形成 13 万多字的调查材料。在此基础上，民建中央、全国工商联于 1982 年 4 月召开了工交企业设备管理和维修工作座谈会。经过认真讨论和研究，向中共中央、国务院提出了《关于进一步加强设备管理工作的建议》。建议的内容，大部分为 1987 年国务院颁布的《全民所有制工业交通企业设备管理条例》所采纳。

1981 年 9 月至 1982 年年初，民建中央、全国工商联发动 28 个地方组织集中开展了中药生产经营问题的调查研究。在此基础上，于 1982 年 10 月，会同农工党中央联合召开中药专业咨询座谈会，就继承和发扬祖国中药宝贵遗产、解决当前中药业存在的问题进行专题讨论和研究，形成《关于扶持和振兴中药事业的建议》。建议认为，要扶持和振兴中药事业，必须加强专业领导，适当调整政策，加强收购、改进生产、提高质量，大力培训中药人才，加强中药科研工作，发挥优势、统一出口。胡耀邦看到这个建议后批示，党外三个党派团体对中药事业的发展问题提了许多好的意见，值得我们重视，请把这个材料转给专管此事的同志，并请他们同这批党外朋友密切合作，看如何能把中药这件事搞得更好些，以造福于人民。国家医药管理局据此制定了《国家医药管理局关于加强中药行业管理的意见》。1983 年 7 月，民建、工商联和农工党又根据八个省市的调查，就“妥善解决中药业职工工资福利、劳保待遇和技术职称”问题提出了建议。随后，民建、工商联和农工党加强协作，于 1986 年成立中药咨询服务中心理事会，就理顺中药管理体制和加强药材市场管理等提出建议，得到中共中央、国务院的重视和肯定。

1983 年 5 月，民建中央和全国工商联在广泛调查研究的基础上，召开传统食品咨询工作座谈会。座谈会有 28 个地方组织的民建、工商联代表和商业主管部门、食品工业协会负责同志共 220 人出席。中共中央政治局委员王震到会作了重要讲话。这次会议共提出 111 份、近 50 万字的调查材料。会议形成《关于恢复和发展传统食品的建议》。建议提出，要制订规划，改革经营管理体制，调整价格政策，组织好原料供应，培训技术人才，加强科学研究和设备技术改造，努力恢复和发展传统食品，走出一条发展中国食品工业的新路子。这个建议送中共中央、国务院后，受到重视和采纳。

与此同时，民建一些地方组织也积极开展专业专题调查研究，向中共党委和政府提出意见和建议。1983 年年初，上海民建、工商联应有关部门的要求，对上海市的棉纺、织布、印染、手帕、纺器、毛纺、羊毛衫、丝绸、内衣、制袜等十类企业，进行调查研究，提出了《对上海市纺织工业的体制改革和机构改革的几点建议》。杭州民建、工商联创办了《市场信息》刊物，重点反映市场的新情况、新问题，提出意见和建议，供有关部门参考。

民建武汉市委主委、武汉大学教授李崇淮，全面研究了武汉市的区位、资源和人才等方面的情况后，在《长江日报》发表了《从交通和商业入手，加强中心城市建设——关于武汉经济发展战略的设想》。此后，他又在六届全国人大一次会议提出《把武汉市及早建成华中的经济中心》的议案。他的意见，引起了有关方面的高度重视。胡耀邦听取他的意见后，给予充分肯定。国家体改委《关于武汉市经济体制改革问题的函》指出："如何把武汉市经济搞活，发挥更大的作用，确是一个很重要的课题。李崇淮同志建议从加强交通和大力发展商业入手，把武汉建成经济中心的设想是很好的。"随后，李崇淮对原来的设想进行了深化补充，提出了若干具体措施。武汉市人民政府采纳了这些建议，并于 1985 年 1 月隆重举行大会，向他颁发第一号嘉奖令，表彰他为武汉经济发展作出的贡献。

为了检阅开展经济咨询服务的成果，交流经验，研究问题，推动工作，民建中央、全国工商联于1982年7月召开经验交流会。会前，中共中央书记处听取了汇报，对民建、工商联的经济咨询服务工作给予了很高的评价："民建、工商联这条路子是走对了，很好。"国务院各部委和地方各有关部门的负责同志应邀出席了会议。首都各新闻单位作了报道。这次会议的纪要提出，为顺利开展经济咨询服务工作必须注意掌握几个要点：一是把主动争取党政领导的支持同充分发挥各级组织和成员的积极性紧密地结合起来，二是把对经济方针政策的咨询同具体经济业务的咨询服务紧密地结合起来，三是把物质文明建设同精神文明建设紧密地结合起来，四是把当前的咨询服务工作同传帮带和工商专业培训紧密地结合起来。这次会议以后，经济咨询服务工作更加广泛地开展起来。

在开展经济咨询服务的同时，民建、工商联各级组织适应社会需要，广泛开展了工商专业培训，为国家、企业和社会培训各类有用人才。

从1979年开始，一些地方的民建、工商联组织就在培训办学方面做了有益的尝试，引起了很好的社会反响。1981年6月，民建中央、全国工商联召开培训工作座谈会，学习贯彻中共中央、国务院《关于加强职工教育工作的决定》，落实民建、工商联为"四化"建设服务经验交流会提出的倡议精神，研究确定今后培训工作的任务。会议经过反复讨论，制定了"扬长避短、拾遗补缺、稳步前进、讲求实效"的培训工作方针。同时，对办学内容、办学方式、办学条件等方面的许多问题进行了探讨和研究，提出了一些措施和办法。

会后，各地加强领导和组织，纷纷成立了培训工作机构，并结合当地实际，根据社会需要，开展了多种形式的培训活动。有的开办业余学校，举办短期培训班，有的举办巡回讲座，以师带徒言传身教，形式灵活多样。课程设置大体包括财会、统计、企业管理、金融业务、中医药知识、建筑施工、裁剪缝纫、烹饪技术、电器维修、钟表维修、仓储管理、商业服务艺术、各种文化补习等广泛的内容。培训不仅传授知识技能，还特别注意对学员进行社会主义、爱国主义、集体主义和职业道德教育。培训对象，由待业青年、在职职工的培训，发展到乡镇企业培训、少数民族培训、军地两用人才培训等，范围越来越大。由于多层次、多形式办学，灵活机动、因地制宜，不占国家编制、不请拨经费，以学养学、学以致用，急社会之所需、补国家之不足，因而受到社会各界的欢迎和好评。诸如浙江省民建、工商联创办的钱江业余学校，重庆市民建、工商联举办的重庆财经业余学校，都取得了良好效果。

到 1983 年，民建、工商联共创办各类学校 61 所，培训学员近 8 万人；举办各类培训班 877 期，培训学员 4 万多人；近 1300 名成员在各类讲座辅导，听讲学员 31 万人（次）；2500 名成员在工作岗位上传授技术，学员 3 万多人；自编教材 12 类、562 种。

民建、工商联的办学工作，成为进入新时期以来最具创造性的活动之一，多次受到中共党委和政府的表彰。在 1982 年各省、市业余教育评比中，上海、常州、杭州、宁波、湖州、重庆、广州等地由民建、工商联举办的学校，被评为省、市级先进集体或先进单位，有许多成员被评为先进工作者。

（八）开展支边扶贫工作

我国少数民族聚居地区，大多经济不发达、科学文化落后，为少数民族地区发展经济文化事业提供经济咨询和工商专业培训，使他们尽早脱贫致富，是民建、工商联为“四化”建设服务的重要领域。由于一部分老同志所掌握的生产技术很适合少数民族地区的生产力水平，可以大有作为，因而一些省市的民建、工商联组织成员，到少数民族地区进行考察，开始提供咨询服务。

1982 年 7 月，民建中央、全国工商联发出通函，要求各级地方组织到少数民族地区开展经济咨询工作，并于 1983 年 3 月，召开了少数民族地区经济咨询工作座谈会。会议要求，在国家计划指导下，贯彻改革精神，遵循实事求是、尽力而为、拾遗补缺、讲求实效的方针，根据少数民族地区的客观需要和民建、工商联成员的具体条件，切实地为少数民族地区治穷致富，做一些有益的事情。会议指出，民建、工商联一无资金、二无物资、三无设备，从这个实际出发，开展少数民族地区经济咨询服务工作，主要是以民建、工商联成员生产技术和经营管理之长，帮助少数民族地区提高生产技术和经营管理水平，提高经济效益，培训专业技术和经营管理人才。开展少数民族地区经济咨询工作，重点要面向少数民族聚居的比较贫困的地区。

座谈会以后，各地民建、工商联以内蒙古、广西、贵州、云南、宁夏、四川、广东、新疆、青海的少数民族聚居而又比较贫困的地区作为重点，先后组织成员 700 多人（次），开展咨询服务活动。特别是推动东部地区地方组织与重点扶贫地区的地方组织分别建立对口协作关系，使支边扶贫工作更加有组织、有成效地广泛开展。如北京市民建、工商联于 1982 年 10 月向内蒙古昭乌达盟（今赤峰市）派出经济咨询服务工作组，进行咨询考察。根据当地的需要，先后派出 21 批、46 人（次）的队伍，向十家皮毛、皮革厂提供技术咨询服务，使企业的生产发生了根本的改观，经济效益大幅提高。他们还每年耗资数万元在该地区进行无偿服务，传授食品加工、酿造等生产技术，改变了当地“酱油不咸醋不酸、糕点赛似半头砖”的状况，受到当地群众的欢迎。

（九）胡厥文、胡子昂两老的一篇好意见

进入新时期以后，中国共产党领导的多党合作得到全面的恢复和发展，各民主党派的参政议政活动日益活跃和广泛。民建坚持从实际出发，把为“四化”建设服务与履行参政党职能密切结合起来，发挥了积极作用。

1981 年 12 月，在全国统战工作会议期间，胡厥文、胡子昂就有关民主党派、工商联的几个问题，联名致信胡耀邦，向中共中央提出了几点建议。一是加强统战理论、政策的再教育，确是肃清“左”的流毒和影响，发挥和提高统战工作效益的要着；二是尊重和听取各方面人士的意见要做到经常化制度化；三是党中央和国务院对于落实政策的决心和毅力是有目

共睹的，要充分发挥和运用民主党派、人民团体的力量配合党政领导部门和人员共同努力；四是请帮助民主党派和工商联解决工作条件方面的一些问题。他们的建议，受到中共中央的高度重视。胡耀邦在全国统战工作会议结束时作了讲话，专门提到这封信并给予很高评价。他在讲话一开始就指出："你们这个会上提出了许多问题，特别是引出了胡厥文、胡子昂两老的一篇好意见。"① 胡耀邦在这次讲话中，结合胡厥文、胡子昂两老的建议，联系过去一个时期的统战工作情况，鲜明地提出："在新的历史时期中，我们一定要同党外朋友真正建立起肝胆相照、荣辱与共的关系。"②这为中共十二大提出多党合作十六字方针奠定了思想基础。

到 1983 年年初，民建有 21 位成员在政府及司法机关任副省级领导职务，一部分成员担任了各级人大代表和政协委员。这些同志肩负人民的重托、组织的期望，认真负责地履行职责，发挥了应有作用。1980 年 9 月，最高人民法院特别法庭公开审判林彪、江青反革命集团，黄凉尘参加了审判工作。

（十）开展经贸联络

1979 年 11 月底，应香港渣打银行总经理布朗的邀请，孙起孟、刘念智和顾问刘一民赴香港参加香港经营管理协会举行的年会。在会议上，他们热情宣传内地改革开放的新形势和政府招商引资的政策，并就合作的具体方法和途径进行了探讨。

1980 年 11 月，应香港中华总商会的邀请，以胡子昂为团长，孙晓村、胡子婴、古耕虞、刘靖基、张敬礼等组成的工商界代表团访问香港。这是中华人民共和国成立以来，内地工商界第一次组团访问香港，受到香港工商界人士的热烈欢迎和隆重接待。

1983 年 1 月，应澳门中华总商会和香港中华总商会、香港厂商联合

① 胡耀邦：《在全国统战工作会议上的讲话》（一九八二年一月五日），中共中央统一战线工作部、中共中央文献研究室编：《新时期统一战线文献选编》，中共中央党校出版社 1985 年版，第 159 页。
② 同①，第 165 页。

会、香港工业协会的邀请，以胡子昂为团长，张敬礼、王光英、刘念智、刘靖基、梁尚立为副团长，古耕虞、姜培禄、浦洁修、万国权、汤元炳、杨受百、陈希仲、李月华、陈坚、冯克煦等组成的全国工商联代表团，赴澳门、香港访问。在澳门中华总商会成立70周年庆祝会上，胡子昂在贺词中说："发展澳门地区与内地的经济交流合作有着非常广泛的前途。我们对澳门工商界寄予很大希望。"在香港期间，代表团先后与香港中外工商社团和中外银行界、工商界人士会晤，广交朋友，听取意见，宣传国内的大好形势、国家经济建设和实现祖国统一的方针政策，并就香港与内地的贸易和经济合作以及技术交流等方面的问题，诚挚坦率地交换了意见。离港前夕，胡子昂在接受记者访问时说："这次来港收获不小，喜见香港工商界朋友都对国家有信心，并愿意为香港的稳定、繁荣和团结贡献力量。"

这些活动，对我国改革开放初期，加强同港澳工商界人士的联系，招商引资，起了很好的作用。据不完全统计，到民建四大召开前的五年间，经民建、工商联牵线搭桥达成协议的各种项目有337项，总金额达2亿多美元。

（十一）加强组织工作和思想建设

民建三大以后，各地组织陆续召开代表大会，选举了新的领导机构。原17个省级工作委员会正式改建为省级组织，新建了云南、贵州、山西省委员会，成立了湖北省筹委会、青海省工作组，新建了21个市级委员会、31个城市支部（小组）。到1983年，民建共有23个省级组织、1个省级筹委会、1个省级工作组，107个市级委员会，59个城市支部，1319个基层支部（小组）。至此，不仅原有的地方组织得到完全恢复，而且有了新的发展。

为了适应工作发展的需要，民建中央与全国工商联设立了各自独立的组织工作办事机构，开始分署办公。1980年七八月间，民建中央组织处改为组织部，开始编发《民建支部通讯》杂志，以指导和推动全会的组织工作。

1981年6月，民建中央召开组织工作座谈会。这是在1951年组织工作会议30年以后，召开的第一次全国性组织工作会议。参加会议的有各省级组织和部分市级组织分管组织工作的负责同志。会议讨论通过了《关于目前组织工作的意见》。意见指出，当前和今后一个时期，本会的政治任务主要是在党的领导下，进一步组织和团结全体成员及所联系的人们，充分利用对经济工作有比较丰富的知识和经验，以及同港澳台和国外的社会经济联系等有利条件，为实现调整经济、“四化”建设、统一祖国等巨大历史任务积极贡献一切力量。意见强调，组织工作以实现政治任务为目的，又是实现政治任务的重要保证。要坚持发展与巩固相结合的方针，在今后一定时期内，组织发展工作在继续发展原工商业者的同时，适当发展与本会工作有联系的中上层知识分子入会。在发展对象中，要注意吸收有代表性的中年人士和对于引进外资、科学技术有作用的、对台湾回归祖国有影响的、与本会有联系的爱国人士。在以大中城市为主的同时，有条件的小市、县也可以适当发展成员。这次会议，对于在新形势下加强组织建设问题统一了思想，提高了认识，明确了任务，对会的组织发展工作起了极大的推动作用。

会议以后，各级组织陆续发展了一批知识分子入会。为做好这部分成员的工作，调动他们的积极性，民建中央于1982年10月召开了有15个省级组织代表参加的知识分子成员座谈会。会议强调，要进一步改进和加强对知识分子成员的工作，更好地发挥他们在为“四化”建设服务中的作用。会议提出，要吸收有代表性的、有影响力的知识分子成员参加各级领导班子，充实和加强领导集体的力量。在此期间，甘肃、浙江、江苏、上海、辽宁等民建省级地方组织先后召开了基层组织工作经验交流会或组织工作座谈会，重点研究了组织发展特别是基层组织建设问题。

经过全会努力，到1983年上半年，民建会员达到24767人。比1979年的18339人有了大幅度的增加，超过了1965年年底的22400人。同时，民建中央注意到，成员队伍虽然得到恢复，但年龄老化问题相当严重。在

1981 年 12 月召开的民建三届二中全会上提出，对于本会成员老化问题，应当引起各级组织足够的重视，要在今后发展对象中注意吸收中年人士，使本会更加生机勃勃，充满活力，后继有人。根据会务工作发展需要，1981 年 12 月 19 日民建三届三次中常委（扩大）会议增推王光英为民建中央常务副主任委员。

民建三大前后，为实现工作重点的转移，引导成员为“四化”建设多作贡献，民建中央注意做好成员的思想工作，调动成员为“四化”建设服务的积极性。

中共十一届三中全会以后，广大成员一方面渴望为国家的振兴作出贡献，另一方面由于“左”的思想影响，特别是政策不落实引起一部分成员的忧虑和不安。民建中央认为，不解决这些问题，民建工作重点的转移就没有群众基础，成员的爱国热情就不能顺利地转化成为“四化”服务的实际行动。

针对这种情况，各级组织积极协助政府落实政策，了解情况，反映问题，提出建议，切实帮助成员解决实际问题，代表他们的合法权益，努力创造为“四化”建设服务的客观环境。1984 年 1 月，民建中央成立了落实政策工作组，对中央委员的政策落实情况进行全面调查了解，向中共和政府反映存在的问题，提出解决的建议，使问题逐一得到落实。

与此同时，民建中央组织成员认真学习中共十一届三中全会文件，开展时事政策教育，帮助成员提高认识，主动为国分忧。民建上海市委等地方组织制定了《成员守则》，在成员中开展评选、表扬先进的活动，收到很好的效果。为配合各地的学习教育工作，民建中央、全国工商联从 1980 年 4 月到 1985 年年底，出版了《服务与学习》月刊，及时传达中共和政府的信息，交流成员在学习和为“四化”服务中取得的经验，指导基层的工作。

各项政策的落实和思想政治工作的开展，极大地调动了广大成员的积极性，为“四化”建设服务的热情空前高涨，涌现出了一大批先进典型，作出了显著成绩，受到各级政府的表彰。据不完全统计，1979 年至

1983年间，获得各种荣誉称号、受到奖励表彰的成员共计8519人（次）。其中，受到全国表彰的43人（次），省、市级表彰的838人（次）。

二、第四次全国代表大会和开创民建工作新局面

1982年9月1日，中共十二大在北京召开。大会提出“建设有中国特色的社会主义”的重大命题，确定了分两步走、实现国民经济翻两番的奋斗目标。大会提出要继续坚持“长期共存、互相监督”，“肝胆相照、荣辱与共”的方针，加强同各民主党派、无党派民主人士、少数民族人士和宗教界爱国人士的合作，使广大民建会员深受鼓舞，极大地调动了建设有中国特色社会主义事业的积极性。

（一）召开第四次全国代表大会

1983年11月8日至19日，民建第四次全国代表大会和全国工商联第五届会员代表大会在北京同时举行。出席民建四大的代表有500名，来自192个地方组织，代表26372名会员。

会议的主要任务是，以中共十二大精神为指导，回顾和总结三大以来的工作，制定今后的工作方针和任务，动员全会为社会主义现代化建设贡献力量，开创民建工作的新局面。

大会开幕时，中共中央政治局委员、书记处书记习仲勋宣读了中共中央的贺词。贺词指出，中华人民共和国成立以后，民建、工商联对团结、教育成员进行社会主义改造，发挥了重要的历史作用。在社会主义改造基本完成以后，又推动成员发挥经营管理经验和生产技术专长，积极为社会主义建设服务。中共十一届三中全会以来，民建、工商联制定了“坚定不移跟党走，尽心竭力为四化”的行动纲领，积极参与国家大事的协商，对经济建设和政治生活中的一些重要问题提出建议；协助党和政府落实各项政策，广泛团结工商界和与工商界有联系的人士；努力开展对港澳同

胞、台湾同胞、国外侨胞中工商界及有关人士的联络工作，促进对外经济技术交流。特别是近两年来，民建、工商联成功地开展了经济咨询服务和工商专业培训工作，在传播科学技术、改善一些企业的经营管理、安置待业青年、以智力支援边远地区和少数民族地区等方面，走出了新路子，取得了新成绩，创造了新经验。

★ 1983 年 11 月 8 日至 19 日，民建第四次全国代表大会和全国工商联第五届会员代表大会在北京同时召开。

胡厥文致大会开幕词。他说，这次代表大会，是在我国社会主义现代化建设的关键时刻召开的。希望把大会开成继往开来，更好地开创民建、工商联工作新局面的大会，开成初步实现新老干部交替、合作，发扬大团结精神的大会。

胡子昂代表民建第三届中央委员会和全国工商联第四届执行委员会作了《坚定不移跟党走，尽心竭力为四化，为开创民建会、工商联工作的新局面而努力奋斗》的共同工作报告。孙晓村代表民建第三届中央委员会作了《团结奋斗，自强不息，开创民建工作新局面》的工作报告。

大会认为，自上届代表大会以来的四年，是中华人民共和国成立以来民建、工商联广大成员为国家建设服务力量最集中、心情最舒畅的四年。

各级组织和成员用自己的行动，努力实践“坚定不移跟党走，尽心竭力为四化”的行动纲领，创造性地开展了经济咨询服务和工商专业培训活动，找到了发挥成员特长、为“四化”建设贡献力量的有效途径。大会对这一时期工作的基本经验作了总结。一是把中国共产党的方针政策同民建、工商联的具体实际紧密结合起来。二是联系实际做好思想政治工作，不断提高成员的爱国主义觉悟。三是组织起来，充实骨干力量，扩大为“四化”建设服务的队伍。四是全心全意地依靠群众，扎扎实实地调查研究。五是主动争取中共党委和政府的支持，广泛开展社会主义大协作。会议强调指出，从 1979 年提出“坚定不移跟党走，尽心竭力为四化”的行动纲领，到 1981 年提出开展经济咨询服务和工商专业培训这条为“四化”服务的新路子，以及今后各项工作的蓬勃开展，始终贯彻一个基本思想，就是坚定不移地同中共中央在政治上保持一致，不断提高学习领会和贯彻执行中国共产党的方针政策的自觉性，从民建、工商联的实际出发，在“结合”上下功夫，最大限度地发挥我们的优势，努力摸索具有自己特色的为“四化”服务的新路子。

大会通过了《中国民主建国会章程》。新会章对民建的性质、地位作出如下规定：“中国民主建国会是中国共产党领导的爱国统一战线中的一个民主党派，是在中国人民革命进程中建立和发展起来的，具有爱国革命的光荣历史。”“本会的一切活动以中华人民共和国宪法为根本准则。”会的发展对象是“与本会历史上有关系或工作上有密切联系的从事工商企业工作和其他经济工作的人士以及有关人士”。新会章规定，中央委员会设主席、副主席，并成立中央执行局。

大会选举了新的领导机构。大会选出第四届中央委员会委员 186 名。随后召开的四届一次中委会会议选出中央常务委员会委员 57 名。会议选举胡厥文为中央委员会主席，胡子昂、许涤新、孙起孟、郭棣活、孙晓村、周士观、童少生、浦洁修、汤元炳、吴志超、陈邃衡、陈铭珊、万国权、冯梯云、黄大能为中央委员会副主席，秘书长为蒋达宁。当选常委的有：于子敬、王涛、王光英、王艮仲、王纪华、方文瑜、邓季惺、艾鲁川、卢燕南、叶仁寿、田玉璞、成盛三、师星三、朱绍文、朱德禽、华煜卿、向德、刘公诚、刘丙吉、刘崑水、刘靖基、孙延年、苏宝琮、李文杰、杨天受、杨克成、杨美真、吴大琨、吴觉农、吴羹梅、沈翰卿、张仕骞、张焕文、张敬礼、陈乃昌、陈子彬、陈祖湘、罗叔章、孟昭伯、荣毅仁、柏岳、钟复光、侯启兴、祝公健、莫艺昌、倪家玺、徐崇林、郭守昌、资耀华、浦亮元、黄凉尘、章元善、董幼娴、虞效忠、蔡载经、漆琪生、潘廉志。

为适应会的长期发展的需要，减轻老同志的繁重工作，让年富力强的同志担当中央的日常工作，逐步实现新老合作交替，从本届开始，民建中央设立了中央执行局。经四届一中全会选举，孙晓村任中央执行局主任，冯梯云任副主任，委员有蒋达宁、朱德禽、周同善。中央执行局在中央常务委员会领导下，负责处理中央日常工作。另据新会章规定，民建中央设立了中央委员会顾问。这些措施，既加强了各级领导集体对会务工作的领导，也为逐步实现新老合作交替创造了条件。

大会期间，胡耀邦、邓小平、彭真、邓颖超等会见了全体代表。

（二）在国家政治生活中发挥作用

中共十二大以后，中国共产党和各民主党派的政治协商逐步朝着制度化、规范化的方向发展，国家政治、经济生活中的重大问题，都向民主党派和党外人士通报情况、征求意见。在此过程中，民建本着肝胆相照的精神，坦诚地提出意见和建议。在这一时期，中共地方党委同民主党派地方组织之间的政治协商情况也有了很大发展。民建提出的意见和建议，受到中共党委和政府的重视和采纳。据有关资料统计，从 1979 年年初到 1986 年年底，民主党派领导人出席中共中央主要领导人召集的各种协商会 33 次。

1983 年 10 月，中共中央决定整党。中共中央整党工作指导委员会作出《关于在整党工作中要充分听取党外朋友和党外群众的意见的若干规定》。随后，民建中央向地方组织发出通知，要求把帮助中国共产党整党作为全会十分重要的政治任务，通过这一具有重要意义的实践，提高成员坚持四项基本原则的自觉性，提高成员热爱中国共产党、热爱社会主义的思想觉悟。

在帮助中国共产党整党的过程中，民建中央多次召开座谈会，收集意见和建议。在中央统战部召开的一次座谈会上，88 岁高龄的胡厥文作书面发言，他在充分估计整党工作的重要意义之后，提出一定要始终做到整党与生产、工作两不误，充分听取党外群众的意见，要有具体的适当的措施和制度。他的意见，引起中共中央的高度重视，并在工作中予以采纳。

在民建四大期间，一批成员担任了各级人大代表、政协委员或在政府任职。其中，有 1140 人担任各级人大代表。胡厥文、荣毅仁担任全国人大常委会副委员长，5 人担任全国人大常委会委员，38 人担任省级人大常委会副主任和常委，125 人担任市、县级人大常委会副主任和常委。成员中担任各级政协委员的有 3030 人。胡子昂、王光英、刘靖基担任全国政协副主席，25 人担任全国政协常委，182 人担任省级政协副主席和常委，500 人担任市、县级政协副主席和常委。此外，还有一批成员在政府和司法机关任职，21 人担任副省长、副市长，34 人担任正副厅局长。1988 年 2 月，冯梯云被任命为中华人民共和国监察部副部长，这是“文化大革命”以后第一位非中共党员担任的副部长。

参加人大、政协和政府工作的成员，认真负责地履行各自的职责，发挥了重要作用。陈邃衡在 1957 年至 1966 年曾任南京市副市长。1981 年，他再次出任南京市副市长。他与中共党委和政府密切合作，关心人民疾苦，认真负责地为群众办理各种他们热切盼望解决的老大难问题，被市民誉为“马路市长”。为此，中共中央有关部门的内部刊物专门介绍了他的事迹，称赞他“像一个党性很强的共产党员那样在工作”，“值得广大干部和共产党员学习”。

（三）为经济体制改革献计献策

中共十二届三中全会以后，全国改革的重点由农村逐步转入城市，城市经济改革由试点发展到全面铺开。民建各级组织和成员围绕经济改革和经济建设，结合各自实际，开展了大量的调查研究，向中共和政府提出了许多意见和建议。1984 年 10 月，中共中央就《中共中央关于经济体制改革的决定（草案)》，向各民主党派、工商联和党外人士征求意见。当时，民建中央、全国工商联正在广州召开 14 个沿海城市和特区工作座谈会。会议期间，就我国经济体制存在的问题，改革的思路，民建、工商联如何参与改革等问题进行了专题讨论。这次会议提出的意见和建议，经参加协商会的孙晓村向胡耀邦等领导人反映后，得到了充分肯定。

随着经济体制改革的深入，私营经济的发展为社会各界所关注。民建中央认为，私营经济是我国公有制经济的必要补充，做好对私营经济及其代表人士的工作，对于坚持四项基本原则、坚持改革开放、发展社会主义生产力，关系极大。民建不仅有责任，而且有条件协助政府做好这方面的工作。为此，孙起孟、孙晓村、汤元炳、陈铭珊、万国权、冯梯云等在全国政协常委会上作了联合发言，强调要加强对私营经济情况的调查和理论研究，以此作为制定政策、法律的可靠基础。随后，民建中央组成调查组，与民建浙江省委一道，赴温州市进行典型调查。这一行动，得到了中共中央、国务院有关部门的重视和大力支持。这次调查形成了《温州私营经济调查报告》及专题报告十余份，分送中共和政府有关部门。在 1988 年 3 月召开的全国政协七届一次会议上，汤元炳、陈铭珊、冯梯云再次联合发言，赞成在宪法中增加私营经济的内容，并从政策措施及法律法规等方面提出 11 条具体建议。中共中央、国务院的领导同志指示有关单位和部门，在制定私营经济的有关政策和法律法规时，要注意听取民建、工商联的意见。此后，民建、工商联先后参加了《中华人民共和国私营企业暂行条例》《中华人民共和国私营企业所得税暂行条例实施细则》《关于私营企业若干税收政策的规定》的修改讨论，提出了意见和建议。

在此期间，民建中央、全国工商联经过全国规模的调查，还先后向中共中央、国务院提出了《关于改革茶叶管理、流通体制的建议》《关于充分发挥人民银行对宏观经济控制和调节作用的建议》《关于加快和深化外贸体制改革的几点建议》。这些建议得到中共中央、国务院的重视。胡耀邦对民建、工商联关于茶叶问题的建议作了批示。国家经委据此召集商业、经贸、农业、财税等部门的负责同志对建议进行了研究，认为民建、工商联对茶叶产供销问题的分析透彻，提出的建议是好的。所提 17 条建议，除涉及机构设置需通盘考虑外，均被采纳。

各级地方组织广泛开展了群众性献计献策活动。为反映和交流成员参政议政的成果，民建福建省委于 1986 年 2 月创办了建言献策内刊《咨询与建议》。其中，许多建议得到省委省政府的肯定和采纳，有的还引起了中央有关部门的重视。上海社科院将这份刊物收入《全国社会科学内部刊物总揽》。1996 年 4 月，时任中共福建省委副书记习近平为《咨询与建议》创刊十周年题词："议政求真知，监督讲实效。"

（四）尽心竭力服务"四化"建设

在民建四大期间，民建、工商联更加有组织地广泛开展为两个文明建设服务活动，使为"四化"建设服务的工作不断得到深入。

一是支援少数民族地区发展经济。1983 年，民建、工商联开始建立东、中部经济比较发达地区同西部地区的对口支援协作关系。北京、辽宁、河北支援内蒙古，天津支援甘肃，上海支援宁夏、新疆，江苏支援广西，上海、浙江支援云南，山东支援青海，把东、中部的智力优势与西部地区的资源优势结合起来，取得了明显成效。

1984 年，陕、甘、宁、青、新西北五省区民建、工商联建立了地区间的协作组织，每年召开一次会议。第一次会议在甘肃兰州举行，参加会议的除西北五省区外，还邀请了北京、天津、上海、山东、江苏、浙江、福建、广东、四川、广西等民建、工商联省级组织负责人和地方党委统战部、民委的负责人参加。从 1984 年到 1988 年，每年一次的西北五省区协作会议，实际上成为民建、工商联全国性的支边扶贫工作会议，沟通情况、总结经验、研究问题、明确任务、推动工作，为搞好支边扶贫工作发挥了很大作用。

1985 年 5 月，民建中央、全国工商联召开了支援少数民族地区工作交流会，表彰了一批作出突出成绩的先进集体和个人。会议通过了《关于进一步开展支援少数民族地区经济文化建设工作的意见》，要求各地从实际出发，在促进少数民族地区发展生产力、培训急需的专业人才、发展乡镇企业、建立横向联系、引进先进技术等方面做好工作，把支援少数民族地区的工作推向一个更加扎扎实实的、更加讲求效益的新阶段。

1986 年，上海市民建、工商联与宁夏民建共同对固原地区的四个县进行宏观咨询考察后，根据当地资源特征，提出了《关于宁夏固原地区四县脱贫致富的咨询考察综合报告》。这一活动，开拓了以政策性咨询为重点的支边扶贫新途径。

1987 年 3 月，民建、工商联与国家民委组成联合扶贫工作小组，在广西百色地区的靖西、德保等四个县建立了扶贫联系点，本着“一点多线、咨培兼顾、宏微结合、民县共富”的指导思想，从对地区经济发展规划论证到解决企业生产技术问题、提高经济效益、培训人才、发展支柱产业，做了大量工作。

根据咨询工作的发展，1987 年 4 月 28 日至 5 月 4 日，民建中央、全国工商联在北京召开经济咨询工作会议。28 个省级组织和 9 个计划单列市的民建、工商联的负责同志，共 110 人参加了会议。23 个省、区、市的统战部和民委、科委的负责同志也应邀参加了会议。会议围绕咨询工作的意义和作用、建立咨询机构、加强横向联合等专题进行了讨论。会议认为，经济咨询工作是民建、工商联重要的长期任务。会议确定，把“加强组织、开展联合、发挥优势、讲求实效”作为今后经济咨询服务工作的方针。这次会议，对进一步推动民建、工商联的经济咨询工作起了积极作用。

二是协助政府实施“星火计划”。1986 年 1 月，中共中央、国务院批准国家科委组织实施“星火计划”，中心内容是依靠科学技术振兴地方经济。民建中央、全国工商联立即着手研究和部署为实施“星火计划”服务的工作。5 月 12 日，以国家科委、民建中央、全国工商联和光大实业公司的名义，向各地方组织发出《关于密切配合实施“星火计划”做出贡献的联合通知》。8月9日，民建中央、全国工商联又向12个省、7个市的地方组织发出《关于配合实施“星火计划”进行试点工作的通知》，要求各地根据实际情况，与当地科委及有关部门密切联系，积极参加或协助开展工作，并及时沟通情况，交流经验，相互配合，相互促进，作出成绩。在“星火计划”实施一周年之际，民建中央、全国工商联再次发出《关于配合实施“星火计划”深入开展咨询培训工作的通知》，要求各级组织在前一段取得经验的基础上，把工作推开并引向深入。在以后的四年里，民建、工商联成员以所在企业、单位为基础，面向中小城市，面向乡镇企业，面向少数民族地区，向各类工商企业提供咨询服务1.5万多项，带来的经济效益约12亿元。其中一些项目是国家“星火计划”和国家扶贫计划的项目。

三是面向社会、面向改革，广泛开展培训工作。为了适应新的形势，开拓培训工作的新局面，民建中央和全国工商联于1984年召开工商专业培训工作经验交流会。会议认为，经济咨询服务和工商专业培训工作有着强大的生命力和广阔的天地，可以同步进行，相互提高，是发挥民建、工商联自身优势，把中国共产党的方针政策同民建、工商联实际相结合的具体体现。会议提出已办的培训学校要继续巩固、提高质量，同时要面向中小，面向农村，面向少数民族，支边、支农、支军，有计划地开展多层次、多形式的培训工作。

为了宣传经济体制改革，从1983年起，民建中央、全国工商联与北京市民建、工商联在京联合举办“现代经济知识讲座”，请我国著名专家、学者和国家经济主管部门的负责人就经济体制改革重大问题作报告。到1987年，共举行了38次。每次讲座都有上千听众。于光远、万典武、蒋一苇、孙尚清、牛立成、苏绍智、刘鸿儒、刘卓甫、苏星、何建章、张卓元、董辅礽、吴明瑜、沈尧曾、闫承宗、千家驹、许涤新、陶大镛、刘国光、经叔平、李文杰、朱绍文、黄大能、周叔莲、吴敬琏、吴家骏、杨启先等先后应邀作了报告。由于当时人们的思想还没有从计划经济的模式中解放出来，对经济体制改革的认识不深，甚至思想上出现反复，因此，报告会在社会上引起了很大反响。天津、唐山、张家口等地也有不少会员赶来听讲。

为适应对外开放的需要，1985 年，民建中央、全国工商联与商业部、邮电部联合举办外经工作人员培训班。1986 年，经国家教委核准，上海市民建、工商联创办了上海工商学院，这是全国第一所民办财经类成人高等教育学校。学院设立对外经济贸易、工业企业管理和财务会计三个系、五个专业，主要培养涉外经济专业人才。学院还根据社会多方面的需要，举办了市场营销、外贸实务、经济法、外贸英语等短期培训班，与沪港经济发展协会联合举办了外贸经营管理高级培训班，受市经委委托开办两年制对外经济贸易和工业企业管理专业合格证书班等。由于学院教学质量较高，赢得了社会的好评。1988 年，在校学生达到 1750 人。1992 年 8 月，上海工商学院被国家教委评为全国成人教育先进学校。

培养军地两用人才是新时期军队建设的重要任务。配合部队做好人才培养工作，军民共建精神文明，有着重要的政治意义。1983 年以来，一些地区的民建、工商联组织密切配合当地部队举办各类专业培训班，受到部队官兵的欢迎和好评。1985 年，民建中央、全国工商联发出《关于进一步开展培训军地两用人才工作的通知》。1987 年，民建中央、全国工商联先后与中国人民解放军总参谋部、总政治部，中国人民武装警察部队联合发出警民共育两用人才的通知。北京市民建、工商联通过刊登广告、发函、电话联系等办法，主动将自己的培训内容、师资情况和办学条件等告诉驻京部队，按照部队实际需要，采取灵活方式为部队培训人才。陕西省民建、工商联为省武警直属大队送教上门，培训汽车、摩托车维修人才。部队的同志赞扬说，民建、工商联不为名利、不图钱财，是真诚为部队育才尽力。

在支援少数民族地区的工作中，民建、工商联各级组织注意把咨询服务与培训人才结合起来，积极为少数民族培养各类专业人才。1986 年 7 月，国家民委、民建中央、全国工商联共同下发了《关于进一步加强协作大力开展支援少数民族地区经济咨询和工商专业培训工作的联合通知》。这一年，民建重庆市委主办的财经中专受民委委托，开办寄宿制少数民族初中班。开学典礼时，民建中央、全国工商联发了贺电，并向43位学员赠送了棉衣。后来，民族初中班发展为重庆市民族职业中学，成为西南地区培养少数民族人才的基地之一。《人民日报》专题介绍了他们的事迹。

民建四大期间，各地组织举办高等和中等专业学校、职业学校、业余学校152所，开办短期职业技术培训班6542个，初步形成了以工商经济专业为主的多层次、多形式的职业技术教育与成人教育网络，接受教育的有180多万人（次）。

为了检阅为“四化”建设服务的成果，1985年10月，各民主党派、工商联为“四化”建设服务先进集体和先进个人代表表彰大会在北京召开。在这次大会上，民建、工商联有96人被表彰，占总数的24%。中共中央政治局委员习仲勋代表中共中央、国务院到会致贺词。李先念、邓颖超、习仲勋、田纪云、杨尚昆、薄一波等在人民大会堂会见了出席表彰大会的全体代表并合影留念。

四是创办各类企业，直接参与经济建设。1986年6月10日，经国务院批准，中国工商经济开发公司正式成立。胡子昂担任董事长，张敬礼、古耕虞、黄凉尘、孙晓村、陈其襄、万国权、邹斯颐担任副董事长，总经理为邹斯颐。公司注册资本1亿元人民币，为国务院的直属公司。公司的重要特色和主要任务是：充分发挥全国工商界人士的作用，采取多形式，通过多渠道，在多层次、多领域开展内外经济活动，加速我国社会主义现代化建设。直至1989年，国务院调整直属公司时被撤销。1984年，民建会员、我国著名爱国企业家卢作孚的长子卢国维提出创办大通实业股份有限公司，得到中共湖北省委和省政府的支持。公司创办以后，为当地引进资金技术、特别是发展长江航运业作出了突出的贡献。1986年11月，胡子昂致信中共中央、国务院，提出将民建中央、全国工商联所属咨询服务机构有计划、有步骤地转为事业单位，并逐步形成一个全国性的咨询服务网络。这个建议获国务院批准后，1987 年 4 月 24 日，中国工商经济咨询公司正式成立。公司为独立核算、自负盈亏的法人企业。万国权任董事长，民建中央、全国工商联咨询培训办公室主任柏岳为总经理，董事会成员由民建、工商联省级组织推定代表组成。

从 20 世纪 80 年代初开始，民建、工商联各级地方组织也先后创办了各类工商企业。到 1985 年年底，已有各类企业 1300 多户，从业人员超过十万人。为了加强管理，引导企业健康发展，民建中央、全国工商联于 1986 年 6 月在湖南长沙召开全国企业工作会议。会议进一步明确了民建、工商联兴办企业的目的和任务，要求全会所有企业必须爱国、守法、敬业，遵守国家政策法令，端正经营作风。会议经过讨论，形成了加强企业管理工作条例，使各地组织对所属企业的管理有章可循。

（五）积极开展联络工作

民建、工商联从恢复工作到 1983 年，先后接待了 14 个国家和地区的来宾 2.7 万多人（次），到 1988 年 6 月，又接待了约 3 万人（次）。这期间，许多成员还通过参加人大、政协、政府以及工商联出访的机会，进行联络工作。在接待工作中，帮助一部分海外同胞解决了许多历史遗留问题，消除了一些海外人士对大陆现状和政策的猜疑与顾虑，发挥了特殊的作用。

1984 年 9 月 26 日，中英两国政府代表团草签了关于香港问题的联合声明。9 月 27 日，胡厥文、胡子昂向新闻界发表讲话指出，这不仅是中英两国历史上的大事和好事，也是一件具有世界意义的大事和好事，为全世界树立了良好的典范。次日，民建中央在京主要领导成员还就联合声明草签举行了座谈会。

这一时期联络工作的一大特点，就是同为经济建设服务紧密联系。主要是根据国家的对外开放政策，穿针引线、铺路搭桥，协助政府引进资金、人才、技术设备，促进贸易往来。据不完全统计，民建四大召开以后的五年里，民建、工商联协助政府引进资金达 19.6 亿多美元。仅民建中央、全国工商联联络委员会就与政府有关部门及进出口公司联系商谈各种业务项目 167 项，涉及美、英、法等 12 个国家和地区。

（六）纪念民建成立 40 周年

1985 年 12 月 16 日，是民建成立 40 周年纪念日。为了回顾民建成长和发展的历史，鼓舞成员继承和发扬民建的优良传统，在新的历史时期作出更大贡献，民建中央在北京举行了隆重的纪念大会。

出席大会的有：民建中央主席、副主席，在京中央委员、顾问，第一届理事监事成员，以及北京市部分民建会员。应邀参加大会的有：中共中央政治局委员习仲勋，国务委员谷牧，全国人大常委会副委员长彭冲，全国政协副主席杨静仁、钱昌照，中央统战部部长阎明复，以及中共中央、国务院、全国人大、全国政协、其他民主党派中央、全国工商联及各团体的有关负责同志。

纪念大会由孙晓村宣读胡厥文的讲话。胡厥文在讲话中，回顾了民建在中国共产党的指引下，在中国人民革命和建设事业中走过的光荣的革命历程。他说，民建成立以后，积极参加了反帝、反独裁统治，以及争取民主、和平、统一的斗争，1948 年热烈响应中国共产党的“五一口号”，1949 年 9 月参加了中国人民政治协商会议，参与制定《共同纲领》和建立中华人民共和国的神圣工作。中华人民共和国成立后，民建在中国共产党的领导下，投入社会主义革命和社会主义建设。在我国由新民主主义转变到社会主义的时期，根据国家过渡时期的总路线，以培养和提高工商业者成员成为工商界中的骨干分子，团结工商界，配合政府完成对资本主义工商业的社会主义改造为主要任务，尽到了我们光荣的历史责任。中共十一届三中全会作出了把工作重点转移到社会主义现代化建设上来的战略决策，民建工作也进入了新的历史阶段。1979 年 10 月，民建三大制定了“坚定不移跟党走，尽心竭力为四化”的行动纲领，各级组织和广大成员怀着强烈的报国热情和献身精神，投入到为“四化”建设服务的工作中，作出了积极贡献。

讲话高度概括了民建在 40 年的历史发展中形成的优良传统。第一，坚持高举爱国主义旗帜。40 年来，促使本会坚持站在中国人民的一边，站在忠实代表中国人民利益的中国共产党的一边，始终为民族的解放和国家的繁荣而努力奋斗的思想基础之一就是爱国主义。第二，坚持依靠中国共产党的领导，同党密切合作，一道前进。几十年来，本会在长期的锻炼和考验中形成了与党越来越亲密的合作。今后本会各级组织和全体成员一定要坚持四项基本原则，自觉地争取和依靠中国共产党的领导，坚决贯彻执行党的路线、方针、政策，密切结合本会的具体实际，发挥主动性、积极性和创造性，独立负责地开展工作，诚心诚意地做中国共产党的诤友。第三，坚持进行自我教育、自我改造。几十年来，本会在中国共产党的关心帮助下，坚持推动成员进行自我教育、自我改造。在新的时期，我们一定要正确认识不断发展的形势，在坚持改革和贯彻开放、搞活方针的前提下，抵制资产阶级和其他剥削阶级腐朽思想的腐蚀，继续坚持自我教育、自我改造，不断提高思想觉悟，更好地为“四化”建设服务。

彭冲代表中共中央向大会致以热烈的祝贺。他说，民建成立后，同中国共产党密切合作，积极参加了反帝爱国和争取和平民主、反对独裁统治的斗争。民建在人民革命和建立新中国的历史进程中写下了自己的光辉篇章。中华人民共和国成立后，民建进一步宣告接受中国共产党的领导，逐步确立了为社会主义服务的政治路线。在参加人民政权建设、反对国内外敌人的斗争中，在参加社会主义改造和社会主义建设的伟大事业中，都发挥了积极作用。特别是在国家对资本主义工商业实行社会主义改造过程中，民建做了大量的卓有成效的工作，发挥了重要作用。十年内乱期间，民建的领导人和许多成员受到了迫害，但他们跟中国共产党走社会主义道路的信念，始终没有动摇，经受住了考验，这是十分难能可贵的。他特别指出，在进入新的历史时期以后，民建适应形势的发展，把工作重点转移到为社会主义现代化建设服务的轨道上来，提出了“坚定不移跟党走，尽心竭力为四化”的行动纲领，积极参与国家政治生活中重大问题的协商，对国家建设的各方面工作，提出了许多重要的意见和建议，积极协助党和政府贯彻落实各项政策。特别是民建和工商联一起面向社会，面向城乡企业和边疆少数民族地区，积极开展经济咨询服务和工商专业培训工作，在对外开放中协助政府引进资金、技术和人才，开辟了为“四化”建设服务的新路子，取得了显著成绩，日益显示了重要的作用。彭冲的讲话，对民建的历史和贡献作了高度评价，给民建各级组织和成员以极大的鼓舞。

在纪念大会上，杨静仁代表全国政协、钱昌照代表其他民主党派中央和全国工商联分别发表了热情洋溢的祝词。

民建地方组织也举行了相应的纪念活动。

（七）推进自身建设

民建四大以后，为了保证和推动为“四化”建设服务工作的顺利开展，民建中央、全国工商联于 1984 年 4 月在北京召开全国思想政治工作会议。会议由胡子昂主持，胡厥文讲话。会议确定了新形势下改善和加强思想政治工作的方针、任务和要求。1985 年，为了更好地从各自的实际出发加强宣传思想工作，民建中央、全国工商联各自成立了宣传职能部门，宣传机构开始分署办公。同时，《民讯》在停刊 28 年之后，于 1986 年 1 月正式复刊。

在四大期间，广大成员立足本职、脚踏实地、埋头苦干，在各自的岗位上发挥了骨干带头作用，许多成员作出了优异的成绩，全会受到各种表彰和奖励的累计 2 万人（次），500 多人获得省级以上荣誉称号。

在加强思想建设的同时，组织建设迈出了很大步伐。1983 年四大召开时，全会共有成员 26372 名，其中 77% 是原工商业者，平均年龄 62. 2 岁，老化问题严重。在此后的半年多时间里，发展成员 475 名，同一时期逝世 325 名，增长幅度很小。有的地方组织是负增长。由于当时组织发展的指导思想不够明确，在一段时间组织发展工作几近停滞。对这种状况，民建中央进行反复研究，认为关键是要解放思想，放宽视野，根据政治任务的需要，从实际出发，重新明确组织发展方针。为此，1985 年 1 月的四届二中全会，重点对组织发展问题进行研究。会议提出，必须从实际出发，坚持“在工作中发展、发展为了工作”的原则，积极主动地做好发展成员的工作，特别要注意发展从事工商企业和其他经济工作的中年人士。1985 年 8 月，民建中央又召开了组织工作会议，进一步明确以中年知识分子为主，把经济师、会计师、统计师、工程师、财经界人士、经济理论研究与教学工作人士、在工商企业中担任一定领导职务或社会联系较广泛的经营管理人员、生产技术人员等作为重点发展对象。这次会议，对组织发展工作产生了重大影响。1987 年 9 月，民建中央在唐山市召开 27 个省级组织、14 个市级组织参加的组织工作会议。与会同志围绕发展与巩固、数量与质量、调动新老成员积极性和活跃基层组织生活等问题，展开了热烈的讨论。会议认为，要把发展工作作为长期的战略任务，坚持发展与巩固相结合，在工作中发展、发展为了工作，以中上层为主，注重发展的代表性、影响力的方针。

到 1987 年年底，成员总数达到 41744 人。平均年龄降到 59 岁，文化程度提高，在职人员比例增加，结构有所改善。地方组织发展到 231 个，基层组织发展到 2414 个。

这一时期组织工作的一个突出成果，就是新老合作交替有了新的进展。根据四大决定，民建中央设置了中央执行局和荣誉职务，为促进新老合作交替创造了条件。四大以后，民建中央对执行局和各工作机构进行了几次调整。在 1985 年的四届二中全会上，孙晓村主动辞去了执行局主任职务，选举万国权为执行局主任，增选冯克煦为执行局委员，工作机构进一步年轻化。

此后，民建中央把培养、选拔、考核、引进年轻同志，建立后备干部队伍，推动新老合作交替，作为一项重要工作来抓。从 1985 年 12 月起，连续举办了六期读书班，培训成员 118 名，从中物色、选拔了一批骨干力量，充实到中央和省级组织的领导机构、工作机构。

★ 为建立后备干部队伍，推动新老合作交替，从1985年12月起，民建中央连续举办了六期读书班。图为孙起孟（左二）在第一期读书班上与大家一起讨论。

（八）召开全国代表会议

1986年12月，全国统战工作会议在北京召开。1987年1月，中共中央、国务院作出坚持四项基本原则、反对资产阶级自由化，深化企业改革、全面提高经济效益等决策。为了适应新的形势，确定今后工作任务，同时也为推进民建中央领导机构的新老合作交替，民建全国代表会议于1987年2月20日至24日在北京召开。出席会议的有来自全国各地组织的会员代表395名。

中共中央顾问委员会副主任宋任穷代表中共中央到会祝贺。他在讲话中说，民建自1983年以来，在“坚定不移跟党走，尽心竭力为四化”的纲领下，工作有了新的发展，取得了十分可喜的成绩。民建的领导同志和各级组织参与了国家和地方重大事务的协商、讨论，向党和政府提出了许多重要的意见和建议，协助落实各项统战政策，在国家政治生活中发挥了作用。民建还发挥成员在经济管理、专业技能等方面的特长和海外联系比较广泛的优势，面向社会和边疆少数民族地区，开展经济咨询服务和工商专业培训，开展海外联谊活动，协助引进资金、技术和人才，为促进我国的“四化”建设和祖国统一大业作出了重要贡献。

会议由胡子昂致开幕词，汤元炳宣读了胡厥文《关于民建工作当前的形势和任务》的报告。报告认为，中共中央重申要旗帜鲜明地坚持四项基本原则，反对资产阶级自由化，具有特别意义。民建完全赞同中共中央的重要决策。报告指出，要坚决贯彻执行中共中央制定的政策。应竭尽所能帮助中国共产党做好政治思想领域的这项大事，并从中得到应有的教育和提高。报告指出，当前民建工作的主要任务是，进一步组织起来，为建设社会主义物质文明和精神文明作出新贡献；为发展和完善中国共产党领导的多党合作制度，加强社会主义民主和法制建设贡献力量；立足大陆，面向台湾，面向港澳，面向海外，积极开展海外联谊工作，为实现祖国统一服务。报告要求，加强民建的组织建设和思想建设，为迎接民建五大做好准备。

会议补选了中央委员 28 名，首次设立并选举了候补中央委员 24 名。中央委员平均年龄下降了 6.6 岁。

为了逐步推进中央领导机构的新老合作交替，会议决定设立中央咨议委员会。会议选举咨议委员会委员 37 人，常务委员 16 人，选举孙晓村兼任中央咨议委员会主任。

这次会议对中央领导机构的调整，是民建中央领导集体在新老合作交替方面迈出的重要一步。

1987 年 11 月，胡厥文向民建中央提出辞去主席职务的请求，建议由孙起孟担任主席。民建中央将胡厥文的请求和建议用代电的形式发给中央委员。在 1987 年 12 月 21 日召开的四届七次常委会上，根据中央委员书面答复所表达的一致意见，决定接受胡厥文的辞职请求，推选他为民建历史上第一位名誉主席。会议选举孙起孟为民建中央委员会主席。

胡厥文在担任三届中央委员会主任委员和四届中央委员会主席期间，领导全会坚定不移地贯彻中国共产党的路线、方针、政策，实现工作重点的转移，和全会同志一道开创了民建工作的新局面。他时时关心国家的长治久安和民建的兴旺发达，为国家为民建举贤荐能，为实现新老合作交替尽心竭力。他高瞻远瞩，以事业为重，以大局为重，辞去主席职务，在会内外产生了令人瞩目的政治影响。

第五章

在改革开放新阶段
努力发挥参政党作用

一、第五次全国代表大会和发挥民建的政党职能

1987 年 10 月召开的中共第十三次代表大会，确定了社会主义初级阶段的基本路线，提出了我国经济发展战略和经济体制改革、政治体制改革等一系列方针、任务和要求。1989 年年底，《中共中央关于坚持和完善中国共产党领导的多党合作和政治协商制度的意见》颁布实施，使多党合作在一个新的起点上向前发展。民建各级组织认真履行参政党职能，进一步加强自身建设，取得了新的成就。

（一）召开第五次全国代表大会

在新的形势和任务面前，民建决定召开第五次全国代表大会，学习贯彻中共十三大精神，总结经验，确定今后的工作方针和任务。五大召开前夕，民建中央于 1988 年 6 月 15 日下午在中华全国新闻工作者协会新闻中心举行了中外记者招待会。25 家首都各大新闻单位、驻京港澳和国外新闻单位出席了招待会。孙起孟、万国权、冯梯云、李崇淮、吴大琨 5 位代表向记者通报了民建第五次全国代表大会的筹备情况，就中国共产党领导的多党合作、参政党的地位、履行参政党职能等问题回答了中外记者的提问。举行中外记者招待会，多年来在民主党派还是首次，显示了我国民主政治建设的一个新气象，引起了国内外和社会各界的热烈反响。

1988 年 6 月 16 日至 28 日，民建第五次全国代表大会在北京举行。出席会议的代表有 569 名，来自 231 个地方组织，代表 41744 名会员。

中共中央政治局常委、国务院副总理姚依林，中共中央书记处书记阎

明复，全国人大常委会副委员长、全国工商联主席荣毅仁，全国人大常委会副委员长王汉斌，全国政协副主席王任重，以及中央统战部、其他民主党派中央、全国工商联的负责同志到会祝贺。

阎明复宣读中共中央的贺词。贺词对民建的工作给予高度评价。贺词指出，中国共产党十一届三中全会以来，民建同我们党共同致力于建设有中国特色的社会主义，我们的团结合作更加紧密了。民建同志们的出色工作和巨大努力，赢得了人民的称赞，为实现国家的总任务，为巩固我国多党合作的政治制度，为发展社会主义民主和法制建设，为扩大爱国统一战线，发挥了重要的作用。贺词指出，各民主党派是爱国统一战线的重要依靠力量。要逐步完善中国共产党领导的多党合作和政治协商制度，充分发挥民主党派在国家政治生活中的重要作用。相信民建将团结广大成员和所联系的群众，为推进改革开放和社会主义现代化建设作出新的贡献。民盟中央副主席叶笃义代表其他民主党派中央，全国工商联主席荣毅仁代表全国工商联分别向大会致贺词。

★ 1988 年 6 月 16 日至 28 日，民建第五次全国代表大会在北京召开。

孙起孟代表第四届中央委员会向大会作《加强自身建设，发挥政党职能，为实现本会现阶段的总任务而团结奋斗》的工作报告。报告总结了过去五年的发展变化，肯定本会在工作上和组织上都取得显著进步。主要表现在：认真参与协商、监督，在国家政治生活中的作用增强了；为社会经济建设服务活动效益显著；随着祖国统一事业的发展，联络工作有新的开拓；思想政治工作有所改善，会员思想觉悟和为改革、建设服务的热情进一步提高；组织发展工作进展较大，会员结构发生了重大变化；引进新人，加强了领导班子建设。报告提出，现阶段民建的总任务，就是在爱国主义的旗帜和建设有中国特色的社会主义的旗帜下，发挥本会的历史特点和政党职能，贯彻执行社会主义初级阶段的基本路线和指导方针，为把我国建设成为富强、民主、文明的社会主义现代化国家而奋斗。报告总结了民建加强自身建设和开展工作必须遵循的四条基本指导思想。一是提高对民建政党职能的认识，并通过积极工作和有效活动，充分发挥这种职能，是促进本会总任务实现的关键；二是既坚持接受中国共产党的政治领导，又坚持独立自主地开展工作，是本会开展各项活动的准则；三是保持和发扬本会同经济界密切联系的历史特点，是发挥本会特殊历史作用，实现现阶段政治任务的动力；四是认真实行民主集中制原则，是增强会的活力和团结的保证。关于今后的主要工作，报告提出要加强调查研究，多渠道、多层次、多形式地发挥参政议政、协商监督的作用；进一步发挥智力优势，为改革、开放和两个文明建设贡献力量；按照搞活、拓宽、求实的方针，打开联络工作新局面；积极推进领导班子的新老合作交替，继续做好巩固和发展组织的工作；坚持自我教育传统，发扬改革创新精神，切实加强思想建设等五个方面的主要任务。报告强调，把民建建设成为一个有自己特色的为社会主义服务的生命力很强的政党，是应当长期努力以赴的重要任务。

大会通过了新的《中国民主建国会章程》。新会章进一步明确规定："中国民主建国会是主要由经济界人士以及有关专家学者组成的、具有政治联盟特点的、为社会主义服务的政党。"民建在社会主义初级阶段的政治纲领是："以建设有中国特色的社会主义的基本路线为行动指南，组织、团结成员和所联系的群众，发挥从事经济工作的特长，参加国事管理，进行政治协商和民主监督，开展社会服务活动，为把我国建设成为富强、民主、文明的社会主义现代化国家而奋斗。”新会章将民建的发展对象界定为“从事经济工作的人士、有关专家学者以及其他人士”。具体包括各种经济实体的经理、厂长和中高级经营管理人员、工程技术人员（经济师、会计师、统计师、工程师、律师等），财经部门的中高级工作人员，经济理论教学、研究人员，与经济界和民建有联系的人员及其他人士。

孙晓村代表中央咨议委员会向大会提交了书面工作报告。

大会选举采取差额预选中央委员会委员候选人、再进行等额选举的方法。这是民建历史上首次采用差额选举办法选举中央领导机构组成人员，是民建推进会内民主的一次尝试。大会选举第五届中央委员会委员 170 名，候补委员 30 名。在 6 月 27 日的五届一中全会上，推选胡厥文为名誉主席。选举孙起孟为中央主席，汤元炳、吴志超、陈邃衡、陈铭珊、万国权、冯梯云、黄大能、李崇淮、白大华为副主席。任命冯克煦为秘书长。选举王光英、王恒丰、王洪昌、卢燕南、冯克煦、师星三、朱元成、朱书泉、朱绍文、刘公诚、刘汉良、刘昌谋、刘崑水、江子砺、孙延年、阳忠恕、苏宝琮、李志方、李国泰、吴大琨、余振中、张仕骞、张焕文、陈祖湘、林永孚、周同善、周兹柏、孟昭伯、赵贺霖、荣广宏、荣毅仁、柏岳、姜笑琴、顾宗棠、钱椿涛、徐文园、董幼娴、蒋达宁、蔡载经、熊应栋、樊海山、潘庆华、潘廉志为常委。

会议选举了新的中央委员会执行局，万国权为执行局主任，周同善、冯克煦、柏岳、熊大方、陈毓珍、王坚为委员。会议决定，罗叔章、刘靖基、姜培禄、张敬礼、黄凉尘为中央委员会顾问。任命熊大方为副秘书长。

同日，中央咨议委员会选举孙晓村为咨议委员会主任，浦洁修、吴觉农、吴羹梅、王艮仲、徐崇林、资耀华、李文杰为副主任，秘书长为莫艺昌。

民建第五次全国代表大会，以中共十三大精神为指导，明确了民建的基本职能是政党职能，把发挥政党职能作为自己的根本职责，对民建今后的工作具有重要的指导意义和推动作用。

1989 年 4 月 16 日，第六届全国人大常委会副委员长、民建中央名誉主席、中华职业教育社理事长、民建卓越领导人、著名实业家、著名的爱国民主人士、政治活动家胡厥文在京逝世。

（二）学习贯彻中共中央文件精神

中共十三大召开前，与我国经济、政治体制改革的酝酿过程相适应，各民主党派内部和中共党内有关部门，就完善中国共产党领导的多党合作制度进行了一些研究和讨论。随着中共十三大提出政治体制改革的任务，明确提出“完善共产党领导下的多党合作和政治协商制度，进一步发挥民主党派和无党派爱国人士在国家政治生活中的作用”后，研究和讨论活动进一步组织起来，工作进一步开展和深入。

1989 年 1 月 2 日，邓小平对民主党派成员关于中国共产党领导的多党合作问题所提建议专门作了批示。批示要求，可组织一个专门小组（成员要有民主党派的），专门拟定民主党派成员参政和履行监督职责的方案，并在一年内完成，明年开始实行。

根据邓小平的批示精神，中共中央成立了专门小组，负责文件起草的领导工作。孙起孟参加了领导小组的工作。

专门小组成立后，经过了多次研讨和调查研究。在此过程中，民建中央提出了许多意见和建议。经过近一年的深入研讨、反复修改，《中共中央关于坚持和完善中国共产党领导的多党合作和政治协商制度的意见》于 1989 年 12 月正式颁布实施，并于 1990 年 2 月 8 日在《人民日报》公开发表。

这个文件是在中共中央主持下，由各民主党派参与研究、充分协商的基础上产生的，其本身就是多党合作的一次成功实践。文件既体现了中国共产党领导的原则，又体现了进一步支持民主党派发挥参政议政、民主监督作用的精神，表达了中国共产党与各民主党派的共同意志，是多党合作的纲领性文件。文件的制定与颁发，标志着我国的多党合作进入了一个新的发展时期，走上了制度化、规范化的轨道。

文件颁发以后，民建中央及时向全会发出通知，要求各级组织认真传达学习，在成员中普遍深入地进行多党合作教育，在全会形成学习贯彻、广泛宣传的热潮。随着《中共中央关于坚持和完善中国共产党领导的多党合作和政治协商制度的意见》的实施，民主党派参政党地位的确立，进一步激发了民建各级组织和广大成员的历史责任感和政治热情，使其更加积极主动地在国家政治生活中发挥作用。

一是参与国家大政方针的协商。中共中央通过举行党外人士座谈会、民主协商会、情况通报会、高层次小范围的谈心活动等方式，与各民主党派进行民主协商。民建在参加协商时，事先都要进行调研和讨论，认真做好准备，发表了不少建设性意见。这一期间，民建先后就价格、工资改革方案、关于进一步治理整顿和深化改革的决定、关于加强党同人民群众联系的决定、关于制定国民经济和社会发展十年规划和“八五”计划的建议、关于教育发展和改革若干问题的决定、搞好国营大中型企业、加强农业和农村工作等提出了意见和建议。为了提高建议的质量，民建中央注意发挥会的整体功能，倾听会内外专家学者的意见，有时还发动地方组织和成员进行调查研究，使民建的意见更有群众基础和代表性，因而许多建议受到重视和采纳。

这一期间，吴大琨、荣毅仁、郭棣活等担任了《中华人民共和国香港特别行政区基本法》起草委员会委员，万国权、经叔平等担任了《中华人民共和国澳门特别行政区基本法》起草委员会委员。在这两个基本法的起草过程中，民建提出了自己的建议。此外，民建还参与了全国人大议事规则、私营企业暂行条例施行办法、私营企业所得税暂行条例施行细则、民事诉讼法、著作权法、收养法和其他有关法律、法规的协商研究工作。

★ 1992年10月27日，孙起孟（前排右二）、王光英（前排右一）在北京参加由江泽民同志主持召开的党外人士座谈会。

各级地方组织也积极参与中共地方党委和政府的各项协商活动，为改革开放和地区经济的发展提出了许多有价值的建议，在社会上产生了积极影响，受到普遍好评。

二是开展专题调研活动。根据国家治理整顿、深化改革的方针，民建发挥与经济界紧密联系的特点和优势，广泛开展经济领域的专题调查研究活动，向中共和政府提出许多政策性建议。

1990 年 4 月，民建中央认真分析了体制转轨中一度出现的经济过热和通货膨胀的形势，与国务院有关部委交换意见后，研究确定在全会范围内开展对商品流通中突出问题的调查研究。民建中央先后到北京、上海、浙江、天津、山东、江苏等地，与地方组织一起展开调查。这次调查，形成了 162 份调查报告和专题材料。7 月，民建中央在北京召开政策研究委员会会议，邀请有关专家学者对民建的建议进行论证。在此基础上，于 1990 年 8 月向中共中央、国务院提出了《关于当前商品流通中若干问题的建议》。建议从正确处理主渠道与多渠道的关系，加强市场管理、逐步培育和完善市场体系，以及搞活流通、促进销售、缓解市场疲软状况等方面，提出了意见。国务院办公厅于 10 月 11 日复函民建，认为建议提出的问题正是当前商品流通工作中所急需解决的，所提建议也很好。提出的一些问题，国务院和各有关部门已经或正在拟定措施，加以解决。建议所提商业企业流通资金供应和管理问题、增加国家对商业设施的投资问题、打破地区封锁和市场分割问题、建立区域市场问题，将结合制订“八五”计划研究解决。

民建在多年的支边扶贫的实践中，深感发展少数民族地区的经济需要政策上的扶持。为此，民建中央和全国工商联会同部分地方组织对西南、西北八个省区进行了长达一年之久的调查研究，并于 1990 年 10 月向中共中央、国务院提出了《关于少数民族地区当前经济发展中若干政策问题的建议》。建议提出，“民族地区的经济发展应摆在国民经济中的重要位置上考虑”，“制定出东、中、西各展所长、合理分工、互相协作、共同发展的发展战略和中长期规划”。国务院对这个建议十分重视，就此指出："民建中央、全国工商联关于少数民族地区当前经济发展中若干政策性问题的建议很重要，请印发各有关部门研究。在各自的工作中，注意吸收建议中的意见。"

各级地方组织的参政议政活动也日益活跃。一些地方组织选择全局性、战略性问题进行调查研究，提出政策性建议，引起了中共中央、国务院的重视。民建陕西省委与省工商联密切协作，对我国经济发展中东西部地区失衡、差距拉大的问题，组织成员中的部分专家学者进行调查，于1990年2月提出《关于促进我国东西部地区经济协调发展的政策建议》，由民建中央和全国工商联转送国务院。国务院十分重视这份建议，在复函中指出，建议十分重要，协调好东西部地区的经济关系，涉及整个国民经济的平衡发展，这是"八五"期间和20世纪90年代经济发展中必须处理好的问题。国家将在编制"八五"计划和十年规划设想时进一步研究，并在制定各项政策时予以充分考虑。民建中央、全国工商联随即通函各省级组织，充分肯定陕西民建、工商联积极发挥参政议政职能的做法，要求各地在贯彻《中共中央关于坚持和完善中国共产党领导的多党合作和政治协商制度的意见》过程中，加强对宏观政策咨询工作的组织、领导。

为了把更多的成员组织到参政议政工作中来，发挥民建参政议政的群体作用，各地民建组织从实际出发，摸索创造出一些行之有效的工作形式。民建福建省委把举行全省性献计献策会作为发挥政党职能的一种形式，继1986年"振兴福建经济献计献策会"后，于1992年10月召开"为我省进一步治理整顿、改革开放献计献策会"，提交论文、建议160份，受到福建省政府的重视和高度评价，认为这"对省政府的工作和对福建省的经济工作是有力的推动和促进"，许多建议得到采纳实施。山东省青岛市、济南市、淄博市、潍坊市民建组织开展的"议政日"活动，为广大成员和基层组织参政议政创造了条件。中央统战部、民建中央对他们的经验都作了介绍和推广。各地纷纷组织"议政日""议政周""议政座谈会""会员会友活动日"等形式多样的活动，参政议政在全会规模空前地开展起来。

三是在人大、政府和政协中发挥作用。截至1992年年底，民建会员中当选各级人大代表的有2101人，担任各级政协委员的有9042人。成员中担任县级以上政府和司法机关领导职务的有219人，其中省、部级5人，厅、局级101人，县级113人。在1988年召开的七届全国人大一次会议上，孙起孟、荣毅仁当选为全国人大常委会副委员长。在全国政协七届一次会议上，孙晓村当选为全国政协副主席。这一期间，冯梯云担任监察部副部长，刘珩担任纺织工业部副部长，刘鹤章担任国家审计署副审计长，孙孚凌担任北京市副市长，路明担任甘肃省副省长，黄长溪担任福建省副省长，白大华担任国家工商行政管理局副局长。他们在中国共产党领导下，参与管理国家事务，通过民建政党的特定联系面和影响力，作出突出成绩，发挥了民主党派的特殊作用。

在1989年全国政协七届二次会议上，民建首次以党派名义作了题为《在坚持的前提下逐步完善、丰富、发展中国共产党领导的多党合作制度》的大会发言，针对社会实践中对我国多党合作制度的一些错误认识，强调了坚持中国共产党领导、坚持多党合作的历史必然性，以及这二者之间密不可分的联系。在以后的几次全国政协大会上，民建又相继作了题为《贯彻中共中央〈意见〉，继续加强自身建设》《贯彻中共十三届七中全会精神，在民建全会开展为“质量、品种、效益年”献计出力活动》的大会发言。在1992年全国政协七届五次会议上，民建根据邓小平南方谈话精神，作了题为《加快改革开放步伐，集中精力把经济建设搞上去》的大会发言，并首次以民建中央的名义提出《为贯彻中共十三届八中全会精神，抓紧实施科技、教育兴农的发展战略，建议充分发挥农业中专优势，参加社会化服务体系，为农村经济建设服务》的提案。提案受到了有关部门的重视。在七届全国人大常委会第九次会议上，陈邃衡就中共十三届四中全会的有关决定精神，作了《治理整顿公司必须一抓到底》的发言。他的发言受到中共中央、国务院的重视。

自1988年以来，经民建组织推荐，一批成员担任了特约监察员、检查员、审计员、教育督导员，参加国务院和有关部委及地方政府进行的治理整顿、税收、财务、物价大检查和纠正行业不正之风等专项调查组的工作，为民建发挥监督作用开拓了新的渠道。民建本着与中国共产党风雨同舟、休戚与共的精神，帮助中国共产党改进工作、加强领导，促进廉政建设，保障治理整顿、深化改革顺利进行，作出了应有的贡献。

（三）开展“质量、品种、效益年”活动

中共十三届七中全会提出，要把全部经济工作切实转到提高经济效益的轨道上来，力争工业生产的质量、品种、效益有一个明显的进步。为此，国务院将1991年定为“质量、品种、效益年”。

民建中央认为，这一决策抓住了当前发展经济的“牛鼻子”。民建成员中70%的人从事经济工作，1000多个支部分布在企业，并有多年开展咨询服务和培训工作的经验，民建应当而且可能在“质量、品种、效益年”活动中多办实事，多作贡献，以此为契机，把为两个文明建设服务的工作在全会更加广泛地开展起来。

根据这个精神，民建五届三中全会对1991年的工作进行了调整，在随后的五届九次中常委会议上，作出了在全会开展为“质量、品种、效益年”献计出力活动的决定。要求各级组织制定规划、层层发动，把全会200多个地方组织、3000多个支部、数万名成员迅速动员起来，以求实效、讲奉献、见行动的精神，提建议、献良策、办实事、作贡献。为便于推动工作，民建中央成立了由冯克煦负责的献计出力活动领导小组。

民建在各类企业和经济管理部门的成员，立足本职，发挥各自特点和优势，作出了积极的贡献。上海电池厂企管办主任岳鲁，研究实施了“班组能级管理系统”“岗位工效双向激励法”等五项现代化管理课题，使企业增加经济效益49万元。吉林省四平市税务局发票管理所所长胡庆敏，发明了一种适用于机动车修理和饮食行业的软剪口发票，能有效地消除在发票上弄虚作假的行为，在四平市两个行业试点半个月，就查出需补交税款45万元，得到税务总局的肯定，并在《税务动态》上向全国介绍。

从事教学、科研工作的成员，发挥他们的科技特长，成绩显著。四川省成都科技大学教授周肇义与副教授蒋述曾，为四川化工厂解决了欧美专家多年没解决的“三聚氰胺汽提塔”质量技术问题，使生产能力提高50%，每年增产三聚氰胺4000至5000吨，增利税1600万元。清华大学教授韦文林领导研制成功的“微机化动平衡仪”，可代替进口产品，节约大量外汇。国家计委决定投资400万元，由清华大学牵头成立机电设备故障诊断技术应用中心。

很多退休成员不顾年迈体弱，发挥余热，尽其所能，为原所在企业或技术力量薄弱的街道、乡镇企业提供技术咨询服务。陕西省西安市碑林、新城工委26名退休老成员提出的49条建议，被采纳后共获可计算经济效益300多万元。

基层支部在活动中组织成员为所在企业、行业服务，发挥了重要作用。哈尔滨市民建银行支部集中力量，开展调查研究，写出《关于对十三户国营大中型企业的调查》，受到市政府的重视和肯定，国务院生产办派人就反映的问题进行了专门调查。有些支部之间还开展了协作与联合。陕西省西安市商专、统计学院支部，在雁塔专题咨询服务中遇到困难，民建西安市委献计出力活动领导小组及时研究，从五个民建支部抽调20多名成员成立三个专题服务组，协作攻关。其中一个专题组整理出《西安市翠华南路高新技术开发小区调查论证》，在国家、省、市级专家参加的论证会上得到充分肯定。

民建各级组织的献计出力活动与参政议政、民主监督紧密结合起来。据不完全统计，这一年各级组织向各级有关部门提出的专题报告、宏观建议达400份，受到当地党政部门的重视。民建河北省委向省政府提出《关于利用我省现有电子技术改造传统机械工业的建议》和《关于采用电子负荷控制系统，推行计划用电、节约用电的建议》，省长及时批示并两次约见民建省委负责同志，征求具体实施意见，之后省计划经济委员会等专门召开会议研究落实措施。民建上海市委提出《企业开展清产、消肿、建制》的建议，国务院明确答复予以肯定。民建福建省委提出《要切实把经济活动纳入效益型轨道》《坚持改革开放、增强服务观念，进一步提高我省“三资”企业的综合效益》的建议，省委书记、省长分别批示，认为抓住了福建国民经济中的要害，对领导决策很有参考价值，责成政府有关部门研究落实。

这次活动取得了丰硕成果。仅就1991年9月份的不完全统计，民建各级组织和成员为所在地区、行业、企业进行技术革新、开发新产品959项，为改善经营管理、增产节约、增收节支提出各种建议10027条，有4632条被采纳，已实现的经济效益为49875万元。举办各类培训班、学习班、讲座共736期，参加培训人员达54190人（次）。

在献计出力活动中，涌现出一批为国贡献、不计名利的先进集体和先进个人，受到社会各界的广泛好评。在活动开展过程中，各级组织坚持两个文明一起抓的方针，不仅为参政议政开辟了更广阔的道路，而且把思想政治工作贯穿其中，抓实、抓深、抓活，使广大成员受到一次生动的爱国主义和社会主义教育。

（四）开展定点扶贫工作

1988年3月，中央统战部、国家民委、各民主党派中央、全国工商联智力支边扶贫协调小组正式成立，推动了支边扶贫工作的深入开展。在国务院批准建立毕节试验区以后，为推进试验区发展，智力支边扶贫协调小组还专门成立了支援贵州毕节试验区规划实施专家顾问组。各民主党派中央和全国工商联与毕节相关区县建立起“一对一”对口帮扶机制。民建中央积极组织会内外力量，落实分工负责的任务，对口帮扶黔西县，受到当地欢迎。

1990年1月31日，民建中央会同国家科委、致公党中央、九三学社中央、全国工商联联合发出《关于决定联合推动“星火计划”和“科技扶贫”工作的通知》。民建中央确定，以黔西南布依族苗族自治州为科技扶贫试点，扶贫工作根据国家政策的指导，坚持以“温饱工程”为主，多搞“雪中送炭”的短、平、快项目的方针。1990年5月，民建中央随同国家科委组织的黔西南自治州考察组深入该州八个县市，实地考察了一批以“种、养、加”为主的开发项目，在初步确定的11个项目中，民建承担大叶茶生产加工和薏仁米黄酒等两项。11月，在北京召开的项目论证会上，这两个项目一次通过了中央级论证。

民建中央长期联系的扶贫点有贵州毕节地区，黔西南布依族苗族自治州，广西百色地区的靖西、德宝、那坡县和南宁地区的天等县。1991年，民建中央又就近抓点，将被国务院列为重点扶持的少数民族贫困县——河北省承德市丰宁满族自治县定为直接联系点。经过对丰宁的初步考察，民建中央确定了推广农业、畜牧业新技术等几个重点项目。

民建一些地方组织也确定了固定的扶贫点，为支边扶贫作出了贡献。民建北京市委从1988年6月至1989年10月，组织专家到青海省西宁市湟中县进行养鱼定点咨询，克服种种困难攻克了高寒地区养鱼的技术难关，取得成功经验，达到池塘养鱼亩产303千克，网箱养鲤鱼亩产1.5万千克，协助当地脱贫致富，为地区经济发展作出贡献。1988年7月成立的民建重庆大学支部应四川省广安县瓦店乡邀请，19名成员在暑假期间到华莹山区，经过20多天的日夜奋战，就龙王庙煤矿深部开采写出考察报告。1989年寒假，支部又为瓦店乡举办煤矿安全技术培训班，还针对乡里两个小电站因缺乏技术力量而年久失修的问题，提出了全面检修方案。支部与瓦店乡签订了全面技术经济合作协议。

根据扶贫工作需要，地区间的协作组织机构也不断发展。继西北五省区建立常设的智力支边协调组以后，1990年4月，又建立起西南四省区协作机构。10月建立了由上海市民建、工商联负责，11个省市参加的咨询信息协作网络。随后，东北三省也建立了联系协作网络。

在智力支边中，民建坚持把经济、技术咨询服务同培训结合起来，“两个文明一起抓”。1988年下半年，民建中央采取发调查提纲的方式，向部分地方组织调查了解开展少数民族乡镇企业人员培训工作及师资队伍的情况。与此同时，筹组了民建中央、中共广西壮族自治区党委统战部、区民委、区扶贫办、区民建和区工商联参加的调研小组，由白大华带队，于1988年10月深入到广西百色地区考察研究少数民族贫困地区如何发展基础教育的问题。随后，调查组提出一份《实事求是，因地制宜，加速发展少数民族贫困地区的基础教育》的书面调查报告，送交中央统战部、国家民委和国家教委。

之后，民建中央向各级组织发出通函，号召开展对少数民族地区、乡镇企业进行职业教育情况的调查。1989年4月至9月，民建中央又组织力量深入广西桂林、柳州，甘肃天水、兰州，贵州贵阳、安顺，四川重庆、成都、德阳、乐山，山东济南以及京津唐等地区，对在西南和西北地区建立少数民族培训基地的可行性进行了探讨，共写出11份调查报告。随后筹建了西南和西北两个少数民族培训中心，为乡镇企业、老少边穷地区大力培训科技和管理人才，留下一支"不走的咨询服务队伍"。

为了进一步推进我国民族团结进步事业，促进少数民族地区经济文化的发展，1991年国家民委召开会议，开展全国性民族团结进步表彰活动。在这次表彰活动中，民建中央、全国工商联的5位成员受到表彰。1993年12月，中央统战部、国家民委、各民主党派中央、全国工商联在北京召开全国智力支边扶贫经验交流暨表彰大会，向63个先进集体、116名先进个人颁发了奖状。民建有12个集体和15名个人获奖。

（五）积极推动为两个文明建设服务

为了更好地适应为两个文明建设服务的广泛需要，积极有效地推动工作，1991年4月，民建五届九次中常委会议决定，将咨询培训部更名为"为两个文明建设服务部"。

1988年7月和10月，民建中央参加了国务院教育研讨小组召集的教育改革思路和设想的对话会、通报会及一系列讨论会后，就这一课题积极开展调查研究活动，并为参加1989年4月中共中央召开征求对《中共中央关于教育发展和改革若干问题的决定》的意见座谈会作了准备。

为适应我国教育体制改革和教育事业发展的需要，民建从自身实际出发，大力开展职业教育和成人教育，满足不同需求，拓宽教学领域，探索培训新路子。

1991 年 8 月 5 日，劳动部、民建中央和全国工商联向各地劳动部门和两会组织发出《关于继续加强协作，大力开展职业技术培训的联合通知》。民建各级组织积极协助国家教委、国家民委、劳动部、农业部等有关部委贯彻“先培训后就业、先培训后上岗”的原则，以培训初、中级工商专业人才为主，开展对职工岗前、在岗和转岗的培训，乡镇企业人员培训，面向老少边穷地区的实用技术、管理培训，军地两用人才培训等工作。截至 1991 年，共培训各级各类人员 180 多万人次，各地兴办各级各类学校 208 所。

为适应改革开放的新形势，传播新兴科学专业知识，培养高层次新型建设人才，民建各级组织还举办大量现代化管理方法培训班和企业经营管理讲座，帮助企业适应从生产型向经营型管理的重大转变，提高竞争能力。同时还组织了有关国有资产评估、特区投资环境、股票证券知识等讲座，举办了高层次的经济问题研讨班，开展涉外经济所需的业务培训和大学后的继续教育。

加强社会主义精神文明建设，坚持物质文明与精神文明一起抓的方针，是建设有中国特色社会主义的基本指导方针之一。民建在贯彻这一方针的实践中，在发挥自身优势做好培训工作的同时，还向精神文明建设的更广阔的领域做了探索。1991 年，民建中央联合江苏、福建、湖北、吉林、上海、天津等地方组织的部分同志，选择一些精神文明建设比较有特色的市、县、区、企业，就如何贯彻两个文明一起抓的方针，进行了调查研究。孙起孟等赴苏州参加调查。1991 年 6 月，民建中央邀请京、津、沪、吉、闽、鄂六省市有关同志在北京举行研讨会，就孙起孟根据苏州调查和其他地区调查情况所写的《建设有中国特色的社会主义必须坚持两个文明一起抓》一文进行研讨修改。随后，文章分送中共中央有关领导同志和有关部门，并在《党建》杂志上发表。

1991 年 6 月，民建中央在北京召开为两个文明建设服务工作会议。会议回顾总结了十年来民建为两个文明建设服务的工作和经验，讨论研究了在新形势下进一步开展为两个文明建设服务工作的指导思想、任务和工作部署，对于进一步发挥参政党作用，推动为两个文明建设服务工作，提出了许多好的意见。会议通过了《民建中央关于贯彻中共十三届七中全会精神，进一步开展为两个文明建设服务工作的意见》。会议的召开，对推动全会这方面的工作起了积极作用。

（六）召开全国优秀会员和先进集体表彰大会

改革开放以来，民建会员以极大的政治热情投身现代化建设事业，立足本职，勤勤恳恳，扎实工作，勇于开拓，在各自岗位上建功立业，为国家各项建设事业作出了重要贡献。民建五大以来的四年中，受到各种表彰奖励的成员达 14966 人（次），279 人获得国家级荣誉称号。

1992 年 5 月 19 日至 21 日，为了褒奖成员在国家的改革和建设、为民建事业的发展中作出的优异成绩，用他们的先进事迹和先进思想带动和教育广大成员，民建全国优秀成员、先进集体表彰大会在北京隆重召开。大会表彰了在两个文明建设和民建自身建设工作中作出优异成绩的 542 名优秀成员、328 个先进集体。

全国人大常委会副委员长荣毅仁、全国政协副主席谷牧、中央统战部及国务院有关部委、其他民主党派中央和全国工商联的领导同志莅会祝贺。蒋民宽代表中央统战部，荣毅仁代表其他民主党派中央、全国工商联讲话，向大会及受到表彰的优秀成员和先进集体表示祝贺。

孙起孟在表彰大会的讲话中指出，多年来，民建在全国各地区、各部门、各条战线涌现出大批劳动模范和难以计数的、受到国家级、部委级和省、市、系统、单位奖励的优秀分子和先进集体。这次受表彰的仅仅是其中的一部分。这些同志中，有立志改革开放、善于经营管理的企业领导者，有勤勤恳恳立志改天换地的农业专家，有奋力拼搏、刻苦钻研、为我国科技事业贡献聪明才智的工程技术人员和研究人员，有呕心沥血、教书育人的“园丁”，也有默默无闻、任劳任怨的会务工作者，等等。这些同志，为社会创造了可观的物质财富，更创造了弥足珍贵的精神财富。这些值得全会学习和发扬的宝贵精神财富概括起来，一是贯彻执行党的基本路线，满腔赤诚，坚定不移，把对中国共产党、对社会主义祖国的无限热爱化作为建设有中国特色的社会主义奋力拼搏的实践精神；二是热爱组织、关心会务，会荣我荣、会损我损的精神；三是识大体、顾大局，一心扑向工作，甘于舍私奉公的精神；四是在实践中认真学习理论政策和科学文化知识，不断提高自己的政治素质和科学文化素质的精神。

北京市双优代表沈淦清代表出席表彰会的全体优秀成员、先进集体作了发言。上海市代表岳鲁、陕西省代表李雅芳、浙江省代表周青疆、湖北省代表蔡建成、吉林省代表陈光大、山西省代表李子英、辽宁省代表柏力七人在会上介绍了先进事迹和体会。四川省代表陈慧中作了书面发言。

会议经过三天的交流，与会代表向民建各级组织和成员提出了一份倡议书，号召民建全体同志认真学习和贯彻落实邓小平南方谈话精神，坚定不移地贯彻执行基本路线，立足本职、从我做起、解放思想、奋力拼搏、团结和带动周围群众，为加快改革和建设做实事、作贡献。

民建五届十三次中常委会议通过决议，要求全会响应表彰大会提出的倡议，发扬孙起孟讲话中提出的“四种精神”，并使表彰大会产生的精神动力在各项工作中开出新花、结出硕果。表彰大会以后，在全会掀起了一个学先进、比先进、作贡献的热潮，进一步调动了广大成员和各级组织发挥参政党职能、为两个文明建设服务的积极性。

（七）进一步健全和巩固组织

发展与巩固相结合是民建组织工作的一贯方针。根据各民主党派协商一致的意见，1989 年，民建五届二中全会强调了加强自身建设、提高全会素质的重要意义。会议提出，根据当前情况，在一定时期内，应侧重做好巩固健全组织的工作。

1990 年 7 月，民建中央提出《关于当前做好健全、巩固组织工作的几点意见》，对组织工作作出部署。9 月召开的民建五届七次中常委会议再次强调要贯彻好这个意见。健全、巩固组织的重点，首先是努力加强各级领导集体的建设，把推进新老合作交替当作一项系统工程抓紧抓好；在1993年全国人大、政协换届之前，完成本会中央换届工作，搞好省级组织的换届；切实按照民建五届二中全会关于成熟一个引进一个和不要都等到换届时解决进和退的问题的精神，坚持德才兼备的原则和干部“四化”标准，积极引进新人，着重选好各级领导集体主持日常工作的主要领导成员。其次是有计划地做好成员骨干和后备干部的培训。第三是近二三年内，从实际出发，适当放慢发展工作的步子；侧重健全、巩固工作，不是不发展成员，根据需要，可少量吸收新成员；发展成员特别要注意政治素质，坚持吸收拥护四项基本原则，拥护改革开放，确有专长、作风正派、有一定参政议政能力和代表性的人士入会。1990年12月，民建五届三中全会增选白大华、冯克煦为中央执行局副主任，以充实和加强中央执行局的工作。这次全会还增选刘珩为民建五届中央委员会委员、中央常务委员会委员。

根据五届七次中常委会议的要求，民建各级组织从实际出发，加强健全、巩固工作，取得一定成绩。到1992年，全国26个省级组织全部召开了成员代表大会，完成了换届任务。一批德高望重的老同志得到妥善的安排，其中，担任省级名誉主委的有26人，担任省级名誉副主委的有24人，担任顾问的有225人，同时又引进一批德才兼备的新同志，充实了地方领导班子。

五大以来，民建中央共培训了各地推荐的成员近百人，还选送一部分成员到中央社会主义学院进修。这些成员大多是即将或刚刚走上中央和地方民建组织领导岗位的中青年骨干。

基层支部也进行了必要的调整。根据五大提出的“多建一些企业支部和单位支部”的要求，新建了1000多个企业支部和单位支部。这些支部成员相对集中，组织健全，与成员所在单位的中共党委关系密切，对开展会务起到了推动作用。

截至1992年6月，民建成员总数达53518人。地方组织255个，新增24个。1988年9月2日，民建青海省委成立；1989年5月4日，民建宁夏区委成立；1990年11月3日，民建内蒙古区委成立；1990年11月

17 日，民建海南省委成立；1991 年 12 月 16 日，民建新疆区委成立，至此，在全国除西藏、台湾外的 29 个省、自治区、直辖市均建立了委员会组织。

1991 年 5 月 4 日，中国人民政治协商会议第七届全国委员会副主席、民建中央咨议委员会主任、民建卓越的领导人、著名爱国民主人士、政治活动家和农村经济学家孙晓村在京逝世。

1991 年 11 月 19 日，中国人民政治协商会议第七届全国委员会副主席、全国工商联名誉主席、民建卓越的领导人、我国爱国民族工商业者的杰出代表、著名爱国民主人士和政治家胡子昂在京逝世。

（八）民建与工商联分署办公

自 1957 年 7 月 3 日成立民建中央、全国工商联临时工作委员会，开始在北京北河沿大街 93 号合署办公以来，民建中央和全国工商联密切协作，对于推动两个组织的工作，发挥两个组织和各自成员在国家政治生活、经济生活中的作用，加强两个组织的自身建设，起了十分有益的作用。1957 年 9 月 9 日至 21 日，民建一届三中全会与全国工商联二届二次执委会召开联席会议，这是第一次联合召开的全会。1959 年 12 月 16 日至 1960 年 2 月 21 日，民建第二次全国代表大会与全国工商联第三届成员代表大会在北京同时召开，这是第一次联合召开的代表大会。考虑到民建和工商联两个组织的成员和任务的发展变化，两个组织在协作的内容和形式上都有必要作相应的调整。民建自五大起，与全国工商联的代表大会不再联合召开。1991 年 3 月 15 日，民建中央和全国工商联专门就民建中央机关和全国工商联机关分址办公问题召开协商会议，并形成《民建中央、全国工商联负责人就分址办公后的有关问题协商纪要》。3 月 30 日，为妥善解决民建和工商联分署办公中的一些问题，民建中央和全国工商联又联名印发了《关于民建、工商联分署办公中一些问题的意见》，强调“两会各级组织应珍惜在长期合作中结成的友谊，发扬团结协作的精神，在分署办公中，从大局出发，互相尊重，互相谅解，尊重历史，根据近几年有关政策的精神，合情合理、协商解决存在的问题”，“两会因工作需要，须加强合作、共同完成的工作（如咨询、培训、支边等），继续发扬团结合作的精神，坚持下去”。此后，民建中央迁出北河沿大街93号，与全国工商联正式分署办公。

二、第六次全国代表大会和坚持发展多党合作制度

随着实践的发展和多党合作制度的进一步规范化、制度化，特别是邓小平视察南方发表重要谈话和中共十四大的召开，为民建发挥参政党作用开辟了前所未有的广阔天地，民建的各项工作充满了生机和活力。

（一）召开第六次全国代表大会

1992年11月19日至27日，民建第六次全国代表大会在北京举行。出席会议的代表有569名，来自254个地方组织，代表5.4万多名会员。

★ 1992年11月19日至27日，民建第六次全国代表大会在北京召开。

中共中央政治局委员李岚清、全国人大常委会副委员长倪志福、全国政协副主席谷牧和其他民主党派中央、全国工商联负责人到会祝贺。

李岚清宣读了中共中央的贺词。贺词指出，民建具有光荣的爱国革命传统，是同中国共产党长期合作的亲密友党。自创建以来，积极带领广大成员和所联系的群众，与中国共产党并肩战斗，风雨同舟，走过了光辉的历程，为我国的革命和建设事业作出了重要贡献。在新的历史时期，民建拥护并认真贯彻“一个中心、两个基本点”的基本路线，贯彻《中共中央关于坚持和完善中国共产党领导的多党合作和政治协商制度的意见》，结合自身的实际，围绕国家的中心工作开展活动，积极参与国家事务的管理，参加政治协商，民主监督；并且把加强自身建设和发挥参政党职能紧密结合起来，努力提高成员的觉悟程度和组织程度。民建组织成员为改革开放和现代化建设，做了许多有益的工作。这一切，得到了人民的赞誉，也使我们的合作关系更加密切。事实证明，民建不愧是我们党久经考验的亲密战友。

全国人大常委会副委员长、民进中央主席雷洁琼代表其他民主党派中央、全国工商联向大会致贺词。

孙起孟代表五届中央委员会作《积极贯彻中共十四大精神，努力开创民建工作新局面》的工作报告。报告回顾总结了民建五大以来所取得的成就，主要是：发挥参政和监督作用、开拓新的局面；为两个文明建设服务迈出新的步伐；着眼于提高会和成员的组织程度、觉悟程度，自身建设进一步加强。报告提出了今后五年的总任务，即以中共十四大精神为指南，坚持“一个中心、两个基本点”的基本路线，努力开创发挥参政党职能和自身建设的新局面，为加快改革开放，集中精力把经济建设搞上去，促进社会全面发展而奋斗。为完成这个总任务，今后要抓好以下工作：一是在建立社会主义市场经济体制、加快经济改革步伐的历史变革中，努力发挥参政党的作用；二是更加有效地发挥参政议政和民主监督作用，促进社会主义民主政治建设；三是拓宽视野，广泛开展为两个文明建设服务的活动；四是为实施“和平统一、一国两制”的方针献计出力；

五是以基本路线教育为核心，加强思想建设；六是以建立跨世纪的干部骨干队伍为目标，积极推进组织建设。报告要求，各级组织和成员“努力把民建建设成为在共产党领导的多党合作总格局中，能够掌握较高主动性的、在参政议政、实施民主监督中确能发挥积极作用的、在自身建设上有比较系统的理论认识和比较健全的工作机制的充满活力的参政党”。

大会通过了新的《中国民主建国会章程》。章程规定：“中国民主建国会是主要由经济界人士组成的、具有政治联盟特点的、致力于社会主义事业的政党。”民建作为中国共产党领导的多党合作和政治协商制度中的参政党，“必须充分发挥参政和监督的作用，加强自身建设，贯彻执行中国共产党和各民主党派‘长期共存、互相监督、肝胆相照、荣辱与共’的方针”。章程对民建政治纲领的内容作了调整，并有所发展。规定民建在社会主义初级阶段的政治纲领是：“遵循建设有中国特色社会主义的理论，坚定不移地、全面地贯彻执行中国共产党的以经济建设为中心、坚持四项基本原则、坚持改革开放的基本路线，提高会的组织程度和成员觉悟程度，密切联系群众，致力于解放和发展生产力，为把我国建设成为富强、民主、文明的社会主义现代化国家，为统一祖国、振兴中华，为维护世界和平而奋斗。”为保证民建政治任务的实现，修改后的章程依据现实情况，在总结五大以来的实践经验的基础上，规定：“会的组织工作要贯彻发展与巩固相结合的方针，坚持以大中城市为主，以中上层人士为主，以经济界人士为主，注重素质和代表性。”当前和今后一个时期的发展对象是：大中企业的经理、厂长和中高级经营管理人员、工程技术人员（包括经济师、会计师、统计师、工程师等）；经济教学、研究人员；有关的专家学者以及与本会工作有关的财经部门的中高级人员；适当发展从事非公有制经济的人士。

大会充分肯定民建五大以来中央执行局在主席领导下处理中央会务、推动全会工作作出了积极贡献，在实行集体领导方面也探索了有益的经验。鉴于民建在逐步实现领导集体年轻化方面已积极迈进，为了减少领导层次，修改后的章程取消了有关设立执行局的规定。

浦洁修代表中央咨议委员会向大会提交了书面工作报告。报告指出，四年来咨议委员会在积极参加学习，提高思想，统一认识；参与国家重大事务的讨论，提出意见和建议；积极协助推进民建会务；认真做好咨议委员的联系工作等方面做了许多工作，发挥了应有作用。报告希望新一届咨议委员会根据自身特点和实际，在保护老同志健康的前提下，适应不同委员的情况，量力而行，为实现民建的任务继续作出贡献。

11 月 24 日，大会选举出六届中央委员 165 名、中央候补委员 19 名。六届一中全会选举孙起孟为中央委员会主席，陈邃衡、陈铭珊、万国权、冯梯云、黄大能、李崇淮、白大华、朱元成、冯克煦、路明、刘珩为副主席，朱元成兼秘书长。全会选举王之泰、王光英、王恒丰、王洪昌、朱书泉、刘汉良、刘昌谋、孙延年、阳忠恕、苏宝琮、李功九、李国泰、余振中、陈明德、林永孚、周兹柏、赵贺霖、柏岳、姜笑琴、顾宗棠、钱椿涛、程炜、蔡载经、樊海山、潘庆华为中央常务委员会委员。

全会决定，刘靖基、姜培禄、张敬礼、黄凉尘为第六届中央委员会顾问。

在同日召开的第六届中央咨议委员会第一次会议上，推举浦洁修为主任委员，汤元炳、王艮仲、徐崇林、资耀华、李文杰、周同善为副主任委员，会议决定莫艺昌为秘书长，另有常委 34 名，咨议委员 100 名。

在大会期间召开的六届一次主席会议根据章程规定，由孙起孟提议，决定由万国权担任民建中央常务副主席，协助主席主持中央日常重要会务。在六届一次中常委会议上，决定熊大方、陈毓珍、王坚为第六届中央委员会副秘书长。

11 月 27 日大会闭幕，孙起孟致闭幕词。他说，民建今后五年的大政方针已定，关键在于贯彻落实。要同学习、宣传、落实中共十四大精神结合好，用邓小平建设有中国特色社会主义理论武装全会，进一步提高坚持和贯彻基本路线的自觉性和主动积极性，增强政治责任感和参与意识，努力把民建六大取得的政治上、思想上、组织上的成果，变为广大成员的实际行动，变为推动会的工作的强大动力。解放思想，转换观念，勇于创新，真抓实干，在建立社会主义市场经济、加快改革和建设的伟大实践中，作出我们应有的贡献，谱写民建发挥政党职能、加强自身建设的新篇章。

第六次全国代表大会，是一次继往开来、团结奋进、开创新局面的大会，为民建事业的发展开辟了广阔的道路。

（二）推动多党合作制度入宪

中国共产党领导的多党合作和政治协商制度是在长期革命与建设中形成和发展起来的。1989 年《中共中央关于坚持和完善中国共产党领导的多党合作和政治协商制度的意见》指出，中国共产党领导的多党合作和政治协商制度是我国一项基本政治制度。但是这样一项基本政治制度，如果不在国家根本大法宪法中加以明确，成为国家意志，则容易引起国内外对我国民主政治建设的片面理解和不必要的误解猜度。1993 年，八届全国人大一次会议将对宪法部分内容作出修改。孙起孟得知这一消息，力主抓住时机，把中国共产党领导的多党合作和政治协商制度这一具有中国特色的政治制度写入我国的根本大法。1993 年 1 月，孙起孟邀请一部分会内外法律工作者，就中国共产党领导的多党合作和政治协商制度写入宪法的问题举行座谈，随后民建中央开展了调查研究工作。

2 月 14 日，中共中央向七届全国人大常委会提出了关于修改宪法部分内容的建议，但是其中并没有涉及多党合作问题。由于这份建议案已经向社会公布，民建会内有人便表示，中共中央总揽全局，这次没提出多党合作问题，肯定有所考虑，我们是不是暂时搁置，以后再提。孙起孟认为，只要我们的建议理由充分，符合邓小平同志建设有中国特色社会主义的理论，符合党中央关于此次修改宪法的总原则，我们就应当善于把握机遇，尽到民建的参政党职责。2 月 22 日，民建中央委托李崇淮在七届全国人大常委会第三十次会议上发言，建议“在宪法序言中增加‘中国共产党领导的多党合作和政治协商制度’”。

3 月 1 日，民建中央向中共中央提出了《民建中央关于在宪法中明确规定中国共产党领导的多党合作和政治协商制度的建议》。建议提出，在中共中央关于修改中华人民共和国宪法部分内容的建议公布后，民建中央表示完全拥护；同时郑重建议，“把中国共产党领导的多党合作和政治协商制度，明确写进宪法”。并提出四点理由：一是中国共产党领导的多党合作和政治协商制度是邓小平同志关于建设有中国特色社会主义理论的不可缺少的重要组成部分；二是把中国共产党领导的多党合作和政治协商制度写进宪法，更有利于其贯彻执行，更有利于加强中国共产党的执政地位和作用；三是政党体制是现代各国政治制度的基石；四是现在把中国共产党领导的多党合作和政治协商制度写进宪法，时机很好，错过不得。建议提出以后，在3月6日江泽民主持的民主协商会上，孙起孟再次提出，把中国共产党领导的多党合作和政治协商制度写进宪法。王洪昌等二人还向全国政协八届一次会议提交了《关于在宪法中补充规定有关“中国共产党领导的多党合作和政治协商制度”的提案》。

民建的建议，得到中共中央的采纳。3月14日，中共中央向八届全国人大一次会议主席团提出了《关于修改宪法的补充建议案》。其中第一条就是在宪法序言第十自然段增加“中国共产党领导的多党合作和政治协商制度将长期存在和发展”。

3月18日，八届全国人大一次会议主席团举行第二次会议，会议决定将中共中央建议案提请八届全国人大一次会议表决。3月29日，八届全国人大一次会议通过《中华人民共和国宪法修正案》，把“中国共产党领导的多党合作和政治协商制度将长期存在和发展”作为补充条款写进宪法。

宪法的这一修改，具有重要的现实意义和深远的历史意义。把中国共产党领导的多党合作和政治协商制度上升为国家意志，向世界昭示了中国共产党和各民主党派坚定不移地坚持这一制度的信念，要求各政党、各团体和所有公民必须认真遵从，成为我国多党合作历史上的又一里程碑。

在八届全国人大一次会议上，荣毅仁当选为国家副主席，孙起孟、王光英当选为全国人大常委会副委员长。在全国政协八届一次会议上，刘靖基、董寅初、孙孚凌当选为全国政协副主席。在全国政协八届二次会议上，万国权被增选为全国政协副主席。

在这一时期，民建中央还参与了中共十四届四中全会主要文件的讨论，坦诚地提出意见，受到中共中央的重视。对公司法、教育法、反不正当竞争法、台湾同胞投资法、劳动法、国家赔偿法及国家勋章和荣誉称号法、银行法、国家出版法等法律草案提出了修改意见。

（三）服务经济建设和社会发展

从 1992 年年底开始，民建中央组织西北五省区地方组织和有关专家学者，就西北经济发展问题进行调查研究。经过几个月的努力，形成《联合起来走西口》的调查报告。1993 年 8 月，民建中央在甘肃兰州召开了研讨会，广泛征求会内外人士的意见，最后形成《关于加快西北经济发展的若干建议》送中共中央和国务院。建议提出，解放思想，实事求是，用改革的精神确定西北经济的发展战略；加快资源开发和基础产业发展，增强西北地区经济实力；加大改革力度，抓住重点，集中开发；重视农业的基础地位，改善基本生产条件；深化科技教育改革，解决好突出问题；加强区域联合协作，扩大对内对外开放。1994 年 5 月，中共中央办公厅复函民建中央，对建议给予高度评价。认为建议中所提“东联西出”的战略思想，与国家的区域发展规划思路是吻合的。国家有关部委将结合民建的建议，进一步做好西北地区的经济规划工作。

国有大中型企业改革，一直是民建参政议政活动中长期关注的重点问题。1993 年，经过大量调查研究，在全国政协八届一次会议上，民建中央作了《把转换国有企业经营机制作为建立社会主义市场经济体制的中心环节来抓》的大会发言。4 月 10 日至 22 日，民建中央组织调查组，由孙起孟带队，赴武汉对中国长江动力公司（集团）武汉汽轮发电机厂进行调查研究，总结写出《成功属于勇于改革创新的人们》的调查报告。王兆国在读了报告后说：“民建中央领导亲自深入基层，调查国有大中型企业在向社会主义市场经济体制转变过程中，如何探索出一条新路，调查报告写得很清楚，很有启发。”随后，调查报告在《经济日报》全文发表。

在此后的几年里，民建各级组织就国有大中型企业深化改革、建立现代企业制度等问题，广泛地开展调查研究工作，向各有关部门提出意见和建议。1994 年，在全国政协八届二次会议上，民建中央又作了《深化国有企业改革，积极探索建立现代企业制度的有效途径》的大会发言。发言建议进一步理清思路，积极推进产权制度改革；改革企业领导体制，建立职业企业家队伍；减轻国有企业社会负担，加快建立社会保障体系；点面结合，积极稳步地推进企业改革。1994 年 9 月，华东六省一市的民建组织邀请辽宁、河南、湖北、广西等地民建组织，召开了关于现代企业制度研讨会。11 月，民建中央与中国企业管理协会、光明日报社、中央电视台联合召开了中国企业家队伍建设问题研讨会，中共中央政治局委员、国务院副总理吴邦国出席会议并讲话。1995 年，民建中央向中共中央、国务院提出关于促进企业改革，搞活国有经济的意见和建议。此外，许多民建会员也在各自岗位上为搞活国有大中型企业作出了优异的贡献。1988 年，民建会员周文志没要国家一分钱创办了全民性综合药厂，并发明多种国家级新药。1992 年创产值 5113 万元，利税 634 万元。1994 年 5 月，在中国发明协会、中华全国总工会和国家专利局联合举办的首届全国优秀发明企业家颁奖大会上，周文志被评为全国优秀发明企业家。

民建中央根据中共十四大坚持把农业放在首位、全面振兴农村经济的精神，组织力量进行了实地调查，并在此基础上邀请会内外专家学者进行研讨，1994 年 3 月向中共中央、国务院提出了《关于当前加强农业和农村工作的建议》。建议提出，要加强农业的基础地位；增加农业投入，加强宏观调控；科技兴农，努力提高农民的科学文化素质；采取多种方式提高农民的组织程度；以市场为导向，优化农业结构，提高农产品的综合利用率；积极培育农村市场。中共中央领导同志认为这一建议值得重视，指示印发中共中央政治局和书记处的各位领导同志，并转请国务院研究。6 月，中共中央政治局委员、国务院副总理姜春云对建议给予充分肯定，并指出建议很重要，很有价值，应尽力采纳。国务院收到民建中央的建议后，责成国家计委和有关部门研究提出意见。国家计委经与国家经贸委、农业部等部门研究后，对民建中央的建议逐条作了答复，并提出了采纳建议的具体措施。

随着社会的发展，农村劳动力获得空前解放，剩余劳动力的出路也成了现实问题。1993 年 10 月，江泽民在会见外宾时向民建中央副主席冯克煦提出农村剩余劳动力的问题，并希望民建对这一问题作些调查研究，提出建议。民建中央从 1993 年第四季度开始，组织会内力量开展调查研究，并于 1994 年政协大会期间组织部分专家学者召开了座谈会。1994 年 5 月，民建中央与经济日报社共同举办了“农村劳动力转移和流动的问题与对策研讨会”。农业部、公安部、建设部等部门和中国扶贫基金会的有关领导及一些专家学者出席会议。会后，民建中央将会议成果归纳成《关于农村劳动力转移和流动问题的思路与对策的建议》送中共中央、国务院。1995 年在全国政协八届三次会议上，民建中央又提出《关于深化农业科技体制改革，促进农业科技进步》的提案。与此同时，民建一些地方组织还就粮棉的生产、流通，调整农业结构等方面的问题向当地党委和政府提出建议。

民建中央还对其他一些关系全局的重大问题提出意见和建议。1993 年全国政协八届一次会议上，民建中央提交了《改革现行宴会，移风易俗，促进两个文明建设》的提案。提案认为，现行宴会浪费严重，影响很坏，目前应倡导新式宴会。建议中共领导部门因工作需要举办宴会时，应率先带头实行新式宴会。对此，江泽民作了批示，赞成改革，无论如何要下决心移风易俗。1993 年 7 月，国务院办公厅就该提案的办理，召集国内贸易部、财政部、外交部等八个部门的同志开会研究。1994 年民建中央向中共中央、国务院递交《关于加快长江中游——华中地区开放开发的若干建议》《关于三峡库区开发性移民的几点建议》，向全国政协提出《关于严格控制公款购小汽车，加强廉政建设建议案》。此外，民建各级组织还推荐成员参加全国和地方性的反腐败、财税、物价检查工作，认真履行民主监督职责。1993年至1994年，民建中央对成员担任各级政府及司法机关领导职务的情况进行了调查研究。在此基础上，向中共中央、国务院提出了《关于贯彻执行民主党派成员担任政府及司法机关领导职务的政策的建议》。中共中央领导同志作出批示，必须高度重视，切实加强，认真做好。有关部门在以后下发的文件中吸收了民建的意见，对推动这项工作发挥了积极作用。

了解和反映社情民意工作是发挥参政党职能的一个重要方面。孙起孟提出，民建的参政议政工作，要在专题调查研究的同时，向反映社情民意和参与法制建设延伸。1994年10月，冯克熙在民建全国宣传思想工作会议上提出，要加强反映社情民意的信息工作，建立信息交流制度。冯梯云在民建六届四中全会的工作报告中，强调要拓展参政议政的思路，一方面切实加强反映社情民意工作，一方面要参与国家的民主法制建设。

在民建中央的推动下，各级组织反映社情民意的信息工作开始起步，并作出了一定成绩。北京、天津、上海、江苏、浙江、福建、吉林等省级组织先后召开了信息工作会议，制定条例、创办刊物、建立网络。在实际工作中，也反映了一批有分量、有价值的信息。1994年，陈邃衡带领调查组，对苏北的盱眙、徐州、邳州、新沂、连云港等地河流污染情况进行了实地考察，就水质污染和防治问题提出建议，引起了有关方面的高度重视。中共中央、国务院复函："国务院决心从淮河开始，逐步加强法制，增大力度，增加刑事处罚。淮河不清，无以对父老兄弟！"1995年4月，民建宁波市委反映成员中的原工商业者当前生活状况面临困难。孙起孟批示进行全面调查。民建中央将调查结果整理成《原工商业民建成员对生活困难反映强烈》的情况反映，受到中央统战部的重视。1996年2月6日，中央统战部发出了《关于妥善解决部分原工商业者生活困难问题的通知》，对解决原工商业者生活困难起到了积极作用。1996年7月，路明就我国粮食生产问题提出的建议，被新华社和中央统战部内部刊物刊载。香港回归前夕，民建江苏省委提出在《南京条约》议约地筹建"警世钟"的建议，得到中共江苏省委的采纳，等等。在各级组织的重视下，经过几年的努力，反映社情民意的工作得到了较大发展。民建中央宣传部每年都编发大量来自地方组织和会员的信息，连年在全国政协信息工作评比中获奖。

在这一期间，民建中央继续推动支边扶贫和社会服务工作，取得了新的进展。1994 年 9 月，在第二次全国民族团结进步表彰大会上，民建北京市委、民建上海市委被评为全国民族团结模范集体。1996 年 11 月，各民主党派、工商联为两个文明建设服务经验交流会在北京举行。民建 12 位先进个人代表、5 位先进集体代表出席了大会。这次会议通过了向各民主党派、工商联全体成员发出的倡议书。

（四）拓展人民外交和对外联络活动

《中共中央关于坚持和完善中国共产党领导的多党合作和政治协商制度的意见》颁布实施以后，为进一步发展和完善多党合作，1992 年 4 月 15 日，中共中央决定邀请民主党派负责人参加重要国事和外事活动。这是中共中央采取的一个重大举措，为多党合作增添了新的内容，体现了民主党派在国家政治生活中的地位，也为民主党派在国事、外事活动中发挥积极作用创造了条件。民建积极主动地发挥自身优势，为扩大开放，增进对外经济贸易往来，促进祖国和平统一，做了大量工作。

1988 年 9 月 5 日至 13 日，应保加利亚农民人民联盟的邀请，民建组成以孙起孟为团长，冯克煦、钱椿涛、蔡载经、钮守章、王洪昌、王坚为团员的民建中央代表团赴保加利亚访问。这次访问是中国民主党派与保加利亚政党的第一次最高级接触。访问期间，孙起孟和保农联书记坦切夫进行了诚挚友好的会谈。两党签署了《一九八八—一九九一年保加利亚农民人民联盟和中国民主建国会合作和建立经常联系的协定书》。访问期间，保共中央领导人会见了民建中央代表团。这次访问取得圆满成功，扩大了民主党派的宣传和影响，增进了国际社会对中国政治制度和政党间的相互了解，加强了两国和两党间的友谊。此后，由于东欧局势变化，两党间的联系中断。

1993年9月，国家副主席荣毅仁应邀对葡萄牙、西班牙进行正式访问，冯梯云随同出访。在访问中，荣毅仁向葡、西领导人介绍了我国改革开放和社会主义现代化建设成就的同时，还介绍了中国共产党领导的多党合作和政治协商制度，以及加强民主和法制建设的情况。1994年1月，丹麦社会民主党代表团访华，万国权会晤了代表团成员。1997年5月，成思危随同李瑞环在葡萄牙、希腊、德国进行友好访问。1997年10月，应泰国商业部高级顾问西林·帕他努泰女士邀请，以朱元成为高级顾问，冯克煦为团长，一些民营企业家会员为团员的中国工商经济咨询公司代表团访问了泰国。

此外，民建领导人还多次参加国家主席、国务院领导人举行的迎送外国元首级来宾的仪式，参加同外宾的会见和会谈。民建会员参加所在各级人大、政府、政协和人民团体所组织的外事活动也日益增多。在这些活动中，他们积极宣传、介绍党和国家的各项方针政策，改革开放和现代化建设取得的成就，人民政协和统一战线组织的性质、任务、地位、作用，以及民主党派与中国共产党长期合作的历史，发挥民建参与人民外交活动的积极作用。

进入20世纪90年代，民建贯彻“放宽视野、广交朋友、宣传政策、争取人心”的方针，与港澳工商界的联谊活动有了新的发展，加强了与在港澳成员、会友的联系。1991年11月28日至29日，民建在深圳举行香港工商界朋友联谊会，邀请部分在港成员、会友参加。通过介绍、参观和座谈，使他们加深了对祖国的了解，增强了对保持香港稳定、实现平稳过渡和繁荣发展的责任感和信心。1996年11月，民建邀请在港成员、会友40多人在广西南宁、北海参观访问，举行联谊活动。1997年9月，民建邀请在港成员、会友参观访问江西井冈山革命根据地，并同江西省政府举行座谈，就发展两地经济贸易合作交换意见。

1996年11月，民建成员陈金烈当选为香港特别行政区第一届政府推选委员会委员。

民建还通过民间交往的途径，进一步开展同国外和港澳地区工商界人士的经济、贸易和技术交流活动。福建、厦门等地的民建成员海外关系众多，亲友多为工商界人士，民建一方面积极发挥经济咨询机构的作用，一方面鼓励支持成员做好“家族联络”工作，以“多途并进”的方式，通过“请进来、走出去”的办法，协助联系，牵线搭桥，为三胞探亲访友、回国观光、投资建厂、技术交流等提供方便，协助政府部门做好改善投资环境等工作，为加快我国尤其是沿海经济特区的建设与发展做了大量有益的工作和尝试，取得显著成效。

（五）纪念民建成立50周年

1995年12月16日是民建成立50周年纪念日。为了回顾民建建立和发展的历史，鼓舞成员继承和发扬民建的优良传统，在新的历史时期作出更大的贡献，民建中央在人民大会堂举行了隆重的纪念大会。民建全体中央委员、民建中央机关各工作部门负责人、部分地方组织负责人和北京市会员代表参加了大会。

中共中央、全国人大、全国政协、其他民主党派中央、全国工商联和国务院有关部委的领导同志到会祝贺。江泽民等中共中央领导同志为祝贺民建成立50周年分别题词。中共中央总书记、国家主席江泽民的题词是：“风雨同舟荣辱与共，团结奋斗再创伟业。”国务院总理李鹏的题词是：“发挥民建特点和优势，共同致力于中国经济建设的宏伟事业。”全国人大常委会委员长乔石的题词是：“发挥参政议政和民主监督作用，促进社会主义民主政治建设。”全国政协主席李瑞环的题词是：“协商是主人，监督做诤友。”

纪念大会由万国权主持。孙起孟发表了《弘扬民建优良传统，为促进中国共产党领导的多党合作的发展而团结奋斗》的讲话。他说，50年前，抗战胜利后的中华民族，面临着是建立新民主主义国家，还是维持大地主大资产阶级专政国家两种前途、两种命运的抉择。为了争取光明前途，一部分爱国民族工商业家和知识分子在重庆创建了民主建国会。民建创立以后，在中国共产党的指引和领导下，为争取新民主主义革命胜利和建立新中国，推进社会主义革命和建设事业竭诚奋斗，作出了积极贡献。在半个世纪的考验和磨炼中，民建不断取得进步，不断走向成熟，不断有所贡献，成为建设有中国特色社会主义的一支重要力量。

孙起孟回顾了民建在长期实践中形成、丰富和发展的优良传统后，强调指出，民建的历史是高举爱国主义旗帜，为民族振兴、国家富强而奋斗的历史；是坚持依靠中国共产党领导，与党亲密合作、肝胆相照、荣辱与共，一道致力于新民主主义革命和社会主义事业的历史；是在革命与建设中贯彻自我教育方针，自身素质获得提高、与时俱进的历史。

孙起孟说，在过去 50 年里，民建所有历史成就的取得和优良传统的形成、发展，都离不开中国共产党领导的多党合作。在今后建设有中国特色社会主义和实现祖国统一的伟大事业中，民建要继续有所贡献，仍然离不开这一具有中国特色的政治制度。中国共产党领导的多党合作和政治协商制度是中国人民在长期实践中作出的历史抉择。在它的形成和发展过程中，中国共产党人以及包括民建在内的各民主党派都进行了积极的探索；中国共产党领导的多党合作和政治协商制度作为我国的一项基本政治制度，具有显著的特点和优势。正确理解和把握这一制度的精髓，是民建发挥参政党职能的重要前提和可靠保证。建设有中国特色社会主义事业，要求多党合作有更为切实的发展。民建作为参政党，有责任与中国共产党一道为发展这一制度作出努力。要不断地研究新情况，解决新问题，总结新经验，开拓新思路，发展新时期爱国统一战线和多党合作，以扩大和加强共同的思想政治基础，进一步发展社会主义民主的实践，积极推进多党合作和政治协商制度的制度化、规范化。孙起孟强调，坚持和发展多党合作这一政治制度，中国共产党的领导起着决定的作用，同时也和民主党派的自身努力有着密切的关系。民建要采取切实措施，加强思想建设、组织建设和作风建设，持久广泛地弘扬会的优良传统，在参政议政、实施监督和发展多党合作中发挥积极作用。

中共中央政治局常委、书记处书记胡锦涛代表中共中央宣读了致民建中央的贺词。贺词指出，中国民主建国会具有光荣的爱国革命传统。半个世纪以来，与中国共产党并肩战斗，风雨同舟，走过了光辉的历程，为我国的革命和建设事业作出了重要贡献。我们希望并相信，在我国正在进行的建设有中国特色社会主义的伟大实践中，中国民主建国会一定会以邓小平同志建设有中国特色社会主义理论和“一个中心、两个基本点”的基本路线为指导，继续弘扬“爱国、民主、团结、求实”的精神，发挥联系经济界人士的特点和优势，进一步团结和动员广大成员和所联系的群众，为巩固和发展爱国统一战线，为改革开放、经济发展、社会进步和祖国的和平统一作出新的贡献。

全国人大常委会副委员长、民盟中央主席费孝通代表其他民主党派中央、全国工商联向大会致贺词。香港工商界人士访京参观团团长陈金烈向大会致贺词。成员代表白玉新在会上作了发言。

在纪念大会上，民建中央向白玉新等98名全国优秀成员和民建中国建材院支部等50个先进集体颁发了奖状、证书。

在民建成立50周年期间，由民建中央、中国土畜产进出口总公司、中国电影研究中心联合摄制的19集电视连续剧《夹缝》在中央电视台播出。该剧真实地反映了中国民族资产阶级在帝国主义、封建主义和官僚资本主义压迫、遏制的夹缝中艰难生存、发展的历史过程，生动地刻画了民族资产阶级的两面性，成功地揭示了半封建半殖民地社会条件下中国民族资产阶级由爱国主义走向社会主义的历史必然性。同时，民建中央编辑出版了《中国民主建国会五十年》一书和《中国民主建国会五十年》大型画册。

为庆祝民建成立50周年，重庆、北京、上海、天津、山东等省市组织举行了纪念大会。各级组织和广大成员还举行各种活动进行纪念和庆祝。民建在港、澳成员、会友60余人组团赴京参加了纪念活动；民建部分企业家成员也组团赴京参加了纪念活动。

（六）自身建设取得新进展

民建六大以后，为了解决领导集体的老化问题，民建中央于1993年作出了“积极推进各级组织领导集体新老合作交替，建立跨世纪的干部骨干队伍，核心是各级领导集体的新老合作交替，重点是中央和省级组织，关键是做好近两年工作”的决策。1993 年，民建中央连续召开组织工作会议，研究和探讨组织发展和领导集体的建设问题。

1993 年 10 月，民建中央召开全国组织工作会议，着重研究新形势下如何开创民建组织工作新局面、如何加强领导骨干队伍和成员队伍建设等问题。会议形成了《关于当前组织工作若干问题的决定》。决定指出，组织工作是自身建设的一项基础工作，是实现民建政治任务的重要保证；开展组织工作要坚持发展与巩固相结合的方针；发展成员必须注重素质和代表性；要坚持重点分工，改善人才结构；注意做好发展非公有制经济代表性人士的工作；发展成员和建立组织要坚持以大中城市为主；积极推进各级组织领导集体的新老合作交替；切实抓紧抓好后备干部队伍的建设；进一步贯彻集体领导和分工负责制；贯彻决定的过程中，各级组织要主动争取中共党委和有关方面的支持和帮助。随后召开的六届三次中常委会议通过了《关于当前组织工作若干问题的决定》。

会议以后，各级组织根据以建立跨世纪的干部骨干队伍为目标、积极推进组织建设的要求，制定了相应措施。到 1994 年 6 月底，民建会员总数达到 59730 人。在 1994 年 4 月召开的六届十次主席会议上，万国权辞去常务副主席职务，决定由冯梯云担任民建中央常务副主席。

1995 年 5 月 28 日至 31 日，民建全国基层组织建设工作经验交流会在无锡市举行。会议重点是总结交流经验，探讨新形势下加强基层组织建设的途径和方法。冯梯云在讲话中指出，加强基层组织建设，是客观形势和自身发展提出的紧迫要求；要用改革的精神，研究新情况，解决新问题，努力增强基层组织的活力；要加强对基层组织建设工作的指导，主动争取中共党委的支持和帮助。会议讨论通过了《民建中央关于当前加强基层组织建设的意见》。意见指出了加强基层组织建设的重要性，明确了加强基层组织建设的指导思想、基本要求，对加强基层组织建设具有重要的指导意义。路明在总结讲话中指出，基层组织是实现民建政治任务的基础，全会必须进一步提高对加强基层组织建设重要性和紧迫性的认识，明确加强基层组织建设的指导思想和基本要求，下功夫探讨和研究新形势下基层组织活动的内容和方式，切实帮助基层组织解决工作中的困难和问题，努力增强基层组织的活力。他要求民建各级组织要认真贯彻这次会议精神，进一步提高自身建设水平，在新的历史条件下，为国家的改革、发展和稳定作出参政党应有的贡献。

与此同时，民建中央加强了对年轻后备干部的培养、选拔。五年来，由民建中央选送到中央统战部培训中心学习、中央社会主义学院进修的地方组织领导干部就达150人（次）。各地方组织通过地方统战部、社会主义学院培训的领导干部有数千人，为领导集体建设做好了人才准备。另一方面，根据“滚动交替”的方针，采取“先进后出”的办法，在届内增补中央委员会委员26人，占委员总数的15.2%。全国有25个省级组织届中增补委员38人，5个省级组织更选了主委，使老化严重、结构不合理的矛盾得到一定程度的缓解，减轻了1997年换届的压力，为顺利实现新老交替作了组织准备。

1993年12月，民建六届二中全会增选辜胜阻为民建六届中央常务委员会委员。1994年12月，民建六届三中全会补选王兆民、黄孟复为民建六届中央常务委员会委员。1995年12月，民建六届四中全会增补许家勋、成思危、李雅芳、萧灼基、喻长林为民建六届中央委员会委员，同时增选成思危为民建六届中央委员会副主席、萧灼基为民建六届中央常务委员会委员。1996年3月，民建六届十一次中常委会议增选黄关从、墨文川为民建六届中央常务委员会委员。6月，民建六届十二次中常委会议增选张榕明、晏懋洵、潘金培为民建六届中央委员会委员，增选喻长林为民建六届中央常务委员会委员。10月，民建六届十三次中常委会议增选王宇平、陈政立为民建六届中央常务委员会委员。

民建各级组织在加强组织建设的同时，十分重视成员的思想建设。1993年、1994年、1995年，民建中央先后发出《关于组织学习〈邓小平文选〉第三卷的通知》《关于学习〈邓小平文选〉第一、二卷的通知》

《关于学习〈邓小平同志建设有中国特色社会主义理论学习纲要〉的通知》，要求全会深入学习邓小平理论。各级组织采取读书班、报告会、研讨班等多种形式，推动成员认真学习。通过学习，成员加深了对建设有中国特色社会主义理论和基本路线的理解与把握，增强了参与改革、建设的积极性和维护安定团结政治局面的自觉性。

为加强在新形势下的思想建设，积极探索宣传思想工作的新路子，民建中央于 1994 年 10 月召开了全国宣传思想工作会议。会议就加强和改进宣传思想工作的问题进行了研究。会议确定，当前和今后一个时期宣传思想工作的主要任务是，以建设有中国特色社会主义的理论和基本路线为指导，把握思想教育这个完成政治任务的中心环节，开展爱国主义、集体主义、社会主义教育，引导成员深刻理解民建所处的历史地位和肩负的历史使命，进一步解放思想，充分发挥积极性和主动性，为实现统一祖国、振兴中华的宏伟目标贡献力量。上海、浙江、吉林、四川、福建等地方组织在会上介绍了开展宣传思想工作的方法和经验。冯梯云、冯克煦分别在会议开幕会和闭幕会上讲话。

这次会议之后，民建各级组织认真贯彻会议精神，积极探索新时期宣传思想工作的途径和方法，积累了许多好的经验和做法，为实现民建新时期的政治任务奠定了良好的思想基础。

为适应建立社会主义市场经济体制的需要，充分发挥民建密切联系经济界人士的特点和优势，从发展统一战线的角度积极做好宣传工作，更好地履行参政党职能，民建中央于 1993 年 9 月创办“民主与建设出版社”。孙起孟为名誉社长，庄浦明任社长兼总编辑。随后，又创办了公开发行的综合性经济类杂志《经济界》，1995 年 1 月正式出版发行。冯克煦任杂志社社长，萧灼基任主编。

1997 年 4 月 9 日，民建重庆市委成立。至此，民建在全国共建立了 30 个省级委员会组织。

（七）新老交替迈出重要步伐

为推进领导集体的新老交替，1996 年 9 月，孙起孟再次请求辞去主席职务，并提交了书面意见。1996年10月，民建六届十三次中常委会议经过认真讨论，一致同意孙起孟辞去本会中央主席职务和推荐成思危为接任人选的建议。1996年12月10日至13日，民建召开六届五中全会。全会根据孙起孟的多次请求及十三次中常委会议的建议，接受他辞去民建中央主席和中央委员职务，并一致推举他为民建中央名誉主席。

全会通过了向孙起孟的致敬信。致敬信指出，孙起孟是民建杰出的领导人之一，半个多世纪以来，为民建的创建和发展，呕心沥血，忘我工作，作出了卓越贡献。孙起孟担任民建中央主席后，注重加强民建自身建设，更好地发挥参政党职能，特别是他倡议民建提出把中国共产党领导的多党合作和政治协商制度写进宪法的建议，得到中共中央的采纳，为民建促进社会主义民主政治建设写下了新的篇章。致敬信还指出，孙起孟一贯重视民建的自身建设，为努力提高会员的觉悟程度和民建的组织程度，做了大量卓有成效的工作。孙起孟的嘉言懿行和高风亮节赢得全会同志由衷的敬佩和爱戴，是大家永远学习的榜样。

全会选举成思危为民建六届中央委员会主席。

这次成功的届中调整，为平稳顺利地实现新老交替，创造了有利条件。与此同时，民建积极加强后备干部队伍建设，举办各种类型的培训班、读书班、研讨班，为会内骨干成员担任各级人大代表、政协委员或到政府、司法机关任职创造了良好的素质条件；加强对新一代代表性人士的培养和锻炼，为顺利推进领导集体的新老交替，奠定了坚实的组织基础。

1996年11月至1997年7月，全国30个省级组织相继召开代表大会，选举产生了新一届领导集体，顺利实现了地方组织领导集体的新老交替。一批长期与中国共产党亲密合作的老同志表现出重会的事业发展、轻个人进退的高风亮节，主动退出领导岗位，把年轻的同志推上领导岗位，为新老交替又立新功。这次换届后，新的省级领导班子结构发生了可喜变化，领导成员平均年龄54.3岁，比上届换届时下降6.3岁；50岁以下的占16.8%，比1992年提高10.8个百分点；领导班子的知识结构、专业结构有较大改善，具有大专以上学历的占92.5%，比上届提高19.1个百分点；

领导成员中经济界人士占15.03%，比上届提高4.7个百分点。省级组织成功换届，在人事交替方面达到了“退的愉快、留的合适、进的合格”的要求，也使一批政治素质好、德才兼备、年富力强、有一定参政议政能力和组织领导能力、有一定群众基础的新一代代表性人士进入领导岗位，为民建中央领导集体的新老交替奠定了坚实的基础。

三、第七次全国代表大会和实现跨世纪的历史任务

1997年7月1日，我国政府恢复行使对香港的主权，洗雪了百年耻辱。9月12日，中国共产党召开第十五次全国代表大会，明确邓小平理论的指导地位，对我国改革开放和社会主义现代化建设跨世纪的发展作出全面部署。在中共十五大精神指引下，民建召开了第七次全国代表大会，顺利实现了领导集体的新老交替，与中国共产党一道，为实现跨世纪的宏伟目标共同奋斗。

（一）加强领导集体的思想建设

1997年元旦，江泽民会见民革、民盟、民建的新任主席何鲁丽、丁石孙、成思危。江泽民强调，中国共产党领导的多党合作和政治协商制度，是我国的一项基本制度，是符合中国国情、具有中国特色的政党制度，我们要长期坚持并不断加以巩固和发展。坚持和完善中国共产党领导的多党合作，需要中国共产党和各民主党派共同努力，尤其需要各民主党派主要领导人把握大局、高瞻远瞩，坚定不移地与中国共产党通力合作。

1997年3月2日，成思危出席了八届全国人大五次会议、全国政协八届五次会议举行的记者招待会，就多党合作问题发表了看法，并回答了中外记者的提问。

为了顺利推进领导集体的新老交替，搞好政治交接，民建中央于1997年8月在北京举办宣传工作研讨班。这次研讨班，是民建加强思想

建设的一项重要举措。研讨班分析了宣传思想工作面临的形势，明确了当前和今后一个时期的工作任务，探讨了加强和改进宣传思想工作的措施，并形成了民建中央宣传工作研讨班纪要。纪要指出，当前和今后一个时期民建宣传思想工作的中心任务，要围绕顺利实现新老两代人的政治交接，进一步加强会的思想建设。纪要明确了宣传部门的基本职能主要是掌握思想动态、推动自我教育、拓展舆论宣传、开展理论研究。基本职能的明确，有利于宣传部门工作的制度化、规范化，有利于调动中央和地方各个方面的积极性、主动性，形成整体合力，充分发挥作用。纪要要求，在新的形势下必须大力加强宣传思想工作，宣传思想工作要为加强会的思想建设服务，切实加强宣传部门和宣传队伍的自身建设，领导重视、全会动手、努力提高宣传思想工作水平。

1997 年 3 月，民建召开六届十五次中常委会议。会议审议通过了《中国民主建国会第七届中央委员会委员名额分配办法》。办法规定，在 185 个中央委员会委员名额中，165 个名额按地区分配，另外因取消中央候补委员而转为中央委员的 20 个名额则“面向全会、择优选拔”。这是对中央委员候选人产生办法进行的一项改革试验，有利于会内优秀人才脱颖而出。10 月 5 日至 8 日，民建在山东烟台召开六届十六次中常委会议，成思危作了《发扬民主，加强团结，群策群力，开好七大》的讲话。全会的共同努力和卓有成效的工作，为第七次全国代表大会的胜利召开作了充分的思想和组织准备。

（二）召开第七次全国代表大会

1997 年 11 月 13 日至 18 日，第七次全国代表大会在北京举行。出席会议的代表有 580 名，来自 293 个地方组织，代表 69452 名会员。

中共中央政治局委员、书记处书记温家宝，全国人大常委会副委员长布赫，国务委员彭珮云，全国政协副主席吴学谦和其他民主党派中央、全国工商联负责人到会祝贺。

温家宝代表中共中央向大会致贺词。贺词指出，民建自第六次全国代

★ 1997 年 11 月 13 日至 18 日，民建第七次全国代表大会在北京召开。

表大会以来，在邓小平理论指引下，坚持中国共产党确立的社会主义初级阶段的基本路线，同中国共产党亲密合作，在履行参政党职能和加强自身建设的工作实践中，不断探索新路子，开创新局面，为社会主义现代化建设、社会主义民主法制建设作出了积极贡献。五年来，民建认真履行参政议政、民主监督职能，就国家经济建设和社会发展的许多重大问题，积极建言献策；认真组织力量开展调查研究，对实现经济体制和经济增长方式的根本转变、深化国有企业改革、反腐倡廉和完善多党合作等问题，提出很多重要意见和建议；积极参加民主法制建设，就国家和地方的法律、法规的制定、修改及实施提出意见，对宪法修改提出的重要意见得到采纳；积极开展社会公益活动，支援贫困地区和少数民族地区建设，协助引进资金、技术和人才，取得显著的成绩，受到社会的普遍赞誉；进一步加强自身建设，会员的思想政治素质不断提高。

全国工商联主席经叔平代表其他民主党派中央、全国工商联向大会致贺词。

成思危代表六届中央委员会作《在邓小平理论指引下，继承和发扬民建优良传统，为实现跨世纪的历史任务而努力奋斗》的工作报告。报告回顾了六届中央委员会的工作，总结了新时期具有民建特色的参政党建设的几点理论认识。一是坚持邓小平理论和社会主义初级阶段的基本路线，促进社会生产力发展，为建设有中国特色社会主义服务，是民建的根本任务，是新时期民建坚持和发扬爱国主义传统的主题；二是坚持中国共产党领导，坚持和发展多党合作不动摇，是民建坚定不移的政治方向；三是坚持不断地提高思想政治素质是民建保持正确政治方向、增强凝聚力和工作活力的前提；四是坚持加强民建成员骨干队伍特别是领导集体建设，是实现民建的政治任务的基本保证；五是坚持民主集中制是保持民建的活力和健康发展的最根本的制度保证；六是坚持与经济界密切联系的特点，是民建履行参政党职能的优势所在。报告指出，当前的主要任务是，认真学习、宣传和贯彻中共十五大精神，在邓小平理论指引下，进一步加强自身建设，充分发挥参政党职能，解放思想，实事求是，团结奋进，开拓创新，努力实现民建的建党目标和政治纲领，为建设有中国特色社会主义事业作出更大贡献。在报告中，成思危把握时代脉搏，集中集体智慧，提出了民建面向新世纪自身建设的目标，即在中国共产党领导的多党合作的总格局中，把本会建设成为理论上清醒、政治上坚定、组织上巩固、机制上健全和充满活力的为建设有中国特色社会主义服务的参政党。

大会通过了新的《中国民主建国会章程》。新章程规定："中国民主建国会是主要由经济界人士组成的、具有政治联盟特点的、致力于社会主义事业的政党。"民建在社会主义初级阶段的政治纲领是："在邓小平理论指引下，坚定不移地贯彻执行中国共产党的以经济建设为中心、坚持四项基本原则、坚持改革开放的基本路线，提高会的组织程度和会员的觉悟程度，致力于发展社会生产力，为把我国建设成为富强、民主、文明的社会主义现代化国家，为统一祖国、振兴中华、为维护世界和平而奋斗。"新章程规定："会的发展工作要贯彻以大中城市为主，以中上层人士为主，以经济界人士为主，注重政治素质，发展与巩固相结合，有计划稳步发展的方针。"会的发展对象是大中企业的高中级经营管理人员、工程技术人员，财经、金融机构的高中级人员，经济研究、教学人员，以及其他有志于民建事业的代表性人士；适当发展非公有制经济人士。新章程进一步明确了会内领导职务的任期，规定："由选举产生的会的中央委员会和地方委员会的组成人员，每届任期与同级委员会相同，连选可以连任。会的各级领导职务都不是终身的。"新章程进一步明确了中央委员会和常务委员会的职能，取消中央委员会设立常务副主席的规定，常务副主席作为非常设性职务，是领导集体的内部分工。不再设立中央候补委员，不再设立中央咨议委员会，并规定秘书长在中央委员中遴选，由中央委员会任命产生，参加主席会议。

浦洁修代表中央咨议委员会向大会提交了书面工作报告。报告指出，六届中央咨议委员会在五年的任期内为适应工作需要，完善组织规程，充实领导机构，建立委员联系制度做了大量工作。本着"实事求是、量力而行、尽力而为"的方针，在坚持认真学习、倡导"四爱"精神，参与国事讨论、提出意见建议，主动关心会务、发挥咨议作用等方面，发挥了积极作用。报告表示："根据会的事业的发展变化，从第七届起，中央将不再设立咨议委员会，我们表示赞成，并将一如既往，以老会员的身份，继续关心会的事业，为实现会的任务作出自己力所能及的贡献。"

11 月 16 日，大会选举出第七届中央委员会委员 185 名。

在随后举行的七届一中全会上，选举成思危为主席，冯梯云、白大华、朱元成、冯克煦、路明、刘珩、黄关从、黄孟复、朱相远、张榕明为副主席，选举方兆本、王之泰、王兆民、王宇平、韦云隆、冯士筌、伍龙章、刘汉良、刘昌谋、阳忠恕、张汉英、李雅芳、陈昌智、陈明德、陈政立、陈春龙、陈毓珍、周绍熹、林强、姜笑琴、赵燕、晏懋洵、资华筠、陶醒世、顾宗棠、萧灼基、喻长林、程炜、程贻举、辜胜阻、墨文川、潘金培为常委，任命陈明德为秘书长。会议推举孙起孟为名誉主席，万国权、浦洁修、陈邃衡、陈铭珊、黄大能、李崇淮为名誉副主席，王光英、王艮仲、徐崇林、李文杰、周同善为顾问。

七届一次中常委会议决定，熊大方、陈毓珍、王坚为七届中央委员会副秘书长。

代表大会通过了给老同志的致敬信。

这次大会，标志着民建顺利实现了领导集体的新老交替，是民建历史上一次承前启后、继往开来的重要会议，为动员全会实现跨世纪的历史任务打下了坚实的基础。七大以后，全会认真贯彻落实中共十五大和民建七大精神，围绕国家改革开放和现代化建设的重大问题，开展调查研究，积极向中共和政府建言献策，反映社情民意，开展社会服务活动，各项工作都取得了极大的进展。

（三）创立中国风险投资论坛

1997 年始于泰国的金融风暴席卷东南亚，亚洲乃至全球的经济都受到冲击和影响。为应对危机，促进我国经济进一步发展，在国家自然科学基金委员会管理科学部（当时成思危兼任该部主任）、国家计委、中国工商经济咨询公司、香港豪升公司等方面的协助下，成思危组织成立了“风险投资研讨会”领导小组。1997 年 9 月，民建中央、国家自然科学基金委员会管理科学部等单位共同举办“风险创业投资及资产证券化融资研讨会”，就如何促进发展我国的风险投资事业进行研讨。

在研讨成果的基础上，民建中央形成了《关于加快发展我国风险投资事业的提案》，提交全国政协九届一次会议。提案建议：明确把发展风险投资作为推动科技和经济发展特别是高科技产业发展的基本政策，通过各种方式和途径加紧培养风险投资方面的人才；鼓励、支持建立风险投资公司；加强宏观调控与引导，制定各种激励性政策；加强对风险投资的宣传，采取措施促进保险公司开展科技风险投资业务；允许风险投资公司发行债券，也可有选择地引进一些外资；尽快制定《风险投资管理条例》。这份提案被列为大会“一号提案”，引起了有关方面的关注和重视。1998 年 3 月 12 日，全国政协提案审查委员会邀集民建中央和政府有关部门负责同志，召开协商座谈会，讨论和研究提案的落实问题。4 月，民建中央又邀请政府有关部门举办风险投资专题研讨会。

★ 自1999年开始，民建中央每年主办“中国风险投资论坛”。图为成思危在“2003中国风险投资论坛”上作主旨演讲。

1999年4月，民建中央、全国政协教科文卫体委员会联合举办“进一步推动风险投资事业发展研讨会”，并联合向中共中央、国务院提出《关于当前发展风险投资事业的几点建议》。为大力倡导和推动我国的风险投资事业，1999年，由民建中央发起成立的原“中国工商经济咨询有限公司”正式更名为中国风险投资有限公司。2001年，在总结两届研讨会成功经验的基础上，成思危建议将这一研讨会定名为“中国风险投资论坛”，2001年4月“中国风险投资论坛”在北京举行。论坛此后每年举办一届，逐步搭建了一个政策制定者、风险投资家、创业企业家、经济学家等各界人士交流研讨的重要平台，论坛的规格层次不断提高，讨论的问题不断深入，成为中国风险投资业界的盛会。从1999年至2007年，成思危连续9届出席中国风险投资论坛并作主旨演讲。由于成思危对中国风险投资事业的热心推动和努力，使他在中国科技产业界备受尊崇，被誉为“中国风险投资之父”。

(四) 积极参政议政

七大以后，民建积极围绕我国经济和社会生活中的重点、难点、热点问题，组织全会就“十五”计划的制定和实施、国企改革、“三农”问题、西部大开发、非公有制经济发展，以及金融改革、加入世界贸易组织、可持续发展、完善社会保障体系、建立诚信体系、区域经济发展等问题做了大量调查研究，在此基础上向中共和政府提出相关建议。2000 年，民建中央先后在北京、青岛组织召开制定“十五”计划研讨会，在此基础上向中共中央和国务院提出了《关于制定“十五”计划的若干建议》。2000 年，民建中央会同陕西、甘肃、宁夏、新疆等省级组织就西部大开发问题进行调研，民建中央多位领导同志和会内有关专家还参加了中央统战部组织的赴四川、重庆、西藏的西部大开发考察活动，综合这些调研成果，民建在中共中央就西部大开发召开的协商会上提出了意见和建议，并在全国政协九届三次会议上，以民建中央的名义作了《西部大开发与西部大开放》的发言。五年里，本会以民建中央的名义向中共中央、国务院报送调查报告和建议 12 件，向全国政协提交提案 34 件、发言 12 件，全国政协民建界委员提案 3990 件。

积极参与和促进民主法制建设是民建发挥参政党职能的一个重要方面。1997 年 10 月，在武汉市政协八届二十五次常委会交流发言中，李崇淮建议，把“依法治国，建设社会主义法治国家”在宪法中肯定下来，宪法应写入“以公有制为主体，各种所有制经济共同发展是我国社会主义初级阶段的一项基本经济制度”。随后，李崇淮约请辜胜阻、王曦共同研讨并进一步完善修宪的想法，形成建议书呈报民建中央。民建中央采纳了他们的建议，形成了《关于依据中共十五大精神修改宪法的几点建议》(以下简称《建议》)，送中共中央。中共中央办公厅复函认为，《建议》“具有重要的参考价值”，“已将《建议》转送全国人大常委会党组，请他们在修改宪法时参考采择”。1999 年 3 月 15 日，九届全国人大二次会议审议通过的《中华人民共和国宪法修正案》采纳了民建提出的上述建议。

此外，民建还分别对合同法、证券法、森林法、土地管理法、高等教育法、立法法、公司法、婚姻法等法律的草案或修正案提出了修改意见。

为把全会的参政议政工作提高到一个新水平，1999 年 6 月 15 日至 17 日，民建中央在福州召开了全国参政议政工作会议，交流总结了工作经验，研究探讨了进一步做好参政议政工作的新途径和新方法，讨论形成了《关于进一步加强参政议政工作的意见（稿）》（以下简称《意见》），提交随后召开的民建七届七次中常委会议审议通过。《意见》的出台，有力地推动了全会的参政议政工作。

为发挥会内专门人才的优势，民建中央在 1998 年 3 月召开的七届二次中常委会议上成立了经济工作委员会、法制工作委员会、企业工作委员会、科教工作委员会、妇女工作委员会、会史研究委员会，这些专门委员会集中了各方面的优秀人才，从不同角度、不同方面，为民建的自身建设和参政议政作出了贡献。

全会进一步加大反映社情民意工作的力度，初步形成了一套工作机制。从 1995 年起，民建中央和省级组织陆续明确了信息工作机构；从 1998 年起，每年召开一次相关会议；2000 年召开的全国思想建设工作会议对全会信息工作进行了研究，提出了改进措施，在此基础上，全会逐步建立了反映社情民意信息网络。同时，民建中央制定了信息处理暂行规程，在中央和省级组织建立了情况通报制度、信息采用反馈制度、年终通报表彰制度。通过这些努力，七大期间，全会围绕国企改革、市场物价、反腐倡廉、环境保护、教育科研等问题，反映了大量直接来自会员和所联系群众的意见、建议，为中共和政府提供了决策参考，在协调关系、化解矛盾、维护稳定中发挥了积极作用。全会还把反映社情民意与搞好专题调研、进行自我教育、代表成员合法权益结合起来。改革开放后，部分原工商业者的生活处境陷于困难，一些地方组织通过社情民意信息系统反映了情况，民建中央对此高度重视，专门就该问题进行了全面调查，形成《原工商业民建成员对生活困难反映强烈》的情况反映报送中共中央。为解决这一问题，1997 年 7 月，财政部、统战部、劳动部联合发出了《关于切实解决部分原工商业者的生活困难问题的通知》。但由于各种原因，除个别省市外，多数地方没有很好地落实通知精神，这些地方的原工商业者生活困难的问题依然没有得到解决。为此，民建中央于2002年1月向中共中央提交了《解决民建原工商业者会员生活困难问题》。2月8日，在中共中央举办的党外人士迎春座谈会上，成思危就该问题又作了发言，引起江泽民、胡锦涛等中共中央领导同志的高度重视。2月24日，统战部、财政部、民政部、劳动部、民建中央、全国工商联召开专门会议研究解决办法，并由有关部门向中央政治局常委会作了汇报。随后，劳动部、统战部、财政部、民政部于2002年4月联合下发了《关于进一步解决部分原工商业者生活困难问题的通知》，对解决原工商业者生活困难的问题起到了非常重要的作用。民建奔走呼号、为解决原工商业者生活困难问题所做的努力有了良好的结果。

在九届全国人大一次会议上，王光英、成思危当选为全国人大常委会副委员长。在全国政协九届一次会议上，孙孚凌、万国权、经叔平当选为全国政协副主席。截至2002年12月底，民建会员中当选各级人大代表的有2166人，当选各级政协委员的有11447人。成员中担任县级以上政府和司法机关领导职务的有545人，其中刘鹤章任国家审计署副审计长，白大华任国家工商行政管理局副局长，刘珩任中国纺织总会副会长并兼任全国总工会副主席，路明任农业部副部长，陈昌智任监察部副部长，张榕明任辽宁省副省长，王恒丰任四川省副省长，程贻举任重庆市副市长，王少阶任湖北省副省长，郝益东任内蒙古自治区副主席，马培华任青海省副省长，胡振鹏任江西省副省长，担任各级特邀（约）行政监察职务的有2921人。这些同志肩负着人民的重托，认真履行参政议政、民主监督职能，在国家经济、政治、文化和社会建设中发挥了重要作用。

1999年11月，在中华职业教育社八届一次理事会议上，成思危当选为理事长，黄孟复、张榕明当选为副理事长。

（五）拓宽社会服务工作领域

切实加强为两个文明建设服务，“为国出力、为会增光”，是民建发挥参政党职能的一个重要内容。根据国有企业深化改革和产业结构调整出现下岗失业人员的情况，民建积极协助中共和政府开展下岗职工再就业培训工作。1997 年 5 月，民建中央在苏州召开部分省市再就业培训工作研讨会；7 月，又下发了关于协助党和政府做好下岗职工再就业工作的通知，要求各级组织实事求是、因地制宜地开展下岗职工再就业培训，把做好再就业工作作为履行职能的重要内容。1998 年，民建中央向全国政协九届一次会议提交了《关于做好下岗职工再就业工作的提案》。5 月，民建中央在北京召开“全国非公有制经济代表人士座谈会”，推动民建企业界会员积极帮助吸纳下岗职工，为再就业工程继续作贡献。民建各地方组织积极开展下岗职工培训，努力探索下岗职工再就业的路子，东北 3 省和西部 11 省区分别召开工作会议，交流协助实施再就业工程的经验和方法。据不完全统计，仅 1998 年民建就培训下岗职工 84649 人次，组织吸纳安置下岗职工 69348 人。据 28 个省、自治区、直辖市统计，截至 2002 年 6 月，各级组织和会员共培训下岗职工 24 万人次，会员企业先后吸纳 20 万名下岗职工再就业，为困难群众排忧解难、促进社会稳定作出了积极的贡献。

1998 年夏季，长江、松花江、嫩江流域出现了历史罕见的特大洪水，湖南、湖北、江西、黑龙江、吉林、内蒙古等地遭受了严重的洪涝灾害。灾情发生后，民建中央先后向受灾省区发出慰问信，并下发了《关于进一步动员全会各级地方组织积极投入抗洪抢险救灾工作的通知》。

在持续严峻的洪灾面前，受灾地区的民建各级组织带领会员和机关干部奋勇奔赴一线抗洪抢险。民建中央常委、江西省委主委喻常林，不顾自己年高体弱，亲临洪峰严重的九江、都昌、彭泽等地，连续奋战十天。民建九江市委主委徐上迈带领全体机关干部在紧要关头奔赴九江大堤，与当地军民一道运石送土，护堤守防。民建南昌市委常委祝小平当时在塘南镇挂职任副镇长，他以身作则，在堤上坚守了 50 多天。湖南岳阳、常德、益阳三市的民建组织与其他民主党派联合组成抗洪突击队，奔赴第一线。民建岳阳市委副主委方争奇参加了党派机关联合组织的督察队，在最危险的湘阴白泥湖大堤上昼夜徒步巡查。广西桂林市受洪水袭击，70多条街道被淹，民建会员、桂林雁山区民政局局长李长息，亲赴受灾严重的柘木村解救被困群众，分发救灾物资，救出1400多名群众，转移耕牛40多头、家禽4000多只。在湖北武汉连降暴雨，水位创历史最高纪录时，民建武汉市江岸区委主委刘圣均参加了市政府防汛专家组，哪里有险情就赶到哪里会商排险，长江第三次洪峰在武汉创下133年来第二高水位时，他整整一个通宵都坚守在堤防的险段，直到洪峰过境。民建武汉市委副主委沈君谧和洪山区委副主委、区城建局副局长龚华平，连续几个月一直坚守在各堤防险段，组织巡堤抢险，日夜巡视。

民建各级组织、广大会员和机关工作人员全力投入救灾赈灾活动，踊跃为灾区人民捐款捐物。民建中央委员、四川通威集团总裁刘汉元捐出价值300万元的赈灾物资；民建会员、吉林威特集团总裁徐江运捐献了价值151万元的药品、大米和面粉；民建会员、浙江得恩制药有限公司总经理金彰红组织员工生产出价值100余万元的抗菌药品赶运灾区。据不完全统计，全会向灾区捐赠人民币4124.6万元，港币1008.9万元，黄金10两，物品价值876.2万元，衣被毛毯等10.4万件。其中，北京会员捐款256.7万元；上海会员捐款101.3万元；吉林会员捐款3.1万元，捐助药品价值250万元；浙江会员捐款580万元；江西会员捐款144.8万元；湖南会员捐款56.3万元，物资价值100万元，黄金10两，衣物5万余件；广东会员捐款240.6万元；海南会员捐款704万元；四川会员捐款722.4万元；在港会员捐款1008.9万港币。全会各级组织和广大会员怀着对国家的赤诚忠心和对人民的一片爱心，为夺取抗洪救灾的胜利，奉献了自己的一份力量。

七大以后，民建积极发挥人才密集和联系广泛的优势，将扶贫支边、咨询培训与西部大开发相结合，进一步拓宽社会服务工作领域。1998年，根据形势发展的需要，民建中央将“为两个文明建设服务部”改名为“社会服务部”。1998年，为促进东西部合作，民建中央和部分地方组织为四川达川引进项目，协议金额达1.3亿元。民建各级组织积极向河北丰宁、贵州毕节和黔西南、广西百色等贫困地区提供技术服务，开展培训，吸引投资项目和资金。1999 年，经国务院批准，民建广西区委、云南省委、贵州省委被评为全国民族团结模范集体，民建会员、四川凉山州农委副主任仰协被评为先进个人。

2000 年，中共中央、国务院正式启动了西部大开发战略。为实施西部大开发战略服务，成为全会的一项重点工作。2000 年 8 月 2 日至 6 日，民建西部 11 省、区、市协作会议在银川召开。会议讨论通过了《关于进一步动员全会为实施西部大开发战略服务的建议》（以下简称《建议》），向民建中央提出社会服务工作要把为西部大开发服务列为重点，不断探索、完善新形势下的服务方式和手段等建议。随后召开的民建七届十二次中常委会议同意了该《建议》，并通过了相应决议，要求各级组织结合实际，广泛发动，精心组织，发挥特色和优势，在西部大开发中作出积极贡献。各级组织对此热烈响应，多方式、多渠道、多层面地开展工作，形成了一个全会动员、密切协作，积极为西部大开发作贡献的良好局面。

环境保护和生态建设是七大以后民建社会服务工作新拓展的领域，在北方沙尘暴治理、南方石漠化治理、城市垃圾污水处理和农村新能源开发等方面，民建向政府提出建议，帮助筹划项目、引进技术、联系外资。2000 年 9 月，由民建会员捐资筹建的“民建生态保护林”在河北丰宁举行揭碑仪式。在民建中央的积极帮助下，该生态保护林得到水利部和国家林业局的大力支持，并于 2001 年被纳入水利部《21 世纪初期（2001—2005 年）首都水资源可持续利用规划》，为保护首都水资源，推动丰宁的生态建设作出了贡献。

为了更好地发挥本会参政党作用和密切联系经济界的优势，为完成“十五”计划作出更大贡献，2001 年 6 月，民建中央在青岛召开了全国社会服务工作会议，交流开展社会服务工作的经验，研讨新形势下开展工作的方针、思路，讨论形成了《民建中央关于加强社会服务工作的意见（稿）》（以下简称《意见》），并经随后召开的民建七届十五次中常委会议审议通过。《意见》提出了新时期社会服务工作的基本思路、工作的着力点以及工作中需要把握和处理好的几个问题，并要求全会加强组织领导。会后，民建中央编制了专题片《情系中华，服务社会》，在各地播放。各省级组织认真落实会议和《意见》精神，进一步推动社会服务工作的开展。此外，七届期间，各级组织和广大会员还积极参与捐资助学等社会公益活动。到2002年6月底，由民建各级组织和会员兴办的各类学校共170所，助建希望学校211所。同时，举办四期希望学校骨干教师暑期培训班，培训了十多个省份、十几个民族的骨干教师近百人。

（六）开展对外联络促进统一

1997年7月1日，香港回归，举世瞩目。这是我国人民争取祖国统一的伟大胜利，是完成祖国统一大业迈出的重要一步。6月30日，成思危作为中央政府代表团成员出席了香港政权交接仪式，亲身见证了这一伟大的历史时刻。民建中央组织了报告会、座谈会、参观活动和知识竞赛，并在《民讯》《经济界》开辟专栏，发表庆祝文章。地方组织也纷纷举行征文比赛、知识竞赛、演讲比赛、书画展、庆祝大会、联谊会、座谈会以及义诊、咨询和“三下乡”活动喜迎回归。由民建吉林省委等单位共同发起的“中华儿女盼统一”签名活动还创下了吉尼斯世界纪录。

1998年4月，民建中央在珠海召开部分省市联络工作座谈会，在总结经验的基础上，研究部署了工作任务，明确提出把“广交朋友、联络友谊，宣传政策、反映情况，服务建设、促进统一”作为联络工作的方针，进一步理清了工作思路，对拓展联络工作起到了推动作用。

1999年12月20日，澳门回归，全会上下纷纷以各种形式庆祝。12月19日，成思危作为中央政府代表团成员出席了澳门政权交接仪式。20日，民建中央领导出席了首都各界庆祝澳门回归纪念大会和联欢晚会，成思危代表各民主党派中央、全国工商联和无党派人士在会上发表讲话。为进一步巩固和加强与在港澳会员、会友的联系，推动他们为香港、澳门的长期繁荣稳定和“一国两制”的实施贡献力量，七届期间，民建多次邀请在港澳会员、会友组成香港工商界人士访问团，赴广西、江西、上海、江苏、云南参观访问，考察城市建设、工业开发园区、经济和社会发展情况，并结合西部大开发战略，为招商引资服务，增进了在港澳会员、会友对国家整体发展的了解和认识，加深了他们的爱国之情。民建还多次接待来大陆做生意、办企业和参观访问的在港澳会员、会友，倾听他们的意见建议，向有关部门反映情况，协助解决困难，维护他们的合法权益。2000 年，应香港有关方面邀请，中国风险投资公司代表团赴港考察访问，并寻求与香港工商界的合作。

民建继续加强对台联络，配合中共和政府开展对台工作，积极创造条件与台湾进行民间交流，促进两岸关系和谐发展。1998 年 10 月，民建中央以中国工商经济咨询公司的名义，组织会员中的部分教育工作者赴台湾考察，初步打开了与台湾民间交流的局面，开拓了联系的新渠道。此后，民建多次组织赴台考察活动，并邀请台湾经济界和教育界人士到大陆参加活动。同一时期，与台湾世新大学分别在大陆、台湾举办了四次两岸经济合作研讨会。此后，民建中央与台湾世新大学继续联合举办研讨会，成为经常性、有影响的合作交流项目，成为两岸专家学者交流的重要平台，成为民建对台工作的品牌项目。

2000 年 12 月 16 日，是民建成立 55 周年纪念日，民建中央邀请台湾科教界和香港工商界人士来北京参加建会 55 周年纪念活动，进一步巩固和扩大了与港澳台的联系和交往。

民建中央继续拓宽联络工作思路，加强与国外工商界的联系，建立友好往来关系，团结海外华侨华人为改革开放多作贡献。2001 年，民建中央邀请澳大利亚工商界侨领访问团访问北京、上海、天津等地，了解考察市场状况和投资环境；并首次组织以会员企业家为主的中国经济界人士访问团，赴芬兰、瑞典等国考察，建立了环保、经贸及风险投资方面的合作。民建还多次组织经济界人士赴美国、澳大利亚、法国、意大利等国考察，接待了美国、意大利、澳大利亚、泰国、哥伦比亚等国的多批友人，扩大了同这些国家工商界、政界的联系，促进了相互间的经贸往来和交往。

（七）加强自身建设提高整体素质

1998 年 6 月 1 日至 4 日，民建中央在上海召开全国组织工作会议，讨论形成了《民建中央关于当前加强组织工作的意见（稿）》（以下简称《意见》），并经随后召开的七届三次中常委会议审议通过。《意见》确定了组织工作的重点、原则和措施，强调要积极稳妥地做好组织发展工作。会议指出，组织发展工作要有紧迫感，坚持以协商确定的范围和对象为主、以大中城市为主、以有一定代表性人士为主，要注意改善结构，注重质量，注意数量，积极慎重地发展非公有制代表性人士入会。

为使一批德才兼备、年富力强、热爱会的事业的成员进入各级领导集体，1999 年 10 月，民建召开七届八次中常委会议，通过了《关于加强领导集体建设，加紧后备干部培养的意见》，确定了“保持特色，改善结构；坚持标准，择优选拔；加强培养，建立队伍；先进后出，平稳过渡；集体领导，分工负责”的工作原则。从 2000 年 10 月起，民建中央先后举办了十期邓小平理论研修班，培训了一批骨干。许多省级组织也举办多种形式的培训和研讨活动，为进一步改善领导集体结构、提高素质作了积极的努力。

2000 年市级组织换届期间，民建中央领导同志按照主席会议的分工，分头深入各省级组织，开展了全国范围的领导集体和后备干部队伍情况的调研。各地方组织也积极探索基层组织建设新途径。在全会的共同努力下，会的组织程度逐渐增强，在纪念民建成立 55 周年时，一批先进支部和先进会员受到表彰。2001 年年底，市级组织换届工作基本完成。在地方组织换届的基础上，民建中央又进一步扩大了中央委员候选人的遴选比例，在民建中央及各地方组织民主推荐的 135 名候选人中，常委会集体遴选出 59 人作为中央委员候选人的建议人选，在改善中央委员会的结构方面进行了有益的探索。

七大以后的五年中，民建共发展会员 20455 名。截至 2002 年 12 月底，民建共有地方组织 326 个。其中包括省级组织 30 个，省辖市级组织

240 个，区、县及县级市组织 56 个。基层组织（含小组）4662 个。会员 89139 人，平均年龄 52.3 岁，比 1997 年下降了 2.1 岁。其中，大专以上学历的占 62.8%，企业界会员占 63.4%，其中非公有制经济代表人士占 10.0%，担任各种经济实体的正、副董事长、总经理、厂长等占企业界会员的 16.6%。会员结构有了明显改善，初步形成了以企业经营管理者和与经济界有密切联系的专家学者为骨干的两支基本队伍。一批优秀的企业家和专家学者入会，为民建注入了新鲜血液，增强了活力。

1998 年 12 月，民建七届二中全会补选王恒丰为民建七届中央常务委员会委员。2000 年 12 月，张榕明调入民建中央机关任驻会副主席。

民建的组织制度也逐步完善。根据民主集中制的原则，民建中央坚持集体领导和个人分工负责相结合，逐步完善工作制度和规程，每年召开一次中央全会，每季度召开一次中常委会议。主席会议、主席办公会议坚持按照集体领导、民主集中、个别酝酿、会议决定的原则进行重大决策，集体决定重要会务事项，分工负责执行。每年还召开一次主席务虚会，由主席、副主席从宏观及战略的高度，结合国内外形势，对民建工作中的方向性问题畅所欲言，形成共识。民建中央每年召开一次全国工作会议，研究一个专题，推动自身建设和履行职能等方面的工作。与此同时，机关建设也不断推进。1997 年，民建中央机关基本完成了参照《国家公务员暂行条例》管理工作。1998 年 3 月 3 日，民建中央七届二次主席会议通过了《中国民主建国会中央委员会秘书长工作职责》，实行主席会议领导下的秘书长负责制，理顺了领导机构与工作机构的关系。1999 年上半年，民建中央机关处级干部实行了竞争上岗，双向选择试点；2000 年，全面实行处级领导干部竞争上岗制度；2001 年，部分局级领导干部竞争上岗试点，并实行公示制。民建中央机关也于 2000 年由北京市朝阳区东三环北路的京信大厦搬迁至朝阳区朝外大街吉祥里 208 号。2001 年，民建中央机关服务中心成立。

七届期间，民建中央成立了信访工作协调小组，处理会员的来信来访。2001 年 12 月，民建中央七届二十八次主席会议通过了《民建中央信访工作暂行规定》，根据会内的实际情况，进一步明确职能、规范工作，详细规定了信访工作的职责和范围、原则和方法、领导和机构，并下发各地试行。各级组织按照规定要求认真开展信访工作，分级负责，归口办理，在加强和群众的联系、维护会员合法权益方面，起到了积极的作用。

思想建设是民建自身建设的核心。为推动全会的理论学习，落实七大关于加强思想建设的任务，1998 年，民建中央发出了深入学习邓小平理论的通知，并配合各地的学习印发了辅导材料。各级组织通过学委会、中心组、骨干培训班、新会员学习班等，开展了多种形式的学习培训活动。

1998 年，为加强成员特别是领导干部的学习培训，民建中央编印了《孙起孟文稿选编》，汇集了孙起孟同志论述多党合作、统一战线、民建会务等内容的文稿，对全会特别是各级领导集体的思想建设极具指导意义。1998 年，民建中央着手组织编写《中国民主建国会史稿》，成立了会史研究委员会，给编写会史当参谋、做顾问、提建议，并指导地方组织开展会史研究。经过两年的努力，2000 年 11 月，《中国民主建国会史稿》正式出版发行。《中国民主建国会史稿》记述了民建成立 55 年来走过的光辉历程以及在我国革命和建设事业中作出的重要贡献，成为全会了解会史和会的优良传统的良好素材。史稿编写完成后，民建七届十五次中常委会议决定将会史研究委员会更名为“会史及理论研究委员会”，在继续进行会史重大问题研究的同时，重点围绕多党合作的理论政策以及本会自身建设的理论与实践问题开展研究。

1999 年，中国人民迎来了国庆 50 周年。10 月 1 日，在京的民建中央委员参加了国庆 50 周年盛典，深深体会到作为中华儿女的骄傲与自豪。会的各级组织也开展了形式多样的庆祝活动，对广大会员进行爱国主义和社会主义教育。

这一年，国际国内形势发生重大变化，民建在中共中央领导的三场大的政治斗争中经受了锻炼和考验，发挥了积极作用。3 月 24 日，以美国为首的北约对南联盟进行军事打击，科索沃战争爆发。5 月 7 日午夜，美国飞机悍然轰炸我国驻南斯拉夫大使馆，造成我国 3 名新闻工作者牺牲，

20 余名外交官受伤，馆舍严重毁坏。这是对中国主权的粗暴侵犯，也是对《维也纳外交关系公约》和国际关系基本准则的肆意践踏，在外交史上实属罕见。5 月 8 日，中国政府发表声明，对北约的野蛮暴行表示极大愤慨和严厉谴责，并提出最强烈抗议，要求以美国为首的北约必须对此承担全部责任。5 月 9 日，民建中央发表声明。声明指出，美国和北约必须对自己违反国际关系基本准则和《维也纳外交关系公约》的罪行以及由此造成的一切损失承担全部责任。本会完全拥护中国政府的抗议声明，支持中国政府为维护主权、伸张正义、反对战争挑衅所采取的一切措施。民建各级组织纷纷召开会议、发表声明，强烈谴责北约的野蛮行径。在这场斗争中，广大会员表现了极大的爱国热情，也进一步看清了美国等西方国家宣传的所谓民主、自由、人权的虚伪性，更加坚定了坚持社会主义道路、建设强大祖国的志向和决心。

1999 年，以李洪志为首的“法轮功”邪教组织腐蚀人们的思想，扰乱社会秩序，破坏国家稳定，挑战人民政权，危害十分严重。长春市的两位民建会员张庆术、王辉早在 1997 年就提出提案，建议取缔这一组织，表现出敏锐的政治嗅觉。中共中央作出公开处理“法轮功”组织的决定后，民建中央向全会发出通知，要求积极配合做好处理法轮功问题，开展崇尚科学、破除迷信的宣传教育，做好修炼“法轮功”成员的转化工作。在这场严肃的政治斗争中，全会始终和中共中央保持一致，努力做好会内外群众的思想工作，为维护社会稳定作出了贡献。

1999 年，李登辉在台湾多次鼓吹“两国论”，彻底暴露出分裂祖国的真正嘴脸。民建坚决反对任何分裂祖国、破坏祖国和平统一的言行，民建中央领导人和各级组织纷纷在电台、报纸、杂志上发表讲话和文章，召开会议，强烈谴责李登辉破坏祖国统一的行径，并表示将一如既往地与台湾同胞一起发展两岸关系，为推动祖国和平统一作出自己应有的贡献。2000 年 3 月，台湾地区领导人选举结束后，民建严正表示坚决拥护我国政府关于一个中国的原则立场，反对“台独”，呼吁推动两岸统一，积极开展促进统一的联络交流活动。

经过这三场政治斗争的风雨考验，全会各级组织和广大会员更加真切地认识到，中国共产党领导的多党合作和政治协商制度，是适合中国国情，具有中国特色的社会主义新型政党制度，更加坚定了坚持和发展这一制度，沿着中国特色社会主义道路前进，为祖国的完全统一和中华民族的伟大复兴贡献力量的决心和信心。

2000 年，江泽民在广东考察时发表了重要讲话，科学地总结了中国共产党 70 多年的基本经验，提出了“三个代表”的重要思想。随后，全会把认真学习“三个代表”重要思想作为一项重要工作来开展。2000 年 12 月召开的全国统战工作会议结束后，民建中央及时下发了学习贯彻会议精神的通知，要求全会进行统一战线、多党合作理论和政策的教育，并在民建七届十五次中常委会议上通过了《民建中央关于深入学习贯彻全国统战工作会议精神的意见》。这些学习活动的开展，为全会的理论水平和政治素质的提高，为迎接新世纪的到来作了思想上的准备。

为进一步加强思想建设，2000 年 6 月 12 日至 14 日，民建中央在沈阳召开了全国思想建设工作会议，总结七大以来思想建设工作的经验，研究思想建设的任务和措施，探讨新形势下的新思路和新途径。成思危在会上强调，加强思想建设是民建一个永恒的主题。会议讨论形成了《民建中央关于加强思想建设工作的意见（稿）》（以下简称《意见》），并经随后召开的民建七届十一次中常委会议审议通过。《意见》指出，思想建设的指导思想是马克思主义、毛泽东思想和邓小平理论；主要任务是把学习邓小平理论作为长期的首要任务，坚持不懈地进行会的优良传统教育，广泛开展爱国主义、社会主义和集体主义教育，坚持开展经常性的形势政策教育；思想建设应遵循坚持自我教育，坚持理论联系实际，坚持把思想教育与维护会员合法权益结合起来的原则，积极探索思想建设的途径和方法。这次会议为会的事业在新世纪持续健康发展奠定了坚实的思想基础。

作为思想建设的根本，理论建设需要长期推进、不断加强。为此，2002 年 5 月 28 日至 30 日，民建中央在北京召开了全国理论工作会议，总结了民建理论建设的进展情况，确定了今后一个时期的工作任务和加强理论建设的措施。会议指出，加强会的理论建设是新世纪参政党建设的一个重要组成部分，全会要加强理论学习，注重总结工作；继承已有成果，不断开拓创新；坚持科学态度，创造良好环境；建立必要的制度，形成工作机制；培养理论人才，落实研究任务。会议讨论形成了《民建中央关于加强会的理论建设工作的意见（稿）》，并经随后召开的七届十九次中常委会议审议通过。在闭幕会上，成思危强调，理论是指南针，是主心骨，是黏合剂，要充分认识理论建设的重要性，坚持和发扬自我教育的优良传统，积极稳妥地推进会内民主，坚持不懈地推进理论建设工作。这是民建历史上召开的第一次理论建设工作会议，是对“理论上清醒”这一要求的贯彻落实，并为八大的筹备召开打下了基础。

民建还利用各种纪念和庆祝活动，开展多党合作和会的优良传统教育。七大以后的几年里，民建中央先后在全会开展了中共十一届三中全会召开 20 周年、响应中共“五一口号”50 周年、黄炎培诞辰 120 周年、《中共中央关于坚持和完善中国共产党领导的多党合作和政治协商制度的意见》颁布实施 10 周年等纪念活动，开展了民建成立 55 周年纪念活动，还开展了纪念中国共产党成立 80 周年系列活动。这些活动的成功举办，使广大会员进一步深刻认识到自觉接受中国共产党的领导，坚持和完善中国共产党领导的多党合作和政治协商制度，坚持走中国特色社会主义政治发展道路，是民建的立会之本、强会之基和兴会之源，广大会员的政治素质和认识水平都有了新的提高。

第六章

为全面建设小康社会作贡献

一、第八次全国代表大会和建设适应新世纪要求的参政党

2002年11月，中共十六大在北京召开，大会制定了全面建设小康社会的宏伟纲领。中共十六大以后，中共中央从建设社会主义政治文明的高度出发，先后制定了《中共中央关于进一步加强中国共产党领导的多党合作和政治协商制度建设的意见》和《中共中央关于加强人民政协工作的意见》，使多党合作制度进一步制度化、规范化和程序化，极大地鼓舞了广大民建成员为全面建设小康社会建功立业的热情和信心。

（一）召开第八次全国代表大会

2002年12月14日至18日，民建第八次全国代表大会在北京举行。这是民建进入新世纪以后首次召开的全国代表大会。出席会议的代表有580名，来自326个地方组织，代表89139名会员。

中共中央政治局委员、国家发展计划委员会主任曾培炎，全国政协副主席任建新，中央统战部部长刘延东以及其他民主党派中央、全国工商联负责人到会祝贺。

曾培炎宣读了中共中央的贺词。贺词指出，民建具有爱国、革命的光荣历史，是同中国共产党长期合作的亲密友党，是社会主义现代化建设的一支重要力量。民建成立半个多世纪以来，形成了坚持爱国主义和社会主义、坚持接受中国共产党领导、坚持自我教育的优良传统，形成了同经济界紧密联系的历史特点，为我国的革命、建设和改革事业作出了重要贡献。过去的五年，民建坚持以邓小平理论为指导，认真学习贯彻“三个代表”重要思想，切实履行参政议政、民主监督的职能，紧密围绕改革、

★ 2002 年 12 月 14 日至 18 日，民建第八次全国代表大会在北京召开。

发展、稳定的大局，就修改宪法、制订“十五”计划、西部大开发、经济结构调整、国有企业改革、金融改革、社会保障体系建设、区域经济发展等重大问题，提出了一些很好的建议，社会服务工作取得显著成效，广大成员的政治素质明显提高，各级组织活力进一步增强。

全国工商联主席黄孟复代表其他民主党派中央、全国工商联致贺词。

成思危代表七届中央委员会作《与时俱进，奋发有为，建设适应新世纪要求的参政党》的工作报告。报告系统总结了七大以来的工作和基本经验。报告说，七大以来的五年，是民建各项工作不断取得进步、富有活力和开创精神的五年。五年来，全会努力实践，对“建设一个什么样的参政党、怎样建设这样的参政党”进行了有益的探索，进一步深化了认识：一是坚持中国共产党的领导，同中国共产党亲密合作；二是坚持高举邓小平理论伟大旗帜，学习“三个代表”重要思想；三是坚持与经济界密切联系的特色，充分发挥整体优势；四是坚持推进会内民主，努力加强会的团结；五是坚持加强后备干部队伍建设，不断增强会的活力；六是坚持与时俱进，积极探索加强参政党自身建设的新思路。

大会通过了新的《中国民主建国会章程》。新章程规定："中国民主建国会是主要由经济界人士组成的、具有政治联盟特点的、致力于建设中国特色社会主义事业的政党。"民建现阶段的政治纲领是：高举邓小平理论伟大旗帜，学习贯彻"三个代表"重要思想，积极履行参政议政和民主监督职能，遵循社会主义初级阶段的基本路线，致力于发展社会生产力，促进社会主义民主政治建设，弘扬中国先进文化，为把我国建设成为富强民主文明的社会主义现代化国家努力奋斗。"本会在现阶段的任务是：围绕全面建设小康社会的奋斗目标，充分发挥密切联系经济界的特色和优势，积极参加社会主义现代化建设的实践活动，针对改革开放、经济建设和社会稳定中的重大问题，开展调查研究，反映社情民意，积极建言献策，更好地发挥参政党作用，在推进我国的现代化建设，完成祖国统一，维护世界和平与促进共同发展的过程中作出应有的贡献。"新章程规定："会的组织在讨论决定问题时，必须贯彻集体领导、民主集中、个别酝酿、会议决定的原则。凡属重大问题，都要由领导集体协商讨论，进行表决，作出决定。""担任中央委员会主席、副主席和地方委员会主任委员、副主任委员的人员，连续任期一般两届，特殊情况下不超过三届。"在领导体制上，规定各级委员会的秘书长由同级常务委员会任命。

大会选举了八届中央委员会。中央委员会由185人组成。在随后召开的八届一中全会上，选举成思危为中央委员会主席，路明、刘珩、黄关从、朱相远、张榕明、陈昌智、程贻举、王少阶、马培华、陈明德为中央委员会副主席，选举丁伟岳、方兆本、王曦、王光远、王恒丰、冯士筰、伍龙章、刘汉元、孙大亮、孙宝启、朱易安、吴国华、吴晓青、宋海、张汉英、李峰、李谠、李雅芳、沈铁梅、陈政立、周绍熹、林强、姜笑琴、胡振鹏、赵龙、赵燕、郝益东、郭开华、高天乐、黄泽民、赖明勇、墨文川为常委。推举孙起孟为名誉主席，万国权、陈邃衡、陈铭珊、冯梯云、黄大能、李崇淮、朱元成、冯克煦为名誉副主席，王光英、王艮仲、周同善为顾问。

八届一次中常委会议决定，张皎为八届中央委员会秘书长。

第八次全国代表大会既是认真学习、提高认识、统一思想的大会，又是认清形势、总结经验、明确任务的大会，还是面向未来，进一步推进新老交替和政治交接的大会，为民建事业的进一步发展奠定了坚实的基础。

2003 年 3 月 4 日，民建召开了八届二次主席会议，按照主席分工，一致通过由张榕明担任民建中央常务副主席。

（二）胡锦涛总书记走访民建中央机关

2002 年 12 月 24 日上午，在民建八大刚刚结束之际，胡锦涛、贾庆林、曾庆红、王刚等中共中央领导同志走访民建中央机关。成思危代表全体民建会员对中共中央给予民建的关怀表示衷心的感谢，并简要介绍了民建的历史、现状、特点以及第八次全国代表大会的情况。

胡锦涛等中共中央领导同志与民建中央领导人进行了座谈，就深入学习贯彻中共十六大精神、加强中国共产党领导的多党合作、推进改革开放和现代化建设等问题交换了意见。胡锦涛在讲话中说，各民主党派具有爱国、革命的光荣历史，是中国共产党久经考验的亲密友党。长期以来，各民主党派同我们党团结合作，建立了深厚的革命情谊，为我国的革命、建设和改革事业作出了重要贡献。近年来，各民主党派中央努力加强自身建设，进一步发挥参政党作用，围绕推进改革开放和社会主义现代化建设提出了很多重要建议，为中共中央和国务院决策提供了重要依据。各民主党派发挥自身优势，开展了多种形式的社会服务工作，取得了良好的社会效益。胡锦涛说，最近各民主党派召开的全国代表大会，认真贯彻中共十六大精神，动员广大成员切实履行参政党职能，为全面建设小康社会、开创中国特色社会主义事业新局面努力奋斗。这充分说明，各民主党派的同志们具有为中华民族的伟大复兴而奋斗的崇高使命感和巨大政治热情。我们为此感到由衷的高兴。胡锦涛强调，各民主党派人才济济，具有自己的优势。希望各民主党派深入学习贯彻中共十六大精神，更广泛地凝聚广大成

★ 2003 年 1 月 26 日，胡锦涛同志在北京同党外人士共迎新春时，与成思危亲切握手。

员的智慧和力量，进一步就经济、政治、文化建设和改革深入调研，献计出力，为实现全面建设小康社会的宏伟目标作出新的贡献。相信各民主党派一定能够把学习中共十六大精神同加强自身建设结合起来，继承和发扬老一代领导人的优良传统，把各民主党派建设成为同中国共产党亲密合作、能够经受住各种困难和风险的考验、致力于建设中国特色社会主义事业的参政党。

在走访活动中，胡锦涛等中共中央领导同志还亲切看望了民建中央机关工作人员，了解了他们的工作情况。中央统战部部长刘延东等也参加了走访和座谈。万国权、冯梯云、黄大能、朱元成、冯克煦、路明、刘珩、朱相远、张榕明、陈昌智、陈明德等参加了座谈。民建中央在座谈会中提出的一些问题和建议很快得到了解决和落实。

（三）参与国家政治生活

中共十六大以后，中共中央努力营造宽松稳定、团结和谐的政治环境，把政治协商纳入决策程序，经常举行各种形式的高层协商会，就国家重大方针政策和重要事务与各民主党派、无党派人士进行协商。民建八大以后的五年里，民建中央主席、副主席参加中共中央、国务院召开的协商会35次，先后就宪法修改、司法体制改革、国际收支平衡、外汇储备、“十一五”规划的制定、构建社会主义和谐社会等重大问题坦诚进言，并对企业破产法、公司法、个人所得税法、物权法、农民专业合作经济组织法、反垄断法等法律草案或修正案提出修改意见和建议，受到重视和采纳。

这期间，部分民建会员在人民代表大会中行使人民代表的权利，在人民政协中履行政治协商、民主监督、参政议政职责，在政府机关参与政府事务的管理。在2003年召开的十届全国人大一次会议上，成思危再次当选为全国人大常委会副委员长，在全国政协十届一次会议上，黄孟复当选为全国政协副主席，在2005年召开的全国政协十届三次会议上，张榕明被增选为全国政协副主席。截至2007年年底，民建会员中担任各级人大代表的有2806人，担任各级政协委员的有14244人，担任各级特邀（约）职务的有3748人，担任县处级以上政府和司法机关领导职务的有890人，其中，陈昌智任监察部副部长，吴晓青先后任云南省副省长、国家环境保护总局副局长，姜建初被增补为最高人民检察院副检察长，郝益东任内蒙古自治区副主席，马培华任青海省副省长，胡振鹏任江西省副省长，辜胜阻任湖北省副省长，张少琴任山西省副省长，宋海任广东省副省长，高峰任云南省副省长。这些同志以对国家和人民高度负责的态度，认真履行职责，勤奋工作，受到了中共党委和政府的好评，赢得了社会各界的赞誉。这期间，张榕明还兼任中华全国总工会副主席。

2004年12月，在中华职业教育社九届一次理事会议上，成思危当选为理事长，张榕明、程贻举当选为副理事长。

（四）围绕促进发展建言献策

八大以后，民建坚持把促进发展作为参政议政的第一要务，围绕经济建设的中心任务，认真开展调查研究，积极建言献策，初步形成了金融、风险投资、企业管理、社会保障、非公有制经济等优势领域，并逐步扩展到社会主义新农村建设、住房保障、产业政策、区域经济、环境保护、国际贸易、现代服务业、创意产业、老龄事业等方面，参政议政成果亮点突出。

2006年年初，我国首次超越日本成为世界第一外汇储备国，管好用好巨额外汇储备事关我国国民经济发展的全局。2006年2月，胡锦涛在党外人士迎春座谈会上提出请成思危就外汇储备问题进行研究。民建中央在深入调研后形成了《对管好和用好我国巨额外汇储备的建议》，提交中共中央。

伴随改革开放的不断推进，我国对外资企业采取优惠于内资企业的“双轨制”税收模式已不能适应市场经济发展的要求，统一内外资企业所得税的时机已经成熟。2006年，民建中央在调研的基础上，形成了《关于尽快统一内外资企业所得税制度的提案》，提交全国政协十届四次会议。提案提出以企业为纳税人，统一实行法人所得税制；统一税前扣除标准和规范税基等五点建议，受到政府有关部门的高度重视，被列为大会“一号提案”。在2007年通过的《中华人民共和国企业所得税法》中，民建的建议全部被采纳，为推进我国的“两税合一”起到了积极的作用。

进入21世纪后，我国进口大豆数量剧增，对国内市场造成严重冲击。2006年11月13日，在胡锦涛主持召开的高层协商会上，成思危就保护和支持我国大豆产业发展问题提出了一些建议。会后，民建中央进一步研究并形成了《关于保护我国大豆产业并提高其竞争力的建议》提交国务院。此外，民建中央还向中共中央提交了《关于进一步加强石山地区石漠化专项防治工作的建议》和《关于青藏铁路考察后有关工作的建议》。

随着我国城镇住房价格较快上涨，城镇居民住房问题逐渐成为关系国计民生的一个重要问题。民建对此一直高度关注。2006年1月，在胡锦涛主持召开的新春座谈会上，张榕明代表民建中央提出了关于建立廉租房制度的建议。2月，在政府工作报告征求意见座谈会上，成思危对这一建议又作了补充。经过深入调研，民建中央向全国政协十届四次会议提交了《关于建立城镇廉租房制度，解决城镇低收入群体住房困难的提案》。2007年2月，民建中央召开了“低收入群体住房保障问题”研讨会，并邀请建设部、国土资源部等有关部门及单位参加，广泛吸收各方意见后，形成了《关于进一步推动我国廉租房制度建设的建议》提交中共中央。8月，国务院颁布的《关于解决城市低收入家庭住房困难的若干意见》中吸纳了民建的四条建议。民建的一系列努力大大促进了廉租房制度在我国的发展和完善。

我国自实施“走出去”战略以来，国有企业境外投资规模不断增加，但境外国有资产的流失问题也日益严重。2007年，陈昌智在全国政协十届五次会议上提交了《关于加强驻外中资企业监管，防止境外国有资产流失的提案》，建议加强海外投资立法建设，建立健全驻外企业的管理制度，加强对驻外中资机构和驻外中资企业国有资产的监管。提案受到中共中央高度重视，被全国政协评为优秀提案。

为提高参政议政的质量，民建积极探索，不断完善参政议政的工作机制。每年民建中央在听取常委会和地方组织意见的基础上，由主席办公会确定适当数量的重点调研课题，主席、专职副主席牵头组成专题组，就这些重点调研课题，深入开展调研，形成报告提交民建中央全会审议，最后转化成意见、建议报送中共中央或形成提案提交全国政协会议。每年第三次中常委会议都会讨论形成关于当前经济工作的建议，供中共中央决策参考。此外，民建也十分注意在高层协商时发现应急性课题，迅速开展研究，并努力在建议、意见的针对性、真实性、可行性和时效性上下功夫。在具体实践过程中，民建注意充分利用会内资源，逐步实现了中委会、常委会、专职副主席、工作部门、专门委员会、地方组织、虚拟网络、会外专家、政府部门、学术机构十个方面力量的整合。其中，2003 年 4 月成立的九个民建中央专门委员会由 340 名会员组成，比七届时增加了财政金融委员会、对外联络委员会、文化委员会。通过上下联动、横向联合的参政议政工作机制，集中全会的智慧，共同做好参政议政工作。

各地方组织在积极参与民建中央专题招标的同时，也主动围绕当地经济社会发展中的重点、难点、热点问题向中共和政府建言献策。八大以后的五年里，民建向中共和政府提出书面建议和报告共 5000 多件。其中，民建中央向中共中央、国务院提出书面建议 15 件，向全国政协提交提案 88 件、发言 15 件、政协常委会发言 20 件、政协专题协商会发言 8 件，民建会员中的全国政协委员提交提案共 3811 件，内容涉及一系列具有全局性、战略性、前瞻性的重大问题，为促进我国的经济社会发展作出了积极贡献。

八大以后，民建中央把反映社情民意工作作为履行职能的重要基础，作为参政议政和民主监督的重要渠道和形式，并将这项工作由宣传部调整到调研部，采取有力措施推动工作的开展。

2005 年 11 月，民建中央发出就社情民意工作进行调研的通知，随后组成调研组，由三位专职副主席分别带队，先后赴北京、河北、天津、山西等近 20 个省市进行调研。2006 年 6 月，民建中央在成都召开首次全国社情民意工作会议，总结经验，提出了加强和改进工作的措施，讨论形成《民建中央关于加强反映社情民意工作的意见（稿）》，并经随后召开的八届十五次中常委会议审议通过。意见对反映社情民意工作的指导思想、原则和组织领导提出了明确要求，进一步规范了工作程序。会后，民建中央编印了反映社情民意工作手册，创建了民建社情民意网上报送平台，聘请了一批骨干会员担任民建中央社情民意特邀员，扩大了信息来源。

为提高工作质量和水平，民建中央制定了《反映社情民意信息工作暂行规定》。各级地方组织或创办《民建信息》反映社情民意，或由省级组织主要领导主管社情民意工作，或实行评比奖励制度，采取措施积极推进。经过努力，全会的社情民意工作在信息报送数量上逐年增加，质量也逐步提高。八大以后的五年里，民建中央每年都被全国政协评为反映社情民意信息工作先进单位，2007 年荣获政协信息先进单位一等奖。各地方组织和广大会员共向民建中央报送社情民意信息 8254 篇，经编辑加工向全国政协等有关方面报送 2457 篇，全国政协采用 323 篇，有 44 篇得到中共中央、国务院有关领导批示，为党和政府科学决策提供了有价值的信息、建议和参考材料。

（五）国家公祭日与民建联名提案

2005 年，民建江苏省委主委赵龙在全国政协十届三次会议上提交了《关于将每年的 12 月 13 日定为国家公祭日的提案》。早在 1994 年，民建北京市委副主委朱相远就曾向全国政协八届二次会议提交提案，建议每年 12 月中旬，选一个固定的日子作为南京大屠杀纪念日，并在该日中午拉响防空警报，车船鸣笛、行人止步，为死难者默哀。之后，很快收到江苏省人民政府正式回复，决定采纳建议。从 1994 年起，江苏省和南京市每年 12 月 13 日都举行各界人士参加的悼念仪式。在香港回归前夕，民建江苏省委会又提出在《南京条约》议约地筹建“警世钟”的建议，得到中共江苏省委的采纳。1997 年 5 月，“警世钟”浇铸成功，并安置于南京静海寺纪念馆。1997 年 7 月 1 日零时，《南京条约》议约地——静海寺上空响起155声雄浑厚重的钟声，激励后人勿忘国耻，砥砺奋进。2005年，赵龙在《关于将每年的12月13日定为国家公祭日的提案》中写道："为了更好地表明中国政府和人民反对战争、维护和平、捍卫人类尊严的正义立场，更好地警示和教育国人，建议将每年的12月13日定为国家公祭日。每年的此日，在南京大屠杀受难同胞遗址举行有国家领导人出席、社会各界人士及国际友人（包括外国政要）参加的公祭活动，并以法律或制度形式固定下来，使世界永不忘记，让国人永世铭记。"这是首份明确提出设立国家公祭日的提案。在全国政协十届三次会议的分组讨论中，赵龙把自己的提案告诉同组委员，大家非常支持，在赵龙提案上签名，形成了民建49名全国政协委员的联名提案。经过九年时间，在社会各界人士的共同努力下，提案中的建议终于成为现实。2014年2月27日，十二届全国人大常委会第七次会议通过决定，将12月13日设立为南京大屠杀死难者国家公祭日，每年12月13日国家举行公祭活动。

（六）积极投入"非典"防治工作

八大以后，民建按照"量力而行，尽力而为，突出重点，讲求实效"的工作方针，努力探索社会服务工作的有效途径，在抗害救灾、扶贫支边、帮困助学、咨询培训、安置下岗职工再就业等方面，取得了新成绩。

2003年3月，一场突如其来的非典型肺炎疫情在我国26个省、市、自治区陆续发生和流行，严重威胁着人民的生命安全，给国家经济建设和人民群众的生产生活带来了极大损失。疫情暴发后，民建中央立即发出《关于认真学习贯彻中共中央部署做好非典型肺炎防治工作的通知》，要求各级组织和广大会员坚守岗位，做好工作，并成立了预防"非典"工作领导小组。成思危、张榕明等民建中央领导与发生"非典"疫情的省级组织始终保持着密切联系，经常打电话了解情况。各级地方组织和广大会员也积极行动起来。在北京、广东、内蒙古、山西等疫情较重的地区，民建各级组织认真贯彻落实"非典"防治工作措施，发动广大会员积极投入所在地区、所在单位的防治工作，共同构筑群防群控"非典"的坚强防线。一批在政府担任领导职务的会员坚守岗位，率先垂范。分管卫生工作的江西省副省长胡振鹏、云南省副省长吴晓青，始终奋战在第一线，废寝忘食。浙江海宁市副市长吴伟强全身心投入抗击“非典”的工作，因劳累过度突发脑溢血，病倒在岗位上。民建四川广元市委会副主委、广元市四一〇医院院长杨晋平，山西晋中市第二人民医院的武润爱等50多名奋战在一线的会员，舍生忘死，救死扶伤。广大会员踊跃捐款捐物。民建黑龙江省委副主委郭长军带领高维集团参加科研课题组，研制成功“微型排非典隔离监护室”，并将首批20套产品捐献给国家。陈伟东、吴一坚等会员捐献了价值千万元以上的药品。据不完全统计，民建各级组织、广大会员和机关工作人员捐款捐物达1.4亿元。全会还积极反映社情民意，及时建言献策。“非典”期间，各地方组织向民建中央报送信息40多篇，民建中央编辑相关的情况反映近10期。经过全国人民的共同努力，“非典”疫情得到有效的控制，在总结工作时，有8个先进集体和331位先进个人受到了民建中央和有关部门的表彰。

为巩固、推进扶贫开发，帮助贫困地区群众脱贫致富，民建积极组织协调会内外力量，开展扶贫帮困工作。从2004年开始，民建中央陆续选派优秀干部到黔西县、丰宁县挂职，协助当地做好扶贫工作。2004年10月，民建八届八次中常委会议通过了《关于加强扶贫工作的意见》。随后，民建中央采取教育扶贫、科技扶贫、项目扶贫、就业扶贫等多种形式，重点落实贵州黔西和河北丰宁两个扶贫点的脱贫帮困工作，并协调组织东部地区与西部11个省、自治区、直辖市的地方组织开展对口帮扶与合作，推动西部地区的扶贫开发工作。民建广西、贵州、云南、四川等省级组织在石漠化较为严重的地区坚持开展生态扶贫，推广任豆树、金银花、香根草等种植项目，取得了显著效果。民建会员、香港润华行有限公司董事长黄佩球捐资助学，在2005年5月召开的中央民族工作会议暨国务院第四次全国民族团结进步表彰大会上，被授予“全国民族团结进步模范个人”荣誉称号。

（七）创立中国非公有制经济发展论坛

为深入贯彻落实中共十六大和十六届三中全会精神，探讨进一步改善民营经济发展环境和加快民营经济发展的新理念和新举措，促进非公有制经济健康发展，2003 年 12 月，民建中央联合湖北省人民政府，以“中国民营经济发展环境研究”为主题，在武汉举办了“2003 中国民营经济发展论坛”。这次论坛也被视为“中国非公有制经济发展论坛”的发端。成思危在论坛上作了题为《尽力支持积极引导促进非公有制经济健康发展》的报告。

这次论坛在邀请领导、专家、学者演讲的同时，还特别安排了专家、学者、企业家与大学生直接对话以及大型项目展示洽谈等活动，可以说既是一次促进民营经济发展环境理念创新的高层次理论研讨会，也是一次促进民营企业相互学习与借鉴、共同发展与提高的大规模的合作恳谈会，达到了理论上有成果、实践上有效果的预期目的。

2004 年，第二届论坛改名为“中国非公有制经济发展论坛”并一直沿用至今。当年 11 月，民建中央与云南省人民政府在昆明联合举办“2004 中国非公有制经济发展论坛”。之后，民建中央分别在合肥、厦门、重庆等地，与国家发改委和地方政府联合举办该项论坛，全国工商联等单位也参与过论坛的举办。从 2003 年至 2006 年，成思危连续四次出席论坛并作主旨演讲。2007 年，张榕明出席论坛并作主旨演讲。多年来，中国非公有制经济发展论坛的举办水平不断提高，为政府的政策制定者、专家学者、非公企业等各方搭建了互相沟通交流的平台，为地方政府与企业，企业与企业之间搭建了合作共赢的平台，为促进地方经济发展、非公有制经济发展以及民建的参政议政发挥了积极作用。

在举办中国非公有制经济发展论坛的同时，继续举办中国风险投资论坛。从 2004 年第六届论坛开始，由民建中央与科学技术部、广东省人民政府和深圳市人民政府联合在深圳举办。为探索社会服务的新领域，民建中央还先后与湖北省政协等单位联合举办“中国职业教育发展论坛”和

“大力发展县域经济，促进城乡协调发展”专题研讨会。通过这些论坛和研讨会，密切了会内外专家、企业家和国内外有关人士的联系，促进了企业间的沟通与合作，在参与西部大开发、中部崛起等重大战略的实施中发挥了积极的作用。

（八）成立中华思源工程扶贫基金会

在2005年10月举办的中国非公有制经济发展论坛上，李晓林等15位民建会员企业家发出在全会建立思源工程的倡议书，呼吁广大会员企业家致富不忘党恩，做“致富思源、富而思进”的新型民营企业家，以造福民众、反哺社会的胸襟和实际行动回报社会，得到了与会企业家的积极响应。民建中央领导对此倡议给予了充分肯定和高度重视。民建八届十五次主席会议研究决定在民建60周年纪念大会期间正式启动思源工程。2005年12月19日，思源工程正式启动，募集启动资金1300万元。民建各级组织以思源工程为载体，引导广大会员特别是企业家会员，为贫困地区人民办实事、办好事。思源工程成为民建新时期开展社会服务工作的新举措、新载体。为让思源工程健康稳定长期地发展下去，民建中央在启动思源工程的同时，考虑成立中华思源工程扶贫基金会。在中共中央统战部的支持下，由民建中央发起的中华思源工程扶贫基金会于2007年3月22日获民政部批准成立。2007年7月4日，中华思源工程扶贫基金会召开成立大会，成思危出任首任理事长，春雨计划、扬帆计划等十个项目也一同启动实施。截至2007年年底，中华思源工程扶贫基金会共募集资金4256万元。

（九）形成“大联络”新思路

八大以后，民建遵循“广交朋友，促进合作，扩大影响，稳步开拓”的工作方针，围绕“维护港澳稳定，促进祖国统一，振兴中华”的主题，积极开展多层次的联络工作。

积极开展民间外交活动。2003年1月21日至23日，民建中央以中国风险投资有限公司的名义邀请泰国上议院访问团来我国访问。2004 年 5 月 22 日，路明率中国农业企业南美访问团赴巴西进行考察，形成了《巴西燃料酒精计划的成就和对我国发展燃料酒精的启示》的考察报告并提交中共中央。八大以后的五年里，民建积极与国外开展交流活动，接待了美国、意大利、澳大利亚、哥伦比亚等国的多批友人，并组织经济界人士赴美国、芬兰、瑞典、澳大利亚、法国、意大利等国考察，介绍我国改革开放和现代化建设取得的成就，宣传我国的政治制度和政党制度，推动中华优秀文化传播，促进了我国与这些国家的经贸往来。据不完全统计，1997 年至 2006 年，民建共协助国家引进资金 39.3952 亿美元，51.6965 亿元人民币，2000 万马克，4097 万元港币，折合人民币共 368.2678 亿元。

继续为港澳地区的繁荣稳定作贡献。八大以后的五年里，民建先后邀请在港澳会员、会友到江西、广西、云南和吉林等省区考察访问，到深圳联谊座谈，并组织大陆经济界、企业界和法律界人士赴香港访问考察。通过“请进来、走出去”，加强了内地与港澳地区的联系与合作。

2006 年 3 月 30 日至 4 月 5 日，应香港岭南大学陈坤耀校长和香岛中学杨耀忠校长的邀请赴香港进行学术访问以及出席香岛中学 60 周年校庆。为推动内地与香港工商界的交流与合作，民建中央组织了以陈政立为团长、广东省民建会员企业家为主要组成人员的中国风险投资有限公司访问团一行九人，随同成思危访问香港。访港期间，成思危在香港岭南大学作了《中美经贸关系回顾与展望》的学术报告，出席了母校香岛中学 60 周年庆典，并率中国风险投资有限公司访问团，与香港中华总商会、香港侨界社团联会、香港福建社团联会、香港广东社团联会等香港工商界以及民建在港会员会友进行了广泛的交流。2007 年 4 月 18 日至 21 日，应香港理工大学校长潘宗光的邀请，成思危率教育考察团赴香港访问，推进了内地与香港高等教育界的交流与合作。

围绕两岸关系和平发展的主题，民建注意加强与台湾教育界、文化界、经济界的联络与交往，与台湾世新大学、东华大学、南开技术学院、台北市教育会、开平餐饮学校等院校组织建立了联系，并围绕建立两岸经济合作机制、促进证券业健康发展、中小企业融资、促进两岸文化创意产业和民办教育的发展等内容召开研讨会，建立了定期交流的合作机制。

2005 年《反分裂国家法》通过后，民建将对台工作重心向台湾中南部民众、青年和妇女群体延伸和发展。7 月，民建中央邀请台湾中南部八县市的政界人物和高层农业管理人员访问北京。随后，又接待了台湾嘉义大学青年棒球队和校友理事会访问团来京访问，使他们亲身感受大陆的发展和传统文化，感受两岸同胞血浓于水的亲情。2005 年，民建中央深入四省市调研，总结对台港澳联络工作的经验，制定了《民建中央关于加强台港澳联络工作的意见》，进一步明确了新时期台港澳联络工作的指导思想、主要任务和工作目标。2006 年 10 月，台湾“女性艺术画会”访问团应邀来京举办画展，期间，民建中央接待了前来参加画展的中国国民党副主席江炳坤一行，推动了两岸文化艺术的交流，对争取台湾地区的民心起到了积极作用。

各级地方组织也结合自身实际积极开展联络工作。自 2004 年起，民建广东省委与省台办连续两年举办“共同家园”大型文艺演出，邀请文艺界人士和在大陆台商同台献艺；2006 年，在港民建会员陈金烈与民建厦门市委一起，促成厦门双十中学与台中双十中学联合举办“海峡两岸双十中学音乐艺术夏令营”。通过这些活动使两岸同胞加强了交流，增进了感情。

在积极开展交流活动的同时，民建努力探索加强联络工作的新思路。2005 年年初，民建中央组成调研组，由两位专职副主席分别带队，赴广西、广东、上海、重庆、四川、陕西、天津等省市区调研，总结开展联络工作的经验。6 月，民建第一次全国联络工作会议在广州召开。会议交流总结了工作经验，研究了存在的困难和问题，明确联络工作的重点是为台港澳工作和参政议政服务。随后召开的八届十一次常委会议通过了《民建中央关于加强联络工作的意见》，强调要把联络工作与参政议政、社会服务工作有机结合，进一步加强民建各级组织与政府有关部门，民建与其他民主党派和社会团体，民建中央与地方组织，中央专门委员会与地方组织专门委员会，民建的东、中、西部组织之间，地方组织之间，民建组织与成员所在单位之间，会员之间的联系等，形成了“大联络”的新思路，使联络工作在促进港澳繁荣稳定、推进祖国和平统一、维护世界和平发展中发挥更加积极的作用。

（十）纪念民建成立60周年

2005年是民建成立60周年。为弘扬在长期实践中形成的优良传统，各级地方组织和会内专家学者围绕“总结60年基本经验，加强参政能力建设”这一主题广泛开展研究。民建中央调研组深入北京、上海、广州等地进行调研，充分听取会内有经验的老同志、会务工作者的意见。在此基础上，民建中央召开了理论研讨会，经过积极热烈的研讨，对60年历史经验的基本内容达成了共识。经主席会议反复研究和广泛征求意见，集中全会智慧，总结形成了“五个坚持”的优良传统，丰富和发展了建会理念。

11月8日，民建中央在重庆较场口城市阳台广场树立了中国民主建国会成立纪念碑。纪念碑碑体红色，基座绿色，意寓中共与民建“肝胆相照、荣辱与共”；五根环绕立柱，象征民建成立宣言的五项主张；碑高1945毫米，厚60厘米，表示民建成立之年和建碑之时；以不对称图形和似塔吊结构，体现“民主”和“建设”；侧看端面立槽，似两大板块，象征爱国主义和社会主义两面旗帜；碑文节录了民建的成立宣言。

12月16日，中国民主建国会成立60周年纪念大会在北京隆重举行。全体民建中央委员、中央机关各工作部门负责人、部分地方组织负责人、优秀会员、先进集体代表以及北京市会员代表参加了大会。

中共中央、全国人大、全国政协、其他民主党派中央、全国工商联和国务院有关部委的领导同志到会祝贺。

纪念大会由张榕明主持。成思危发表了题为《弘扬传统，团结奋进，为全面建设小康社会竭诚奋斗》的讲话。他说，中国民主建国会的60年，是顺应历史潮流，努力承担历史使命和政治责任，为实现民族振兴、国家富强、社会进步和人民幸福而不懈努力的60年；是经受历史考验，坚持接受中国共产党的领导，与中国共产党肝胆相照、荣辱与共，尽心竭力为建设中国特色社会主义而艰苦奋斗的60年；是适应时代要求，发挥自身特色，坚持自我教育优良传统，不断成长进步、不断有所作为的与时俱进的60年。在60年的长期实践中，本会在参政党的基本理念和行为准则上，形成了“坚持爱国主义，致力于中国特色社会主义事业，努力树立和巩固全会共同的政治理想；坚持接受中国共产党的领导，自觉维护多党合作的政治格局，与执政党风雨同舟、亲密合作；坚持遵从人民群众的根本利益，把促进发展作为根本任务，认真履行参政党职能；坚持发挥特色，保持与经济界的密切联系，充分利用和发展本会的界别优势；坚持与时俱进，在自我教育中不断提高会的整体素质和参政能力，保持本会旺盛的生机和活力”的基本共识。他指出，为实现新的历史使命，全会要发扬民主精神，积极参与政治文明建设；发扬团结精神，共同维护稳定和谐的政治局面；发扬创新精神，努力创建学习型参政党；发扬奉献精神，大力提倡为国出力、为会争光。

中共中央政治局常委、中央纪委书记吴官正出席大会并代表中共中央致贺词。贺词指出，60年来，中国民主建国会积极投身中国革命、建设和改革事业，为新中国的诞生，为人民政权建设和人民政协工作，为深化改革、促进发展、保持稳定，发挥了重要作用。60年的历史充分证明，民建不愧为同中国共产党通力合作的亲密友党，不愧为建设中国特色社会主义、促进祖国完全统一、实现中华民族伟大复兴的一支重要力量。衷心希望民建一如既往地与中国共产党同心协力，团结奋斗，在全面建设小康社会进程中发挥更大的作用。

全国人大常委会副委员长、民进中央主席许嘉璐代表其他民主党派中央和全国工商联致贺词。大会宣读了孙起孟致中国民主建国会成立60周年纪念大会的信。香港工商经济界人士代表陈金烈、会员代表王玉梅在会上发言。

在纪念大会上，民建中央向100个先进支部和301名优秀会员颁发了奖状、证书。路明代表民建中央接受了民建上海市委赠送的一幅黄炎培20世纪30年代的书法真迹。

大会期间，民建中央召开了老同志座谈会，优秀会员、先进支部代表座谈会，邀请了港澳台会员会友来京访问，举办了书画摄影展，上演了精彩的文艺节目，制作了纪念专题片、会史展板，编辑出版了《中国民主建国会六十年》画册。各级地方组织也纷纷开展形式多样的纪念活动。这些都极大地鼓舞了广大会员，增强了会的凝聚力。

12月18日，民建八届四中全会在北京举行，会议增选陈政立为民建八届中央委员会副主席，王进华、王爱俭、王惠文、王景兰、车晓端、孙东生、孙贵宝、吴志明、李世杰、李冬玉、陈巳、陈文华、周汉民、洪慧民、郝明金、高云龙、康健、曾涛、董新光为民建八届中央委员会委员。

（十一）大力加强自身建设

八大以后，民建围绕理论上清醒、政治上坚定的目标，坚持和发扬自我教育的优良传统，开展一系列学习教育活动，思想认识上不断进步。2003年5月，民建在全会集中开展了以进一步增强对“三个代表”重要思想的认识、增强对社会主义制度优越性的认识、增强中华民族凝聚力以及热爱中国共产党、热爱祖国、热爱社会主义、热爱人民为主要内容的“三增强”“四热爱”教育活动。2004年年初，全会又开展了历时三年的“建设新世纪参政党，做合格民建会员”活动。2005年年底，全会还开展了会的优良传统宣讲活动。各级地方组织围绕讲会史、讲传统、讲使命，举办宣讲报告会、专题座谈会等，激励会员比贡献、塑形象，为国出力、为会增光。

中共十六大以后，中共中央于2005年、2006年先后颁发了《中共中央关于进一步加强中国共产党领导的多党合作和政治协商制度建设的意见》《中共中央关于加强人民政协工作的意见》，进一步加强多党合作的制度化、规范化、程序化建设，提出了一系列新的理论方针和政策措施。文件颁发以后，民建中央主席、副主席带头深入基层进行宣讲，各级地方组织也开展了形式多样的学习活动。通过自上而下层层开展的学习活动，两个5号文件的精神逐渐深入人心，全会的政治把握能力不断提高，广大会员更加坚定了坚持走中国特色社会主义政治发展道路的决心和信心。

为了解决好搞好政治交接、加强自身建设和提高参政党履行职能、发挥作用的能力两大历史性课题，自2007年3月开始，各民主党派陆续开展了以坚持走中国特色社会主义政治发展道路为主题的政治交接学习教育活动。这次活动，重点是继承和发扬民主党派老一辈与中国共产党长期团结合作形成的政治信念、优良传统和高尚风范，关键是增强接受中国共产党领导的自觉性和坚定性，核心是坚持走中国特色社会主义政治发展道路，目的是巩固多党合作和政治协商的政治基础，推动和实现我国统一战线和多党合作事业的可持续发展。学习教育活动分为动员摸底、学习教育、查找差距和不足、总结和制定措施四个阶段。民建中央成立了由主席、专职副主席组成的学习教育活动领导小组，下发了《关于开展政治交接学习教育活动的通知》，并确定了三个省级组织、两个市级组织、五个基层组织作为试点单位，探索经验，以点带面。2007年7月，民建中央不仅在昆明召开了全国宣传思想工作会议，还在随后召开的八届十九次中常委会议上审议通过了《民建中央关于深入开展政治交接学习教育活动的意见》，对活动作了进一步部署。各省级组织陆续召开会议，传达中央精神，结合实际研究落实。

各级组织还把理论学习与参政党理论研究结合起来，积极推进会的理论建设。为集中力量研究多党合作以及会的自身建设重大理论与实践问题，2003年，民建中央将“会史及理论研究委员会”更名为“理论研究委员会”，每年召开一次全体会议或理论研讨会。为了给会内理论学习和研究提供素材，2004年，民建中央编印了《中国民主建国会基本知识》，2007年又重新编印了《孙起孟文稿选编》。地方组织也编写了许多书稿，有的会员出版了专著，如宋海、万安培《参政论》、李春《当代中国政党制度的形成与发展》等，对开展多党合作理论以及会章会史学习活动，起到了推动作用。《民讯》、《经济界》杂志社、民主与建设出版社和民建中央网站不断提高质量和水平，在会的思想理论建设中发挥了积极作用。

在加强会的思想理论建设同时，组织建设也取得显著成效。民建中央把做好非公有制经济代表人士的教育引导工作作为换届后的一项重要工作，发动全会进行落实。2003 年 2 月至 4 月，民建中央派出两个调研组，由两位专职副主席分别带队，赴北京、天津、河北等 12 个省市，就非公有制经济代表人士的发展和教育引导工作开展调查研究。9 月初，成思危又率队就进一步促进非公有制经济健康发展深入浙江的民营企业进行调研，并就了解到的一些问题向中共中央提出建议。各省级组织也认真开展调研，形成报告 29 份。在此基础上，民建中央召开了非公有制经济代表人士工作会议，明确了积极稳妥地发展非公有制经济代表人士入会，引导和帮助他们自觉接受中国共产党的领导，拥护社会主义，爱国、敬业、诚信、守法，为全面建设小康社会作贡献，为民建履行参政党职能服务的工作原则。随后，民建八届四次中常委会议通过了《民建中央关于加强所联系的非公有制经济代表人士工作的意见》，有力地推动了对非公有制经济代表人士的组织发展和教育引导工作。

民建八大提出要把支部建设成为“自我教育的学校、团结互助的集体、参政议政的桥梁、培养人才的基地”，为了落实这一要求，2003 年 7 月，民建中央发出对基层组织建设进行调研的通知。随后，主席、副主席带队，先后对 21 个省的 60 多个市级组织进行调研，召开各种形式座谈会 80 多次，1300 多人参加。许多省、市级组织也开展了大范围的调研。2004 年 6 月，民建全国基层组织工作会议在南京召开。随后召开的八届七次中常委会议审议通过了《民建中央关于进一步加强基层组织建设的意见》，对基层组织的组织形式、活动内容、活动方式、制度建设、规模设置等作出了具体安排。为重点突破、整体推进，民建中央还召开了东部六省市民建基层组织建设经验交流会。同时，为加强对工作的指导，民建中央与地方组织的联系也从省级组织逐步向市级和基层组织延伸，领导成员联系基层组织的制度逐步建立。从民建中央主席、副主席到地方组织主委、副主委，每人至少联系一个支部，定期参加支部活动。八大以后的五年里，民建中央主席、副主席分工联系和走访了272个地市级组织，深入了解基层组织情况，面对面指导工作，并帮助解决了一些具体问题。各级地方组织根据自身地域和会员特点，切实加强基层组织建设。基层组织建设呈现了良好的发展态势，涌现出一批先进支部，会的组织程度进一步增强。

组织发展工作按照“三个为主”的原则，注重质量，注意数量，发展了一批经济界专家学者和新的社会阶层的代表性人士，为民建注入了新鲜血液，增强了活力。到2007年年底，民建会员达112698人，平均年龄51.6岁。其中大专以上学历会员82647名，占会员总数的73.3%；企业界会员70916人，占62.9%；新的社会阶层人士23192人，占20.6%，体现了紧密联系经济界的特色。

为做好骨干会员培训工作，民建中央先后举办市级组织主委培训班，省级组织新任主委、专职副主委、秘书长培训班以及机关建设培训班等。各级地方组织建立了新会员学习制度和骨干会员培训制度，年均培训骨干会员2万人次。为了加大培训力度，2003年，民建中央成立了会员培训中心；2004年，创办了“建华企业家课堂”；2005年，又与中国人民大学联合创办了建华研究院。这些培训基地采用专题讲座与交流互动相结合的形式，帮助会员开拓思路，增长知识。“建华企业家课堂”在创建后的三年里，先后在20多个省市举办了60多次专题讲座，并在不少地方建立了区域分课堂，培训会员近3万人次。“欧元之父”罗伯特·蒙代尔曾接受课堂的邀请为会员进行讲座，3位诺贝尔奖获得者也应邀出席上海金融论坛，在会员中产生了较大反响。

2006年，民建市级组织全面换届，部分省级组织也开始换届。2006年6月，民建八届十五次中常委会议通过了《民建中央关于省级组织换届工作的意见》。省级组织主委工作会议随即召开，对换届工作进行部署。坚持民主集中制原则，按照民主推荐、组织考核、酝酿协商、集体决定、会议选举的程序，到2007年年底，民建30个省级组织及所属市级组织圆满完成了换届任务。在此基础上，民建中央扩大了九届中央委员候选人人选的遴选比例，经过常委会集体遴选，在民主推荐的175名人选中，遴选出88名候选人建议人选。中央委员的遴选规模、遴选比例逐次扩大。会内协商民主和选举民主更加制度化、规范化、程序化。

在2006年12月召开的民建八届五中全会上，龙国键、武四海被增选为民建中央常委。2007年1月，马培华调入民建中央机关任专职副主席。2007年7月，陈昌智调入民建中央机关任专职副主席。民建八届六十三次主席办公会议对专职副主席的分工作了调整，张榕明任第一副主席，陈昌智任常务副主席。

为及时全面地掌握会员动态，2004年，民建中央建立了组织信息动态管理系统，到2007年，系统已涵盖了90%以上的会员信息。

八大以后的五年里，民建中央不断加大信访工作力度。处理群众来信和接待会员来访1529件次，慰问和补助原工商业者会员1128人次，对一些重点案件，积极与有关部门联系，帮助妥善解决，努力维护会员的合法权益。

这一时期，工作制度进一步健全。民建中央制定、修订了常委会议、主席会议等十项议事规程和工作规则，会务运作更加规范化。民建中央还陆续出台了领导集体民主集中制度、中心组学习制度、民主生活会制度、领导集体成员分工联系地方组织和基层组织等制度。同时，明确了领导职务任期制和届内调整的具体内容，在废除领导职务终身制方面迈出了实质性步伐。在加强领导集体建设的基础上，积极探索建立会内监督机制。2007年，民建八届二十次中常委会议审议通过了《民建中央关于加强会内监督工作的意见》。2006年，民建机关干部纳入公务员管理体系，机关管理水平进一步提高。

2005年10月26日，中国现代民族工商业者的杰出代表，卓越的国家领导人，伟大的爱国主义、共产主义战士，中华人民共和国原副主席，第六、七届全国人民代表大会常务委员会副委员长，中国人民政治协商会议第五届全国委员会副主席，中华全国工商业联合会原主席，中国国际信托投资公司原董事长荣毅仁在京逝世。

二、第九次全国代表大会和落实全面建设小康社会新部署

2007 年 10 月 15 日至 21 日，中国共产党召开第十七次全国代表大会，提出了实现全面建设小康社会奋斗目标的新要求，对推进中国特色社会主义伟大事业作出了全面部署。围绕学习贯彻中共十七大精神，为夺取全面建设小康社会新胜利作贡献这条主线，民建努力提高自身建设的水平，不断加强参政议政的能力，坚持在继承中发展、在发展中创新。

（一）召开第九次全国代表大会

2007 年 12 月 16 日至 20 日，民建第九次全国代表大会在北京举行。出席大会的代表有 580 名，来自 360 个地方组织，代表 112698 名会员。

★ 2007 年 12 月 16 日至 20 日，民建第九次全国代表大会在北京召开。

中共中央政治局常委李长春，全国人大常委会副委员长司马义·艾买提，国务委员兼国务院秘书长华建敏，全国政协副主席陈奎元，中央统战部部长杜青林及其他民主党派中央、全国工商联负责人到会祝贺。

李长春宣读了中共中央的贺词。贺词指出，中国民主建国会具有爱国、革命的光荣历史，为新中国的诞生，为社会主义革命和建设事业，为深化改革、促进发展、保持稳定，发挥了重要作用。过去的五年，民建坚持以邓小平理论和“三个代表”重要思想为指导，深入贯彻落实科学发展观，充分发挥自身特点和优势，围绕中心、服务大局，积极履行参政党职能，为促进我国经济、政治、文化、社会建设作出了积极贡献。在全面建设小康社会、加快推进社会主义现代化的新的发展阶段，希望中国民主建国会认真学习贯彻中共十七大精神，深入开展中国特色社会主义主题学习教育活动，进一步坚定中国特色社会主义理想信念，巩固多党合作的思想政治基础；积极促进政党关系和谐发展，坚定不移地走中国特色社会主义政治发展道路；适应全面建设小康社会新要求，切实提高履行职能的能力和水平，努力为促进我国经济、政治、文化、社会建设作出新贡献；以政治交接为主线，以思想建设为核心，以组织建设为基础，以制度建设为保障，全面加强自身建设。希望民建充分发挥自身优势，着眼促进国民经济又好又快发展，围绕转变经济发展方式、完善社会主义市场经济体制，多献求真务实之策，多做利国利民之事；努力开拓服务社会新领域新途径，继续协助有关方面做好非公有制经济代表人士工作，促进我国非公有制经济健康发展；加强同香港、澳门、台湾及国外工商界人士的联系，为促进香港、澳门繁荣稳定，为推进祖国和平统一，继续发挥积极作用。

全国政协副主席、全国工商联主席黄孟复代表其他民主党派中央、全国工商联向大会致贺词。

成思危代表八届中央委员会作了《解放思想，开拓进取，为全面建设小康社会而努力奋斗》的工作报告。报告回顾了民建八大以来各方面工作取得的新进展，总结了全会通过七大、八大的实践，形成的自身建设的思路：高瞻远瞩、埋头苦干，内强素质、外塑形象，发扬传统、发挥特色，与时俱进、奋发有为。总结了新世纪新阶段对参政党建设规律性的认识：加强思想理论建设，努力提高政治把握能力；加强各级领导集体和骨干队伍建设，努力提高组织领导能力；坚持把促进发展作为第一要务，努力提高参政议政能力；树立“大联络”工作新理念，努力提高合作共事能力；坚持工作和制度创新，努力提高自身建设能力。初步回答了“建设什么样的参政党、怎样建设参政党”这一重大课题。报告指出，中共十七大的胜利召开，掀开了建设中国特色社会主义伟大事业的新篇章。站在这一新的历史起点上，需要我们正确认识和顺应形势的发展，准确把握机遇，发扬求真务实、开拓创新的精神，努力肩负起参政党新的历史使命和重要职责。

大会通过了新的《中国民主建国会章程》。新章程规定：“本会在现阶段的政治纲领是：高举中国特色社会主义伟大旗帜，认真学习中国特色社会主义理论体系，遵循社会主义初级阶段的基本路线，积极履行参政议政和民主监督职能，致力于发展社会生产力，促进社会主义经济、政治、文化和社会建设，为把我国建设成为富强民主文明和谐的社会主义现代化国家努力奋斗。”新章程强调要学习科学发展观，“以促进发展为第一要务”，并对会的优良传统作了新的表述。“在长期实践中，本会形成了坚持爱国主义，致力于建设中国特色社会主义事业；坚持接受中国共产党的领导，与中国共产党亲密合作；坚持遵从人民群众的根本利益，认真履行参政党职能；坚持与经济界的紧密联系，努力发挥会的特色；坚持与时俱进，在自我教育中不断提高会的素质等优良传统。”新章程强调各级组织要始终坚持走中国特色社会主义政治发展道路，努力弘扬民主、团结、创新、奉献的精神，不断提高会员的觉悟程度。加强会内监督工作，是本会适应新世纪多党合作要求、切实加强自身建设的重要举措，为适应会内监督工作的需要，新章程规定：“中央委员会设立监督委员会，负责维护会的章程、加强会风建设、检查会的决议和会的纪律的执行情况。中央监督委员会设主任一人、副主任和委员若干人，由中央委员会决定。”“省、自治区、直辖市委员会设立监督委员会，监督委员会的组成由同级委员会决定。”新章程还完善了会的基层组织的序列，将基层组织序列由支部、总支部改为支部、总支部和基层委员会。

12 月 19 日，大会选出第九届中央委员会委员 200 名。在九届一中全会上，选举陈昌智为中央委员会主席，张榕明、马培华、程贻举、王少阶、陈政立、张少琴、辜胜阻、宋海、李说、周汉民为副主席，选举丁伟岳、方兆本、方光华、王曦、王永庆、王光远、车秀兰、龙国键、刘汉元、孙宝启、吴国华、吴晓青、李兰、李峰、李世杰、李冬玉、李晓林、沈铁梅、陈文华、陈伟东、欧成中、武四海、武献华、姜建初、胡振鹏、赵龙、郝明金、郝益东、郭振家、高峰、高天乐、黄泽民、龚立群、董明珠为常委。

在随后召开的九届一次主席会议上，根据分工，张榕明任第一副主席，马培华任常务副主席。

九届一次中常委会议决定张皎为中央委员会秘书长。

大会审议通过了给老同志的致敬信。致敬信指出，成思危自当选民建中央主席以来，为会的事业发展倾注了大量心血，建立了卓著功绩，赢得了广大会员的衷心爱戴和社会的广泛赞誉。面对“建设什么样的参政党、怎样建设参政党”这个重要课题，成思危同志团结带领民建中央领导集体，承前启后，继往开来，发扬会的优良传统，把握时代脉搏，明确提出建设理论上清醒、政治上坚定、组织上巩固、制度上健全、充满活力的致力于建设中国特色社会主义事业的参政党，得到全会的高度认同，形成共识，树立了本会在新的历史时期继续开拓前进的目标。致敬信指出，成思危同志担任会的主要领导职务以来的十多年，是本会团结奋进、务实创新、蓬勃发展的辉煌时期，在会的史册上写下了浓墨重彩的一章，本会在国家经济社会发展和政治生活中发挥着越来越显著的作用。

民建第九次全国代表大会，是一次团结、务实、鼓劲的大会，为会的事业在继承中发展、在开拓中进取打下了坚实的基础。

2010 年 12 月，民建九届四中全会通过关于程贻举、王少阶不再担任民建中央副主席、委员职务的决定，补选吴晓青、王永庆为民建中央副主席。2011 年 12 月，民建九届五中全会补选仇小乐、卢晓钟为第九届中央常务委员会委员。

（二）深入开展政治交接学习教育活动

自 2007 年第二季度开始，全会开展了以坚持走中国特色社会主义政治发展道路为主题的政治交接学习教育活动。九大以后，为继承发扬会的优良传统，推动会的事业长期持续发展，民建深入开展政治交接学习教育活动。

2008 年 1 月 14 日至 15 日，陈昌智专程赴重庆参观考察民建成立纪念碑以及沧白堂、较场口等民建早期活动纪念地，并与当地民建机关干部和会员代表进行了座谈。陈昌智在讲话中强调，今后一个时期民建的工作，要重点围绕“一条主线”，实现“两个提高”。“一条主线”，就是学习贯彻中共十七大精神，努力为夺取全面建设小康社会的新胜利作出民建应有的贡献；“两个提高”，就是着眼于适应新世纪新阶段多党合作的要求，努力提高自身建设的水平，提高履行参政党职能的能力，在继承中谋发展，在发展中求创新。

2008 年是民建响应中共中央“五一口号”60 周年，为继续推进政治交接工作，全会以纪念这一重大历史事件为契机，再次掀起了政治交接学习教育活动的高潮。五一前夕，陈昌智、张榕明、马培华、张少琴、辜胜阻、李说随中央统战部考察团赴西柏坡学习考察。随后，民建中央召开了纪念民建响应中共中央“五一口号”60 周年学习座谈会。与此同时，全会开展了“弘扬传统、开拓奋进”主题征文活动。

2008 年 6 月，民建全国政治交接学习教育活动经验交流会在上海召开。会议对学习教育活动下一阶段的工作作出了总体部署，为深入持久地开展政治交接学习教育活动进行了再动员。会议期间，与会人员参观了中共一大、二大会址及上海川沙黄炎培故居。会后，各级地方组织根据会议精神，研究制定了学习教育活动后两个阶段的工作方案，并认真组织实施。在查找问题的基础上，各地召开了领导班子谈心会或民主生活会，沟通思想、促进交流，并围绕领导班子中存在的突出问题，制定整改方案。民建中央主席、副主席出席了十个省级组织的谈心会或民主生活会，面对面地指导工作。

同时，民建注重把政治交接学习教育活动与纪念改革开放30周年等重大活动结合起来，着力提高广大成员的思想认识水平和觉悟程度。为服务学习教育活动深入开展，进一步弘扬会的优良传统，在张榕明的主持下，民建中央理论研究委员会和宣传部联合编写了题为《努力弘扬民建优良传统，共同致力于中国特色社会主义事业》的宣讲材料，印发全会。民建中央还编印了《民建中央中心学习组发言选编》《成思危论民建工作》（上、下卷），供会员参考。

到2008年年底，全会政治交接学习教育活动四个阶段的工作基本完成。民建九届五次中常委会议对这次活动进行了系统总结。会议认为，通过政治交接学习教育活动，全会更加清醒地认识到，必须坚持把走中国特色社会主义政治发展道路作为全会推进政治交接的核心要求，把履行职能作为推进政治交接的着眼点和落脚点，把开展自我教育作为推进政治交接的有效手段，把建立长效机制作为推进政治交接的重要保障。

政治交接是民建发展的永恒主题。2009年，民建紧接着开展了深入学习贯彻科学发展观学习教育活动。2010年起，民建中央又在全会部署开展了“弘扬民建优良传统、努力践行社会主义核心价值体系”主题教育活动。2010年3月，孙起孟逝世后，民建中央及时举办纪念孙起孟系列活动，缅怀学习孙老爱国、爱党、爱会、爱学的精神风范。2010年，陆续编辑出版了《中国民主建国会简史》《中国民主建国会概述》等书籍，制作了民建优良传统宣讲光盘，编辑了《民建优秀会员风采录》和《民建全国先进基层组织事迹材料》，与有关方面合作制作了电视文献片《中国民主党派之民建》，支持摄制电视连续剧《黄炎培》并在中央电视台播放，为全会开展优良传统教育、深化政治交接提供了生动素材。

2010年12月16日，民建成立65周年纪念大会在京召开，陈昌智作了题为《继承和发扬优良传统，为推进中国特色社会主义伟大事业作出新贡献》的讲话。为激励各级组织和广大会员在全面建设小康社会的实践和推进会的事业发展中继续建功立业，这次会议还对全会153个先进基层组织、398名优秀会员进行了表彰。

2012年7月，民建中央召开学习践行社会主义核心价值体系活动座谈会，强调要坚持以“同心”思想为指导，深入推进学习践行社会主义核心价值体系活动，努力将学习践行成果体现为民建与中国共产党一道，共同致力于发展中国特色社会主义事业的强大动力和实际行动。

中共十八大闭幕后，民建把认真学习宣传贯彻中共十八大精神作为首要政治任务，引领各级组织和广大会员把思想和行动统一到中共十八大精神上来。2012年11月19日民建中央在京召开学习贯彻中共十八大精神座谈会，11月23日印发《民建中央关于深入学习贯彻中共十八大精神的通知》，推动全会兴起了学习宣传贯彻中共十八大精神、认真履行参政党职能、同心共筑中国梦的热潮。

（三）成立中央监督委员会

九大以后，民建中央按照会章的规定和《关于加强会内监督工作的意见》以及各民主党派中央协商一致的意见，开始着手起草会内监督条例，并筹建监督委员会。

2008年9月11日，民建九届四次中常委会议审议通过了《民建中央监督委员会主任、副主任、委员产生办法》。12月15日至17日，民建九届二中全会审议通过了《中国民主建国会会内监督条例（试行）》（以下简称《会内监督条例》），并选举产生了民建中央监督委员会：马培华为监督委员会主任，李说为副主任，王志雄、车晓端、任学良、刘惠好、李心、李世杰、孟孝忠、洪慧民、郝明金为委员。《会内监督条例》分六章，分别对监督的目的、依据、指导思想、对象、重点内容以及监督机构、监督职责、监督制度、监督保障等作了规定。监督委员会是会内监督的专门机构，监督委员会每届任期与同级委员会相同。

12月17日，民建中央监督委员会召开第一次全体会议，审议并原则通过了《中国民主建国会中央监督委员会工作规则》。中央监督委员会下设办公室，与组织部合署办公。《会内监督条例》的出台和监督委员会的成立，标志着民建在加强自身建设特别是领导班子建设、完善各项规章制度方面又迈出新的一步。

民建中央通过试点，逐步推进全会省级组织开展监督工作。截至2012年12月，全会已有20个省级组织成立监督委员会。

（四）切实加强组织建设

九大以后，全会认真落实大会提出的组织建设的任务和要求，坚持不懈地抓好骨干队伍建设，协助中共和政府做好新的社会阶层人士，特别是非公有制经济代表人士的工作，继续推进领导班子后备干部队伍建设的制度化、规范化和程序化。

2008年9月10日，根据各民主党派中央协商一致的意见精神，民建中央九届五次主席会议审议通过了《关于加强省级组织领导班子后备干部队伍建设的意见》。2010年6月9日至10日，民建中央召开全国自身建设工作会议，专门讨论修改了《民建中央关于新形势下进一步加强自身建设的意见（稿）》。6月11日，民建九届十一次中常委会议审议通过了《民建中央关于新形势下进一步加强自身建设的意见》。2011年6月15日，民建九届十五次中常委会议审议通过了《关于民建中央及省级组织换届工作的意见》，强调换届不只是完成人事上的新老交替，关键是加强各级领导班子建设。

为规范对地方组织的调查研究工作，进一步加强对地方组织工作的指导，民建九届中央委员会第六次主席会议通过《中国民主建国会中央委员会主席副主席联系地方组织有关规定》。主席、副主席分头深入地方组织调研了解情况，帮助地方组织解决困难。为加强民建中央和地方组织的信息沟通，加强机关与基层支部的联系，民建中央机关建立了各职能部门联系基层支部的制度。从2008年开始，民建中央机关六个工作部门分别与民建北京市委七个支部建立了对口联系，定期开展活动。

民建中央继续完善各种议事、决策的制度，相继修订了常务委员会会议规则、主席会议规程、主席办公会议规程、主席副主席工作规则、秘书长工作规则、机关办公会议规程等一系列制度，并在民建中央和各省级组织建立了领导班子谈心会制度。谈心会制度的建立对加强领导班子建设，促进成员间的沟通交流、团结合作起到了积极作用。

全会坚持组织发展的方针和原则，继续优化会员结构，体现密切联系经济界的特色。截至2012年12月底，全会共有地方组织373个。其中包括省级组织30个，省辖市级组织288个，县级组织55个。基层组织6579个，其中基层委员会253个，总支540个，支部5786个。会员总数144150人。经济界会员113262人，占会员总数的78.6%。其中企业界会员89740人，占会员总数的62.3%。企业界会员中担任各种经济实体的正、副董事长、总经理、厂长等高级管理人员27343人，占企业界会员的30.5%，占会员总数的19.0%；其中私营企业主20568人，占企业界会员的22.9%，占会员总数的14.3%。企业界会员中公有经济会员50624人，占会员总数的35.1%；新社会阶层会员39116人，占会员总数的27.1%。会员的知识结构和年龄结构得到进一步改善。

为广泛团结书画艺术界会员，服从、服务于会的工作大局，2009年12月成立了民建中央画院。

2010年3月2日，著名的教育家和社会活动家，中国民主建国会和全国工商联的卓越领导人，第七届、八届全国人民代表大会常务委员会副委员长，中国民主建国会第七届、八届中央委员会名誉主席，中华职业教育社名誉理事长，中国共产党的优秀党员孙起孟在京逝世。

（五）全力参与抗震救灾、扶贫开发

九大以后，民建紧紧围绕党和国家的中心工作，以“同心思想”为引领，以“思源工程”为平台，发挥优势、内引外联，积极参与统一战线服务贵州毕节试验区改革发展的“同心工程”，稳步推进河北丰宁定点扶贫，参与做好集中连片特困地区和革命老区的帮扶工作，全力参与抗震

救灾工作，主动服务会员企业。

2008年年初，我国南方十多个省市和地区遭受了严重的雨雪冰冻灾害。面对重大灾情，民建中央迅速向各省级组织发出《关于协助做好抗雪救灾工作的通知》，并协调中华思源工程扶贫基金会建立“冰雪援助基金”，开展“思源·冰雪援助行动”，募集善款共1015.53万元。民建中央及时将筹集到的款物发放到湖南、贵州等受灾较为严重的7个省份。各地方组织和广大会员也纷纷慷慨解囊，14个省级组织捐款达1165万元，捐赠棉被300件，蜡烛140箱。

2008年5月12日，四川汶川发生了震惊世界的特大地震灾害，这是中华人民共和国成立以来破坏性最强、波及范围最广、救灾难度最大的一次地震。5月13日，民建中央召开紧急会议，对民建参与抗震救灾工作进行部署，并向各省级组织发出了《关于做好抗震救灾及捐款捐物工作的通知》。按照民建中央的统一部署，中华思源工程扶贫基金会迅速行动。5月13日，与北京青年报、北京青少年发展基金会联合发起“抗震救灾基金”捐款行动；5月14日，与中华慈善总会、红十字会联合组织大型赈灾公益演出；5月15日、17日，与新浪网联合发起“重返校园”以及呼吁全社会支持灾区儿童“心理救助”活动的倡议。民建中央将募集到的善款及时汇往四川、甘肃、陕西，用于帮助灾区小学恢复重建，帮助受灾儿童重返校园。5月29日，陈昌智随同中共中央政治局常委、全国政协主席贾庆林专程奔赴四川灾区，看望慰问奋战在抗震救灾一线的民建会员、机关干部和遇难者家属，指导民建的抗震救灾工作。民建各级组织和广大会员积极响应会中央号召，迅速投入抗震救灾工作。据不完全统计，全会通过各种渠道向地震灾区捐款捐物共计6亿元。在这场与自然灾害的斗争中，民建会员以自己的实际行动参与抗震救灾工作，涌现出一大批先进的人物。民建会员、江油市副市长李盛银在地震发生时正在主持召开会议，危急时刻，他把逃生的希望留给别人，在组织参会人员撤离的过程中不幸遇难。在“全国抗震救灾总结表彰大会”上，中华思源工程扶贫基金会被中共中央、国务院、中央军委授予“全国抗震救灾英雄集体”

的荣誉称号。民建中央也对在抗震救灾中作出突出贡献的698名优秀会员进行了表彰。

民建在全力支援灾区重建的同时，坚持致力于经济社会建设。2008年是贵州毕节试验区创立20周年。3月26日至29日，陈昌智率队赴黔西县考察，帮助研究产业升级、农民增收、基础设施建设、新农村建设等问题，落实重点帮扶项目。中华思源工程扶贫基金会和部分企业界会员向黔西县捐资466万元，带动当地有关方面投入资金1001.4万元，支持和帮助黔西县灾后重建，发展种植、养殖、旅游等产业和教育事业。2011年10月11日至12日，陈昌智率民建东部十省市组织及企业家深入黔西县考察调研，召开民建中央对口帮扶黔西县座谈会，民建东部十省市对口帮扶黔西县机制也由此正式建立。

★ 2008年3月，陈昌智（右四）率队考察民建中央扶贫点贵州省黔西县。

民建中央以贵州省黔西县、河北省丰宁县为重点，持续加大扶贫工作力度。民建中央主席、副主席多次到黔西、丰宁考察调研，协调推进重大项目和基础设施建设，推动了毕节铁路、公路、毕节飞雄机场、黔西县附廓水库加高扩建工程等重大项目的实施，协调水利部将黔西县纳入全国小型农田水利重点建设示范县，促成农业部将黔西县列为国家绿色农业示范区建设单位，还协调北京市、国家发改委解决了怀丰一级路和丰宁抽水蓄能电站等重大项目的立项、实施问题。同时协调帮扶资金，帮助招商引资，实施帮扶项目，选派优秀干部挂职，不断推动当地经济发展和民生改善。

2009 年 8 月，中华思源工程扶贫基金会理事会换届，陈昌智当选为理事长。2009 年 11 月 30 日至 12 月 1 日，民建中央召开全国“思源工程”工作会议，推动“思源工程”深入开展。经过多年发展，民建逐步形成了以中华思源工程扶贫基金会为载体，以地方组织和会员企业为依托，立足特色，发挥优势，动员全会力量做好社会服务的工作模式，取得良好社会效益，赢得社会广泛赞誉。2012 年 9 月，在试点工作取得成功的基础上，中华思源工程扶贫基金会正式启动“思源 · 教育移民计划”项目，在湖北、湖南、重庆、贵州、安徽、河南、湖北、陕西、甘肃、青海、宁夏 11 个省、直辖市、自治区开设 14 个“思源 · 教育移民班”，资助六盘山区、武陵山区、大别山区、原中央苏区的 700 名优秀小学毕业生到县城中学读书。

九大以后的五年里，民建中央分别在广西、辽宁、陕西、河北、新疆，与工业和信息化部及举办地省级人民政府共同举办了中国非公有制经济发展论坛，进一步搭建起政府、专家、企业各方合作交流的平台，为改善民营企业健康发展的政策法规环境、市场环境和公共服务环境发挥了重要作用，也为举办地的非公有制经济发展注入了新的生机和活力。这期间，为进一步推动我国风险投资事业的发展，民建中央与科学技术部、广东省人民政府、深圳市人民政府连续五年在深圳共同主办了中国风险投资论坛。民建中央以论坛为载体，充分发挥联系广泛的优势，为促进经济社会持续健康发展发挥了重要作用。

为进一步加强社会服务工作，2011 年 6 月，民建中央召开全国社会服务工作会议，全面回顾了民建九大以来社会服务工作所取得的成绩和经验，并对今后的工作向全会提出了要求。会议讨论修改了《民建中央关于新形势下进一步加强社会服务工作的意见》，表彰了在社会服务工作中作出积极贡献的82个先进集体和370名先进个人。6月15日，民建九届十五次中常委会议审议通过了《民建中央关于新形势下进一步加强社会服务工作的意见》。

在2009年召开的第五次全国民族团结进步表彰大会上，民建重庆市委、四川省委、民建中央社会服务部被授予“全国民族团结进步模范集体”称号。在2009年召开的第三届全国非公有制经济人士优秀中国特色社会主义事业建设者表彰大会上，有14名会员被授予“第三届全国非公有制经济人士优秀中国特色社会主义事业建设者”光荣称号。在2011年召开的各民主党派、工商联、无党派人士为全面建设小康社会作贡献表彰大会上，民建有5个先进集体、17名先进个人和12项建言献策社会服务优秀成果受到表彰。

（六）围绕“转方式、调结构”把党派中央的大调研和专题调研做成“连续剧”

2008年，国际金融危机爆发，全球经济受到严重影响，不稳定不确定因素增加；国内接连发生重大自然灾害，我国的经济发展和人民生产生活受到了重大影响。民建坚持把促进发展作为履行职能的第一要务，围绕落实科学发展观，促进国民经济又好又快发展，改善民生，推动和谐社会建设等重大问题，积极建言献策。

为了把科学发展这道题做深做透，为中共中央、国务院的决策提供真正有价值的参考意见，“经济转型升级”成为民建中央连续多年关注的重点。自2008年起，陈昌智一直围绕国家关于“转方式、调结构”的战略来开展大调研，每年都牵头调研一个重点专题。2008年是“统筹城乡经济发展，促进城乡共同繁荣”，2009年是“加快节能减排，促进可持续发展”，2010年是“大力发展战略性新兴产业，推进产业结构调整，加快经济发展方式转变”，2011年是“大力发展现代服务业，推进产业结构调整”，2012年是“大力发展文化旅游产业，促进经济结构调整”。五年里持续围绕“转方式、调结构”不同时间段的阶段性要求，深入基层了解情况，认真研讨问题困难，结合会内外专家资源建言献策、把脉开方，把党派中央的大调研做成“连续剧”，把科学发展这道题做深做透，一系列调研之后的成果都转化成为“转方式、调结构”的重要参考。民建中央通过系列调研提出的意见和建议受到中共中央、国务院的高度重视，部分建议被吸收到相关中央文件中。

2008 年汶川地震发生后，民建的参政议政工作也迅速围绕抗震救灾展开。民建中央先后召开震后经济形势分析座谈会和灾后重建座谈会，并在社情民意信息报送系统发布有关报送抗震救灾信息的紧急通知。5 月 12 日至 7 月 15 日，共收到相关社情民意信息稿件 180 多篇，编辑并向全国政协报送了《对汶川地震后经济形势分析的情况反映》等 52 期稿件。同时，全会围绕灾后重建的一些重大问题，提出意见建议，为科学制定重建规划和具体实施方案作出了努力。在 5 月 30 日贾庆林主持召开的各民主党派、工商联抗震救灾座谈会上，陈昌智代表民建中央对抗震救灾工作提出了一系列建议，得到与会者的重视。随后，陈昌智、张榕明联名向中共中央提交了《关于汶川地震灾后重建的几点建议》。

2009 年 5 月，陈昌智在湖南就“加快节能减排，促进可持续发展”进行专题调研时，了解到加快湘江流域重金属污染综合治理的要求非常迫切。为此，陈昌智就加快湘江流域重金属污染综合治理给国务院领导同志写了《关于加快湘江流域重金属污染综合治理的建议》。该建议对于国家出台《湘江流域重金属污染治理实施方案》，全面开展湘江流域重金属污染治理，起到了较好的推动作用。

加大集中连片特殊困难地区扶贫开发力度，对于深入贯彻落实科学发展观、实现全面建成小康社会的奋斗目标具有十分重要的意义。2011 年，张榕明率全国政协民族和宗教委员会与民建中央联合调研组到重庆、贵州和湖北、湖南武陵山区进行调研，掌握大量翔实的一手材料，形成《关于加快武陵山经济协作区经济社会发展的调研报告》报送中共中央、国务院。2012 年，张榕明又率民建中央六盘山集中连片特困地区专题调研组到甘肃进行调研，综合陕西、宁夏、青海省政府反映的情况，形成《关于六盘山连片特困地区的情况与建议》报送中共中央、国务院。连续深入集中连片特殊困难地区调研，为做好有关特困地区扶贫工作提供了重要参考，得到了中共中央领导同志的充分肯定。

2012 年前后，由实体经济贫血造成的产业空心化正逐步成为影响经济可持续发展的重大潜在风险，中国实体经济尤其是中小微型企业的生存状态已经到了十分险峻的境地，对经济增长和社会稳定造成了较大影响。民建中央在长期跟踪中小企业、民营企业和实体经济发展并深入研究的基础上，与农工党中央和全国工商联联名提交了《关于强本固基维护实体经济坚实基础的提案》。该提案被列为全国政协十一届五次会议一号提案。

2012 年，十一届全国政协评选优秀提案 281 件，其中八个民主党派中央和全国工商联入选优秀提案共 57 件，民建中央有 9 件提案入选，在党派、团体中名列第一。这 9 件提案是《关于进一步推动沿边开放、促进边境少数民族地区发展的提案》《关于合理确定价格调控目标、稳定价格总水平的提案》《关于大力加强我国农村环境污染防治的提案》《关于加强境外资金流入监管的提案》《关于加强社会信用体系建设、增强抵御经济风险能力的提案》《关于优先发展城市公共交通的财政扶持政策的提案》《关于防范我国地方政府投融资平台风险的提案》《关于加快文化创意产业发展的提案》《关于推进职业教育改革与发展的提案》。在 281 件优秀提案中，委员提案 217 件，民建会员中的全国政协委员提交的个人提案有 11 件入选。在十一届全国政协优秀提案和先进承办单位表彰会上，马培华作为获奖提案党派、团体代表作了题为《深入调研发挥特色优势稳步提高提案质量》的大会发言。

参政议政工作离不开各级组织、各方面特别是会内外专家的作用。九大以后，民建中央成立了经济、财政金融、法制、企业、科教、妇女、理论研究、文化、对外联络、人口资源环境十个专门委员会，与八大时相比增加了人口资源环境委员会，委员规模达到 540 人。2009 年 6 月 7 日，民建九届七次中常委会议审议通过了《民建中央关于加强中央专门委员会工作的意见》，强调要与时俱进，不断开创专委会工作新局面。各专门委员会发挥各自优势，形成了一批有价值的参政议政成果。各级地方组织也积极开展参政议政工作，取得了丰硕的成果，受到当地党委、政府的重视和社会的好评。

在参政议政过程中，民建特别注重讲清楚、回答好为什么要坚持接受中国共产党领导。2008 年 3 月 6 日下午，全国政协十一届一次会议举行记者招待会，我国八个民主党派领导人首次集体亮相面对中外媒体，讲述他们作为参政党与中国共产党一起合作共事的经历。民建中央主席陈昌智出席记者招待会。期间，有记者提问："建国之初，民主党派在新政府里是联合政府的一员，当时并无执政党和参政党之分，但是现在变成了所谓的参政党。请问参政党地位是永久性的吗？是不可变更的吗？"陈昌智说："我们在解放以前就成立了，在国民党掌权的时候，我们并没有去接受国民党的领导，当时我们就在文件里清楚地写下了接受中国共产党的领导，那时候共产党没有掌权。如果愿意的话，可以翻阅一下我们党派的历史。新中国建立以后，各民主党派亲眼所见，现在可以说世界人民所见，共产党能够领导这个国家，只有共产党才能领导这个国家。除此之外，没有一种政治力量可以担负起这个让中国繁荣昌盛、让中国人民富裕生活的历史任务。"

在十一届全国人大一次会议上，陈昌智当选为全国人大常委会副委员长。经十一届全国人大常委会一次会议表决，张少琴被任命为全国人大常委会副秘书长。在全国政协十一届一次会议上，黄孟复、张榕明再次当选为全国政协副主席。九大以后，担任省、部级以上政府和司法机关领导职务的民建会员有七人，其中，姜建初任最高人民检察院副检察长，吴晓青任环境保护部副部长，郝明金任监察部副部长，宋海任广东省副省长，高峰任云南省副省长，高云龙任青海省副省长，陈文华任四川省副省长。这期间，马培华还兼任中华全国总工会副主席。

2009 年 8 月，在中华职业教育社第十次全国代表大会上，张榕明当选为理事长，马培华当选为副理事长。

（七）努力发挥特色加强对外联络

九大以后，民建把联络工作与参政议政、社会服务工作有机结合，继续加强与港澳台工商界、教育界以及国外的交流与合作。

2010 年 10 月 11 日至 16 日，应香港出入口商会会长李宗德和澳门潮汕总商会创会会长刘艺良的邀请，陈昌智率领内地经济界代表团一行 14 人访问香港澳门，并出席 10 月 12 日由香港出入口商会举办的“香港与内地经济融合发展”论坛。访问团先后参访了香港中华总商会、香港中华厂商联合会、香港贸发局、香港中华出入口商会、中远香港国际货柜码头有限公司、香港工会联合会、澳门中华总商会、澳门厂商联合会、澳门发展策略研究中心、澳门银行同业公会，中央人民政府驻香港联络办、中央人民政府驻澳门联络办等机构，拜会了全国政协副主席、澳门前行政长官何厚铧以及澳门署理行政长官张国华。

九大以后，民建中央加强了对台湾中南部基层民众的工作。2008 年 6 月，民建中央组织访问团赴台湾出席两岸老龄福祉问题研讨会。2008 年 9 月，民建中央邀请接待了台湾柯蔡宗亲总会访问团一行 24 人，访问团成员是柯蔡宗亲总会在台湾 14 个县市的分支机构领导人。同时，民建中央对台交流传统优势项目继续保持。与世新大学联合举办的系列研讨会经过十多年的努力已经成为一个重要的两岸民间交流平台，截至 2012 年共举办了十四届两岸经济系列研讨会。

九大以后，民建中央领导积极参与高层出访，与外界交流中国的政治、经济发展情况，增进中国与国际社会的友谊。这期间，应新加坡国会和萨摩亚立法大会的邀请，陈昌智率全国人大代表团出席了在新加坡举行的亚太议会论坛第 18 届年会，并对萨摩亚进行友好访问。应哥斯达黎加总统钦奇利亚邀请，陈昌智作为胡锦涛主席特使访问哥斯达黎加，出席了中国援建哥斯达黎加国家体育场移交启用仪式。应苏里南、巴巴多斯、安提瓜和巴布达三国议会的邀请，陈昌智率全国人大代表团对上述三国进行了友好访问。应美国国会、多米尼克议会、格林纳达议会的邀请，陈昌智率全国人大代表团对上述三国进行了友好访问。应越南祖国阵线中央委员会的邀请，张榕明率全国政协代表团前往越南出席越南祖国阵线第七次全国代表大会并顺访了越南。应摩尔多瓦、阿尔巴尼亚和塞尔维亚议会邀请，张榕明率全国政协代表团对上述三国进行了友好访问。

同时，民建中央广泛开展民间外交，推动同国外工商经济界和学术界高层的交流。陈昌智和各位副主席利用每次出访和接待的机会，积极向世界宣传中国，增进世界对中国的了解，深化我国与其他国家在经济制度研究、经济发展模式探索等领域的交流。成思危多次应邀参加达沃斯世界经济论坛、安博思论坛等国际知名论坛并作主旨发言，同时赴美国、英国、加拿大、荷兰等国参加一系列国际会议及学术交流活动。

九大以后的五年里，民建中央结合年度重点调研课题，围绕社会福利与社会保障、多元文化与文化产业、环境保护与资源利用、中小企业发展、保障性住房、职业教育培训、企业技术创新、金融与经济改革、新兴产业等主题，多次组织出访，考察国外经济发展的动向和科技成果，搭建与国外工商界联系的平台，推进了海外交流与合作。

第七章

聚焦全面建成小康社会宏伟目标

一、第十次全国代表大会

2012 年 11 月 8 日，中国共产党召开第十八次全国代表大会，确定了全面建成小康社会和全面深化改革开放的目标，对推进经济建设、政治建设、文化建设、社会建设、生态文明建设和全面提高党的建设科学化水平作出了全面部署。中共十八大报告强调，坚持长期共存、互相监督、肝胆相照、荣辱与共的方针，加强同民主党派和无党派人士团结合作，促进思想上同心同德、目标上同心同向、行动上同心同行，为包括民建在内的各民主党派发挥参政党作用提供了更加广阔的舞台。

（一）召开第十次全国代表大会

2012 年 12 月 16 日至 20 日，中国民主建国会第十次全国代表大会在北京举行。出席大会的代表 628 名，来自 373 个地方组织，代表 144150 名会员。

中共中央政治局常委、中央书记处书记刘云山，中共中央政治局委员、国务委员刘延东，全国人大常委会副委员长路甬祥，全国政协副主席阿不来提·阿不都热西提，全国政协副主席、致公党中央主席万钢，中共中央统战部负责人，其他民主党派中央、全国工商联负责人到会祝贺。全国人大常委会原副委员长、民建中央原主席成思危等出席开幕会。

刘云山代表中共中央致贺词。贺词说，中国民主建国会成立 67 年以来，高举爱国主义、社会主义伟大旗帜，与中国共产党真诚合作，为夺取中国革命、建设、改革胜利，为推进统一战线和中国共产党领导的多党合

★ 2012 年 12 月 16 日至 20 日，民建第十次全国代表大会在北京召开。

作事业发展作出了重要贡献。民建九大以来，各级组织和广大成员，按照中共十七大作出的战略部署，紧紧围绕经济社会发展中的重大问题，在制定实施“十二五”规划、构建住房保障体系、维护资本市场安全、促进中小企业发展、推动老少边穷地区连片扶贫开发等方面提出许多有价值、有分量的意见和建议，为中共中央科学决策提供了重要依据。围绕保障和改善民生，不断扩大社会服务新领域，取得了新的成绩。积极加强同香港、澳门、台湾及国外经济界人士的联络，为保持香港、澳门繁荣稳定，推动两岸关系和平发展做了大量工作。大力加强自身建设，深化政治交接，共同思想政治基础不断巩固，履职能力不断提高。贺词指出，希望中国民主建国会以中共十八大精神为指导，继承和发扬优良传统，坚定不移走中国特色社会主义政治发展道路；聚焦全面建成小康社会宏伟目标，动员和组织广大成员为推进社会主义经济建设、政治建设、文化建设、社会建设、生态文明建设建言献策、建功立业；坚持以发展为第一要务，充分发挥密切联系经济界的特色和优势，在加快转变经济发展方式、调整优化经济结构、保障和改善民生等方面发挥更大作用；适应新时期参政党建设的要求，全面加强自身建设，不断推进中国共产党领导的多党合作事业健康发展。

万钢代表其他民主党派中央、全国工商联向大会致贺词。

陈昌智代表第九届中央委员会作了题为《弘扬优良传统，努力开拓创新，推动民建事业沿着中国特色社会主义道路蓬勃发展》的工作报告。报告全面回顾了民建九大以来的工作，指出全会以中国特色社会主义理论体系为指导，按照中共十七大作出的战略部署，紧紧围绕经济社会发展中的重大问题，深入调查研究，积极参政议政，努力服务社会，认真履行参政党职能。报告总结了五年来全会形成的新的共识和经验：在继承中发展，在发展中创新；凝聚全会力量，发挥整体优势；发扬会内民主，增进团结统一；深入调查研究，提高献策水平；保持民建特色，扩大会的影响。报告强调，全会各级组织要深入学习贯彻中共十八大精神，以邓小平理论、“三个代表”重要思想、科学发展观为指导，按照中共中央致民建十大贺词中提出的希望和要求，继承和发扬优良传统，全面推进自身建设，提高整体素质；充分发挥密切联系经济界的特色和优势，提高参政议政能力和水平；充分发挥各级组织的积极性和创造性，团结带领广大会员与所联系群众投身建设中国特色社会主义的伟大实践，把民建建设成为适应新时期发展要求的、致力于中国特色社会主义事业的参政党，为坚持和发展中国特色社会主义作出新贡献。

大会通过了新的《中国民主建国会章程》。新章程的总纲与原章程相比，主要有四个方面的变化。一是充实本会现阶段政治纲领的表述。新章程规定：“中国民主建国会在现阶段的政治纲领是：高举中国特色社会主义伟大旗帜，坚持中国特色社会主义道路、理论体系和制度，遵循社会主义初级阶段的基本路线，积极履行参政议政和民主监督职能，致力于发展社会生产力，促进社会主义经济、政治、文化、社会、生态文明建设，为把我国建设成为富强民主文明和谐的社会主义现代化国家努力奋斗。”二是新章程提出深入学习贯彻科学发展观的新要求。表述为“努力学习马克思列宁主义、毛泽东思想、邓小平理论、‘三个代表’重要思想和科学发展观”，强调“在现阶段的任务是：围绕全面建成小康社会、实现中华民族伟大复兴的奋斗目标，以促进科学发展为第一要务”。三是新章程吸收多党合作理论发展的最新成果。增写了“巩固和发展社会主义和谐政党关系”，“与中国共产党在思想上同心同德、目标上同心同向、行动上同心同行”，“深入推进政治交接”，“努力践行社会主义核心价值体系”。四是进一步强调贯彻落实好民主集中制，发挥领导集体的作用。新章程规定：“要切实加强会的领导集体建设，坚持和健全民主集中制，发扬会内民主，加强会内监督，注重发挥领导集体的作用，不断提高领导水平。”根据九大以来会的建设和发展的需要，并与总纲部分的修改相衔接，新章程对有关条文作了调整和补充。一是新章程增加中央和地方委员会的相关职权。将中央委员会的职权由五款增至七款，增加“审查中央监督委员会的工作报告”与“选举中央监督委员会”；地方委员会的职权也由五款增至七款，增加“审查同级监督委员会的工作报告”与“选举同级监督委员会”。二是补充会内监督的有关规定。为适应会内监督工作发展的需要，新章程在监督职责中补充了监督的重点，表述为“重点是监督各级领导集体及其组成人员履行职责的情况”；明确监督委员会由选举产生，并对中央监督委员会组成人选作了规定，即“中央监督委员会设主任一人、副主任和委员若干人，由中央委员会选举产生，每届任期与中央委员会相同。主任由中央委员会副主席担任，副主任由常委会组成人员担任，委员由中央委员或会员中的代表性人士担任”，地方监督委员会的相关规定也相应作了补充调整。三是适应多党合作事业的发展和民建建设的需要，新章程对干部明确提出了“四个能力”建设的要求。增写了“不断提高政治把握能力、参政议政能力、组织领导能力和合作共事能力”的规定。四是新章程还调整了基层组织的有关规定。表述为“支部委员会、总支部委员会、基层委员会由支部会员大会、总支部会员大会、基层委员会会员大会或会员代表大会选举产生，任期三至五年”；并根据各地的建议将基层组织负责人由“主任”“副主任”，改称为“主任委员”“副主任委员”。

12月19日上午，中国民主建国会第十次全国代表大会召开全体代表会议，选出第十届中央委员会委员215名。12月20日上午，民建十届一中全会第二次会议召开，选举产生了第十届中央委员会主席、副主席和常务委员，选举陈昌智为中央委员会主席，马培华、陈政立、张少琴、辜胜阻、宋海、李说、周汉民、吴晓青、王永庆、郝明金为副主席，选举马国湘、方光华、王宁、车秀兰、宁崇瑞、白重恩、刘汉元、孙东生、孙贵宝、孙菊生、李兰、李世杰、李冬玉、李伯潭、李修松、李荣禧、李晓林、沈金强、苏华、陈小平、陈文华、陈伟东、欧成中、武鸿麟、武献华、姜建初、施耀忠[①]、洪慧民、秦博勇、郭振家、郭爱玲、郭跃进、钱学明、高峰、高云龙、龚立群、程京、董明珠、董新光、赖明勇为常务委员。会议还听取了马培华所作的《中国民主建国会第十届中央监督委员会主任、副主任、委员产生办法》和《中国民主建国会第十届中央监督委员会主任、副主任、委员候选人名单（草案）的说明》。随后，会议选举产生了民建第十届中央监督委员会主任、副主任和委员，马培华当选为主任，李说、郝明金当选为副主任，丁万明、毛凯、车晓端、任学良、刘江龙、刘惠好、李心、李世杰、李忠民、杨培君、孟孝忠、荀少华、姜明、贾晓东、郭彩云、程裕东当选为委员。民建十届一次中常委会议决定孟孝忠为中央委员会秘书长。

大会审议通过了给不再担任中央领导职务的同志的致敬信。致敬信指出，张榕明等同志与中国共产党风雨同舟、同心同德、竭诚合作，在推进中国特色社会主义事业中发挥了重要作用，积极探索新时期参政党建设的新思路、新方法、新途径，推动会的事业不断向前发展。致敬信指出，张榕明同志对多党合作事业满怀执着和忠诚，对民建事业饱含深情和热爱，认真敬业、勇挑重担；发扬民主、团结同志、作风务实，赢得了广大会员和机关干部的尊敬和爱戴；注重后备干部队伍与代表性人士的培养，为民建的长远发展奠定了坚实的组织基础；推进会的思想理

① 因受贿贪污，于2016年12月被撤销职务，并开除会籍。

论建设，使会的优良传统得到继承和发扬；深入调查研究，积极建言献策，特别就沿边开放和六盘山、武陵山区的发展建议以及对思源工程、温暖工程的大力推动，不仅得到了中共中央的充分肯定，也受到了社会的普遍赞誉。

民建第十次全国代表大会是一次民主求实、团结奋进的大会，为全会在中共十八大精神指引下，不断弘扬优良传统，努力开拓创新，打下了坚实基础。

（二）习近平总书记走访民建中央机关

民建第十次全国代表大会刚刚结束不久，2012 年 12 月 24 日下午，中共中央总书记习近平和中共中央政治局常委俞正声一起，走访了民建中央机关，同民建中央领导班子成员进行了座谈，共商巩固和发展爱国统一战线、坚持和完善中国共产党领导的多党合作和政治协商制度的大计。

习近平总书记代表中共中央向新一届领导班子成员表示衷心的祝贺，向各民主党派和全国工商联广大成员表示诚挚的问候。习近平在讲话中深情回顾了同民主党派老一代领导人交往的情景。习近平表示，长期以来，各民主党派作为中国共产党久经考验的亲密友党和社会主义参政党，始终同中国共产党风雨同舟、患难与共，紧密合作、团结奋斗，为民族独立、人民解放和国家富强、人民幸福，为坚持和发展中国特色社会主义作出了不懈努力。这充分体现了各民主党派的同志们对中华民族伟大复兴的责任感和使命感。习近平强调，实现中华民族伟大复兴，需要全体中华儿女携手努力。中共中央将坚定不移坚持和完善中国共产党领导的多党合作和政治协商制度，坚定不移贯彻“长期共存、互相监督、肝胆相照、荣辱与共”的方针，加强同民主党派合作共事，支持民主党派更好履行参政议政、民主监督职能。希望各民主党派弘扬优良传统，团结带领广大成员为全面建成小康社会、实现社会主义现代化、实现中华民族伟大复兴作出新的贡献。

陈昌智向习近平总书记介绍了民建的主要情况和召开全国代表大会的情况，并代表民建中央就加强和改进新形势下多党合作、更好发挥参政党作用、完善民主监督等提出意见和建议。陈昌智表示，一定要紧密团结在以习近平同志为核心的中共中央周围，切实履行参政党职能，始终不渝同中国共产党亲密合作，为实现中共十八大确定的目标任务贡献力量。

在走访活动中，习近平等中共中央领导同志参观了民建的会史及工作成果展览，并看望机关工作人员，就民建中央的调研情况，同大家进行了亲切交流。民建中央连续五年围绕“转方式、调结构”开展调研，习近平总书记给予充分肯定。中共中央政治局委员、中央办公厅主任栗战书等参加走访和座谈。张榕明、马培华、张少琴、辜胜阻、宋海、李说、吴晓青、王永庆、郝明金等参加座谈。

当天下午民建中央举行座谈会，学习贯彻习近平总书记重要讲话精神。大家一致认为，民主党派换届刚刚结束，习近平总书记就走访、看望民主党派的同志，充分体现了中共中央对多党合作事业的高度重视。习近平总书记在走访时专门谈到毛泽东和黄炎培在延安窑洞关于历史周期率的一段对话，使民建备受鼓舞。民建全会都要深入学习贯彻习近平总书记重要讲话精神，切实将总书记和中共中央的希望和要求贯彻到实际工作中去，把勉励、鞭策化成动力，不断提高履行职能的能力和水平，振奋精神，扎实工作，充分发挥特色和优势，为国家发展作出新贡献。

二、为全面建成小康社会建言献策

民建立足自身优势，把促进科学发展作为根本任务，凝聚人心、汇聚力量，不断提高履行职能的水平和质量，为全面建成小康社会提供力量支持。

（一）习近平总书记与民建、工商联委员共商国是

2013 年 2 月 6 日，习近平总书记在中南海与各民主党派中央、全国工商联新老领导人和无党派人士代表共迎新春时指出，各民主党派是同中国共产党通力合作的中国特色社会主义参政党，要充分认识肩负的重要责任和使命，坚定政治信念，坚持前进方向，多建睿智之言，多献务实之策，共同开创中国特色社会主义事业新局面。这一重大论断，进一步明确了包括民建在内的各民主党派的基本属性、历史方位、职能任务和目标追求。

2016 年 3 月 4 日，习近平总书记看望了参加全国政协十二届四次会议的民建、工商联委员，并参加联组会，与委员们共商国是。他强调，实行公有制为主体、多种所有制经济共同发展的基本经济制度，是中国共产党确立的一项大政方针，必须毫不动摇巩固和发展公有制经济，毫不动摇鼓励、支持和引导非公有制经济发展。非公有制经济在我国经济社会发展中的地位和作用没有变，我们鼓励、支持、引导非公有制经济发展的方针政策没有变，我们致力于为非公有制经济发展营造良好环境和提供更多机会的方针政策没有变。习近平还提到，过去的一年，民建中央、全国工商联发挥自身优势，围绕推动长江经济带发展、落实精准扶贫、加快科技成果转化、营造良好创新环境、民营企业参与“一带一路”建设、支持小微企业发展等课题，深入调查研究，提出了不少好的意见和建议。陈昌智、马培华、陈政立、宋海、李说、周汉民、吴晓青、王永庆、郝明金和民建界别政协委员参加联组会。民建界别政协委员围绕推进供给侧结构性改革、破解产能过剩、强化知识产权保护、促进非公有制经济健康发展等问题作了发言。

3 月 5 日晚，民建中央召开学习习近平总书记在民建、工商联联组会议上重要讲话精神座谈会，陈昌智出席并讲话，马培华主持会议。陈政立、宋海、李说、周汉民、吴晓青、王永庆、郝明金及民建界别政协委员参加座谈，八位委员畅谈了感想和心得。陈昌智指出，习近平总书记的重要论述，为推动各种所有制经济健康发展、进一步增强中国经济活力指明

★ 2015 年 2 月，习近平总书记在北京同党外人士共迎新春时，与陈昌智亲切握手。

了方向。非公有制经济人士要进一步增强大局意识和责任意识，把企业的发展与国家的发展紧密联系在一起，把实现个人价值和社会价值紧密联系在一起，继续担当改革开放和发展经济的先锋。要加强对民建企业家会员的教育，引导他们做爱国敬业、守法经营、创业创新、回报社会的典范。3月8日召开的民建十届十四次中常委会议，将深入学习贯彻习近平总书记在民建、工商联联组会上的重要讲话精神作为重要内容。随后，民建中央印发了《关于认真学习习近平总书记在全国政协民建、工商联委员联组会议上重要讲话精神的通知》。

（二）认真履行参政党基本职能

2015年年初，中共中央印发《关于加强社会主义协商民主建设的意见》，首次提出“政党协商”概念。2015年5月，《中国共产党统一战线工作条例（试行）》颁布实施，把“参加中国共产党领导的政治协商”确定为民主党派的基本职能，明确了政党协商的形式、内容。2015年12月，中共中央办公厅印发《关于加强政党协商的实施意见》，实现政党协商有制可依、有规可守、有序可循。这些重要举措，为民主党派履行职能提供了有力的支持和保障。

从2013年至2017年，民建中央领导同志参加中共中央和国务院举行的高层协商会22次，就中共十九大报告、编制和实施“十三五”规划、政府工作报告，以及深化改革、依法治国、从严治党、经济形势等重大问题和重要人事安排提出意见建议，内容涉及推动城镇化科学发展、有效降低实体经济和小微企业融资成本、发展清洁能源和环保产业、健全多层次资本市场；防范和化解金融风险、推动长江经济带健康发展、深入推进供给侧结构性改革、大力培育具有核心竞争力的创新型企业、降低基本养老保险缴费率、落实和完善营改增试点政策、推进现代职业教育发展等多个方面，受到中共中央的重视和采纳。这期间，担任全国人大代表的会员牵头提交议案99件、建议1892件。民建中央和担任全国政协委员的会员向全国政协大会提交提案2264件、大会发言320件，向全国政协常委会提交发言16件，向全国政协专题协商会和双周协商会提交发言46件。民建中央提交的202件提案立案194件。民建中央针对实行金融业统一监管、降低存贷款利率、设立民营银行、减少增值税档次、降税减费发展民营经济、改善民间投资环境、扩大小微企业享受个人所得税减免范围、加强长江生态环境保护、改进证券监管工作、提高公务员工资水平等提出的多项建议与国务院和有关部委后来出台的文件政策相符合。

2017年9月，政协第十二届全国委员会优秀提案和先进承办单位表彰会召开，表彰十二届政协优秀集体提案86件，其中民建中央有6件获奖，分别是：《关于共抓大保护推动长江经济带绿色发展的提案》《关于培育新生中小城市，推进新型城镇化发展的提案》《关于加大金融支持精准扶贫力度的提案》《关于加快科技成果转化和技术转移，促进创新驱动发展战略实施的提案》《关于发展文化旅游产业的提案》《关于加强我国土壤污染防治的提案》；表彰十二届政协优秀委员提案154件，民建会员有10件获奖。

大会发言质量进一步提高。2013年3月，全国政协十二届一次会议召开，这是中共十八大之后的第一次全国政协会议，也是具有深远历史影响的八项规定出台后首次召开的政协大会。在这次会议上，宋海代表民建中央作《加快六盘山连片特困地区脱贫致富，为实现全面建成小康社会而奋斗》的口头发言。周汉民等四位民建会员以政协委员名义作大会口头发言。2014年至2017年，吴晓青在全国政协十二届二次会议上代表民建中央作《积极稳妥推进新型城镇化》的发言；李谠在全国政协十二届三次会议上代表民建中央作《深化改革努力化解产能过剩矛盾》的发言；王永庆在全国政协十二届四次会议上代表民建中央作《加快科技成果转化，促进创新驱动发展战略实施》的发言；郝明金在全国政协十二届五次会议上代表民建中央作《培育发展新生中小城市，推进新型城镇化建设》的发言；七名民建会员以政协委员名义在上述四次会议先后作了大会口头发言。

积极反映社情民意信息。民建十大以来，民建中央聚焦提高反映社情民意信息质量，加强社情民意工作培训力度，挖掘壮大社情民意信息员队伍，推动社情民意工作水平不断提升。民建十大期间共收到社情民意信息13157篇，向全国政协等有关方面编辑报送2909篇，255篇被采用，为相关政府部门决策提供了重要参考。民建中央调研部连续获得全国政协反映社情民意信息工作先进单位。

在中共开展党的群众路线教育实践活动中，民建中央积极向中共中央政治局常委会、全国人大常委会党组、全国政协党组、中央统战部提出意见和建议。民建中央领导还积极参加最高法、最高检、国家发改委、公安部等举行的民主监督座谈会，就加强社会治理、促进经济发展、推进司法改革、加强产权保护等坦诚指出问题，提出改进建议。

在2013年召开的十二届全国人大一次会议上，陈昌智再次当选为全国人大常委会副委员长，在全国政协十二届一次会议上，马培华当选为全国政协副主席。截至2017年12月底，民建成员担任各级人大代表的有4351人，担任各级政协委员的有19304人，担任市级以上特邀（约）职务的有1652人，县处级以上政府机关及司法部门任职的有2142人。其中，郝明金任监察部副部长，吴晓青任环境保护部副部长，秦博勇先后任河北省人民政府副省长、审计署副审计长，姜建初任最高人民检察院副检察长，孙东生任黑龙江省人民政府副省长，陈文华任四川省人民政府副省长，高峰任云南省人民政府副省长，高云龙任青海省人民政府副省长。这些同志以对国家和人民高度负责的态度，认真勤奋工作，切实履行职责，受到了中共党委和政府的好评，赢得了社会各界的赞誉。至2013年10月，马培华兼任中华全国总工会副主席。2013年10月20日至21日，中华全国总工会第十六届执行委员会召开第一次全体会议，张少琴当选为中华全国总工会副主席。2014年12月，中华职业教育社第十一次全国代表大会选举产生了第十一届理事会理事长、副理事长。陈昌智当选为理事长，马培华、马国湘、苏华当选为副理事长。

（三）拓展参政议政优势领域

民建中央积极关注新时期经济社会发展中的重点、难点、热点问题，将八大期间确立的五个参政议政优势领域——金融改革、风险投资、企业管理、非公有制经济、社会保障，发展为八个参政议政优势领域——结构调整与宏观调控、创新驱动发展、人口能源生态环境、中小微企业与非公经济、金融与资本市场、城镇化与住房保障、扶贫攻坚与职业教育、区域经济发展，围绕上述八个优势领域开展重点专题调研，持续用力，逐步形成参政议政体系。

从2008年起，民建中央的大调研始终以“转方式、调结构”为主题，持续十年把调研做成“连续剧”，为我国经济转型升级提供一系列重要参考。民建十大以来，陈昌智率队分别以“大力发展环保产业，促进生态文明建设”“加大改革力度，建立解决产能过剩的长效机制”“加强经济合作，推动长江经济带健康发展”“培育新生中小城市，推进新型城镇化发展”“大力发展光伏产业，推进能源革命与绿色发展”为题开展大调研，调研报告均及时报送中共中央、国务院。

开展推动长江经济带健康发展调研。2015年是我国全面实施“一带一路”、京津冀协同发展、长江经济带三大战略的开局之年，民建中央把“加强经济合作，推动长江经济带健康发展”作为大调研题目。3月，民建中央向长江经济带11个省市民建组织发出通知，要求结合当地实际情况开展调研。3月至4月，陈昌智带领专题组分别赴上游四川省、重庆市，中游湖北省，下游上海市进行调研，与相关省市各级党政部门、中国三峡集团公司等召开专题座谈会。中央统战部副部长林智敏参加了四川调研，辜胜阻、吴晓青参加了有关调研活动。在长江三峡水利枢纽工程、重庆寸滩保税港区、航运交易所和果园港码头，在武汉新港阳逻集装箱港区，在上海自由贸易试验区等地，调研组一路沿着长江走，共同出谋划策。4月28日，民建中央“加强经济合作，推动长江经济带健康发展”专题研讨会在京举行，11个省级组织主要负责同志交流发言。5月至6月，调研组部分成员继续深入江苏、浙江、安徽、江西、湖南、云南、贵州等地基层一线调研。在此基础上，民建中央形成《加强经济合作，推动长江经济带健康发展》专题调研报告。

2015 年 6 月，民建中央向全国政协常委会提交推动长江经济带健康发展的书面发言。7 月 24 日、8 月 21 日，习近平总书记在中南海主持召开了两次党外人士座谈会，陈昌智代表民建中央发言，提出推动长江经济带发展的有关建议。2016 年 3 月，在全国政协十二届四次会议上，民建中央提交了《关于共抓大保护，推动长江经济带绿色发展的提案》。国家发改委、国土资源部、环境保护部、交通运输部、水利部等部委对民建中央调研报告进行了书面反馈。11 月 26 日，国务院召开推动长江经济带发展工作会议，提出要强化规划引导，切实把控制和治理长江水污染摆在突出位置，抓紧建立沿江 11 省市政府协商合作机制。2016 年，《国民经济和社会发展第十三个五年规划纲要》发布，其中有一章专门部署推进长江经济带发展工作。民建中央的建议与以上相关决策内容相一致。2020 年 12 月 26 日，十三届全国人大常委会第二十四次会议表决通过《中华人民共和国长江保护法》（以下简称《长江法》），自 2021 年 3 月 1 日起施行。《长江法》是我国第一部流域专门法律，民建中央当年有关建立长江流域协调机制等四条建议与《长江法》有关内容相一致。

开展推进新型城镇化发展调研。2016 年，民建中央以“培育新生中小城市，推进新型城镇化发展”为题开展大调研。4 月，陈昌智率领专题组赴浙江、吉林调研，深入了解各地培育新生中小城市的主要工作、思路、经验及问题。中央统战部副部长斯塔参加了浙江调研，辜胜阻、吴晓青参加有关调研。5 月至 6 月，专题组部分成员赴湖北省武汉市、浙江省苍南县龙港镇开展三次补充调研，了解城镇化综合试点工作中的具体情况和问题。浙江省苍南县龙港镇的基层同志三次来到民建中央调研部座谈，反映他们对培育新生中小城市的心声。最终，民建中央形成《培育新生中小城市，推进新型城镇化发展》的调研报告，报送中共中央、国务院。

7 月 25 日，陈昌智在党外人士座谈会上，就新型城镇化问题继续提出意见建议。9 月 2 日，在俞正声主持召开的调研协商座谈会上，民建中央再次反映调研遇到的问题和相关建议。10 月 11 日，中央深改组在第 28 次会议上审议通过《关于深入推进经济发达镇行政管理体制改革的指导意见》，强调要构建符合基层政权定位、适应城镇化发展需求的新型行政管理体制，进一步激发经济发达镇发展内生动力。民建中央的建议与指导意见的上述内容相一致。民建中央关于培育新生中小城市的参政议政成果产生了良好社会反响，2017 年 11 月，清华大学聘请陈昌智为中国新型城镇化研究院专家顾问委员会主任。大调研两年后，2019 年 9 月 25 日，被誉为“中国第一座农民城”的浙江省苍南县龙港镇正式挂牌撤镇设市，龙港市成为全国第一个不设乡镇和街道的新型县级市，这与民建中央的大调研建议完全一致。

开展推进能源革命与绿色发展调研。2017 年，民建中央把“大力发展光伏产业，推进能源革命与绿色发展”作为大调研的题目。5 月，陈昌智带领专题组赴甘肃省兰州、酒泉、金昌和江苏省南京、常州、苏州开展调研。郝明金、辜胜阻、吴晓青参加了有关调研活动。中央统战部相关部门同志随同调研。6 月，专题组部分成员继续深入湖北省基层调研。广东、四川、山东、河北等地方组织也围绕光伏产业发展情况进行深入调研。在此基础上，民建中央形成《大力发展光伏产业，推进能源革命与绿色发展》专题调研报告。6 月，在俞正声主持召开的调研协商座谈会上，陈昌智代表民建中央就大力发展光伏产业作了发言。7 月，在半年经济形势高层协商会上，民建中央再次提出发展光伏产业的建议。10 月，在全国政协常委会上，民建中央提交了题为《贯彻十九大精神，推进绿色发展》的口头发言。民建中央的大调研建议有效推动了国家部委和地方政府相关意见和措施的相继出台。如：2017 年 9 月出台《关于支持光伏扶贫和规范光伏发电产业用地的意见》，10 月印发《关于开展分布式发电市场化交易试点的通知》，11 月印发《解决弃水弃风弃光问题实施方案》，2018 年 4 月印发《关于减轻可再生能源领域企业负担有关事项的通知》，2019 年 1 月印发《关于积极推进风电、光伏发电无补贴平价上网有关工作的通知》，4 月印发《关于建立健全可再生能源电力消纳保障机制的通知》等，所出台的政策措施均与民建中央的意见建议相一致。

马培华就清洁能源发展、农业水资源高效利用、科技成果转化、培育具有核心竞争力的创新型企业、推动创业投资促进科技型中小企业发展等专题主持调研。张少琴、辜胜阻、宋海等围绕加强社会征信体系建设、脱贫攻坚、民营企业健康发展、促进民营银行发展等课题主持调研。主席、专职副主席带队的各专题调研组共深入 196 个市开展调研，提交调研报告 33 份，得到中共中央领导批示 53 件次，多项重点调研专题成果被《国是——民主党派中央参政议政工作案例选编》收录。

在调研的基础上，民建中央每年第三季度召开中常委会议，认真研究分析当前经济形势，并形成相关建议，为中共中央、国务院决策提供参考。同时，民建中央还就金融精准扶贫、国企创新驱动、民间固定资产投资下滑等课题开展应急调研，有关调研报告及时报送中共中央和国务院，供决策参考。

围绕防范系统性金融风险问题进行调研是民建参政议政的新亮点。习近平总书记在 2017 年全国金融工作会议上指出："各级地方党委和政府要树立正确政绩观，严控地方政府债务增量，终身问责，倒查责任。"对地方政府违法违规举债，首次明确要"终身问责"，彰显出中央严控地方政府债务风险的坚定决心。为贯彻落实习近平总书记指示精神，摸清我国地方政府债务风险的构成、管理模式、成因及危害性，宋海带领民建中央调研组对我国地方政府债务风险问题进行了深入持续调研，形成《我国地方政府债务风险问题研究》等系列专题调研报告。民建中央关于防范系统性金融风险的一系列建议得到金融部门高度重视，促进了国务院有关金融政策措施的出台。

（四）构建参政议政工作体系

召开参政议政工作会议。民建中央将 2015 年定为参政议政工作年。9 月 16 日至 17 日，民建中央参政议政工作会议在北京召开。主席、副主席，30 个省级组织的主委、专职副主委、参政议政部门负责人，31 个省会城市和计划单列市的市级组织负责人，民建中央 12 个专门委员会的主任、副主任以及参政议政先进个人代表出席会议。陈昌智作了题为《大力加强参政议政能力建设，推进全会参政议政工作再上新台阶》的讲话。讲话指出，参政议政是参政党履行基本职能的需要，是参政党适应统一战线新形势的需要，是参政党自身建设和发展的需要。全会要进一步整合力量，落实职责，充分发挥参政议政的整体功能。要充分发挥领导集体的示范作用、专门委员会的主力军作用、基层组织的基础作用、各级机关的枢纽作用和社会力量的补充作用。辜胜阻作了题为《强化体系和能力建设，不断提高民建参政议政工作水平和能力》的工作报告。北京等11个民建省级组织和宁波等四个市级组织，以及参政议政先进个人代表作了经验介绍。会议对2008年以来在参政议政工作中作出突出贡献的200名民建全国参政议政先进个人和100个先进集体进行了表彰。

出台参政议政工作文件。2015年12月15日，民建十届十三次中常委会议上审议通过《民建中央关于加强参政议政工作的意见》，成为对参政议政工作具有指导意义的重要文件。

民建参政议政工作成就得益于充满活力的参政议政体系。参政议政体系和能力是一个有机整体，在长期探索和实践过程中，民建中央以构建完善的参政议政工作体系为发力点，推动全会参政议政整体能力水平不断提高，逐步形成一套上下贯通、内外结合、充满活力的工作体系，即“发挥三大优势，完善四项制度、五种机制，处理好六大关系，形成八个优势领域，不断整合九方面力量，依托十大平台进行参政议政”。

发挥三大优势，即发挥民主党派人才荟萃、位置超脱、制度保障的优势。

完善的四项制度包括：一是民建中央重点专题调研制度；二是联系地方组织制度；三是专委会参政议政制度，2013年成立的民建第十届中央委员会专门委员会有经济、财政金融、法制、企业、科教、妇女、理论研究、文化、对外联络、能源与资源环境、人口医药卫生、农业与农村等12个专委会，与上届相比，新增人口医药卫生、农业与农村两个专委会；四是联系政府部门制度。

五种机制包括：参政议政骨干队伍建设机制、信息收集及建议反馈机制、集体讨论和科学论证机制、参政议政工作保障机制、参政议政激励机制。

参政议政需要着重处理好六个方面关系：一是处理好科学选题与精心论证的关系，把握好参政议政的角度与力度；二是处理好多方互动与统分结合的关系，听取各方面的意见和建议；三是处理好个体与群体、专家与“专职”的关系，把个体优势转化成群体智慧，发挥全会整体优势；四是处理好当前与长远、现实与可能的关系，使建言献策有前瞻性，减少“马后炮”；五是处理好参政议政与民主监督的关系，寓民主监督于参政议政之中；六是处理好建言立论与践行出力的关系，坚持知行合一。

民建形成的八个参政议政优势领域包括：结构调整与宏观调控、创新驱动、人口能源环境、中小企业与非公经济、资本市场与金融改革、城镇化与住房保障、扶贫攻坚与职业教育、区域经济发展等。

汇聚整合九方面力量。在参政议政中，注重汇聚整合九方面力量，包括民建中央领导、常委会、中央委员会、中央专门委员会、民建中央机关、全会地方组织、政府有关部门、会内外专家学者、其他社会力量等，依靠专家队伍和专职人员，合力“大合唱”，把个体能力转化为集体智慧。

注重利用十大平台或渠道。在参政议政中，依托中央高层协商会，重点课题调研报告和专项建议，人大代表的建议和议案，政协大会发言和提案，政协常委会、专题协商会和双周协商座谈会，人大常委会议建议，“一府两院”工作建议，民建中央两大论坛，社情民意，主流媒体和其他论坛等十大平台或渠道进行参政议政，形成“大参政”格局。

正是这套充满活力的参政议政体系，确保了民建的参政议政工作得以有序、高效地开展，确保了会的整体功能的发挥和履职水平不断得到提高，民建参政议政工作保持名列前茅的良好势头，产生良好的社会反响。

（五）联合承办双周协商座谈会

从2014年至2017年，民建中央与全国政协相关专委会联合承办四次双周协商座谈会。2014 年 1 月 9 日，民建中央、全国政协经济委员会联合组织承办第六次双周协商座谈会，围绕“核电和清洁能源发展”建言，马培华作了题为《大力发展清洁能源，促进城乡环境保护》的发言。2015 年 4 月 22 日，民建中央、全国政协提案委员会联合组织第 29 次双周协商座谈会，围绕“推进京津冀协同发展中的大气污染防治”建言，马培华在座谈会上讲话，时任环境保护部副部长吴晓青介绍了推进京津冀协同发展中的大气污染防治的有关情况。

2016 年 10 月 13 日，民建中央、全国政协社会和法制委员会联合组织第 57 次双周协商座谈会，围绕“努力推进养老服务”建言献策。民建中央、全国政协社会和法制委员会共同组织专题调研，马培华带队前往河北省三河市调研，了解当地“医养结合”的运营情况。在双周协商座谈会上，马培华以全国政协副主席的身份发表意见，王永庆代表民建中央作《推进京津冀养老服务协同发展》的口头发言。这次双周协商座谈会得到了全国政协社会和法制委员会的充分肯定，发函对民建中央致谢。

2017 年 5 月 25 日，民建中央、全国政协提案委员会共同组织第 67 次双周协商座谈会，围绕“完善住宅房地产调控，有序推进新型城镇化建设”建言献策。马培华出席座谈会，辜胜阻就“完善房地产长效机制亟需加快税制改革”发言。

（六）进一步提升两大论坛影响力

民建十大期间，中国非公有制经济发展论坛举办水平不断提高，累计项目签约金额 3247.18 亿元，成为民建宣传中国非公经济政策、履行参政议政职能、促进地方经济建设的平台。特别是 2013 年中国（贵州）非公有制经济发展论坛在毕节举行，这是论坛举办以来首次在非省会城市召开。论坛共签约项目 24 个，涉及工业、农业、旅游业等多项产业，签约总金额 370.18 亿元，为毕节非公有制经济乃至经济社会的全面发展作出了贡献。

2013 年至 2017 年，第十五届至十九届中国风险投资论坛继续在广东省每年一次举办，分别以“拓展 VC/PE 行业新思维，开启创新驱动新引擎”“释放改革红利，打造中国风险投资升级版”“新常态下风险投资的改革与创新”“新形势下中国 VC/PE 行业规范与价值重塑”“双创新经济，资本新时代”为主题，聚焦行业发展，助推创新经济。参加论坛的国内外专家学者、企业界人士累计 8100 余人次，中国风险投资论坛的影响更加广泛，逐步成为我国风险投资领域创办时间最长、参会规模最大的标志性论坛。2008 年至 2017 年间，陈昌智九次出席论坛并作主旨演讲。2013 年，马培华出席论坛并作主旨演讲。辜胜阻、宋海等分别出席论坛并发表演讲。为更好发挥论坛作用，积极配合广东省大力实施创新驱动发展战略，建设珠三角国家自主创新示范区的现实需求，经民建中央与广东省委共同商定，从 2017 年起，原在深圳举办的中国风险投资论坛，改由广州、深圳两地轮流举办。

（七）启动脱贫攻坚民主监督

2016 年 6 月以来，受中共中央委托，各民主党派中央对口八个脱贫攻坚任务重的中西部省区，开展脱贫攻坚民主监督工作。这是各民主党派中央首次对国家重大战略决策进行专项监督，是民主党派民主监督的创新与发展，具有重要的实践意义和理论价值。民建中央高度重视，迅速行动，启动了对口广西壮族自治区脱贫攻坚民主监督工作。

2016 年 6 月 21 日，各民主党派中央开展脱贫攻坚民主监督工作启动会在京召开。马培华出席启动会，张少琴代表各民主党派发言。

2016 年 7 月初，民建中央成立了由陈昌智任组长、马培华任常务副组长、各位副主席任副组长的脱贫攻坚民主监督工作领导小组，负责脱贫攻坚民主监督工作的指挥协调；领导小组下设办公室，由张少琴兼任办公室主任，民建中央相关部门和民建广西区委会作为成员，负责工作具体落实。

7 月 8 日，陈昌智在民建中央机关会见了来访的中共广西壮族自治区党委常委、统战部部长李康一行。陈昌智指出，民建中央坚决拥护中共中央的决定。在开展民主监督的同时，还将开展扶贫工作，不做旁观者、局外人，要做广西脱贫攻坚的同路人，在共同工作中发现问题、解决问题，寓监督于支持之中。

为积极贯彻落实各民主党派中央开展脱贫攻坚民主监督工作启动会精神，扎实开展民建中央脱贫攻坚民主监督工作，2016 年 7 月 17 日至 18 日，陈昌智率调研组深入广西河池市大化瑶族自治县雅龙乡和崇左市龙州县，与县、乡、村、户代表座谈，了解基层开展脱贫攻坚基本情况，并在南宁召开民建中央、广西壮族自治区脱贫攻坚民主监督工作座谈会，通过深入沟通，明确开展脱贫攻坚民主监督工作的主要思路。调研过程中，陈昌智结识了弄火屯村民韦超一家，自此一直坚持帮扶联系。2017 年 8 月 14 日至 16 日，陈昌智再次率调研组赴广西调研。期间，民建中央与广西壮族自治区召开了座谈会，听取广西脱贫攻坚情况介绍，共同研究存在的困难、问题和下一步工作安排。

2017 年 6 月，民建中央组织会内专家学者到广西开展专题调研，完成了对龙胜各族自治县 140 户贫困户的走访调查工作。此外，民建中央还依托广西民建的各级组织，组成了多个调研组，深入百色、来宾、桂林、河池、崇左等市的贫困县座谈和调研，并形成调研报告。

在实践中，民建中央逐步搭建了“分级分工、高效务实”的脱贫攻坚民主监督工作机制。一是探索建立了民建中央主席与自治区主要领导、民建中央分管副主席与自治区统战部领导、民建中央相关部门与自治区相关部门和民建广西区委会的三级沟通机制，并选派社会服务部干部到自治区扶贫办挂职，加强工作联系。二是利用民建广西区委会和市级组织，进行常态性监督。三是建立 307 人的专家库，组织会内专家参与脱贫攻坚民主监督调研，为民主监督的有效实施提供智力支持。

民建中央的脱贫攻坚民主监督工作成效逐步显现。针对民建中央提出精准识别领域还存在一定遗漏，政策享受悬殊引发“临界户”争当贫困户的问题，广西在全区积极推进贫困人口动态调整工作，重点通过增加数据比对环节，切实提高建档立卡数据的真实性、准确性。针对民建中央提出一些地方产业扶贫资金存在用不好、用不出去等问题，广西各地注重发挥专业大户、专业合作社或龙头企业的作用，组织贫困户开展规模化、专业化产业经营，让贫困户更多、更高程度地参与产业化建设，共享产业红利。

在开展脱贫攻坚民主监督过程中，民建中央通过中华思源工程扶贫基金会，先后在广西投入资金1154万元，开展了救护车捐赠、大病患儿救治、智障孤残儿童关爱、助学助教等扶贫项目。

按照中共地方党委统一部署，河北、山西、内蒙古、黑龙江、安徽、江西、河南、湖北、湖南、广东、广西、重庆、四川、贵州、云南、陕西、甘肃、青海、宁夏等19个民建省级组织对口各自辖区的市县开展脱贫攻坚民主监督工作，助推地方打赢脱贫攻坚战。

（八）整合全会资源服务社会

中国特色社会主义进入新的历史发展阶段，民建以地方组织和会员企业为依托，动员民建各级组织力量，全力做好社会服务工作。

民建中央持续加大对贵州黔西、河北丰宁的帮扶工作力度，成绩斐然。民建中央领导高度重视，主席、副主席46次赴两地调研考察，召开中常委会、主席办公会、有主席参加的帮扶工作现场座谈会、理论研讨会等专题会议73次。以产业扶贫为主要抓手，在黔西举办生态产业发展峰会、特色小镇产业发展论坛、百企黔西行等活动，促成招商引资签约项目15个，总金额90亿元；资助黔西种植各类经济作物，帮助农户增收700多万元。开展教育扶贫，协调东部十个省市的民建组织开展乡村骨干教师培训计划。推进健康扶贫，投资800多万元改善黔西、丰宁两县医疗卫生机构条件，培训乡村医生，并持续开展送医下乡活动。助力改善基础设施，协调怀丰一级路、丰宁抽水蓄能电站、毕节飞雄机场、黔西电厂二期等重大投资项目落地建设。改善帮扶县生产生活条件，直接投入各类资金1000多万元，协调500多万元在黔西实施饮用水源保护工程等项目。实施就业扶贫，协调会员企业在丰宁招收困难群众上岗就业，组织会内专家开展农技培训。民建各省级组织也纷纷发力，捐款或协调资金2000多万元，用于帮扶村的基础设施建设。

2013年1月，民建中央成立扶贫开发工作领导小组，由分管副主席任组长，统筹部署扶贫开发工作。构建民建中央+东部十个省市（北京、天津、河北、辽宁、上海、江苏、浙江、福建、山东、广东）+重庆和贵州的“1+10+N”对口黔西帮扶模式，建立京津冀组织对口帮扶丰宁联席会议工作机制。改进社会服务工作评价机制，建立社会服务工作情况报送制度，制定各省级组织社会服务工作评选表彰办法，强化定量绩效考核。

2016年9月12日，民建中央召开全国社会服务工作会议。陈昌智强调，作为与中国共产党肝胆相照、荣辱与共的参政党，民建要围绕中心、服务大局，突出特色、发挥优势，扎实有效地开展社会服务工作，在全面建成小康社会这项伟大的事业中发挥应有的作用。张少琴作题为《围绕中心，服务大局，推动社会服务工作再上新台阶》的工作报告。会议表彰了社会服务工作119个先进集体和402位先进个人。

民建地方组织采取多项措施服务会员企业。民建辽宁省委会举办三届“中国东北（沈阳）金融交易博览会”，涉及投资金额超过150亿元；民建黑龙江省委会推动“易贷通”贷款服务，采用大规模企业为小规模企业承保的模式，授信11.8亿元。

积极参与援疆援藏和“一带一路”建设。深入贯彻中共中央新疆工作座谈会和西藏工作座谈会精神，协调会员企业赴新疆投资发展，总投资达1300多亿元。民建新疆区委会实施“同心温暖工程”国家通用语言培训项目，举办培训班140期。民建深圳市委会协调研发双语翻译手机软件在新疆得到了推广应用，为地方干部与少数民族群众沟通、清除语言障碍发挥了重要作用。2014年4月，“西藏自治区招商引资项目推介会”在贵州省黔西县举办，百余名民建会员企业家参加。2015年和2016年连续两年在新疆哈密举办丝绸之路（哈密）高峰论坛。2017年4月，组织会员企业家赴巴基斯坦考察，项目签约金额1.5亿元。

中华思源工程扶贫基金会五年间共募集资金10.2亿元，实施的“思源救护”项目，向全国841个国家级和省级贫困县捐赠2376辆救护车，获慈善领域国家级最高奖项“中华慈善奖”。四川雅安7.0级地震、甘肃岷县和漳县地震、黑龙江省特大洪灾、云南鲁甸6.5级地震、海南文昌台风灾害、天津港“8·12”特别重大火灾爆炸事故等发生后，民建各级组织和广大会员、中华思源工程扶贫基金会积极行动，共捐献款物约1.92亿元。

（九）深化对外交流合作

民建中央组织专家团组赴国外考察调研，就经济、科技、养老保障、环境保护、“一带一路”建设等，与有关国家政府机构、工商企业、民间组织进行广泛交流和研讨，借鉴国外经验，为参政议政工作提供参考。2013年6月，马培华率团考察巴西与阿根廷，对生态文明建设、清洁能源利用等课题进行深入调研，并就盐湖资源开发利用、进出口贸易合作等与萨尔塔省省长、阿根廷国家众议院相关众议员等展开深入洽谈并达成初步合作意向。2014年11月，民建中央经济改革与中小企业访问团赴捷克、克罗地亚、土耳其三国进行访问，形成了《民建中央关于推进中国对外投资和企业国际化的提案》。2015年5月，民建中央养老保障和环境保护考察团对丹麦、芬兰和瑞典进行访问，形成调研报告。2016年8月，民建中央“一带一路”建设访问团赴巴基斯坦、沙特阿拉伯、印度尼西亚访问，形成《民建中央关于实施“一带一路”战略中积极推动我国企业“走出去”的提案》。2017年4月，民建中央环境保护与环保产业调研团赴新西兰、澳大利亚两国进行调研，形成调研报告。

继续扩大同港澳社会团体和代表人士的联系。2013年8月，民建中央接待香港中华出入口商会访问团一行参访新疆，促进了两地在企业投融资、中亚口岸建设、文化旅游、产品出口等方面的合作。2016年4月，应香港中华出入口商会的邀请，民建中央组织“一带一路”赴港研讨班暨民建会员工商业研讨班赴港学习研讨。此期民建企业家学习培训班是香港最大的爱国爱港工商社团——香港中华总商会多年来第一个面向民主党派成员的培训项目。

稳步做好两岸交流工作。民建中央领导率团出席两岸企业合作研讨会、两岸产业供应链合作研讨会、两岸财经圆桌论坛等活动，组织中小企业代表团访问台湾中小企业和相关科研机构。继续保持与台湾民间机构的友好交流，办好对台交流品牌项目，坚持与台湾世新大学联合举办两岸财经论坛、专题研讨会。先后接待台北市教育会、新北市工商企业代表团等参访内地，展现大陆发展成就，促进两岸交流合作。2017 年民建中央开展对常驻大陆台商的专题调研，形成《常驻祖国大陆台商现状调研报告》。

三、大力加强自身建设

2015 年 5 月，中央统战工作会议在北京召开，习近平总书记发表重要讲话，9 月，中共中央颁布《中国共产党统一战线工作条例（试行）》，标志着统一战线事业进入新的发展阶段。习近平总书记指出，要支持民主党派加强思想、组织、制度特别是领导班子建设，提高政治把握能力、参政议政能力、组织领导能力、合作共事能力、解决自身问题能力。民建认真学习贯彻会议精神，全面加强自身建设，着力提高整体素质。

（一）深入学习贯彻习近平总书记系列重要讲话精神

民建中央把学习贯彻习近平总书记系列重要讲话精神同贯彻落实中共中央重大决策部署相结合，同助力党和政府解决改革发展稳定中的实际问题相结合，同提高广大会员的思想理论水平相结合，切实做到把思想和行动统一到习近平总书记系列重要讲话精神上来，不断增强政治意识、大局意识、核心意识、看齐意识，自觉在思想上政治上行动上同以习近平同志为核心的中共中央保持高度一致。领导班子成员带头学习，民建中央中心组学习采取专题讲座、讨论交流等方式，将集体学习与自学有机结合，并根据形势举办学习座谈会等。2013 年 5 月 28 日，陈昌智主持召开学习《中共中央关于在全党深入开展党的群众路线实践活动的意见》和中共十八大以来习近平总书记的一系列重要讲话精神座谈会；11 月 29 日，民建中央中心组学习会议围绕“学习《中共中央关于全面深化改革若干重大问题的决定》和习近平总书记关于《决定》的说明”开展集体学习。2014 年 4 月 8 日，民建中央召开机关学习会，传达学习习近平总书记在兰考县的讲话精神。2017 年 6 月 14 日，民建中央中心组学习会集体学习习近平总书记“以精准扶贫为抓手，打赢脱贫攻坚战”重要讲话精神。2017 年 7 月 26 日，陈昌智、马培华在京出席“学习习近平总书记重要讲话精神，迎接党的十九大”专题研讨会；8 月 4 日，民建中央召开学习习近平总书记“7・26”重要讲话精神座谈会。各级地方组织围绕学习贯彻习近平总书记系列重要讲话精神，召开中心组学习会、座谈会，举办专题辅导报告会、骨干培训班、会员培训班。网站、《民讯》、微信公众号编发系列文章。

（二）纪念民建成立 70 周年

2015 年是民建成立 70 周年。为弘扬优良传统，坚定政治共识，民建全会组织了内容丰富、形式多样的纪念活动。全会围绕纪念建会 70 周年开展理论研究，探索形成了对民建参政党建设发展规律的初步认识，丰富了共同价值理念的内涵。民建中央开展“读会史颂伟业，学会章树新风”征文活动，精选 1945 年到 2015 年间的图片资料，编印《光辉历程——中国民主建国会七十年》纪念画册。11 月 13 日上午，“共圆中国梦——纪念民建成立 70 周年艺术作品展”在民族文化宫开幕，陈昌智出席开幕式并致辞，该展览共展出民建会员创作的各类艺术作品 330 余件。各级组织举办了纪念会、座谈会、文艺演出等纪念活动。12 月 15 日，纪念民建成立 70 周年全国优秀会员、先进集体代表座谈会在京召开。陈昌智出席会议并讲话，来自全国 30 个省级组织的 60 名全国优秀会员和先进集体代表参加会议。

12月16日，中国民主建国会成立70周年纪念大会在京举行。中共中央政治局委员、中央统战部部长孙春兰出席大会并代表中共中央致贺词。贺词指出，中国民主建国会自成立以来，始终与中国共产党风雨同舟、肝胆相照，历经风雨考验愈加成熟，顺应时代要求不断进步，为夺取中国革命、建设、改革事业胜利，为推进统一战线和多党合作事业发展作出了重要贡献。贺词强调，希望民建深入学习习近平总书记系列重要讲话精神，发挥密切联系经济界的优势，着眼实施“创新、协调、绿色、开放、共享”五大发展理念，凝聚广泛共识，发挥智库作用，推动大众创业、万众创新，深入开展社会服务，协助党委政府共同打赢脱贫攻坚战；准确把握建设中国特色社会主义参政党的基本要求，抓住思想建设这个核心和领导班子建设这个重点，着力提升履职尽责的能力和本领，巩固团结奋斗的思想政治基础。

陈昌智发表了题为《坚持与时俱进，凝聚价值共识，为建设中国特色社会主义参政党而努力奋斗》的讲话。讲话指出，70年的奋斗、创造和积累，初步探索出具有民建特色的建设发展规律：政治纲领的与时俱进，引领民建的前进方向；思想建设的与时俱进，保证民建的健康发展；履职能力的与时俱进，巩固民建的参政党地位。民建各级组织和广大会员必须始终不渝地坚持中国共产党的领导，不断增强发展中国特色社会主义的信念和信心；必须适应时代发展和多党合作新要求，全面提高民建自身建设水平；必须切实履行好参政党职能，为实现中华民族伟大复兴的中国梦尽心竭力。爱国、民主、建设、团结、创新、奉献，是民建70年建设发展历程中培育起来的共同价值理念。陈昌智号召全体会员更加紧密地团结在以习近平同志为核心的中共中央周围，践行爱国、民主、建设、团结、创新、奉献理念，为实现中华民族伟大复兴中国梦作出新的贡献。

全国人大常委会副委员长、农工党中央主席陈竺代表其他民主党派中央、全国工商联致贺词。

纪念大会由马培华主持。张少琴宣读了《中国民主建国会中央委员会关于表彰全国优秀会员、先进集体的决定》。民建中央授予王文勇等500位同志全国优秀会员称号，授予民建北京市西城区委等200个民建组织全国先进集体称号，为会龄60年以上的会员、在民建机关工作20年以上的在职职工颁发纪念证书，将部分全国优秀会员和先进集体的事迹材料汇编成册。

全国政协副主席、民进中央副主席罗富和，全国政协副主席卢展工，全国政协原副主席、全国工商联原主席黄孟复，全国政协原副主席、民建中央原第一副主席张榕明，中央统战部副部长林智敏，民建中央副主席陈政立、辜胜阻、宋海、李谠、周汉民、吴晓青、王永庆、郝明金，民建中央原副主席朱元成、冯克煦、路明、黄关从、朱相远、王少阶、陈明德，各民主党派中央、全国工商联、中华职教社领导同志，国务院有关部门负责同志，民建中央委员，部分老同志，全国优秀会员、先进集体代表，港台友人以及民建北京市委部分会员近800人出席大会。会后，民建中央在全国政协礼堂举办了“光荣与梦想——庆祝民建成立70周年文艺演出”。

（三）开展坚持和发展中国特色社会主义学习实践活动

为进一步引导广大会员增强对中国特色社会主义的道路自信、理论自信和制度自信，切实承担起作为中国特色社会主义事业亲历者、实践者、维护者、捍卫者的政治责任，经与其他民主党派协商一致，民建中央决定从2013年11月起到2017年召开全国代表大会之前，在全会开展以“坚持和发展中国特色社会主义”为主题的学习实践活动。

民建中央高度重视学习实践活动，将其作为贯穿思想建设工作的主线，成立了由主席、专职副主席组成的学习实践活动领导小组，领导小组下设办公室，印发《关于开展坚持和发展中国特色社会主义学习实践活动的通知》，对活动作出全面部署。2013年12月15日，民建十届五次中常委会议通过了《民建中央关于开展坚持和发展中国特色社会主义学习实践活动的方案》。

2013年7月，陈昌智、马培华、陈政立、张少琴、辜胜阻、宋海、李说、周汉民、吴晓青、王永庆、郝明金在京西宾馆参加统一战线深入学习贯彻中共十八大精神专题研讨班。陈昌智在研讨班上作了题为《深入学习贯彻中共十八大精神，努力加强新形势下参政党建设》的发言。民建中央举办了市级组织主委培训班、学习贯彻习近平总书记系列重要讲话精神培训班等，培训覆盖面从省级、市级延伸到基层组织。部分省级组织成立了包括领导班子成员在内的学习实践活动宣讲团，开展先进典型巡回演讲或骨干会员宣讲。

2014 年 9 月 23 日至 24 日，民建全国宣传思想工作座谈会在长沙召开，10 个省级组织作了经验介绍。陈昌智在座谈会上强调，坚持和发展中国特色社会主义学习实践活动是加强思想建设的重要载体，是深化新一轮政治交接的必然要求；深入推进学习实践活动，要努力加强中国特色社会主义参政党建设。

2015 年中央统战工作会议召开，为适应形势任务变化，把学习实践活动引向深入，民建中央印发了《关于认真学习中央统战工作会议精神的通知》。6 月，民建十届十一次中常委会议传达学习习近平总书记在中央统战工作会议上的重要讲话精神。10 月 13 日至 16 日，民建中央领导集体成员参加统一战线深入学习贯彻中央统战工作会议精神和《中国共产党统一战线工作条例（试行）》研讨班。10 月 14 日，坚持和发展中国特色社会主义学习实践活动经验交流暨中期推动会在京召开，中共中央政治局常委、全国政协主席俞正声出席会议并讲话，陈昌智在会上发言，介绍了民建开展坚持和发展中国特色社会主义学习实践活动的情况，交流了经验和体会，提出了民建下一阶段活动的思路和任务。

2015 年 9 月 1 日，民建中央在京召开座谈会，纪念中国人民抗日战争暨世界反法西斯战争胜利 70 周年。陈昌智主持座谈会并强调，铭记历史，缅怀先烈，要学习传承中华民族在抗战斗争中表现出来的伟大抗战精神，学习传承民建前辈先贤在抗战历程中凝结的“爱国、民主、建设”的价值理念，坚定不移地坚持中国共产党的领导，坚定不移地走和平发展道路，坚定不移地为实现国家富强、人民幸福、中华民族伟大复兴的中国梦不懈奋斗。2016 年 7 月 4 日，民建中央在京召开纪念中国共产党成立 95 周年座谈会，陈昌智在讲话中指出，民建的历史就是一部与中国共产党和衷共济、通力合作的历史，坚持接受中国共产党的领导，是民建在长期历史实践中作出的自觉、正确的选择，是民建不断成长进步必须遵循的政治准则，是民建事业持续健康发展的精神支柱和动力源泉。要引领全会成员始终不渝地坚持中国共产党的领导，不断巩固团结合作的思想政治基础；发挥特色优势，积极为全面建成小康社会贡献力量；学习借鉴执政党建设经验，努力加强自身建设。

民建中央积极挖掘会内资源，推动设立爱国主义教育基地，教育引导广大会员传承弘扬本会优良传统。从 2013 年至 2017 年，先后将黄炎培故居、冷遹纪念馆、南京民间抗日战争博物馆、施复亮故居、胡厥文同志生平事迹展览馆、中国民主建国会成立旧址陈列馆、孙起孟故居命名为民建中央爱国主义教育基地。这七个民建中央爱国主义教育基地，成为开展会史和优良传统教育新的平台和载体，深受广大会员好评。

民建中央宣传部编印《民建史话》《民建先贤轶事》等书籍。配合中央统战部做好多党合作历史传统记录工程，参与编写《大道——多党合作历史记忆和时代心声》。2014 年，民建中央网站完成了改版和手机版的开发。30 个省级组织都建立了门户网站。至 2017 年年底，共有 283 个市级组织办有刊物，基本实现全会市级组织会刊全覆盖。2016 年 12 月 16 日，名为“中国民主建国会”的民建中央官方微信公众号公开推送。完成民主与建设出版社改制工作。

2017 年 9 月 12 日，民建中央在京召开坚持和发展中国特色社会主义学习实践活动座谈会，浙江等八个省级组织作典型发言。陈昌智出席会议并讲话，马培华、郝明金、陈政立、张少琴、辜胜阻、李谠、周汉民、吴晓青、王永庆出席，宋海主持座谈会。陈昌智要求民建各级组织特别是领导集体要进一步提高认识，认真研究部署，创新思路和方法，制定有效措施，不断巩固和扩大活动成果，教育引导广大会员更加紧密地团结在以习近平同志为核心的中共中央周围，扎实推进中国特色社会主义参政党建设。

2017年10月27日，民建中央在京召开座谈会，传达学习中共十九大精神，并对全会学习贯彻中共十九大精神进行部署。陈昌智主持会议并讲话，马培华、郝明金、张少琴、辜胜阻、吴晓青出席会议并发言。陈昌智强调，全会要深刻认识中共十九大胜利召开的伟大历史意义，全面把握新时代新思想新使命新征程的思想内涵；要学深悟透习近平新时代中国特色社会主义思想，提升理论自觉，始终保持理论清醒、政治坚定；要准确把握新时代中国特色社会主义发展的战略安排，勇于责任担当，进一步加强自身建设，始终围绕中心大局履职尽责。11月，民建中央印发了《关于深入学习贯彻中共十九大精神的通知》。

（四）研究部署三级组织建设工作

自身建设的基础是组织建设。民建十大以后，全会以领导班子建设为重点，进一步加强作风建设，全方位研究部署了三级组织建设工作，着力推进地方组织和基层组织建设，使民建自身建设得到全面加强。

2012年12月4日，中共中央政治局召开会议，审议通过关于改进工作作风、密切联系群众的八项规定。2013年，民建中央借鉴中共中央开展党的群众路线教育实践活动的做法，从领导班子做起，把转变工作作风，密切联系基层、联系会员作为一项重要目标深入推进。

2013年6月下旬，民建中央印发《关于改进工作作风，密切联系群众的通知》，严格遵守中共中央八项规定精神，制定改进工作作风的措施。2013年，主席、副主席按照联系省级组织的分工，分别到22个省（自治区、直辖市）的77个地市调研。民建中央先后三次召开“改进工作作风座谈会”，分别征求中央常委、省级组织主委、民建中央机关局级和处级以下干部对民建中央领导班子和民建中央机关各项工作的意见和建议。12月15日，十届五次中常委会议通报了《民建中央关于改进工作作风座谈会所提意见的整改报告》。报告提出了认真落实《民建中央主席副主席联系地方组织有关规定》，做好后备干部队伍建设工作，加强参政党理论研究，强化制度建设，切实改进工作作风等整改措施。民建中央持续深入推进作风建设，2013 年至 2017 年，主席会议成员 440 次深入全国 297 个市级组织，了解基层组织和会员情况并指导工作。

民建中央确立了从基层抓起，层层递进的组织工作思路。民建中央把 2013 年定为组织建设年。9 月，全国基层组织建设研讨会在苏州召开。主席、副主席出席会议，201 位基层组织代表和省级组织主委、分管组织工作副主委、组织部门负责人参加会议。这次会议是民建成立以来第一次有基层组织负责人参加的全国基层组织建设工作会议，体现了着力抓基层、打基础的工作思路。陈昌智在闭幕会上讲话，提出“以理想信念引导会员、以参政议政吸引会员、以人为本凝聚会员、以骨干带动会员”的基层组织建设要求，强调加强基层组织建设，要抓学习、强信念，把握正确的政治方向；搭平台、聚人心，增强组织的活力和凝聚力；重调研、献良策，不断提高参政议政和社会服务的水平；夯基础、严把关，建设结构合理、素质优良的会员队伍。要加强领导，落实责任；搞好班子建设，配强支部主委；创造机会，举荐人才；总结经验，树立典型；创新思维方式，整合优势资源，为基层组织建设取得实效提供组织保障。马培华作了题为《凝心聚力强基固本，不断推进会的基层组织建设》的工作报告。民建中央编发《省级组织材料汇编》《基层组织材料选编》，汇集了 150 多条经验，15 个基层组织代表作大会发言。

2014 年 7 月，民建全国市级组织建设研讨会在京召开。主席、副主席，30 个省级组织的主委、副主委、组织处长出席会议，民建全国 292 个市级组织中 291 位市级组织负责同志到会，会议规模近 400 人，这是民建成立以来召开的规模最大的市级组织工作研讨会。陈昌智作了题为《立足全局，明确定位，扎实推进市级组织建设》的讲话，对市级组织的定位和加强市级组织建设的意义作了全面阐述，提出市级组织要树立为基层组织服务、为广大会员服务的理念，并对市级组织工作进行部署：加强学习，统一思想，增强坚持走中国特色政治发展道路的自觉性和坚定性；统筹兼顾，扎实工作，切实加强组织建设；发挥优势，彰显特色，努力提升参政议政水平；突出品牌，持之以恒，努力做好社会服务工作。马培华作了题为《以人为本服务基层，努力开拓市级组织建设工作的新局面》的工作报告。18 个市级组织负责人作了大会发言。省、市级组织积极贯彻会议精神，学习借鉴好经验好做法，并延展到最基层的支部。据统计，全国 4869 个支部学习了好做法。

2016 年 7 月，民建中央在京召开全国省级组织建设工作研讨会。陈昌智、马培华、陈政立、张少琴、辜胜阻、宋海、周汉民、王永庆出席，吴晓青主持开幕会。马培华作了题为《与时俱进，务实有为，不断开创民建省级组织建设新局面》的报告。陈昌智在会议上强调，加强省级组织建设，要以建设理论上清醒、政治上坚定、组织上巩固、制度上健全、充满活力的致力于中国特色社会主义事业的参政党为目标，深刻理解把握思想建会、人才强会、特色立会、制度治会的总体要求，以思想建设为核心，以组织建设为基础，围绕履行参政党职能，持续加强能力建设。北京等十个省级组织主委作了交流发言。至此，十大期间，民建中央全方位研究部署了三级组织建设工作，使民建自身建设得到全面加强。

加强会员发展和代表人士队伍建设。全会认真贯彻《中共中央关于加强新形势下党外代表人士队伍建设的意见》《2010—2020 年党外代表人士教育培训改革和发展纲要》的精神，坚持“三个为主”的组织发展方针，突出代表性，注意广泛性，进一步做好高层次、有影响力代表人士的发展、培养、使用工作。民建中央完善会员信息系统，制定组织管理信息系统普查和评比表彰细则，提高录入准确率、领导班子成员信息管理等目标要求，推动会员发展工作制度化、规范化。截至 2017 年，本会新建市级组织 12 个，至 2017 年 12 月底，共有地方组织 383 个，其中包括省级组织 30 个，省辖市级组织 297 个，县级组织 56 个。基层组织 8119 个，其中基层委员会 330 个，总支 636 个，支部 7153 个。会员总数 184206 人，平均年龄 50.6 岁，其中大专及以上学历会员占会员总数的 86.5%。经济界会员 143955 人，占会员总数的 78.1%。其中企业界会员 116742 人，占会员总数的 63.4%。企业界会员中担任各种经济实体的正、副董事长、总经理、厂长等高级管理人员46406人，占企业界会员的39.8%，占会员总数的25.2%；其中私营企业主31431人，占企业界会员的26.9%，占会员总数的17.1%。新社会阶层人士63048人，占会员总数的34.2%。代表人士比例进一步提高，体现了紧密联系经济界的特色。据统计，五年中，民建会员中共有1491人次获得国家和省部级表彰奖励。

12月15日，民建十届十三次中常委会议决定，副主席吴晓青兼任民建中央秘书长职务。

2015年7月12日，著名的经济学家和社会活动家，中国民主建国会和中华职业教育社的杰出领导人，中国共产党的亲密朋友，第九届、十届全国人民代表大会常务委员会副委员长，中国民主建国会第六届、七届、八届中央委员会主席，中华职业教育社第八届、九届理事会理事长成思危同志在京逝世。

民建十大期间，加强会员培训工作的突出特点之一是向基层倾斜，首次把培训基层组织负责人作为重点，实现对全会7700多个基层组织负责人培训的全覆盖。2014年7月，民建中央举办全国市级组织专职副主委培训班，着力提升市级组织专职领导干部的履职能力，这是民建中央培训专职领导干部历史上规模最大的一次。

2015年5月，民建基层组织主委培训班在京开班。陈昌智出席开班式并讲话，马培华主持，来自全国各省市的近500位基层组织主委参加。陈昌智提出了基层组织建设的目标和要求。2016年5月，民建全国基层组织主委培训班再次在京开班，全国近500位基层组织主委参加。

2015年6月7日至8日，民建全国厅局级政府实职干部工作研讨会在北京召开。会议深入学习习近平总书记在中央统战工作会议上的重要讲话精神和《中国共产党统一战线工作条例（试行）》，围绕做好实职工作和会务工作交流经验体会。马培华出席会议并讲话，张少琴主持开幕会。83名在政府和司法部门担任厅局级领导职务的民建会员参加。

建华课堂是民建开展会员学习培训的重要载体，也是广大会员会友沟通交流的平台。民建十大期间，建华课堂的区域分课堂从9个增加到19

个，开展培训活动700余场，培训会员会友约8万人次。它是八个民主党派中面向会员培训的独创品牌，成为统战系统教育培训的优秀案例，入选中央统战部编撰的《统一战线教育培训优秀案例选编》。

2015年9月中旬召开的民建十届十二次中常委会议，对省级和市级组织的换届工作作出部署。2016年是市级组织换届年。根据有关文件精神，民建中央结合实际出台了《关于民建省级组织换届工作的意见》《有关省级组织换届问题的参考说明》《民建省级组织代表大会有关文件参考范本》。2016年7月，民建省级组织换届工作会议在北京召开，陈昌智、马培华、周汉民、王永庆出席。会议研究了《关于民建省级组织换届工作的意见》落实办法，为2017年省级组织换届做好了思想、组织和工作准备。

2016年12月，民建十届十八次主席会议决定成立中央换届领导小组，领导换届工作。12月15日，在民建十届十九次主席会议上，经中共中央批准，民建中央部分副主席会内工作分工调整。马培华作为第一副主席协助主席抓全会工作，重点负责换届工作；郝明金担任常务副主席，协助主席负责全会的日常工作，协助第一副主席抓换届工作。2017年3月，民建十届十八次中常委会议审议通过了《关于民建中央2017年换届工作的意见》。7月，民建十届十九次中常委会议总结了民建省级组织换届情况，通报民建中央换届筹备情况：到会议召开时，民建全国30个省级组织已有27个完成换届任务，选举产生了新一届省级组织领导机构，达到了民主、团结、务实、奋进的目标要求，为年底民建中央换届和民建今后五年发展奠定了基础。

民建中央高度重视会章修改工作，2016年印发《关于章程修改征求意见的通知》，征求总纲和条文修改的意见和建议，截至11月底，收到章程修改的意见建议300多条。2017年年初，民建中央成立章程修改领导小组，郝明金任章程修改领导小组组长。9月，在民建十届二十次中常委会议上，郝明金就《中国民主建国会章程（修改草案）》（讨论稿）作了说明。

（五）完善会内监督机制

民建十大期间，会内监督机制得以逐步完善。健全会内监督体系，至2014年7月，民建全国30个省级组织全部建立监督委员会，在各民主党派中第一个实现省级组织监督委员会全覆盖，提前三年完成民建十大制定的目标，其中21个省级组织采取与内部相关部门合署办公等形式设立监督委员会办公室。稳步探索市级组织会内监督工作，至2017年年底，有28个市成立了监督委员会或监督小组。

完善会内监督制度，民建中央在实施《中国民主建国会会内监督条例（试行）》的同时，修订了《中央监督委员会工作规则》。全会建立了中央监督委员会委员列席中央全会制度、省级监督委员会主任列席中央监督委员会全体会议制度，并要求各省每年至少召开一次会议专门研究会内监督工作。

全会将促进领导班子履职作为会内监督的重要内容。在2013年1月召开的民建第十届中央监督委员会第一次全体会议上，陈昌智强调要加强领导作风的监督；进一步将会内监督工作做到实处。2014年11月，民建全国会内监督工作研讨会召开，陈昌智出席会议并讲话。民建中央监督委员会全体委员、30个省级监督委员会主任、监督委员会办公室主任或负责同志近80人参加会议。马培华作了题为《结合民建自身建设实际，深入推进会内监督工作》的报告，浙江等八个省级监督委员会主任作大会发言。会议全面总结了开展会内监督工作的成果和经验，明确今后开展工作的思路、方向和重点，对开展好会内监督起到推动作用。

2015年12月15日召开的民建第十届中央监督委员会第四次全体会议，审议通过了《中国民主建国会中央监督委员会关于对会内领导干部进行诫勉谈话和函询的暂行办法》，推动监督工作取得实质性进展。为加强对省级组织领导班子的管理和监督，同日召开的民建十届十五次主席会议审议通过了《民建中央关于建立健全省级组织领导班子述职评议会制度的意见》。中央监督委员会每年对民建中央机关有关专项经费支出进行审查；严肃会纪，根据会章和有关规定，对触犯法律和犯有严重错误的领导干部给予纪律处分或进行诫勉谈话，对涉及辽宁拉票贿选案的会员进行诫勉谈话。民建十届五中全会审议并通过了两个决定，撤销施耀忠民建第十届中央常委、委员职务并开除会籍，撤销潘胜燊[①]民建第十届中央委员职务并开除会籍。地方组织及其监督委员会也通过组织谈话、批评教育、纪律处分等形式，加大了监督和追责的力度。民建中央和各省级组织还将会内监督贯穿于各级组织换届过程。换届前，中央监督委员会于2015年11月出台《关于严肃换届纪律保证换届风清气正的通知》。

2017年12月，民建第十届中央委员会监督委员会第六次全体会议在北京召开。马培华在会上作工作报告。工作报告从六个方面对本届中央监督委员会的工作进行了总结：一是以思想建设为先导，切实夯实会内监督思想基础；二是以制度建设为保障，逐步完善会内监督体系；三是以贯彻条例为抓手，有效推进领导班子建设；四是以换届工作为重点，确保换届工作风清气正、顺利圆满；五是以实质性监督为方向，不断提高会内监督实效；六是以有序规范为目标，助推会内监督工作。陈昌智出席会议，充分肯定了本届中央监督委员会五年来所做的工作和取得的显著成效。

机关建设水平不断提升。民建中央机关完善管理制度，修订财务管理制度、会议费管理办法等文件，财务预算、决算工作四次在财政部评比中获奖。配合审计署完成对民建中央机关、本级和所属事业单位预算情况的首次审计，审计报告对民建中央相关工作给予肯定。

① 因违纪违法，于2016年12月被撤销职务，并开除会籍。

第八章

建设新时代中国特色社会主义参政党

一、第十一次全国代表大会

2017 年 10 月 18 日，中国共产党召开第十九次全国代表大会，确立了习近平新时代中国特色社会主义思想的历史地位，作出了中国特色社会主义进入了新时代等重大政治论断。中共十九大报告提出，坚持长期共存、互相监督、肝胆相照、荣辱与共，支持民主党派按照中国特色社会主义参政党要求更好履行职能。在习近平新时代中国特色社会主义思想的指引下，民建与中国共产党勠力同心，为决胜全面建成小康社会，夺取新时代中国特色社会主义伟大胜利贡献智慧和力量。

（一）召开第十一次全国代表大会

2017 年 12 月 16 日至 20 日，中国民主建国会第十一次全国代表大会在北京举行。出席大会的代表 626 名，来自 383 个地方组织，代表 184206 名会员。

中共中央政治局常委、国务院副总理汪洋，中共中央政治局委员、国务委员杨洁篪，中共中央书记处书记、中央统战部部长尤权，全国人大常委会副委员长吉炳轩，全国人大常委会副委员长、农工党中央主席陈竺，全国政协副主席陈元，中央统战部、全国政协有关领导同志，其他民主党派中央、全国工商联负责人等到会祝贺。全国政协原副主席、民建中央原第一副主席张榕明等出席开幕会。

汪洋代表中共中央致贺词。贺词指出，中国民主建国会同中国共产党有着长期合作的光荣历史，具有爱国革命的优良传统。自诞生之日起，一代又一代民建中央领导人团结带领广大会员，同中国共产党栉风沐雨、一

★ 2017 年 12 月 16 日至 20 日，民建第十一次全国代表大会在北京召开。

路同行，为统一战线和多党合作事业发展作出了重要贡献，为实现民族独立和解放、建立新中国、建设中国特色社会主义事业发挥了重要作用。实践充分证明，民建作为中国共产党久经考验的亲密友党和中国特色社会主义参政党，是中国从站起来、富起来到强起来伟大征程中的一支重要力量，是决胜全面建成小康社会、夺取新时代中国特色社会主义伟大胜利的一支重要力量，是实现中华民族伟大复兴中国梦的一支重要力量。五年来，民建发挥特色优势，围绕深入推进新型城镇化、防范系统性金融风险、推动长江经济带发展等重大问题，深入调查研究，积极建言献策，有效发挥了智库作用，履职能力和自身建设水平不断提高。贺词指出，希望民建认真学习宣传贯彻中共十九大精神，深刻领会习近平新时代中国特色社会主义思想的历史地位和丰富内涵，牢固树立“四个意识”，坚定“四个自信”。充分发挥联系经济界的特色和优势，引导广大会员贯彻新发展理念，推动建设现代化经济体系，密切关注转变发展方式、优化经济结构、转换增长动力攻关期的战略部署和重要任务，围绕深化供给侧结构性改革、加快建设创新型国家、实施区域协调发展战略等建言践行，为促进我国经济实现更高质量、更有效率、更加公平、更可持续的发展贡献智慧和力量。

陈竺代表其他民主党派中央、全国工商联向大会致贺词。

大会主席团常务主席陈昌智代表第十届中央委员会作题为《不忘合作初心，继续履职前行，为决胜全面建成小康社会，夺取新时代中国特色社会主义伟大胜利贡献力量》的工作报告。报告全面回顾了民建十大以来的工作，指出全会以中国特色社会主义理论体系为指导，深入学习贯彻中共十八大、十九大精神，弘扬优良传统，努力加强自身建设，切实履行参政党职能，为促进经济持续健康发展、维护社会和谐稳定作出了积极贡献。报告总结了五年的工作特点：探索本会建设和发展规律、工作作风切实转变、会内监督不断强化、参政议政务实高效、“思源工程”亮点纷呈。报告强调，民建要在以习近平同志为核心的中共中央坚强领导下，高举中国特色社会主义伟大旗帜，认真学习贯彻中共十九大精神和习近平新时代中国特色社会主义思想，深刻认识我国社会主要矛盾的变化，贯彻落实新发展理念，围绕中心、服务大局，认真履行参政党职能；弘扬民建优良传统，巩固共同思想政治基础，全面加强自身建设；充分发挥民建特色和优势，为决胜全面建成小康社会、全面建设社会主义现代化强国作出新的更大贡献。

大会通过了新的《中国民主建国会章程》。新章程的总纲与原章程相比，主要有四个方面的变化。一是提出深入学习贯彻习近平新时代中国特色社会主义思想的新要求。根据中共十九大精神，将习近平新时代中国特色社会主义思想写入章程总纲和具体条文的有关条款中。习近平新时代中国特色社会主义思想不仅是中国共产党的行动指南，也是民建加强自身建设、履行参政党职能的指导思想，必须贯彻到本会的各项工作之中。二是充实了中国特色社会主义进入了新时代、我国社会主要矛盾变化等重大政治论断的内容。在政治纲领的表述中，增写“四个自信”和“四个全面”战略布局的内容；充实“中国特色社会主义基本理论、基本路线、基本方略”。在本会现阶段的任务中，将奋斗目标充实表述为“‘两个一百年’和实现中华民族伟大复兴中国梦”；增写“我国社会主要矛盾变化”“‘两个阶段’战略安排”的内容；将“以促进科学发展为第一要务”充实调整为“五大发展理念”，既遵循中共十九大精神，也为本会履行职能指明方向，有利于推动全会把思想和行动统一到中共中央的科学判断和战略部署上来。在全面加强自身建设的内容中，增写“中国特色社会主义进入新时代”“中国共产党的领导是中国特色社会主义最本质的特征，是中国特色社会主义制度的最大优势”“四个伟大”“四个意识”“坚决维护习近平总书记核心地位”的内容。三是增加了多党合作理论发展的最新成果。根据《中国共产党统一战线工作条例（试行）》《关于加强政党协商的实施意见》精神，将总纲第一自然段充实表述为“中国民主建国会是主要由经济界人士组成的、具有政治联盟特点的政党，是接受中国共产党领导，与中国共产党通力合作的中国特色社会主义参政党”。在政治纲领中，增写“参加中国共产党领导的政治协商”职能、“促进社会主义协商民主广泛、多层、制度化发展”，更加科学、全面、准确地反映了本会在我国政治制度和政治生活中的重要地位和基本职能。同时结合民建实际，将现阶段任务的后半段调整为“积极参加社会主义现代化建设，就经济社会发展重大问题进行考察调研，反映社情民意、协调社会关系、维护社会稳定、开展社会服务，为推进我国的现代化建设，完成祖国统一，维护世界和平，推动构建人类命运共同体作出贡献”。四是在“五个坚持”之后，增写了“三个与时俱进”的参政党建设规律，并在全面加强自身建设的内容中，增写“六个共同价值理念”。这对于本会加强自身建设，推动会的事业长远健康发展，具有重要指导意义。新章程还根据十大以来会的建设和发展实际，对有关条文作了调整和补充，主要有四个方面的内容。一是增加了“纪律和会内监督”一章。增加的第七章“纪律和会内监督”共五条，修改后的第四十一、四十二、四十三条是在原章程第十一、十二、十三条的基础上加以修订，对会员违反纪律的处分作出规定。其中，第四十一条增写“会的各级代表大会的代表受到留会察看及以上处分的，应当终止其代表资格”。将第四十三条修改为“各级组织对会员处分前，应听取本人说明情况和申辩，实事求是地查清事实。作出的处分决定，必须书面通知本人”。第四十四条是新增写的内容，对监督委员会的定位、监督对象、监督重点作出规定。第四十五条合并了原章程第二十七条和第三十七条的内容，明确中央监督委员会和省、自治区、直辖市委员会监督委员会组成人员的产生方式和任期。二是增加会员和干部管理的有关内容和要求。在第十六条增写“把政治标准放在首位”，第三十七条在“全会要重视对干部的教育、培养、推荐、选拔和考核”中增加“使用、监督”，使干部管理的内容更加完善和准确。同时增写“解决自身问题的能力”，将“四种能力”发展为“五种能力”。第三十九条在各级领导干部的基本条件中增加“遵守政治纪律、政治规矩”的要求，将相关表述调整为“信念坚定、为民服务、勤政务实、敢于担当、清正廉洁”，与当前对干部的要求相适应。结合本会实行任期制的实践经验，并与各民主党派对领导干部任期制的表述规范性要求相一致，将第四十条改为“担任中央委员会主席、副主席和地方委员会主任委员、副主任委员职务的人员，同一职务可连选连任两届，最多不超过三届”。三是增加专门委员会的相关规定。在中央常务委员会和各级地方委员会的常务委员会职权中增加听取和审议专门委员会工作报告的内容；在第二十四条和三十三条分别增写“专门委员会每届任期五年”。四是规范组织系统的相关表述。将组织系统规范为“设区的市、自治州和直辖市的区”和“县（旗）、自治县、不设区的市和市辖区”。

12 月 19 日上午，中国民主建国会第十一次全国代表大会举行第三次全体会议，大会选举出了第十一届中央委员会委员 205 名。12 月 20 日上午，民建十一届一中全会第二次会议召开，选举产生了第十一届中央委员会主席、副主席和常务委员，选举郝明金为中央委员会主席，辜胜阻、张少琴、李说、周汉民、吴晓青、高峰、陈文华、孙东生、秦博勇、李世杰为副主席，选举马国湘、王舰、车秀兰、白重恩、宁崇瑞、刘炳江、孙菊生、苏华、李心、李瑶、李文海、李冬玉、李伯潭、李荣禧、李修松、杨成长、杨培君、吴志明、沈金强、张文彤、陈小平、武献华、洪慧民、袁慧琴、钱学明、倪晋仁、高纪凡、郭爱玲、郭跃进、龚立群、董新光、程京、蒙晓灵、赖明勇、骞芳莉、薛维梁为常务委员。在随后召开的民建十一届一中全会第三次会议上，选举产生了民建第十一届中央委员会监督委员会主任、副主任和委员，辜胜阻当选为主任，李谠、秦博勇当选为副主任，权忠光、朱皖、任学良、仰协、李忠民、李维平、杨弘智、苟少华、郑锦春、贾晓东、郭彩云、郭清晔、郭新平、商文江、梁洪杰、谢毓敏当选为委员。

在民建十一届一次主席会议上，根据分工，辜胜阻任民建中央常务副主席。民建十一届一次中常委会议决定副主席李世杰兼任中央委员会秘书长。

大会审议通过了给光荣离任同志的致敬信。致敬信指出，陈昌智、马培华等同志以坚定的理想信念和强烈的政治担当，恪尽职守、凝心聚力，团结带领民建始终与中国共产党风雨同舟、团结合作，紧紧围绕统筹推进“五位一体”总体布局、协调推进“四个全面”战略布局，深入调查研究，积极献计出力，在履职实践中不断取得新建树。大力弘扬优良传统，巩固共同价值理念，深化对本会建设发展规律的认识，在思想建设、组织建设、制度建设、作风建设等方面不断开创新局面。

民建第十一次全国代表大会是一次团结求实、继往开来、催人奋进的大会，为全会在习近平新时代中国特色社会主义思想指引下，不忘多党合作初心，共创民族复兴伟业，为把我国建设成为富强民主文明和谐美丽的社会主义现代化强国而奋斗，奠定了坚实基础。民建十一届中央委员会主席郝明金在 2007 年 12 月至 2017 年 1 月间曾任监察部副部长，先后参与调查处理了 50 多起特别重大生产安全事故，参加了多起严重违纪违法案件的查处工作，参加了多部中国共产党党内重要法规、国家重要法律的研究制定工作。至此，监察部连续三任党外副部长冯梯云、陈昌智、郝明金均来自民建，并先后成为民建中央重要领导人。

(二) 将学习贯彻习近平新时代中国特色社会主义思想作为首要政治任务

随着民建第十一次全国代表大会圆满闭幕，民建的换届工作全部结束，一批政治坚定、业绩突出、群众认可的同志，陆续走上各级组织的领导岗位，增添了新的有生力量。新一届民建中央将学习贯彻习近平新时代中国特色社会主义思想作为首要政治任务，列为常委会议、全委会议重要内容，民建中央及其常委会研究重要工作、确定重点调研题目，都以习近平总书记相关重要论述为指导，明确方向、提出措施。

2018 年 1 月 6 日，郝明金带领会中央和省级组织部分新任领导干部赴重庆，瞻仰民建成立旧址陈列馆和纪念碑、参观红岩村，召开集体谈话座谈会。辜胜阻、高峰、陈文华、秦博勇、李世杰参加活动和会议。郝明金在座谈会上强调，深入学习贯彻习近平新时代中国特色社会主义思想和中共十九大精神，是民建全会的首要政治任务。重庆之行是一次寻根之旅、筑魂之旅、学习之旅。深化政治交接，重点是继承和发扬民建老一代领导人长期与中国共产党通力合作形成的政治信念、优良传统和高尚风范；关键是增强对中国共产党和中国特色社会主义的政治认同，巩固多党合作的思想政治基础；核心是坚持中国共产党的领导，坚持中国特色社会主义，坚持中国共产党领导的多党合作制度和政治发展道路；政治要求是牢固树立“四个意识”，坚定“四个自信”，在思想上政治上行动上始终同以习近平同志为核心的中共中央保持高度一致，坚决维护习近平总书记核心地位，维护中共中央权威和集中统一领导；目的是加强民主党派自身思想政治建设，提高政治把握能力，按照新时代中国特色社会主义参政党要求更好履行职能，为决胜全面建成小康社会、夺取中国特色社会主义伟大胜利贡献智慧和力量，推动新时代统一战线和多党合作事业实现新的更大发展。

★ 2018 年 2 月，习近平总书记在北京同党外人士共迎新春时，与郝明金亲切握手。

★ 2018 年 1 月 6 日，郝明金一行瞻仰民建成立旧址陈列馆和纪念碑。

2018 年 3 月 6 日，民主党派中央和全国工商联领导人记者会在人民大会堂金色大厅举行，郝明金在回答新华社记者关于如何理解习近平总书记提出的“新型政党制度”以及民主党派要实现履职尽责有新作为应该怎么做的提问时指出，习近平总书记站在中国特色社会主义新时代的历史方位上，对多党合作制度提出了许多新思想、新论断、新观点，对更好地坚持发展和完善这一制度具有重要的指导作用。民建中央新一届领导班子深感责任重大、任务艰巨，对我们来说这好比也是一场“赶考”。我们要用新思想指导新实践，坚持以习近平新时代中国特色社会主义思想为指引，深入学习领会中共十九大提出的一些新理念、新论断、新战略、新举措，做到学懂弄通做实，指导我们的履职实践，推动实际工作。

2018 年 6 月 4 日至 8 日，民建中央主席会议成员集体参加了中央统战部举办的统一战线深入学习贯彻习近平新时代中国特色社会主义思想和中共十九大精神专题研讨班。2018 年 11 月 8 日，民建中央召开座谈会学习贯彻习近平总书记民营企业座谈会重要讲话精神，要求民建各级组织和广大民营企业家会员积极行动，深刻认识习近平总书记重要讲话的重大意义，切实履行好民建促进非公有制经济发展的重要职责，勇于创业创新，促进民营经济健康发展和民营企业家健康成长。12 月 1 日，民建中央庆祝改革开放 40 周年座谈会在京召开。郝明金在讲话中说，改革开放是当代中国最鲜明的特色，中国共产党的领导是中国特色社会主义的最本质特征和最大优势，是实现中华民族伟大复兴的根本保证。要深刻认识民建在新时代改革开放中的历史担当，切实履行中国特色社会主义参政党职能，抓好思想政治建设，保持密切联系经济界的特色和优势，为全面深化改革开放献计出力。12 月 19 日，民建中央召开座谈会，学习贯彻习近平总书记在庆祝改革开放 40 周年大会上的重要讲话精神。郝明金要求，各级组织和广大会员要全面把握习近平总书记从十个方面回顾改革开放 40 年历程以及阐述的九条宝贵经验，深刻领会坚持党的领导是改革开放取得成功的根本保证，深刻领会习近平总书记提出的始终坚持以人民为中心的发展思想，深刻领会在历史前进的逻辑中前进、在时代发展的潮流中发展的启示，深刻领会习近平新时代中国特色社会主义思想对新时代改革开放的谋划和布局，自觉承担起中国特色社会主义参政党在新时代改革开放中的历史担当。

会中央和各级地方组织领导集体带头深入学习习近平新时代中国特色社会主义思想和中共十九大精神，重点学习习近平总书记关于改革开放、生态文明、创新发展、依规治党、统一战线、多党合作、加强和改进人民政协工作、统筹推进新冠肺炎疫情防控和经济社会发展工作的重要思想，并举办相关专题讲座、辅导报告、理论研讨会等，坚持用习近平新时代中国特色社会主义思想武装头脑、统领工作。

二、加强中国特色社会主义参政党建设

中共十八大以来，习近平总书记围绕中国特色社会主义参政党建设问题发表一系列重要论述，为新时代中国特色社会主义参政党建设提供了科

学理论指导和行动指南。2019 年，中共中央着眼推进新时代多党合作事业新发展，出台了关于加强中国特色社会主义参政党建设的相关文件。民建坚持以习近平新时代中国特色社会主义思想为指导，不忘合作初心，继续携手前进，努力建设中国特色社会主义参政党。

（一）把思想政治建设摆在首位

2017 年 12 月 20 日，作为新一届民建中央主席，郝明金接受了《人民日报》、新华社、《人民政协报》、《光明日报》、《团结报》等媒体记者采访。在采访中，郝明金说，换届后要切实搞好政治交接，使民建与中国共产党通力合作的光荣历史和优良传统得到传承和光大。民建当前工作的主要矛盾是本会履行参政党职能的能力与中共中央提出的按照新时代中国特色社会主义参政党要求更好履行职能不相适应的问题。在全面推进会的各项建设中，政治建设应摆在首位，这具有根本性和决定性，重点是抓好会的中央领导班子、领导机构和中央机关的政治建设。要发挥全会的整体作用，做好“围绕中心、服务大局、发挥优势、全面履职”这篇文章。换届后，民建中央积极引导全会成员把思想政治建设摆在首位，坚定政治信念，增进政治认同，继续砥砺奋进，不断巩固多党合作共同思想政治基础。

印发《民建中央关于加强会的思想政治建设的意见》。2018 年 6 月 13 日，民建十一届三次中常委会议在上海召开，主题是深入学习贯彻习近平新时代中国特色社会主义思想，进一步加强民建思想政治建设。郝明金主持会议并讲话，强调提升参政党自身建设水平，必须加强思想政治建设，突出政治性，增强思想性，体现时代性，要求全会把履职思路和重点统一到新时代中国特色社会主义战略部署上。同年 9 月，印发《民建中央关于加强会的思想政治建设的意见》（以下简称《意见》），这是民建十一大后会中央出台的第一个重要文件，体现了思想建设的基础性作用和政治建设的根本性地位，成为思想政治建设的指导性文件。《意见》提出主要任务有六条：深入学习贯彻习近平新时代中国特色社会主义思想；始终不渝坚持中国共产党领导；坚定不移走中国特色社会主义道路；坚持好、发展好、完善好我国新型政党制度；传承和弘扬民建优良传统；尊崇、学习、维护会的章程。主要措施有七条：抓好“关键少数”；做好分类引导；加强学习培训；开展主题教育；激发基层活力；重视理论研究；搞好舆论宣传。《意见》在《民主党派工作交流》上刊登。民建各级组织把贯彻落实《意见》精神摆上重要议事日程，把思想政治建设贯穿到推进自身建设、履行参政党职能全过程。

领导班子成员带头宣讲。2018 年下半年，主席、副主席分别赴 30 个省级组织，开展以“增强政党制度自信，弘扬民建优良传统，努力建设中国特色社会主义参政党”为主题的宣讲活动，地方组织领导班子成员和骨干会员约 5000 人参加，掀起全会新一轮政治学习热潮。

把握会员思想态势。2019 年 4 月，民建直辖市、副省级城市会员思想动态座谈会在浙江杭州召开，这是建会以来民建中央在全会范围内召开的第一次以会员思想动态工作为主题的会议，是贯彻《民建中央关于加强会的思想政治建设的意见》的体现，是加强会的思想政治建设的重要举措。会议强调，了解和掌握会员的思想动态是做好意识形态工作的前提和基础，是坚持好、发展好、完善好我国新型政党制度的需要，是加强参政党思想政治建设的现实要求。要抓住重点、以点带面，通过做好直辖市、副省级城市会员思想动态推动全会思想动态工作上新台阶。

以重要纪念活动为契机开展思想政治教育。2018 年 5 月 3 日，民建中央召开纪念中共中央发布“五一口号”70 周年座谈会，郝明金讲话指出，必须深刻认识“五一口号”的历史和现实意义，牢记多党合作之初心，按照习近平总书记提出的“多党合作要有新气象，思想共识要有新提高，履职尽责要有新作为，参政党要有新面貌”的要求，不懈努力，砥砺奋进，把握新时代新机遇新挑战，展现新气象新干劲新作为，切实履行好同中共通力合作的挚友和诤友的政治责任，继续谱写多党合作新篇章。2018 年 9 月 18 日，民建中央召开纪念黄炎培先生诞辰 140 周年座谈会，郝明金讲话指出，对黄炎培先生最好的纪念，就是不忘合作初心，继续携手前进。民建全会要传承黄炎培先生“一切一切为的是中华”的爱国情怀、坚定不移跟共产党走的政治信念、与中国共产党亲密合作的优良传统、注重自我修养的优秀品质，努力把新时代中国特色社会主义参政党建设提高到新水平。

2020 年，适逢民建成立 75 周年。全会各级组织开展了一系列形式多样、亮点纷呈的纪念和表彰活动，为推动民建优良传统薪火相传、更好履行参政党职能营造了浓厚氛围。12 月 16 日，民建中央在京召开纪念中国民主建国会成立 75 周年座谈会。郝明金指出，在新时代新征程上，我们要更加自觉坚持中国共产党领导，始终做到初心如磐；要更加自觉坚持以习近平新时代中国特色社会主义思想为指导，始终做到理论清醒；要更加自觉致力于中国特色社会主义伟大事业，始终做到履职尽责；要更加自觉走中国特色社会主义政治发展道路，始终做到政治自信；要更加自觉提高中国特色社会主义参政党建设水平，始终做到素质过硬。

（二）开展“不忘合作初心，继续携手前进”主题教育活动

2019 年 5 月开始，中国共产党在全党开展“不忘初心、牢记使命”主题教育。坚持中国共产党的领导，共同致力于国家富强、民族复兴、人民幸福，是中国共产党领导的多党合作的初心所在。“不忘合作初心，继续携手前进”主题教育活动与中国共产党“不忘初心、牢记使命”主题教育相呼应，是新时代民主党派开展的一次重要的主题教育活动，是深入学习贯彻习近平新时代中国特色社会主义思想、推进多党合作事业健康发展的重要举措。

2019 年 7 月 23 日下午，中央统战部召开“不忘合作初心，继续携手前进”主题教育活动动员部署会，中共中央书记处书记、中央统战部部长尤权出席会议并讲话。7 月 24 日上午，民建中央召开主题教育活动动员部署大会。郝明金在讲话中强调，全会要提高政治站位，把“四新”“三好”贯彻到工作的全过程；要牢牢把握目标任务，增强工作整体实效；要恪尽职守，担当作为，落实重点措施。郝明金要求各级组织把开展

主题教育活动作为重大政治任务，增强责任感和紧迫感，加强组织领导，强化督促指导，认真落实好各项要求，提高主题教育活动质量。

主题教育活动从2019年7月底开始，持续到2019年年底。与以往不同，这次主题教育活动不划阶段、不分环节，引导推动全会成员将学习教育、履职尽责、查找不足、整改提高贯穿全过程。民建中央将主题教育活动列入重要工作议程，主席办公会议先期研究部署，成立民建中央“不忘合作初心，继续携手前进”主题教育活动领导小组，郝明金任组长，辜胜阻任副组长，张少琴、吴晓青、李世杰为领导小组成员。领导小组下设办公室，负责主题教育活动日常工作，吴晓青兼任办公室主任。7月26日，印发《民建中央开展“不忘合作初心，继续携手前进”主题教育活动方案》《主题教育活动实施方案》《主题教育活动主要工作分工进度表》。会中央把主题教育活动列入中常委会议等各类会议议题，提出具体要求，促进互学互鉴。30个省级组织于9月6日前全部召开会议部署主题教育活动，市级组织全面参与，基层组织广泛响应。主题教育活动办公室及时跟进报道，编印《主题教育活动情况通报》12期，内容近15万字，通报会中央安排部署，宣传各地特色做法、阶段成效，编发会中央领导主题教育活动调研报告。会中央网站、微信公众号制作主题教育活动专栏、专题。各级组织通过线上线下多种形式宣传主题教育活动开展情况、特色做法、阶段成效、先进典型等，形成全会“一盘棋”工作格局。

全会坚持将学习贯彻习近平新时代中国特色社会主义思想作为首要任务和核心内容，全面系统学、深入思考学、联系实际学、及时跟进学。会中央理论中心组围绕主题开展九次集体学习，带动全会崇尚学习、加强学习。2019年8月30日，会中央理论学习中心组举行主题教育活动第一次集体学习，围绕“多党合作的初心和民建的优良传统”开展专题学习讨论，主席、驻会副主席每人撰写发言材料并印发全会。9月至11月，分别围绕习近平总书记在“不忘初心、牢记使命”主题教育工作会议、在中央政协工作会议上的重要讲话，习近平总书记关于加强和改进统一战线工作的重要思想，学习传达中共十九届四中全会精神和党外人士情况通报会精神，习近平总书记关于扶贫工作的重要论述等主题开展集中学习研讨，集体观看影像《跟习近平学党史国史》并交流体会。主席、驻会副主席分别到机关各部门参加集体学习。30 个省级组织全部开展理论中心组学习或专题学习。

深化多党合作历史传统教育。民建中央积极开展老领导、老同志口述会史的影像记录工作；赴上海、武汉、青岛等地调研会史研究经验，收集资料。周汉民受全国政协“委员讲堂”节目邀请，主讲《民建与共和国血脉相连》。高峰作为全国政协重大专项工作委员宣讲团成员，赴四川政协宣讲。主题教育活动期间，全会共开展会史宣讲近 700 场，参加学习的会员约 3. 5 万人次。

★ 2019 年 10 月 30 日至 31 日，郝明金率领民建中央理论学习中心组到福建省龙岩市上杭县古田镇，开展“不忘合作初心，继续携手前进”主题教育活动现场集体学习。

发挥民建中央爱国主义教育基地的平台载体作用，组织广大会员学习中共党史、国史、多党合作史、民建会史等。2019 年 10 月底，在古田会议召开 90 周年之际，“新古田会议”召开五周年之时，郝明金带领民建中央理论学习中心（扩大）组到福建省龙岩市上杭县古田镇，开展现场集体学习并将古田干部学院（社会主义学院）设立为民建中央爱国主义教育基地。12月，在浙江宁波举行将包达三生平陈列馆命名为民建中央爱国主义教育基地的揭牌仪式。主题教育活动期间，全会爱国主义教育基地接待了约4.5万人次会员参观学习。2020年11月16日，民建中央爱国主义教育基地中国民主党派历史陈列馆揭牌仪式在重庆举行。截至2020年年底，全会共设立12个爱国主义教育基地。

广泛开展纪律教育、先进典型教育。会中央理论学习中心组（扩大）会议专题学习《中华人民共和国监察法》，邀请中央纪委国家监委驻中央统战部纪检监察组有关同志作专题辅导讲座。各级组织开展典型事迹宣讲、交流发言近800场次。

坚持问题导向和目标导向，对照习近平新时代中国特色社会主义思想和中共中央决策部署，对照中共中央关于加强多党合作、中国特色社会主义参政党建设方面的重要文件、本会章程等规定，围绕问题深刻检视剖析、认真查摆不足，以党为师、自我净化。主题教育活动期间，会中央领导班子成员深入基层、深入会员，先后赴省、市级组织调研指导主题教育活动55次，了解活动开展情况，广泛听取意见建议。会中央印发通知，向全会书面征求意见建议。11月21日，民建中央“不忘合作初心，继续携手前进”主题教育活动部分省级组织征求意见座谈会在河南郑州召开，郝明金出席并讲话。北京、天津、山西、江苏、安徽、山东、河南、湖北、陕西九个省、直辖市主委参加会议并发言，对会中央工作提出意见建议。11月，民建中央召开会中央机关干部征求意见座谈会、各工作部门专题会议等。经梳理并征求领导小组成员意见，归纳出意见建议清单79条。民建中央以解决实际问题的成效为衡量标准，针对79条的意见建议清单，制定了整改提高责任分工表，逐条提出整改措施，规定整改时限，落实责任单位，即知即改，立查立改。12月，民建中央召开专题民主生活会，通报了开展主题教育活动的整体情况，主席会议成员逐一发言，开展批评与自我批评。这是民建中央召开的第一次主席会议成员民主生活会，会议强调要认真学习习近平总书记关于民主生活会的重要论述；不断健全完善民主生活会制度，建设符合中国特色社会主义参政党要求的领导班子；主席会议成员明确岗位责任，发挥领导班子整体作用。各省级组织领导班子也按照相关要求全部召开专题民主生活会。

2019 年 12 月 30 日，民建中央“不忘合作初心，继续携手前进”主题教育活动总结大会在京召开。郝明金指出，持续深化主题教育活动成果，应着眼构建“不忘合作初心，继续携手前进”的制度机制，健全新时代思想政治工作体系，在学习上继续下功夫，在思想建会和制度治会结合上下功夫，在作风建设上下功夫。

主题教育活动期间，民建各级组织还积极开展庆祝中华人民共和国成立 70 周年系列活动。2019 年年初，民建中央印发《关于开展庆祝新中国成立 70 周年等系列活动的通知》。9 月，印发《民建中央关于深入学习贯彻习近平总书记在中央政协工作会议暨庆祝中国人民政治协商会议成立 70 周年大会上的重要讲话精神的通知》。9 月 11 日，举行了“骏彩华章——民建中央庆祝中华人民共和国成立 70 周年艺术作品展”。为深入学习贯彻习近平总书记关于工匠精神的重要论述，以优秀研究成果向中华人民共和国成立 70 周年献礼，9 月 21 日，民建中央在辽宁沈阳召开了“工匠精神与创新发展”研讨会。

民建中央主席、副主席围绕庆祝中华人民共和国成立 70 周年在中新社、《人民政协报》、《中国政协》等媒体发表署名文章，在新华社、《人民日报》、《光明日报》、《经济日报》等媒体发布视频采访、文字采访，讲述民建故事，展现民建新面貌。民建中央在全会开展庆祝征文活动，收到各类文章 2500 余篇；以“70 年来在中国共产党领导下民建发挥的历史作用和取得的宝贵经验”为主题，推动全会开展理论研究；联合地方组织参与全国政协、中央社院理论研究活动。各地通过艺术作品展、文艺汇演、演讲比赛、情景剧、短视频等活动，集中开展了爱国主义教育。

2020 年 6 月 22 日，民建中央召开“不忘合作初心，继续携手前进”主题教育活动整改提高工作汇报会。郝明金要求，要充分认识整改落实“一抓到底”的重要性，坚持把学习贯彻习近平新时代中国特色社会主义思想作为重中之重，压实领导责任，以钉钉子精神狠抓整改、落实到位，以作风建设的具体举措锤炼严、深、细、实的工作作风，进一步巩固主题教育活动整改提高取得实效。

（三）扎实推进组织建设

民建十一大以来，全会各级组织适应新时代新任务新要求，结合自身建设实际和履职实践，认真研究、积极探索，在实践基础上不断深化对中国特色社会主义参政党建设规律的认识，扎实推进组织建设。民建中央继2018年重点加强思想政治建设之后，将组织建设确定为2019年会的重点工作，努力为高质量建设中国特色社会主义参政党提供坚强组织保障。

深入贯彻落实中共中央关于加强中国特色社会主义参政党建设的相关文件精神。2019年，中共中央着眼推进新时代多党合作事业新发展，出台了关于加强中国特色社会主义参政党建设的相关文件，明确提出要建设政治坚定、组织坚实、履职有力、作风优良、制度健全的中国特色社会主义参政党。民建中央通过以会代训、实地调研、工作督导等方式推动全会学习贯彻中共中央关于加强中国特色社会主义参政党建设的相关文件精神。2019年9月，民建十一届八次中常委会议专门传达学习了中共中央关于加强中国特色社会主义参政党建设的相关文件精神，研究进一步提高新时代中国特色社会主义参政党建设水平等工作。郝明金指出，在全会深入开展“不忘合作初心，继续携手前进”主题教育活动之际，认真学习贯彻加强中国特色社会主义参政党建设的重要文件精神，十分重要。全会要自觉将思想和行动统一到文件精神和要求上来，在履职实践中把新时代中国特色社会主义参政党建设提高到新水平。按照“讲政治、识大局、严要求、善履职”的要求，以思想政治建设为核心，加强思想政治引领；以组织建设为基础，提高组织发展质量；以能力建设为支撑，实现全面履职新作为；以作风建设为抓手，锤炼优良作风；以制度建设为保障，健全完善制度体系，建设政治坚定、组织坚实、履职有力、作风优良、制度健全的中国特色社会主义参政党。会中央副主席、省级组织主委、会中央机关部门负责人参加了中国特色社会主义参政党建设专题研讨班，学习文件精神，领会核心要义，增强行动自觉，把学习贯彻文件精神贯穿到民建各项工作中。

2019 年 9 月 9 日至 10 日，民建全国组织建设工作会议在京召开。郝明金讲话指出，习近平新时代中国特色社会主义思想是指引民建组织建设的行动纲领和工作指南，习近平总书记关于“新时代党的组织路线”“加强组织建设”“选人用人”“民主党派自身建设”等精辟论述，为参政党建设提供了遵循，要认真学习领会。民建各级组织要着眼于完善民主集中制，全面提高领导班子整体功能；着眼于民建事业薪火相传，统筹推进代表人士队伍建设；着眼于高素质高质量，平稳健康有序推进组织发展；着眼于提升组织力，强化基层组织和机关建设。辜胜阻在会上作了题为《提高政治站位，夯实组织基础，为高质量建设中国特色社会主义参政党提供坚强保障》的工作报告。中共中央统战部一局有关同志就理解把握中共中央关于加强中国特色社会主义参政党建设的相关文件精神作辅导报告。

创新工作思路举措。为有效发挥民建的整体功能，民建中央十一届专门委员会设立了经济、财政金融、法制、企业、科教、妇女、理论研究、文化、对外联络、能源与资源环境、人口医药卫生、农业与农村等 12 个专门委员会，共 730 人。其中，企业委员会下设企业家精神、上市公司、信息和网络创新、新技术产业和制造业等四个分委会。为更好发挥专委会作用，民建中央成立了专门委员会建设领导小组，加强和规范专委会工作，修订完善相关制度，定期召开专委会秘书长联席会议，提升专委会建设水平。建立各专委会及委员的履职考核机制，由中央常务委员会定期听取各专委会工作报告，强化对专委会的纪律约束和履职要求。为加强新时代会的青年工作，加大发现培养使用优秀青年代表人士力度，2019 年 12 月 6 日，民建中央青年工作委员会在京成立。

推进实职干部队伍建设。2019 年 5 月，民建在政府和司法机关任厅局级实职领导干部培训班在中央社会主义学院举办，66 名在政府和司法部门担任厅局级领导职务的骨干会员参加培训。2018 年至 2020 年，民建中央举办了 5 期培训班，培训骨干会员 784 名；对省级组织会务干部、企业家会员等开展政治和业务能力培训；推荐 36 名骨干会员参加中央统战部举办的民主党派干部进修班、培训班；组织会中央机关全体局级干部和部分处级干部参加中央统战部培训。民建十一大以来，建华课堂举办线上线下培训 500 余场次，培训人数约 78000 人次。

激发各级组织活力。2018 年至 2020 年，会中央主席、副主席深入 130 个市级组织调研，指导地方组织建设，倾听会员声音，协调解决困难。为更好地了解掌握基层组织建设情况，总结推广基层组织建设中好的做法和经验，2019 年，民建中央在全会开展“坚持强基固本，推进基层组织建设”主题征文活动。民建中央将会员之家建设摆上重要议事日程，不断推进和完善会员之家建设，各级地方组织和基层组织统筹资源、因地制宜，建设了一批规范化、标准化的会员之家。

进一步加强会内监督工作。民建十一大后，全会认真学习借鉴中共全面从严治党的经验，以会章为指导，围绕提升“解决自身问题的能力”这一基本要求，结合实际推进会内监督工作。2017 年 12 月，新一届中央监督委员会全体会议召开，确定工作重点和委员分工，认真执行《中国民主建国会会内监督条例（试行）》，打造忠诚干净担当的会内监督队伍。2018 年，中央监督委员会工作报告由书面报告改为全委会上宣读，提升了全会对会内监督工作的重视程度。2019 年，各民主党派中央《关于加强内部监督工作座谈会纪要》出台，为民主党派内部监督工作的开展作了进一步规范。《中华人民共和国监察法》出台后，中央监督委员会认真研究会内监督与监察法的有效衔接。2020 年年初，首次印发了年度《会内监督工作要点》。

民建中央和各级监督委员会把会内监督与加强领导班子建设相结合，以领导班子及其主要负责人等为监督重点，以贯彻落实民主集中制为抓手，加强履职监督。中央监督委员会规范谈心会和述职评议会程序，中央监督委员会委员按照分工，指导督促各省级组织开展监督工作。各级组织坚持问题导向，严明纪律要求，注重加强对政治方向、政治纪律的监督。通过加强廉政教育、定期提示风险等形式，发挥会内监督抓早抓小、防微杜渐的预防警示作用。对犯有错误的会员，研究提出纪律处分意见，严肃会的纪律。中央监督委员会每年审查特别费使用情况，加强对机关行政事务性工作的监督。

中央监督委员会重视监督队伍建设，做到“三个坚持”：一是坚持抓好专题培训，2019 年 10 月，中央监督委员会举办省级监督委员会主任和省级监督委员会办公室主任培训班；2020 年 10 月，在民建骨干会员培训班上举办《中华人民共和国监察法》和《中华人民共和国公职人员政务处分法》专题辅导讲座。二是坚持抓好及时通报，中央监督委员会将会中央有关文件、制度印发委员学习，各级监督委员会委员列席全委会；各级监督委员会通过微信工作群、视频会议、专题培训等开展学习教育，并在重要会议、会内网站和刊物上，加大监督工作的宣传力度。三是坚持抓好广泛交流，中央监督委员会加强对各省监督委员会的联系和指导，各省级组织通过跨区域横向交流和以会代训等方式，强化监督队伍建设。

截至 2020 年 12 月底，全会共有会员 210431 人，经济界会员占 77.4%，企业界会员占 63.3%，新社会阶层人士占 16.4%。在 2018 年召开的十三届全国人大一次会议上，郝明金当选为全国人大常委会副委员长，在全国政协十三届一次会议上，辜胜阻、高云龙当选为全国政协副主席。民建成员担任各级人大代表的有 4631 人，担任各级政协委员的有 20965人，担任市级以上特邀（约）职务的有 1598 人，县处级以上政府机关及司法部门任职的有 2412 人。其中，孙东生任黑龙江省人民政府副省长，秦博勇任审计署副审计长，孙菊生任江西省人民政府副省长，杨培君任宁夏回族自治区人民政府副主席，方光华任陕西省人民政府副省长。2018 年，中华全国总工会第十七届执委会举行第一次全体会议，张少琴当选为中华全国总工会副主席。2019 年 2 月，中华职业教育社第十二次全国代表大会选举产生了新一届理事会，郝明金当选为理事长，辜胜阻、苏华当选为副理事长。2019 年 8 月，全国政协十三届常委会第八次会议通过政协第十三届全国委员会常务委员会决定，任命郝明金为中央社会主义学院院长。

（四）全面加强作风建设

作风建设是执政党建设的永恒课题，也是参政党建设的长期任务。2020 年，民建中央决定在全会开展作风建设年活动。在主席办公会议领导下，民建中央成立了全面加强作风建设领导小组。4 月 24 日，民建十一届三十七次主席办公会议审议通过《民建中央全面加强作风建设方案》，并印发全会。为确保作风建设取得实效，民建中央还制定了活动实施方案和活动安排进度表。

6 月 12 日，民建中央全面加强作风建设动员部署大会在京召开。郝明金强调，准确把握全面加强作风建设的目标任务，要坚持辩证思维，清醒认识目前全会作风建设的现实情况，既要坚持本会优良传统作风，又要看到作风建设新变化，还要认识到存在的问题和差距。要端正思想作风，坚持以习近平新时代中国特色社会主义思想为指导，深入学习贯彻习近平总书记关于作风建设重要论述，坚持学用结合、知行合一，在指导实践和推进工作上下功夫，在新时代有新担当新作为。要改进工作作风，坚持求真务实，真抓实干，深入调查研究，狠抓工作落实，进一步健全会中央主席、副主席联系地方组织制度，认真贯彻落实中共中央八项规定精神及其实施细则，切实纠正“四风”。要严格纪律要求，会中央和各级组织领导班子要负起“管会治会”的主体责任，各级监督委员会要负起专责监督责任，严明政治纪律和政治规矩，坚持中国共产党的领导，增强“四个意识”、坚定“四个自信”、做到“两个维护”，时刻保持政治上的清醒和坚定，坚决贯彻落实中共中央作出的重大决策部署。要推进机关建设，将机关作风建设与制度建设相结合，建立健全机关工作规章制度，增强机关工作规范化、制度化水平，切实提高机关办事效率和工作质量。就扎实推进作风建设年活动，郝明金提出三点要求：一是坚持突出重点，抓住关键少数；二是坚持问题导向，重在解决问题；三是坚持狠抓落实，务求取得实效。

在开展作风建设年活动过程中，民建中央理论学习中心组分别以端正思想作风、改进工作作风、严格纪律要求、推进机关建设为主题，深入开展专题学习。主席、副主席分别到所联系的地方组织聚焦作风建设开展调研，督促、指导地方组织抓实作风建设。30 个省级组织迅速行动，全部召开动员部署会议，形成上下一体、责任明确、稳步实施、共抓落实的工作局面。民建中央及时总结交流各地经验做法，编印《情况通报》共四期，并广泛征求意见建议，深入查找在作风建设方面存在的问题、短板和不足，形成问题和建议清单，提出整改措施，持续推进整改落实。11 月 6 日，民建中央召开全面加强作风建设总结大会，郝明金在会上对作风建设年活动进行了系统总结，强调要推动作风建设持续深入开展，不断提高民建自身建设水平。

2020 年，民建中央制定印发了《民建中央关于贯彻落实〈中共中央关于加强中国特色社会主义参政党建设的意见〉工作任务分工方案》。为督促工作落实，民建中央首次对重点工作实行督办，印发《关于对 2020 年重点工作任务实行督办的通知》，把开展作风建设年活动等重点工作列入督办内容。

（五）把制度建设贯穿于自身建设、履行职能全过程

加强制度建设，是建设中国特色社会主义参政党、更好履行参政党职能的时代需要。民建中央深入学习习近平总书记关于制度建设的重要论述，坚持把制度建设贯穿于自身建设、履行职能全过程，积极稳妥推进制度建设。

2018 年 9 月，在民建十一届四次中常委会议上，郝明金作了题为《加强制度建设，为建设中国特色社会主义参政党提供重要制度保障》的讲话，指出要坚持以习近平新时代中国特色社会主义思想为指导，坚持依据会的章程制定各项具体制度，坚持在继承中创新、在创新中发展，坚持

问题导向、切合实际、务实管用。要对现有制度全面进行梳理和清理；突出制度建设重点，提高制度建设质量；对会的制度进行分类，形成相对科学合理的制度体系；狠抓制度的执行，保证制度建设收到实效。

2019 年 3 月，民建中央根据工作需要，成立制度建设领导小组。郝明金任组长，辜胜阻、张少琴、吴晓青、李世杰任副组长，机关各工作部门主要负责人为成员。领导小组在主席办公会议领导下开展工作，领导小组下设办公室，李世杰兼任办公室主任。民建中央制度建设领导小组对全会制度建设提出明确要求，作出整体部署，将制度建设贯穿于自身建设、履行职能全过程，构建适合自身特点、系统规范、运行有效的制度体系，推动全会各项工作的制度化、规范化、程序化。3 月 22 日，民建中央召开制度建设领导小组第一次会议，审议通过了《民建中央制度建设领导小组工作规则》《民建中央制度建设领导小组办公室工作细则》《民建中央制度建设工作方案》，确定了 2019 年制度建设重点内容。其中，《民建中央制度建设领导小组工作规则》从机构设置、主要职责、会议制度、请示报告制度、通报制度等方面列出 12 条规定；《民建中央制度建设工作方案》包含指导思想、主要任务、工作规范、措施要求、组织实施等五方面内容。郝明金强调，要充分学习借鉴外部制度建设好的做法和经验，深入学习研究本会现有制度，统筹兼顾、有序推进、由上到下、由急到缓推进制度建设。

在民建中央制度建设领导小组部署指导下，会中央坚持正确的政治方向，遵循制度建设的基本规律，把领导班子和领导集体建设、议事决策、会内监督、机关建设、会中央专门委员会建设等规范作为制度建设的重点，抓住关键，分步推进，努力构建系统完备、科学合理、运行有效的制度体系。2019 年，会中央着重完善议事规则和决策程序，共制定完善《中国民主建国会中央委员会工作规则》《中国民主建国会中央常务委员会工作规则》《中国民主建国会中央委员会主席会议工作规则》《中国民主建国会中央委员会主席办公会议工作规则》等四个工作规则，修订了《民建中央理论学习中心组学习规则》。初步建立会中央层面领导班子议事决策制度框架，规范领导机构议事决策程序，为会中央工作提供基本遵循，为民主集中制的贯彻落实提供制度保障。在 2019 年 12 月召开的民建十一届三中全会闭幕会上，郝明金强调，制度的生命在于执行，要不断强化制度意识，自觉尊崇制度、严格执行制度、坚决维护制度，努力实现制度建会、制度治会。

2020 年，民建中央制度建设领导小组确定了年度制度建设工作计划，推进《中国民主建国会会内监督条例（试行）》等规章制度的制定完善工作。《中国民主建国会全国代表大会工作规则》经民建十一届四中全会通过，《民建中央贯彻落实中共中央八项规定精神实施细则》《中国民主建国会中央委员会主席副主席联系地方组织办法》《中国民主建国会中央委员会秘书长工作职责》经民建十一届十四次主席会议通过，《中国民主建国会中央委员会机关办公会议工作规则》经民建十一届四十二次主席办公会议通过，《民建中央机关公文处理办法》经民建十一届四十三次主席办公会议通过。

民建十一大以后，会中央还制定完善《机关重要文件报送规定》《机关领导干部请假报告管理办法》《民建中央参政议政工作评选表彰办法（试行）》《民建中央机关网络安全事件应急预案》《民建中央网络舆情应急预案》《民建中央机关网媒技术支持管理办法》等，为会中央工作提供遵循。

三、对标“四新”“三好”，建言资政和凝聚共识双向发力

民建加强履职能力建设，发动各级组织和广大会员贯彻落实习近平总书记提出的“四新”“三好”要求，建言资政和凝聚共识双向发力，同舟共济、共克时艰，为确保完成决战决胜脱贫攻坚目标任务、全面建成小康社会努力贡献智慧和力量。

（一）开展“探索建设海南自由贸易港”等大调研

中共十九大明确提出“赋予自由贸易试验区更大改革自主权，探索建设自由贸易港”的部署。2018 年，民建中央以“探索建设自由贸易港”为年度大调研课题，郝明金带队先后赴海南、上海等地进行专题重点考察调研。同时动员民建各级组织和会员参与到调研之中，集全会之力为自由贸易港建设贡献智慧。

★ 2018 年 5 月 8 日至 9 日，郝明金带队就民建中央重点考察调研专题“关于探索建设自由贸易港的调查与建议”赴海南省调研。

5 月，郝明金带领调研组，先后赴海南省海口市、琼海市、三亚市深入调研，调研组与海南党政部门、企业园区代表召开多场座谈会，实地考察了海南省政务数据中心、海口新海港区、博鳌镇沙美村和南强村、三亚国际免税城、三亚凤凰岛国际邮轮港等地。在海口，调研组与中共海南省委、省政府进行座谈。郝明金指出，要深刻认识习近平总书记重要讲话和中共中央关于支持海南自由贸易港建设决定的重大意义，精心设计好实施的“时间表”“路线图”“先后序”，有条不紊、扎实有力推进。民建将切实履行好中国特色社会主义参政党职能，努力提出高质量、建设性、有价值的意见建议，为党和国家决策服务，为推进海南自贸区（港）建设贡献力量。

结束海南调研后，郝明金带领调研组前往上海实地调研座谈。与此同时，民建上海、河南、重庆、四川、福建等地方组织，也就当地自贸区建设情况进行深入调研。8 月，中共中央政治局常委、全国政协主席汪洋在京主持召开调研协商座谈会，受郝明金委托，辜胜阻代表民建中央专题组汇报大调研有关情况。

民建中央大调研形成《关于推进我国自由贸易区（港）建设的建议》。在调研报告的基础上转化形成了民建中央《关于加快建设中国特色自由贸易港的提案》，提交政协第十三届全国委员会第二次会议。

民建中央建议加强自由贸易港的国家立法，确保改革决策与立法决策相协调，做到重大改革于法有据、立法主动适应改革发展需要。2020 年 4 月 29 日，十三届全国人大常委会第十七次会议表决通过了全国人大常委会关于授权国务院在中国（海南）自由贸易试验区暂时调整适用有关法律规定的决定。2020 年 5 月 25 日，在十三届全国人大三次会议上，全国人大常委会委员长栗战书所作的《全国人民代表大会常务委员会工作报告》中提出，今后一个阶段的主要任务包括“加强重要领域立法。围绕推动高质量发展，制定长江保护法、乡村振兴促进法、期货法、海南自由贸易港法，修改专利法等”。民建中央大调研关于海南自由贸易港的立法建议，与上述法律决定相一致。

在 2018 年大调研的基础上，2019 年，民建中央将“推动海南建设国际旅游消费中心”定为年度重点专题。8 月，郝明金带领专题组再赴海南深入调研，形成调研报告。在全国政协十三届三次会议上，民建中央提交《关于推动海南建设国际旅游消费中心的提案》。

2020 年 5 月 28 日，习近平总书记对海南自由贸易港建设作出重要指示。6 月 1 日，中共中央、国务院印发了《海南自由贸易港建设总体方案》。民建中央大调研所提出的适时制定《中华人民共和国自由贸易港

（海南）特别法》；简化自由贸易区（港）税制，大幅提高免税购物限额；构建适应游客消费升级的旅游新产品、新业态，设立“中国邮轮旅游发展实验区”，实施更加开放的游艇旅游政策；按照“一线放开，二线安全高效管住，区内自由流动”的基本原则，推行联合办公、单一窗口、统一平台、一站式通关和集中监管模式，探索运用区块链技术，建设海南数字化智慧自由贸易区（港），全面运用大数据技术建立“数据围栏”等有关立法、税收、监管和管理、硬件基础设施方面的意见建议，均在《总体方案》中得到了体现，民建中央大调研以及接续调研国际旅游消费中心的成果初显成效。

2019 年，民建中央将“促进先进制造业和现代服务业融合发展”作为大调研课题。3 月，郝明金率调研组赴湖南省和广东省调研，分别在长沙、广州、珠海召开座谈会，与地方党委、政府座谈；实地考察相关企业，了解两业融合的实际情况。李世杰参加调研。4 月，郝明金主持召开民建中央促进两业融合发展专题座谈会。6 月，中共中央政治局常委、全国政协主席汪洋主持召开“创新驱动引领高质量发展”调研协商座谈会，郝明金介绍了相关调研成果。调研成果转化为民建中央《关于促进先进制造业和现代服务业融合发展的提案》，提交全国政协十三届三次会议。

2020 年，民建中央将“提升产业链现代化水平”作为大调研课题。5 月，民建中央围绕该课题先后召开了网络视频会议和重点调研专题座谈会。6 月，郝明金带队赴山东省济南市、青岛市调研。调研组实地考察了有关企业，了解复工复产、产业链和供应链发展等有关情况；召开专题座谈会，与山东省政府相关部门和企业代表进行座谈。8 月，郝明金带队赴上海市和广东省调研，实地考察了有关企业，并召开座谈会。9 月，民建中央召开提升产业链现代化水平专题视频会议，听取了 20 个民建省级组织关于开展提升产业链现代化水平课题调研的情况汇报。10 月，民建中央形成调研报告，为中共中央决策提供参考。

（二）立足特色优势建言资政

全会紧扣中共中央、国务院重大决策部署，立足界别特色优势、找准切入点和突破口，创新工作机制、凝聚集体智慧，坚持问题导向、深入调查研究，打造参政议政精品，提高建言献策质量。

紧扣中心工作建言献策。2018 年 3 月 11 日，十三届全国人大一次会议表决通过《中华人民共和国宪法修正案》，把习近平新时代中国特色社会主义思想写入宪法，以国家根本法的形式确立习近平新时代中国特色社会主义思想在国家政治和社会生活中的指导地位。在此之前，中共中央于 2017 年 12 月 15 日召开党外人士座谈会，专门就中共中央关于修改宪法部分内容的建议听取各民主党派中央、全国工商联负责人和无党派人士代表的意见和建议。民建在座谈会上发言，表示完全赞成中共中央提出修改宪法的建议，赞同宪法修改的总体要求和原则，并就宪法修改有关内容提出了意见建议。

2018 年至 2020 年，民建中央参加中共中央和国务院召开的协商座谈会 16 次，就加快生态环境监管体制改革、优化营商环境、促进知识产权工作发展、国家监察制度改革、推进金融监管转型、行政审批制度改革、健全完善国家机构组织法、打造粤港澳大湾区、发展农村电商、打好污染防治攻坚战、构建长江经济带多元化生态补偿机制、增强民营经济发展活力、应对中美贸易摩擦、新冠肺炎疫情防控等提出意见建议。民建中央领导集体高度重视“直通车”建议工作，从 2018 年至 2020 年，共报送“直通车”建议 48 份，部分建议被有关部门采纳。面对突如其来的新冠肺炎疫情，民建中央先后就积极应对疫情稳外贸、新冠肺炎疫情对打赢脱贫攻坚战的影响和对策、新冠肺炎疫情对我国经济发展的影响和建议、美股动荡经济下行压力增加对中美经贸关系影响、组建全球产业链“海外仓”进一步畅通内外供需端、从“四普数据”挖掘中国经济新的增长点等提出了具体意见建议，向中共中央、国务院领导报送“直通车”建议 11 份，向有关部门报送专项建议 10 份，向全国政协报送社情民意 596 期。民建中央还根据形势变化适时调整提交全国政协十三届三次会议的提案内容，提出“关于后疫情时期稳定和提升我国全球供应链地位”“构建国家生物安全防御体系”“进一步完善国家公共卫生应急管理体系”等提案。

2018年至2020年，民建中央领导同志参加最高人民法院、最高人民检察院举行的民主监督座谈会，就基层法院队伍建设、知识产权保护、完善检察机关司法办案责任制、推进跨行政区划检察院改革、尽快完善执行立法、促进民营经济健康发展、完善多元调解工作机制、完善破产法律制度及配套保障机制等提出改进意见。民建中央还就《民法典各分编草案征求意见稿》《个人所得税法》《法院组织法》《检察院组织法》《民用航空法》《外商投资法（草案）》《统计法（修改草案）》《会计法修订草案（征求意见稿）》等多部法律提出修改意见。

2018年至2020年，会中央主席及各位专职副主席亲自率队，先后围绕20多个重点课题，开展深入调研，内容涵盖自由贸易港建设、新旧动能转换、促进先进制造业和现代服务业融合发展、增强中心城市辐射带动力、长江流域生态环境保护修复、提升产业链现代化水平、粤港澳大湾区建设、巩固提升脱贫攻坚成果、现代职业教育高质量发展、“一带一路”建设、健全和完善科技创新管理机制、打好污染防治攻坚战、民营企业营商环境政策落实情况等各个领域。上述调研都形成了调研报告，报送中共中央领导决策参考。

2018年至2020年，全国两会期间，担任全国人大代表的会员领衔提交议案50件，建议870件。郝明金提出的关于“加快建设科技创新资源开放共享平台，强化对中小企业的技术创新服务”的建议，被国务院2019年《政府工作报告》吸收采纳。三年间，担任全国政协委员的会员提交提案1006件；民建中央提交提案120件，立案114件，有16件提案被列为重点提案，提交大会发言22件。民建中央《关于加快新旧动能转换，建设现代化经济体系的提案》，有关部委来函答复，此建议为“有关政策文件的起草和制定提供了重要参考依据”，将在“工作推进过程中予以吸收转化”。周汉民代表民建中央在全国政协十三届一次会议上，作《大力推动创业投资，促进科技型中小企业发展》的大会发言；李世杰代表民建中央在全国政协十三届二次会议上，作《激发企业创新活力，推动新旧动能接续转换》的大会发言；周汉民代表民建中央在全国政协十三届三次会议视频会议上，作《增强中心城市动能，促进高质量发展和高品质生活》的大会发言。

2019 年，政协第十三届全国委员会常务委员会第九次会议表彰了全国政协成立 70 年来 100 件有影响力重要提案。民建中央提出的《关于加快发展我国风险投资事业的提案》（1998 年）、《关于实行银行储蓄存款实名制度的提案》（1999 年）、《关于加快个人所得税制度改革的提案》（2005 年），以及黄炎培等提出的《请以大会名义急电联合国否认国民党反动政府代表案》（1949 年）和《拟请先就各大行政区各择若干县或乡实行土地改革案》（1950 年）、胡子昂等提出的《广开就业门路培养就业能力案》（1979 年）、徐之河提出的《关于改革我国工业管理体制的提案》（1984 年）、刘正谟提出的《关于采取措施防止三角债前清后欠的提案》（1992 年）、王洪昌等提出的《关于在宪法中补充规定有关“中国共产党领导的多党合作和政治协商制度”的提案》（1993 年）、欧云远等提出的《关于促进非公有制经济健康发展的提案》（1999 年）、王曦提出的《建立环境与发展综合决策机制实施可持续发展战略案》（2003 年）、赵龙等提出的《关于将每年的 12 月 13 日定为国家公祭日的提案》（2005 年）等入选 100 件有影响力重要提案。[①]

联合承办双周协商座谈会。民建中央积极参与承办全国政协双周协商座谈会，2018 年至 2020 年，先后与全国政协相关专委会联合承办了三次双周协商座谈会。2018 年 12 月 21 日，与全国政协外事委员会联合承办第 17 次双周协商座谈会，围绕“推进境外经贸合作区建设”建言。2019 年 1 月 11 日，与全国政协经济委员会联合承办第 18 次双周协商座谈会，围绕“促进共享经济健康发展”建言。2020 年 4 月 30 日，与全国政协经济委员会联合承办第 35 次双周协商会，围绕“加快推进工业互联网建设”主题开展研讨。

探索构建参政议政新模式。为更好地发挥会的整体作用，科学全面研

① 政协第十三届全国委员会关于表彰全国政协成立 70 年来有影响力重要提案的决定，中国政协网，http：//www. cppcc. gov. cn/zxww/2019/11/08/ARTI1573181549402122. shtml。

判经济形势，实现建言资政和凝聚共识双向发力，从 2018 年开始，民建中央经济形势分析座谈会固定为每年召开两次，时间分别为年中和年末。会后，民建中央形成经济形势分析报告，以“直通车”形式报送中共中央。经济形势分析座谈会的模式探索，在集众智、凝共识方面取得了很好的效果。在课题调研方面，民建中央构建上下联动、央地结合、广泛调研的体制机制，通过召开省级组织课题研讨会、邀请有关部委和会外专家全程参与调研等形式，鼓励和带动地方组织和会内外专家的多方参与，提高了参政议政的实效。从 2019 年开始，民建中央决定每年召开一次参政议政工作会。

继续举办两大论坛。2018 年是中国风险投资论坛创办 20 周年，在 2018（第二十届）中国风险投资论坛上，郝明金发表了题为《完善股权投资市场，助推中国经济高质量发展》的主旨演讲。本届论坛以“新时代、新征程：资本引擎助推全球经济创新升级”为主题。论坛上，《民建中央关于加快发展我国风险投资事业的提案》荣获首届“成思危奖 · 风险投资研究贡献奖”国内成果奖。2019 年 5 月 31 日，2019（第二十一届）中国风险投资论坛在广州举办，论坛主题为“新时代、新经济，资本赋能粤港澳大湾区：开放、合作、创新”。辜胜阻在开幕式上发表了题为《让资本赋能大湾区全球创新高地的建设》主旨演讲。

2018 年 9 月 13 日，由民建中央、工业和信息化部、四川省人民政府共同主办的 2018 中国（四川）非公有制经济发展论坛在成都举行。本届论坛的主题是“弘扬企业家精神，推动非公有制经济高质量发展”。2019 年 9 月 19 日，由民建中央、工业和信息化部、甘肃省人民政府共同主办的 2019 中国（甘肃）非公有制经济发展论坛在兰州开幕。郝明金连续两年出席论坛并致辞。本届论坛以“新时代 · 新格局 · 新使命——‘一带一路’与西部开发中的非公经济”为主题，旨在搭建交流合作平台，探索在“一带一路”背景下加快非公有制经济发展的新方法和新途径。

（三）举全会之力参与打赢脱贫攻坚战

在决战脱贫攻坚、决胜全面小康的关键时刻，民建以习近平新时代中国特色社会主义思想为指导，把助力脱贫攻坚作为重要政治任务，坚持精准方略，聚焦深度贫困，定点扶贫工作取得了显著成效。

全会高度重视。2018 年年初，民建中央调整定点扶贫工作领导小组，由郝明金任组长。2018 年 3 月召开民建十一届二次中常委会议，专题研究部署定点扶贫工作。2018 年以来，民建召开中常委会、主席办公会、有主席参加的帮扶工作现场座谈会等专题会议 41 次，研究脱贫攻坚工作。

用好调研法宝。2018 年至 2020 年间，民建中央主席、副主席先后 27 次赴河北丰宁、贵州黔西开展脱贫攻坚调研。其中，郝明金分别于 2018 年 4 月、2019 年 6 月两赴黔西，2018 年 8 月、2019 年 7 月、2020 年 8 月三赴丰宁，考察脱贫攻坚工作，通过与当地党委政府座谈，走访当地龙头企业，深入建档立卡困难户家中，对参与脱贫攻坚和做好定点扶贫工作提出了具体要求。

完善对口帮扶机制。2018 年民建中央先后下发《关于民建部分省市组织结对帮扶黔西县 16 个贫困村的通知》和《关于聚焦丰宁县深度贫困村开展结对帮扶的通知》，民建东部 10 个省市、民建贵州省委会、民建重庆市委会和民建宁波市委会结对帮扶黔西县 16 个贫困村，民建京津冀省级组织结对帮扶丰宁县 27 个深度贫困村。2019 年又动员东部其他 7 个省市民建组织助力丰宁脱贫攻坚。民建中央还不断加大选派干部力度，自 2004 年以来，先后选派 36 名机关干部到黔西、丰宁挂职。在民建各级组织齐心合力下，脱贫攻坚工作机制不断完善，领导小组作用充分发挥，各类资源进一步整合、帮扶力量得到扩充，构建起了上下联动、横向协同、整体参与的多元主体帮扶体系。

2018 年是统一战线参与毕节试验区建设 30 周年。5 月 29 日，民建参与毕节试验区建设座谈会在民建中央机关召开。7 月 19 日，统一战线参与毕节试验区建设座谈会在贵州毕节召开，郝明金出席并在发言中指出，30 年来，民建始终把参与试验区改革发展和脱贫攻坚作为发挥我国新型政党制度效能的重要实践，在历任领导班子推动下，民建上下凝心聚力、发挥优势、接续奋斗，全力推动试验区改革发展。郝明金总结了在决战贫困、推动发展的长期共同实践中的三点体会：一是提高政治站位，准确把握参与试验区建设的任务和要求，紧扣重点、实打实干；二是建立体制机制，通过发挥联络联系机制、对口帮扶机制、干部挂职机制的作用，盘活资源、提高效能；三是将产业发展作为打赢脱贫攻坚战、实现乡村振兴的根本之策，充分发挥优势，开展产业扶贫。

2019 年 12 月 3 日，民建中央在京召开脱贫攻坚表彰大会，授予 16 家单位、40 名同志“民建脱贫攻坚突出贡献奖”荣誉称号，授予 191 家单位“民建脱贫攻坚奖先进集体”荣誉称号，授予 516 名同志“民建脱贫攻坚奖先进个人”荣誉称号。

在持续不断地帮扶下，黔西县、丰宁县分别于 2018 年 9 月、2020 年 2 月脱贫摘帽。黔西县荣获了“2018 年全国脱贫攻坚组织创新奖”。民建会员刘强东、曹德旺、王召明、石丽平、黄文仔先后荣获“全国脱贫攻坚奉献奖”，黄文博荣获“全国脱贫攻坚奋进奖”。

根据“脱贫不脱钩”的工作要求，民建中央着眼长远、提前谋划，提出进一步帮助两地巩固拓展脱贫攻坚成果，做好同乡村振兴战略衔接的工作。

助推黔西县贯彻新发展理念示范区建设。2019 年 4 月 29 日，民建中央在京组织召开《建设新发展理念示范区（黔西）中长期（2019—2035）规划纲要》论证会。同年 6 月 20 日至 22 日，郝明金率队赴黔西实地调研脱贫攻坚情况，并召开民建中央助力黔西贯彻新发展理念示范区建设调研座谈会。为助力黔西县巩固拓展脱贫成果，民建中央、民建东部十个省市组织、民建贵州省委会和民建重庆市委会等继续开展对口帮扶工作。以产业扶贫为重点，协调会员投入 1200 万元在黔西县 17 个乡镇发展特色粮食作物种植；开展教育扶贫，开办“思源教育移民班”，投入 100 万元为黔西县中小学寄宿学生提供优质美育课程；开展消费扶贫，下发《关于开展消费扶贫行动助力打赢脱贫攻坚战的通知》，将黔西县农特产品作为重点推介；开展健康扶贫，组织北京、上海医疗专家开展多次“送医下乡”活动；开展文化扶贫，捐赠 100 万元帮助新仁乡群益村建设文化广场，组织民建艺术家赴黔西县开展“送文艺下乡”慰问活动；开展职业技能培训，培养乡村医生、基层干部、致富带头人，夯实了乡村基层组织基础。

助力丰宁县巩固脱贫攻坚成果。2020年，民建中央先后下发《关于做好丰宁县结对帮扶工作的通知》和《关于深入开展丰宁结对帮扶工作的通知》，民建22个省级组织和中华思源工程扶贫基金会结对帮扶丰宁县26个乡镇和1个经济开发区，实现对丰宁结对帮扶的全覆盖。下发《关于开展“捧着初心而来，为决胜脱贫下单”消费扶贫专项行动的通知》，助力丰宁拓宽贫困地区农产品销售渠道、延伸扶贫产业链条。开展“聚光福　稳脱贫”光伏扶贫专项行动，线上线下累计筹集资金1501.79万元，共13388人次参与，撬动相同数量的财政和社会扶贫资金，在丰宁县建设了1251个5.5千瓦的户用扶贫电站，持续20年带动1251户年均增收3600元。2020年，先后召开结对帮扶丰宁工作推进会、民建助力丰宁决战脱贫攻坚暨非公经济前沿圆桌会议，投入和协调引进帮扶资金1.58亿元，直接购买和帮助销售丰宁农产品8991.62万元，促成招商引资签约金额30.34亿元。

2018年以来，中华思源工程扶贫基金会积极助力打赢脱贫攻坚战、助力乡村振兴和新冠疫情防控工作，募集款物10.82亿元，帮扶困难群众840.5万人次。牵头发起成立由商务部电子商务和信息化司指导的中国电商扶贫联盟，帮助贫困地区对接农产品销售155.78亿元。“思源·爱的分贝”项目荣获中华慈善奖。捐款支持柬埔寨教育事业，被柬埔寨政府授予国家建设最高级别奖项“马哈赛里瓦·莫尼萨拉潘”勋章。

推进脱贫攻坚民主监督取得实效。民建中央坚持问题导向，开展多层次监督性调研，全力推动调研成果转化，提升脱贫攻坚民主监督工作实效。2018年4月，民建中央脱贫攻坚民主监督工作领导小组进行调整，郝明金任组长。2018年5月30日，召开民建中央脱贫攻坚民主监督工作领导小组会议，郝明金提出要明确监督的导向和重点，同时发挥民建密切联系经济界的优势，加大对口广西帮扶力度，搞好产业扶贫，助推广西打赢脱贫攻坚战。此后，领导小组会议每年年初定期召开，总结上一年脱贫攻坚民主监督工作的做法和成效，研究决定当年脱贫攻坚民主监督工作计划。

2018 年 7 月 4 日至 6 日，郝明金率队到广西开展脱贫攻坚民主监督调研。调研组先后与广西各级政府召开多场座谈会，交流沟通情况，并深入广西西南边陲城市——靖西的深度贫困村、贫困户、扶贫企业和边贸口岸，实地了解产业扶贫模式、贫困户基本情况和边民互市贸易等情况，实地调研产业、边贸带动脱贫的成效。2018 年 5 月至 7 月，民建中央专家组深入广西河池、隆林等地进行入户走访，调研成果形成脱贫攻坚民主监督报告。2019 年，民建中央聚焦“两不愁三保障”，深入广西贫困乡村调研，形成专题报告 7 份，提出意见建议 46 条。民建中央还以民建广西区委会为依托，设立 14 个脱贫攻坚民主监督监测点，聘请 20 名长期扎根基层、身处扶贫一线的同志担任监测员，长期跟踪村、户脱贫攻坚情况。民建广西区委会按照民建中央的要求，组成工作组先后到隆安县、三江县等 13 个县、区或县级市开展脱贫攻坚民主监督调研，确定 11 个贫困村作为脱贫攻坚民主监督的观测点。这一系列举措，巩固了“多层级沟通 + 多层次调研 + 长期动态监测”的脱贫攻坚民主监督工作机制。同年 8 月 24 日，召开民建中央脱贫攻坚民主监督工作会，总结 2016 年以来民建中央对口广西开展脱贫攻坚民主监督工作基本情况，交流民建省级组织开展脱贫攻坚民主监督工作经验。

2018 年 11 月，中央统战部主办的脱贫攻坚民主监督工作经验现场交流暨 2018 年度成果会商会在广西南宁举行。这是脱贫攻坚民主监督工作开展以来召开的第一次经验交流会。郝明金出席会议并致辞，指出民建中央将深入学习贯彻习近平新时代中国特色社会主义思想和中共十九大精神，准确把握脱贫攻坚的形势变化、适时调整监督重点，深入开展调查研究，创新监督方式，努力开创脱贫攻坚民主监督工作新局面，为实现全面建成小康社会作出新贡献。

2019 年 4 月 24 日至 27 日，郝明金率队赴广西开展脱贫攻坚民主监督调研。调研组深入来宾市忻城县的贫困村寨，走访易地扶贫搬迁工程项目，实地考察产业扶贫、住房保障、基础设施建设等情况，掌握了大量第一手资料，并与广西各级政府保持密切沟通，随时反馈情况。辜胜阻也多次赴广西调研，调研成果形成专报，国家发改委、国务院扶贫办等 14 个部委就《民建中央关于推进广西边境地区稳边兴边和脱贫攻坚的 10 条建议》所涉及的问题给予了积极回复。

2020 年，民建中央克服新冠肺炎疫情影响，组织监督调研 16 次，召开座谈会 17 场。其中，2020 年 9 月 15 日至 18 日，郝明金再次带队赴百色市田东县、河池市罗城县，围绕脱贫后国家对广西百色、河池地区后续支持政策进行调研。在充分调研基础上，民建中央形成专题调研报告 6 份，发现问题 8 个，提出意见建议 31 条，民建广西区委会、各市级组织和监测员提交专题调研报告 20 份。2020 年 10 月 19 日，民建中央召开脱贫攻坚民主监督研讨会，围绕四年来民建开展脱贫攻坚民主监督工作的成功做法、取得的成效以及对加强和改进专项民主监督工作的建议进行了深入研讨交流。

民建中央注重寓监督于帮扶之中，多次组织会内专家、企业家赴广西投资考察，推动合作项目签约 755.35 亿元。针对“两不愁三保障”存在的薄弱环节，协调资金 950 万元助力“同心水柜”建设，向贫困地区乡镇卫生院捐赠 229 辆救护车；引入资金 1000 余万元，帮助受水灾影响的 8 个县；协调资金 1532 万元开展“生态教育移民扬帆班”等教育扶贫项目。针对农产品销售难等问题，通过“中国特产 · 思源农特馆”（京东商城）项目，推介广西农特产品。

（四）积极投入新冠肺炎疫情防控阻击战

2020 年，以习近平同志为核心的中共中央团结带领全国各族人民，付出巨大努力，取得抗击新冠肺炎疫情斗争重大战略成果。在这场同疫情的殊死较量中，民建坚决贯彻落实习近平总书记关于疫情防控工作系列重要讲话精神和中共中央决策部署，以实际行动践行多党合作初心，交出一份合格的答卷。

新冠肺炎疫情暴发后，郝明金在第一时间致电民建武汉市委会主委张文彤，了解疫情、慰问会员，号召广大会员立即行动起来，协助政府做好防控具体工作。1 月 29 日，民建中央机关成立了新型冠状病毒感染的肺炎疫情预防控制工作小组，并发出《民建中央机关关于明确责任加强新型冠状病毒感染肺炎疫情预防控制工作的通知》。2 月 7 日，下发《关于进一步助力打赢疫情防控阻击战的通知》。2 月 20 日，发出《致奋战在抗疫一线民建会员的慰问信》。2 月 28 日，民建中央召开专题会议，深入学习贯彻习近平总书记在统筹推进新冠肺炎疫情防控和经济社会发展工作部署会议上的重要讲话精神。郝明金提出，民建要谨记习近平总书记提出的“必胜之心、责任之心、仁爱之心、谨慎之心”①，为统筹做好疫情防控和经济社会发展工作、确保全面建成小康社会和完成“十三五”规划发挥应有作用。3 月 2 日，下发《关于做好服务会员企业复工复产和健康发展的通知》。3 月 11 日，下发《关于深入学习贯彻习近平总书记在统筹推进新冠肺炎疫情防控和经济社会发展工作部署会议上的重要讲话精神的通知》。

广泛动员，积极筹措物资、捐款捐物。1 月 23 日，郝明金对中华思源工程扶贫基金会参与疫情防控作出指示，基金会迅速行动，募集款物超过 2. 1 亿元。民建中央领导带头，机关全体干部、退休老同志及所属事业单位职工踊跃捐款，所购买的医疗物资于 3 月 25 日送达武汉大学人民医院。疫情防控期间，民建各级组织、会员企业和广大会员为抗击新冠肺炎疫情捐款 8 亿多元，捐献物资价值超过 10 亿元。民建中央对定点帮扶县黔西和丰宁的疫情防控高度关注，经与中华思源工程扶贫基金会、相关省级组织协同作战，共向两地援助 370 多万元抗疫物资。

在新冠肺炎疫情防控的主战场湖北，有 90 名医务工作者会员奋战在一线，1166 名会员坚守生产建设一线。民建湖北省委会副主委周汉生、张文彤、韩民春等同志，分别承担组织企业满负荷生产防疫物资，建设火

① 习近平：在统筹推进新冠肺炎疫情防控和经济社会发展工作部署会议上的讲话，新华网，http：//www. xinhuanet. com/politics/leaders/2020 -02/23/c_1125616016. htm。

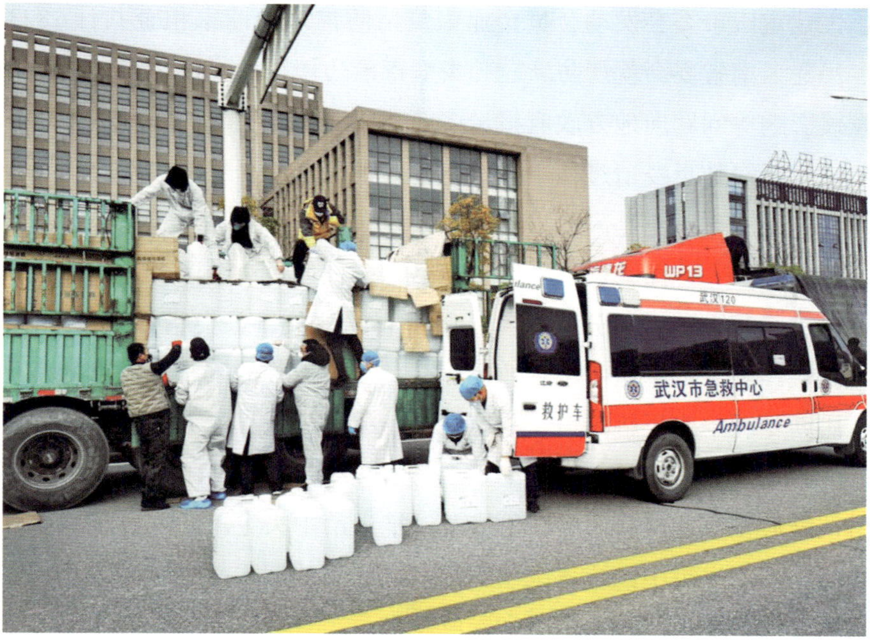

★ 2020 年 2 月 28 日，民建中央发出倡议，机关干部、职工及退休老同志捐款购买防疫物资。此为防疫物资运抵武汉。

神山、雷神山和方舱医院，以及保障武汉市居民生活物资等工作。民建会员企业湖北和远气体股份有限公司援建雷神山、火神山医院供氧系统，并为湖北省内的 156 家县级以上公立医院以及 370 家其他医疗机构提供了医用氧的供应和保障。会员企业武汉北湖云峰环保科技有限公司是武汉市仅有的两家承担焚烧新冠肺炎医疗废弃物的公司之一，在疫情最吃紧的时候全员无休，连续作战。民建各省级组织立足自身优势，担当作为，助力抗疫。民建北京市委会副主委、中国工程院院士程京带领团队连续奋战、集中攻关，迅速完成“六项呼吸道病毒核酸检测试剂盒”的研发任务。上海会员企业西本新干线股份有限公司不计成本，用直升机将物资直接运往武汉、黄冈等抗疫一线。民建浙江省委会在一个多月时间内实地调研了 100 余家会员企业，协调解决企业生产经营问题。民建福建省委会组织广大会员捐款捐物总计近 3 亿元，居全国民建省级组织第一名。民建广东省委会《中国首届进出口商品网上交易会的相关建议》得到有关部门的重视。民建重庆市委会发动会员企业为疫情防控减免商家租金共计 1823 万元。民建云南省委会就严防新冠肺炎病毒沿边境输入、疫情对云南花卉产业发展影响等问题向地方政府报送多篇建议，被相关部门采纳。

应对新冠肺炎疫情过程中，民建中央不仅迅速开展针对新冠肺炎疫情的建言资政工作，更是高度重视凝聚共识，进一步加强思想态势分析和宣传典型工作。一方面，通过电话、网络等多种途径对全国各地民建会员思想态势进行调查研究和分析研判，坚持有的放矢、分类指导、精准施策，及时反映经济界特别是中小企业民建会员当前面临的困难、提出的意见建议，协助党和政府了解民情、稳定情绪、化解矛盾，汇聚团结一心、抗击疫情的力量。另一方面，民建中央与各省级组织保持 24 小时联系，汇总、编辑抗疫典型事迹材料 800 余份，及时推送给中央主流新闻媒体，生动讲述了防疫抗疫过程中民建各级组织和广大会员的感人故事，充分展现了新时代民建人的责任感、使命感和奉献精神。

7 月 13 日，民建十一届十一次中常委会议在北京召开，会议主题是深入学习贯彻习近平总书记关于统筹推进疫情防控和经济社会发展重要论述，总结交流民建参与抗击新冠肺炎疫情工作和经验。郝明金在讲话中说，在抗击新冠肺炎疫情的非常时刻，民建坚定不移地同中国共产党想在一起、站在一起、干在一起，坚决学习贯彻习近平总书记关于疫情防控工作系列重要讲话精神，坚决贯彻落实中共中央决策部署，第一时间动员各级组织和广大会员积极投身这场疫情防控的人民战争，凝心聚力、共克时艰，为夺取疫情防控和经济社会发展“双胜利”贡献了智慧和力量。

在 9 月 8 日召开的全国抗击新冠肺炎疫情表彰大会上，民建会员唐子人、谷野、陈少纯、李晓波、杨明炜、周莉薇、王刚等七人荣获“全国抗击新冠肺炎疫情先进个人”称号。

12 月 1 日，为继承和发扬民建优良传统，弘扬伟大抗疫精神，表彰先进、树立榜样，民建中央在京举行民建成立 75 周年全国优秀会员和先进集体暨抗击新冠肺炎疫情先进个人和先进集体表彰大会。王卓等 500 位同志被授予“全国优秀会员”称号，民建北京市西城区委员会等 200 个民建组织被授予“全国先进集体”称号。王刚等408名同志被授予“抗击新冠肺炎疫情先进个人”称号，民建北京市西城区委员会等89家单位被授予“抗击新冠肺炎疫情先进集体”称号。

（五）加强交流与合作

为推进“一带一路”共商、共建、共享，全国人大常委会副委员长郝明金2018年10月29日至30日访问乌拉圭。其间，郝明金表示，中乌双方在“一带一路”框架下的合作将为两国关系注入新的动力。同年12月11日至13日，全国人大常委会副委员长郝明金出席在法国图卢兹市举办的第六届中法地方政府合作高层论坛开幕式。2019年5月25日，郝明金作为习近平主席特使出席南非总统拉马福萨就职仪式，并于当日会见拉马福萨。同年10月13日至17日，各国议会联盟第141届大会在塞尔维亚首都贝尔格莱德举行，郝明金以全国人大常委会副委员长身份率团与会。其间，郝明金表示，当今世界正经历百年未有之大变局，国际法权威和国际秩序受到冲击。各国要维护以联合国为核心的国际体系，坚定支持多边主义，反对单边主义、保护主义，维护国际公平正义。

2019年9月14日，辜胜阻作为习近平主席特使出席津巴布韦前总统穆加贝葬礼。

开展交流研讨，为建言献策提供参考。2018年10月17日至26日，辜胜阻带领“一带一路”建设与境外合作区访问团赴意大利、白俄罗斯、越南考察调研。2019年11月13日至22日，民建中央“一带一路”经贸与投资调研团赴“一带一路”沿线的摩洛哥、乌克兰和哈萨克斯坦三国进行专题调研，为持续深入推进“一带一路”倡议献计出力。

积极推动港澳台工作。2018年6月1日，郝明金在京会见到访的香港专业及资深行政人员协会访问团一行六人。郝明金在讲话中回顾了民建与香港专业及资深行政人员协会多年来开展互访交流的历史，希望香港专业及资深行政人员协会继续发扬爱国爱港精神，积极推动内地与香港在经济、科技、法律等领域的交流与合作，特别是围绕粤港澳大湾区建设献计出力，促进内地与香港经济社会的融合发展，更好地造福两地人民，为实现中华民族的伟大复兴而共同努力。2018 年 7 月，香港中华出入口商会邀请民建中央自由贸易港考察团赴港调研，同时通过民建组织邀请 30 位来自贵州贫困地区的师生参加由香港中华出入口商会与《亚洲周刊》、香港教育工作者联合会联合举办的“我们一起悦读的日子”系列活动。同年 8 月 23 日，香港中华出入口商会代表团一行到访民建中央，共同推动香港与内地经贸的往来与合作。2018 年首次成功举办台湾大学生暑期实习活动。2019 年民建中央组织台湾世新大学学生到中信集团进行为期 20 多天的暑期实习活动。自 1998 年起，由民建中央原主席成思危和世新大学董事长成嘉玲女士共同发起的两岸财经论坛，在台湾和大陆轮流举办，至 2019 年已经连续成功举办 20 届。

2020 年 10 月，中共十九届五中全会在京举行。此次会议着眼中华民族伟大复兴战略全局和世界百年未有之大变局，明确提出了“十四五”时期中国经济社会发展指导思想和必须遵循的原则，描绘了到 2035 年基本实现社会主义现代化的远景目标，对中国未来经济社会发展和国际社会均有深远意义。深入学习贯彻中共十九届五中全会精神，成为民建当前和今后一个时期的重要政治任务。为深入贯彻中共十九届五中全会精神，持续落实中共中央关于加强中国特色社会主义参政党建设的相关文件精神，2020 年 12 月 2 日，民建召开十一届四中全会，将 2021 年确定为会的履职能力建设年，动员全会不断提高会的自身建设质量，围绕适应新发展阶段、贯彻新发展理念、构建新发展格局，努力为全面建设社会主义现代化国家开好局、起好步发挥应有作用。

附　录

大事记

1945 年

7 月 4 日　黄炎培在延安同毛泽东谈话时讲到了中国历朝历代都没有跳出“其兴也勃焉”“其亡也忽焉”的周期率。对此，毛泽东的回答是：“我们已经找到新路，我们能跳出这周期率。这条新路，就是民主。”

12 月 16 日　民主建国会在重庆举行成立大会。会议通过了《民主建国会成立宣言》《民主建国会政纲》《民主建国会组织原则》《民主建国会章程》，选出理事 37 人，监事 19 人。

12 月 19 日　民建第一次理监事联席会议在重庆举行，选出常务理事 11 人。

12 月 20 日　召开第一次常务理事会，决定设立秘书处、财务组、会员组、分支会组、言论出版组、技术研究组、事业推广组、对外联络组等办事机构，明确了相应的负责人。

12 月 20 日　民建总会第一次常务理事会通过了成立重庆分会的决议。会议指派章乃器、杨卫玉、徐崇林、鄢公复、赵懿明、田钟灵、董幼娴、辛德培、温仲六等九人组成重庆分会筹备委员会，进行筹建工作。

1946 年

1 月 8 日　民建在重庆招待政治协商会议代表及各界人士，中共政协代表董必武等出席招待会。

1 月 12 日　《平民》周刊正式出版，至 2 月 9 日共出版四期。周刊社址设在重庆江家巷 1 号。《平民》周刊是民建的机关刊物。其主要刊载民建成立大会通过的重要文件和成员的政见文章，宣传民建的国是主张，沟通成员之间的联系。

1月14日　李烛尘、黄炎培、胡厥文、彭一湖会见美国特使马歇尔。

1月16日　民建与其他若干人民团体组成的政治协商会议陪都各界协进会在沧白纪念堂举行大会，遭到国民党特务的破坏。

1月19日　政治协商会议陪都各界协进会在沧白纪念堂举行演讲会，国民党特务又一次大打出手，史称沧白堂事件。

2月10日　民建等20多个团体组织的陪都各界庆祝政治协商会议成功大会筹备会在重庆较场口举行，国民党特务到会场进行破坏，殴打与会者，制造了震惊中外的较场口事件。

2月24日　民建重庆分会成立。

4月12日　民建总会迁至上海。

6月8日　民建会员阎宝航、包达三、盛丕华等与上海164位知名人士上书蒋介石呼吁和平、反对内战，并把全文附寄中共代表团。

6月9日　民建举行会员座谈会，专门讨论如何挽救民族经济危机问题。

6月15日　民建再次举行会员座谈会，经过充分的讨论，正式决定推派代表赴南京请愿，向国民党当局呼吁和平、要求停止内战。

6月21日　民建发表《为挽救国运解决国是奠定永久和平而呼吁》的声明。

6月23日　民建与其他政团组成上海人民和平请愿团赴南京呼吁和平。在南京下关站遭国民党特务围攻殴打，史称下关事件。

6月24日　民建就下关暴行发表谈话。

9月7日　民建发言人发表《反对签订中美物资协定的谈话》。

10月10日　创办了机关刊物《民讯》，主要刊载民建的重要文献，宣传民建的政治主张，在扩大政治影响、推动会务、沟通成员联系方面发挥作用。随着民建转入地下活动，《民讯》在出版了四期后被迫休刊。

11月10日　民建上海分会成立。

12月31日　民建等11个团体发表声明，反对国民党召开伪国大、通过伪宪法。

1947 年

1 月 3 日　民建举行常务理事会，通过《反对国民党召开国大通过宪法的决议》。

2 月 6 日　民建重庆分会致函渝学生抗联会，支持他们的反侵略运动。

2 月 8 日　民建对所谓“反对内战争取和平”发表意见。

4 月 29 日　民建致函美国前总统华莱士。

5 月 20 日　民建发表《对和平运动的意见》。

11 月 18 日　在沪的理、监事黄炎培、胡厥文、施复亮、杨卫玉、冷遹、盛丕华、俞寰澄、陈巳生、章元善、王纪华、范尧峰、杨美真等秘密召开会议，商讨民盟被宣布为“非法团体”之后，民建要采取的策略。会议决定，把理、监事和主要骨干分别编入以青建、英建、包建、寰建、康建、修建、核建、纪建、轮建等为代号的小组，每周采用聚餐、茶会等方式进行分散活动。

1948 年

5 月 23 日　民建在上海举行常务理监事联席会议，一致通过“赞成中共‘五一’号召，筹开新政协，成立联合政府。并推章乃器、孙起孟为驻港代表，同中共驻港负责人及其他民主党派驻港负责人保持联系”的决议。

11 月 15 日　民建在上海召开常务理事会，决议成立临时干事会。

12 月 4 日　民建等十个政团在香港联名发表《各民主党派为保护产业保障人权告国内同胞及各国侨民书》。

1949 年

2 月 19 日　民建港九分会成立。

2 月　武汉小组成立。华煜卿任组长，成员有金斌统、蓝昌农、贺尔梅等。

3 月 13 日　民建在北平举办新知识座谈会。

3 月 25 日　黄炎培等同志到达北平。

4 月 1 日　民建在北平举行常务理事会紧急会议，赞同中共的《反对北大西洋公约联合声明》稿，推举黄炎培参加署名。

4 月 3 日　黄炎培出席毛泽东在香山双清别墅举行的各民主党派负责人集会。

4 月 15 日　黄炎培等民建负责同志应毛泽东邀请到香山双清别墅晚餐。

4 月 24 日　黄炎培在中央人民广播电台广播，指出解放军迫近上海，要求上海人民起来，作局部的和平运动。

5 月 26 日　民建负责同志出席周恩来举办的晚餐会，会上协商确定民建以民族工商业者为骨干、包括国营企业管理人员为重点对象的方针。

5 月 27 日　上海全市解放，民建发表了《欢迎解放军宣言》。

6 月 15 日　黄炎培等五位民建代表出席新政协筹备会议。

7 月 1 日　《民讯》复刊第一期出版。主要内容有：《欢迎解放军宣言》《告会员书》，以及上海解放前夕被国民党匪特杀害的黄竞武、姜化民两烈士的生平事略等重要文章。

8 月 21 日　民建北平分会成立。

8 月 24 日　经过集体讨论，民建在《人民日报》发表《加强内部团结和警惕，答告美帝好梦做不成》的声明。

9 月 20 日　民建总会理监事第三次联席会议在北平举行，会议决议成立“全国会务推进委员会”。

9 月 21 日至 30 日　中国人民政治协商会议在北平举行，民建代表 12 人、候补代表 2 人出列席政协会议。

9 月 22 日　民建电贺中国人民政治协商会议开幕。

9 月 27 日　民建举行理监事联席会议，通过《民主建国会推进会务方案》，通过总会迁设北平案。会址设在东城区无量大人胡同 24 号。

10 月 1 日　民建总会和北京市分会、上海市分会、港九分会致电中央人民政府，祝贺中华人民共和国成立。

10月7日　民主建国会全国会务推进委员会（简称民建总会）第一次全体会议在京举行。会议通过民建会组织大纲，确定38名常务委员。

10月9日　民建总会第一次常委会在京举行。会议推举黄炎培、章乃器、南汉宸三位同志为常委会召集人，决议以《中国人民政治协商会议共同纲领》代替民建原有的政治纲领。

11月10日　民建总会发言人发表《巩固并发展中苏两大国伟大的珍贵友谊》的谈话。

12月2日　民建总会发言人发表谈话，拥护政府发行公债。

12月13日　民建总会常委会通过《各地分会改进理事暂行办法》。

1950年

1月14日　民主建国会全国会务推进委员会常务委员会举行第五次会议，通过《民主建国会总会组织委员会组织大纲》；民主建国会发言人发表谈话，支持北京市军管会收回东交民巷美、荷、法等国兵营；民主建国会发出为号召会员踊跃认购和尽力推销公债的文告。

1月30日　民主建国会发言人发表声明，抗议泰国政府排华暴行。

3月14日　民主建国会招待全国劳动局长会议工商界代表座谈。南汉宸、刘靖基、陈邃衡、黄炎培等先后在会上发言。

5月1日　为庆祝五一国际劳动节，民主建国会发出《五一劳动节谨告全国工商业家》书。

6月4日　民主建国会举行茶会，招待参加全国税务工作的工商界代表。

6月6日　民主建国会总会常委会举行第十二次会议，通过《民主建国会总会财务委员会组织大纲》。

6月13日　民主建国会发言人发表谈话，斥责麦克阿瑟迫害日共。

6月28日　民主建国会总会举行第二次会议，通过《民主建国会拥护政府土改办法和财经措施的决议》。

7月1日　民主建国会在《光明日报》发表《庆祝中共诞生二十九周年纪念日》《民主建国会发言人斥杜鲁门狂妄声明》。

7月18日　民主建国会总会常委会第十五次会议修改通过《民主建国会筹备分支会的原则和办法》《民主建国会加强组织方案》，通过《民主建国会关于初步总结新知识座谈会一类工作经验的通报》。

7月23日　民主建国会招待参加橡胶、卷烟、粮食加工、进出口贸易四个专业会议的工商界代表共150余人座谈。

7月26日　民主建国会总会发出《关于不在军队等系统发展组织的通函》。

8月1日　黄炎培在北京市各界反美侵略示威大会上发表演说，痛斥美帝侵略朝鲜的罪行。

8月5日　民主建国会总会常委会举行第十六次会议，通过《民主建国会总会宣传教育委员会组织大纲》。

8月15日　民主建国会总会常委会召集人黄炎培、章乃器、南汉宸致电朝鲜民主主义人民共和国首相金日成，祝贺朝鲜民主主义人民共和国解放5周年。

8月22日　中国共产党、全国政协、各民主党派、各人民团体发表联合声明《抗议美国空军滥炸朝鲜》。

8月28日　民主建国会发言人发表谈话，抗议美机侵犯我领空扫射中国人民的暴行。

9月2日　民主建国会总会常委会举行第十七次会议，通过《民主建国会分会筹备委员会组织通则》。

10月1日　民主建国会发表《庆祝我们最伟大的节日》一文。

11月4日　中国共产党与各民主党派发表联合宣言，拥护全国人民在志愿基础上为“抗美援朝、保家卫国”的神圣任务而奋斗的正义行动。

11月11日　民主建国会总会宣教处通知各地分会，抗美援朝为现阶段宣教中心工作。

11月18日　民主建国会发出《关于“抗美援朝、保家卫国运动”的宣教要点（第一号）》。

11 月 29 日　民主建国会总会扩大会议开幕，黄炎培致开幕词。章乃器作《全国工商界团结起来，为抗美援朝保家卫国而奋斗》的政治报告；民主建国会总会扩大会议发出向毛泽东致敬电、向中国人民志愿部队致敬电、向天津工商界抗美援朝示威游行大会致敬电、向朝鲜人民军致敬电。

12 月 9 日　民主建国会总会扩大会议致电北京工商界举行反对美帝侵略大游行。

12 月 11 日　民主建国会总会扩大会议闭幕，南汉宸致闭幕词。

12 月 19 日　民主建国会总会常委会举行第二十五次会议，通过《民主建国会宣教工作方案》。

1951 年

1 月 1 日　民主建国会发言人为英国迫害马来西亚侨胞事件发表声明。

1 月 5 日　民主建国会致电中朝战士，祝贺汉城光复。

1 月 6 日　民主建国会发言人发表谈话，坚决拥护政务院财经委员会关于统购棉纱的决定。

1 月 22 日　民主建国会发言人发表书面谈话，拥护周恩来外长复联合国电所提出的各项建议与和谈原则，与美帝作不妥协的斗争。

1 月 30 日　民主建国会发言人发表书面谈话，拥护《中华人民共和国惩治反革命条例》；民主建国会总会常委会举行第二十七次会议，通过《民主建国会关于发展地方组织的决议》。

2 月 3 日　民主建国会发言人对联合国非法通过美帝诬蔑我国提案发表声明；民主建国会总会宣教委员会举行第五次会议，通过《民主建国会关于“抗美援朝、保家卫国运动”宣教要点（第二号）》。

2 月 10 日　民主建国会寄中国人民志愿军战士信函《全国工商界誓为你们的后盾》。

2 月 24 日　民主建国会发表《关于反对美帝武装日本运动工作要点》。

3月6日　民主建国会总会常委会第二十八次会议通过《民主建国会训练干部办法》《发展会务必须坚守精简节约原则》。

3月8日　民主建国会发言人发表谈话，拥护世界和平理事会关于缔结和平公约宣言。

3月25日　民主建国会发言人再次发表谈话，拥护《中华人民共和国惩治反革命条例》。

4月11日　民主建国会总会常委会举行第三十次会议，通过《关于积极进行镇压反革命的通告》。

4月12日　民主建国会发言人发表谈话，抗议法国政府禁止世界和平理事会在法国境内活动。

4月16日　民主建国会致信日本工商界，反对美国单独对日媾和重新武装日本。

5月22日　民主建国会总会常委会举行第三十三次会议，通过《民主建国会向中小工商业者发展组织的决定》《民主建国会关于巩固与发展组织的指示》。

5月28日　民主建国会发言人发表谈话，庆祝和平解放西藏。

6月21日　我国各民主党派、无党派民主人士为准备庆祝中国共产党建党30周年发出联合通知。

6月26日　民主建国会总会常委会举行第三十五次会议，通过《关于组织工作的几项决议》。

6月30日　民主建国会与各民主党派发表联合宣言，庆祝中国共产党诞生30周年。

7月10日　民主建国会成立抗美援朝捐献运动委员会，黄炎培任主任委员。

9月2日　中国共产党与各民主党派、各人民团体为纪念抗日战争胜利六周年，发表联合宣言。

9月25日　民主建国会总会常委会举行第四十次会议，通过《民主建国会总会各大行政区办事处试行组织通则》。

1952 年

1 月 9 日　民主建国会总会为结合三大中心工作，积极推进反贪污、反浪费、反官僚主义运动致函各分会。

2 月 6 日　民主建国会发言人对于美帝、蒋介石集团在联合国大会所上演的“控苏案”丑剧发表谈话。

2 月 16 日　民主建国会总会就“三反”“五反”运动中五项中心工作致函各分会。

2 月 22 日　民主建国会总会发言人发表谈话，痛斥美帝国主义在朝鲜进行细菌战争。

3 月 8 日　中国共产党、全国政协、各民主党派、无党派民主人士联合抗议美帝国主义进行细菌战争。

4 月 18 日　民主建国会总会常委会举行第五十一次会议，通过《民主建国会在“三反”“五反”运动中对于会员的会内处理办法》。

5 月 8 日　民主建国会发言人对美国宣布非法的单独对日和约生效发表谈话。

6 月 6 日　民主建国会与各民主党派和无党派民主人士联合致电法国总理，抗议法国政府非法逮捕法国人民领袖杜克洛。

6 月 19 日　民建总会理监事联席会议第八次会议决定，召开总会第二次扩大会议，并将理监事会的全部职权授予第二次总会扩大会议。理监事的名义，此后不复存在。

7 月 1 日　民主建国会第二次总会扩大会议（预备会）为庆贺“七一”，向中国共产党、毛泽东分别发电祝贺。

7 月 2 日　民主建国会第二次总会扩大会议开幕，章乃器致开幕词，黄炎培传达毛泽东对于民主建国会方针的指示，南汉宸作《总会一九五一年工作总结中几个主要问题的结论》报告。大会通过《关于调整总会领导机构的决议》。

7 月 7 日　中国民主建国会第二次总会扩大会议第五次大会通过《中国民主建国会会章》《关于通过会章的决议》《协商委员会对于调整总会

领导机构协商结果的报告》《对全国民族工商业家的号召——加强学习，提高生产经营的积极性，为迎接国家经济建设的高潮而奋斗》。《中国民主建国会会章》规定：本会定名为中国民主建国会。本会是新民主主义的统一战线的政党。

7 月 11 日　民建总会常委会举行第一次会议，推选黄炎培为主任委员，章乃器、南汉宸、李烛尘、盛丕华、施复亮为副主任委员，孙起孟为秘书长。

7 月 14 日　民建为拥护周恩来外长抗议美军空军扫射安东市区发表谈话。

8 月 12 日　民建总会发出关于展开《共同纲领》学习的通知。

9 月 7 日　黄炎培在民建北京市分会第四届会员大会上，作《三反五反运动结束以后，怎样发挥毛主席对民建方针指示的精神》报告。

10 月 1 日　为庆祝建国三周年，黄炎培发表《全国工商业者应该热爱给他们带来了幸福和前途的伟大祖国》。

10 月 8 日　民建总会常委会举行第七次会议，修正通过《中国民主建国会筹备市分支会办法》。

10 月 21 日　民建总会常委会举行第八次会议，通过《中国民主建国会总会常务委员会试行组织规程》。

12 月 16 日　民建发言人发表谈话，反对联合国大会关于朝鲜问题的非法决议。

1953 年

1 月 13 日　民建总会关于朝鲜停战谈判停顿及联合国第七届大会通过印度提案问题致函分、支会，阐述我们的立场，揭露美国政府阴谋。

1 月 24 日　民建总会发出《为迎接普选实行人民代表大会制度而努力》函。

3 月 6 日　民建总会致电苏联共产党，痛悼斯大林逝世。

3 月 12 日　民建总会常委会举行第十七次会议，通过《中国民主建国会宣教工作方案》《中国民主建国会关于加强工商调查研究工作的决议》。

4 月 22 日　民建举行工商情况汇报会议预备会，李烛尘副主任委员讲话。

4 月 23 日　民建工商情况汇报会议开幕。

7 月 28 日　民建发言人关于朝鲜停战协定签字发表谈话。

8 月 1 日　民建总会通函各地方组织，加强“五反”原则教育。

9 月 1 日　民建总会常委会举行第二十七次会议，通过《进一步加强共同纲领及“五反”原则教育的指示》。

11 月 4 日　民建总会常委会第二十四次会议通过《关于参加中苏友好协会总会为团体会员的决定》。

11 月 9 日　民建总会委员会全体会议开幕，黄炎培作《全体会员动员起来，在中国共产党的领导下，团结私营工商业者，为贯彻国家过渡时期的总路线而奋斗》的开幕词。

11 月 21 日　民建总会委员会全体会议闭幕。通过《中国民主建国会总会常务委员会工作报告》《关于同意黄炎培主任委员开幕词并通过常务委员会工作报告的决议》《关于召开本会全国代表大会的决议》，会议发出向毛泽东、中国人民志愿军的致敬电。李烛尘副主任委员致闭幕词。

12 月 16 日　中国民主建国会总会发出《加强学习国家过渡时期总路线》《做好认购、推销一九五四年国家经济建设公债的工作》函。

1954 年

2 月 13 日　民建总会发出《结合总路线的学习，帮助工商业者会员做好 1953 年所得税汇算清交工作，进一步加强爱国守法教育》函。

5 月 12 日　民建总会发出《做好公债交款入库工作》函。

6 月 2 日　民建总会发出《各地方组织推动本会各级组织密切配合工会组织，做好私营企业的改造工作》函。

6 月 19 日　民建总会发出《推动会员积极参加中华人民共和国宪法草案的讨论》函。

6 月 23 日　黄炎培在中央人民电台播讲，号召中国民主建国会会员们，工商界朋友们，认真学习和讨论《中华人民共和国宪法（草案）》。

7 月 28 日　民建总会举行的爱国守法教育工作座谈会号召，加强“五反”原则教育和总路线公布以来的爱国守法教育工作，汇报情况，交流经验，并对今后爱国守法教育的方针、办法交换意见。

8 月 22 日　中国共产党、全国政协与各民主党派、各人民团体为解放台湾发表联合宣言。

8 月 27 日　民建总会常委会举行第四十四次会议，批准《中国民主建国会总会爱国守法教育工作座谈会对于本会爱国守法教育工作的意见》。

9 月 1 日　民建总会与中华全国工商业联合会，为解放台湾，消灭蒋介石卖国集团，广泛开展宣传工作发出联合指示。

9 月 14 日　民建总会发出《学习〈公私合营工业企业暂行条例〉》函。

10 月 21 日　民建总会发出《各地方组织组织会员学习〈中华人民共和国宪法〉及第一届全国人民代表大会第一次会议重要报告并贯彻实行》函。

11 月 7 日　黄炎培发表《〈中华人民共和国宪法〉公布后，工商界人士必须明确地认识自己的立场问题》文章。

1955 年

1 月 31 日　黄炎培发表《坚决反对美帝国主义者的停火诡计和战争挑衅》文章。

2 月 21 日　民建总会发出《拥护发行新的人民币》函，号召工商界必须以协助政府继续稳定物价、保障供应的积极行动来拥护政府发行新币的英明措施。

2 月 26 日　民建总会发出《做好一九五五年国家经济建设公债的推销工作》函。

4 月 1 日至 12 日　民建第一次全国代表大会在北京举行。出席会议的代表共 318 人，代表 43 个地方组织的 7000 多名成员。这是民建成立十年来规模最大的一次全国性会议。黄炎培致开幕词，题为《加强团结，努力工作，在中国共产党领导下，进一步协助国家对资本主义工商业进行社会主义改造，坚持对国内外敌人的斗争，为建设社会主义而奋斗》。章乃器作《中国民主建国会总会委员会工作报告》。

4 月 5 日　中共中央委员陈毅向民建第一次全国代表大会作政治报告。

4 月 11 日　民建第一次全国代表大会通过《中国民主建国会章程》。

4 月 12 日　民建第一次全国代表大会通过《向毛主席致敬电》《关于中国民主建国会的工作方针和任务的决议》《关于总会委员会工作报告的决议》，大会选出 157 名中央委员会委员。

4 月 17 日　民建第一届中央委员会举行第一次全体会议，通过《关于贯彻本会第一次全国代表大会各项决议、实施本会章程的决议》《中国民主建国会章程说明》。会议选举 48 人组成中国民主建国会第一届中央常务委员会。会议选举黄炎培为中央委员会主任委员，李烛尘、章乃器、南汉宸、盛丕华、施复亮、胡厥文、胡子昂、孙起孟为中央委员会副主任委员，孙起孟兼中央委员会秘书长。

8 月 3 日　民建第一届中央常务委员会举行第五次会议，通过《关于努力贯彻第一次全国人民代表大会第二次会议通过的发展国民经济的第一个五年计划等重要决议的指示》《中国民主建国会中央常务委员会试行组织规程》。

9 月 18 日　民建中央常务委员会发出《关于密切联系工会组织，辅导会员及其有关企业，积极接受社会主义改造》函。

10 月 1 日　李烛尘发表《真诚服从国家计划，积极接受社会主义改造，为贯彻第一个五年计划贡献力量》。

11月16日　民建第一届中央常务委员会举行第六次会议，通过《中国民主建国会支部组织通则》。

11月18日　民建第一届中央常务委员会举行第七次会议，通过《关于迎接国家对资本主义工商业的社会主义改造的新形势，进一步加强培养、提高工商界中骨干分子工作的指示》。

1956年

1月4日　民建中央常务委员会向地方组织发出《关于当前发展组织工作的指示》，要求各地组织根据国家对私营工商业统筹安排、经济改组、全业合营的需要，积极地有计划地发展会员。

1月15日　北京市各界20多万人在天安门广场举行庆祝社会主义改造胜利联欢大会，黄炎培参加大会。

1月16日　民建中央常务委员会向地方组织发出通电，要求地方组织和全体会员，在当地党组织和政府领导下，在私营工商业全部合营工作中，站在前列，做出成绩，树立榜样。

1月25日　民建工商界家属工作汇报会开幕。会议主要内容是汇报地方组织对工商业者会员家属工作的情况、经验和存在问题，以及家属思想转变过程等。

1月30日　李烛尘、盛丕华率领北京、天津、上海和24个省（自治区）的工商界人士和家属代表，带着社会主义改造伟大胜利的喜讯，乘中国人民政治协商会议全国委员会第二次会议开幕之时，向毛泽东、刘少奇、周恩来报喜。

3月14日　民建中央常务委员会发出《关于全国公私合营后在宣传工作中应注意的事项》函。

3月20日　民建中央常务委员会发出《关于进一步密切配合工会组织加强对会员的思想教育》函。

3月30日　民建和全国妇联、全国工商联联合召开的全国工商业者家属和女工商业者代表大会开幕。会议内容是总结工商界家属的进步成就，传达党和政府关于企业改造及人事安排的政策。

7 月 26 日　民建中央常务委员会发出《关于协助政府有关部门开好工商界座谈会和配合工商联开好公私合营企业私股代表会议》的通函。

8 月 15 日　民建中央常务委员会召集的组织工作座谈会开幕。

8 月 28 日　民建中央常务委员会召集的组织工作座谈会闭幕。会议通过《关于巩固和发展组织的意见》《关于支部工作的意见》《关于奖励和表扬工作的意见（草案）》3 个文件。

9 月 20 日　黄炎培代表中国民主建国会在第一届全国人大常委会第四十六次（扩大）会议上作《关于苏伊士运河问题》的发言。

10 月 29 日　民建第一届中央常务委员会举行第二十八次会议，通过《中国民主建国会筹设地方组织办法》。

11 月 1 日　民建第一届中央委员会第二次会议举行预备会。

11 月 3 日　民建第一届中央常务委员会举行第二十九次会议。会议通过《中国民主建国会中央常务委员会工作报告》。

11 月 5 日　民建第一届中央委员会第二次会议开幕，黄炎培致开幕词，李烛尘作《中国民主建国会中央常务委员会工作报告》。

11 月 16 日　民建第一届中央委员会第二次会议闭幕，会议通过《关于中央常务委员会工作报告的决议》《关于本会当前工作方针、任务的决定》《关于讨论当前几个主要原则问题的决议》。李烛尘致闭幕词。

12 月 14 日　民建第一届中央常务委员会举行第三十三次会议，通过《关于恢复会籍和重新申请入会的规定》。

12 月 18 日　黄炎培在中央人民广播电台播送《中国民族资本家的光明前途》一文。

1957 年

1 月 10 日　民建内部刊物《民讯》第六十四期出版，刊载了全国工商联第二届会员代表大会上，陈云、薄一波副总理的讲话摘要和黄炎培的致辞。

1月12日　民建中央制订了1957年工作计划要点。主要是密切注意各地组织对二中全会的传达情况，在会内进行思想教育工作；组织方面继续贯彻发展与巩固的方针，帮助工商业者会员搞好公私关系；研究、执行二中全会的提案，为召开三中全会作好准备工作等。

2月8日　民建中央开始组织在京常委、中委、秘书长、副秘书长、各委员会的委员及各处处长等学习政策、理论，并成立了“中常会学习工作组”。推定章元善、孙晓村、周士观、资耀华、谭志清负责处理学习方面的工作。

2月14日　民建中央邀集江苏省工作委员会、北京、天津、上海、武汉等市委员会的工商研究部门负责人，举行公私合作共事关系汇报会。

2月16日　《民讯》第六十五期出版，刊有许涤新的《论民族资产阶级的两面性等问题》及孙晓村的《现阶段中国民族资产阶级的两面性问题》等文章。

3月1日　黄炎培、盛丕华在最高国务会议第十一次会议（扩大）上，对毛主席关于“正确处理人民内部的矛盾”的讲话，作了大会发言。刊载于《民讯》第六十七期。

3月3日　民建中央常务委员会举行第三十四次会议。会议经过协商，各副主委作了如下分工：李烛尘除担任原常务副主委外，负责工商研究方面的领导工作；章乃器负责宣教方面的领导工作；胡子昂负责组织方面及其他带有综合性的领导工作，经常到会办公。

3月22日　民建中央委员会第三十六次扩大会议，出席常委28人，列席中委23人。通过《关于拥护中国人民政治协商会议二届三次会议的各项决议，加强思想教育工作，以及帮助和鼓励会员积极参加增产节约运动的决议》。

4月3日　民建中央常务委员会批准《中国民主建国会奖励和表扬试行办法》和《中国民主建国会奖励和表扬试行办法说明》，发各地组织试行。

4月5日至17日　民建中央在京召开宣教工作座谈会。座谈会总结了过去工作的经验，并结合当前形势，拟定了三个文件——《关于我会今后宣教工作的意见》《关于协助国家贯彻以企业为团结、教育和改造私方人员的主要基地的方针的初步工作经验和意见》《关于推动工商业者会员进行理论、时事、政策学习方面的经验和意见》。

5月6日　民建中央以电话的形式向各级地方组织发出关于积极帮助共产党进行整风的指示，要求各级组织根据毛泽东提出的正确处理人民内部矛盾的指示精神，“着重地对‘百花齐放、百家争鸣、长期共存、互相监督’的方针，帮助成员深入学习，敞开讨论，以利于提高认识，改进工作，解决矛盾”。

5月24日　黄炎培对台湾广播，表示受民主建国会25000位会员的委托，支持台湾同胞的反美大示威。

6月25日　民建中央常务委员会第三十九次会议通过《中国民主建国会中央常务委员会关于全会开展整风的决定》。

7月3日　民建与全国工商联成立民建中央、全国工商联临时工作委员会，处理有关工商界反右派斗争的工作。

9月9日至21日　民建一届三中全会与工商联二届二次执委会联席会议在北京召开。会议讨论在全国工商界开展全面整风的方针、政策、部署等问题，澄清思想，统一认识，掀起一个社会主义改造的新高潮。会议通过《全国工商界对右派分子展开坚决斗争的联合指示》，推动工商界的反右运动。

10月12日　民建中央、全国工商联临时工作委员会改称为“中国民主建国会中央常务委员会、中华全国工商业联合会整风工作委员会”，负责推动包括反右派斗争在内的工商界的全面整风运动。

1958年

1月9日　民建、全国工商联联合主办的《新工商》创刊号出版。民建中常委会发表了《给同志们的一封信》，除了阐述检查《民讯》的经过外，宣告为了适应客观形势的发展，将会刊《民讯》自1958年1月起，与中华全国工商业联合会编辑的《工商界》月刊合并改为《新工商》半月刊。

1 月 26 日至 28 日　民建中常会和全国工商联常务委员会举行第二十九次联席会议（扩大）。这次会议集中讨论了关于民建会员和工商界中的“右派分子”处理问题，并对两会中、执委中的部分“右派分子”作出了处理的决定。

2 月 9 日　“两会”常务委员会联席会议第三十次会议通过《关于推动一般整风运动的决定》。要求两会成员“积极投入到一般整风运动中去，痛下决心，加紧自我改造，鼓起干劲，为国家的社会主义建设大跃进贡献一切力量”。决议成立两会中央整风工作委员会，胡子昂任主任委员。

2 月 28 日　民建中央第四十次常委（扩大）会议在北京召开，会议号召各地组织“领导会员，掀起自我改造大竞赛，投入生产大跃进，力争三年内改造成为自食其力的劳动者”。

3 月 1 日　民建中常会发出［58］中秘字第 63 号通函，要求各地组织“领导会员，掀起自我改造大竞赛，投入生产大跃进，力争三年内改造成为自食其力的劳动者”。

3 月 15 日　民建中常会编印了《工作简讯》第一期出版，刊载了 3 月 4 日《各民主党派中央关于在各民主党派内部进一步开展整风运动的决定》等文件和其他会务报道。

3 月 16 日　民建负责人参加各民主党派和无党派人士在天安门召开自我改造促进大会，会后游行。

4 月 14 日至 18 日　民建中央、全国工商联整风工作委员会在天津召开工商界自我改造经验交流现场会议。会议的目的是交流经验、促进运动。

6 月 29 日　民建中央机关自北京东城区无量大人胡同迁移至西城区航空署街七号办公。

10 月 13 日　民建中央召开机关干部整风总结大会。

12 月 25 日至 1959 年 1 月 22 日　民建一届四中全会、工商联二届执委会三次会议联席（扩大）会议在北京召开。会议讨论了工商界自我改造、积极服务的若干问题。会议坚持和风细雨、自由讨论的方针，按照正确处理人民内部矛盾的办法，开展批评与自我批评。会议通过了《关于当前工商业者加强自我改造、积极为社会主义建设服务问题的几点认识》和《关于批准李烛尘副主任委员代表民建中央、全国工商联常务委员会所作的工作报告的决议》。

1959 年

1 月 23 日　民建第一届中央委员会举行第四次全体会议，决议同意孙起孟辞去中央委员会秘书长（兼职）的请求，并推孙晓村为中央委员会秘书长。

2 月 20 日　民建、工商联协作委员会成立。协作委员会的主要任务是研究、贯彻党和国家的方针政策，执行民建中央、全国工商联的决议，推进民建、工商联成员加强改造，积极服务，包括宣传教育、调查研究、出版机关刊物和工商业者家属工作。

7 月 21 日至 8 月 6 日　民建中央、全国工商联协作委员会召开了组织、宣教工作座谈会，对上半年工商界参加增产节约运动的情况和问题，两会组织、宣教工作的情况和问题进行了调查和研究，并就两会准备召开代表大会的筹备工作，交换了意见。

12 月 5 日至 7 日　民建中常会与全国工商联联合举行第二十四次常委（扩大）会议。会上黄炎培等传达了中共中央统战部李维汉部长关于开好两会代表大会的指示，讨论了对中共提出的“神仙会”的方针及如何运用到两会代表大会中去的问题。

12 月 12 日至 15 日　民建一届五次中委会和全国工商联第二届四次执委会在京举行联席会议，讨论“神仙会”的方针、政策精神，并通过了两会工作报告等文件。

12 月 16 日至 1960 年 2 月 21 日　民建第二次全国代表大会与全国工商联第三届成员代表大会在北京同时召开。首先召开了 60 多天的预备会议。刘少奇在讲话中重申了中共的“包一头、包到底”的政策。号召工商界要“顾一头、一边倒”，即顾国家利益、人民利益这一头，倒向社会主义这一边，一心一意跟党走，一心一意接受社会主义改造，一心一意为社会主义服务。

1960 年

2 月 3 日　民建和全国工商联召开工商业者家属和女工商业者座谈会，全国妇联的负责同志也参加了座谈会。中央统战部李维汉部长和平杰三副部长都在会上讲了话，勉励大家更多地关心政治，更好地学习生产劳动技能，听毛主席的话，跟共产党走，走社会主义道路，在参加社会主义建设中尽自己的一份力量。

2 月 12 日　中共中央副主席刘少奇、朱德，中共中央政治局委员陈毅、李先念、谭震林，中共中央委员李维汉，接见了中国民主建国会和中华全国工商业联合代表大会全体代表。刘少奇向民建会、工商联代表大会常务主席团作了重要指示，要求工商界下决心“顾一头、倒一边”。

2 月 19 日至 21 日　民建二大、工商联三大举行正式会议。大会通过了《中国民主建国会章程》。

2 月 20 日　民建第二次全国代表大会选举出第二届中央委员 169 人。

2 月 22 日　民建第二届中央委员会与全国工商联第三届执行委员会举行第一次联席会议。民建二届中央委员会选举出民建中央委员会主任委员、副主任委员、秘书长、常务委员共 57 人。主任委员为黄炎培。

4 月 12 日至 14 日　民建中常会、全国工商联联合举行第二次常委联席会议，讨论全国人大二届二次会议和全国政协三届二次会议各项报告和决议，一致表示坚决拥护。民建中常会与全国工商联联合成立了工商业者家属工作委员会。

10 月 28 日　民建中常会、全国工商联联合发出《关于坚决贯彻中国人民政治协商会议全国委员会常务委员会决议，组织、推动两会成员积极学习毛主席著作的通函》。要求各地组织在中共的领导下，立即采取积极具体措施，组织、推动两会成员积极学习毛主席著作。

12 月 28 日至 1961 年 1 月 17 日　民建中央与全国工商联在西安市召开常委第四次（扩大）联席会议。会议采取彻底敞开、自由漫谈的方式，要求与会人员对当前国内经济形势摆情况、摆观点、提问题、提意见。会议通过了 1961 年《民建中央、全国工商联共同工作要点》，提出要“继续贯彻党的鼓足士气、增强信心、埋头苦干、自力更生、坚持原则、坚持团结的方针，广泛深入地传达中共对工商界的政策，对民建中央、全国工商联成员和家属进一步加强‘顾一头、一边倒’的教育，推动和带动他们积极服务，加强世界观的改造”。

1961 年

3 月 27 日至 4 月 22 日　民建中央、全国工商联在北京联合召开八市两省工作座谈会，参加会议的有北京、上海、天津、武汉、广州、西安、沈阳、重庆八市以及江苏、浙江两省的民建、工商联领导人。会议主要就私方人员的安排使用、病假工资和疾病医疗待遇、定息以及公私共事关系等问题进行了讨论，提出了意见和建议。

5 月 4 日至 8 日　民建中常会和全国工商联联合召开在京常委（扩大）座谈会，就八市两省工作座谈会所反映的问题和意见，进行了座谈和讨论，并交换意见和看法。会后整理了所反映的问题和意见，送中央统战部参考。

6 月 21 日至 7 月 20 日　民建中常会、全国工商联两会协作委员会召开十省工作座谈会和十市两省工商业者家属工作座谈会。主要座谈了中共中央对工商业者“包一头”政策贯彻执行情况、问题和意见，以及工商业者家属方面的情况、问题和意见。

6 月 30 日　民建与其他各民主党派、无党派民主人士和全国工商联联合发表“庆祝中国共产党成立四十周年的献词”。黄炎培写了长诗《中国共产党四十周年颂》，在《新工商》第十期上发表。

8 月 7 日　民建中常会与全国工商联发出联合指示，要求各地组织重视家属工作，并就当前存在的关于家属因暂时回家而生活困难问题和家属骨干要求列入编制问题，提出处理意见，要求各地两会组织加以研究解决。

1962 年

1 月 1 日　黄炎培等民建领导人，对台湾工商界朋友广播，宣传祖国面貌日新月异，今昔对比，换了人间的景象，并表示了对在台湾工商界旧友怀念之情。

1 月 19 日　民建领导人参加各民主党派领导人集会，拥护中共中央 1 月 15 日发表的关于谴责美国政府反共暴行，支持美共正义斗争的声明。会上黄凉尘宣读了黄炎培谴责美帝暴行的书面发言。

2 月 13 日　民建中常会在上海召开“华东区基层组织经验交流座谈会”，总结经验，推进工作。座谈讨论了本会与工商联协作的同时，如何开展民建基层组织单独活动问题；关于培养会员成为工商界骨干分子问题；关于接受基层党组织领导等问题。

4 月 19 日至 26 日　民建二届五次常委会、全联三届五次常委会在京举行联席会议，通过两会 1962 年共同工作要点，制定 1962 年总的任务是“在党的领导下，团结工商界一切可以团结的人，调动一切可以调动的积极因素，贯彻执行人大、政协会议的决议”。

6 月 12 日至 13 日　民建中常会、全国工商联联合召集京津常委举行座谈会，就有关精简政策、开展专业活动等问题进行了座谈。孙起孟还传达了有关精简的政策，并汇报了有关成立工商界精简小组的情况。

7 月 6 日至 23 日　民建中央、全国工商联联合召开精简工作座谈会，讨论了精简中有关工商业者的方针、政策、规定和当前的宣教工作、生活互助金工作、办学问题、家属工作、开展专业活动以及小商小贩问题。

8 月 29 日　民建中常会向各地组织发出了“关于加强基层组织”的通函。根据国民经济调整工作中各地正在进行精简工作及国务院颁发了“两个规定”所出现的新情况，通函要求：加强基层组织工作，推动会员密切联系群众，发挥骨干作用。

9 月 12 日　黄炎培发表谈话，热烈祝贺人民解放军击落窜扰我华东地区的美制蒋帮 U-2 型飞机的重大胜利，严厉谴责美帝国主义的侵略罪行。

12 月 24 日至 1963 年 1 月 20 日　民建中央、全国工商联在北京举行中执委联席会议，通过了《关于在工商界中开展爱国主义、国际主义、社会主义的思想教育，推动成员和家属鼓足干劲，努力增产节约的决议》。

1963 年

1 月 14 日　刘少奇和中共中央其他领导同志邓小平、董必武、彭真、李先念、杨尚昆等接见了各民主党派和两会的负责同志并进行了亲切谈话。

3 月 23 日　民建中常会制定了《1963 年工作要点》，强调在与工商联协作的同时，加强对会员认真进行“三个主义”教育，帮助会员在工商界中起骨干分子作用。

7 月 16 日至 8 月 23 日　民建中常会和全国工商联联合在京召开宣教工作座谈会。座谈会的中心内容是：研究、分析当前工商界动态，并且在这个基础上，交流在工商界中开展爱国主义、国际主义、社会主义教育的经验。座谈会对工商界的“大反复”问题展开了激烈的讨论。会议决定，要在今后一个相当长的时期内，在工商界中深入开展“三个主义”教育，使工商界重温“三不得”和“听跟走”的经验教训。

12 月 5 日至 10 日　民建中央、全国工商联召开联席会议，主要讨论关于贯彻全国人大二届四次会议、全国政协三届四次会议的决议和精神的问题。会议通过了《关于坚决贯彻全国人民代表大会二届四次会议和中国人民政治协商会议三届四次会议的决议和精神，在工商界中更加广泛、更加深入地继续开展爱国主义、国际主义、社会主义思想教育的决议》。会议号召全体成员，“一定要在接受爱国主义、国际主义、社会主义思想教育中，进一步加强改造，克服大反复，提高自觉，在自我改造的道路上继续前进”。

1964 年

1 月 6 日至 2 月 5 日　民建中常会与全国工商联联合举办“读书会”，以学习中央《关于国际共产主义运动总路线的建议》为重点，联系工商界多数人存在的“求安”与“忘我”的思想实际，提高对自我改造的认识。

1 月 16 日至 30 日　民建中常会和全国工商联联合召开了“协助配合企业‘五反’运动工作座谈会”。与会人员汇报了当地两会组织和基层在党的领导下协助配合企业“五反”运动的工作情况、经验和问题，以及工商业者在“五反”运动中的思想动态，并对“五反”运动、增产节约与“三个主义”教育的关系等问题交换了意见。

2 月 10 日　民建中常会与全国工商联联合转发了政协全委会第四十三次常委会通过的《关于在各界人士中进一步开展爱国主义、国际主义和社会主义思想教育运动的计划大纲》，要求各地两会组织把“三个主义”教育更广泛、深入、系统地开展起来。

6 月 16 日　李烛尘代表各民主党派、全国工商联在政协礼堂追悼高云鹏的大会上发言，对惨遭美帝国主义者杀害的高云鹏表示深切的哀悼，对美帝国主义者这一血腥罪行，表示极大的愤怒和最强烈的抗议。

8 月 7 日　民建中常会和全国工商联联合举行在京常委座谈会，就我国政府 8 月 6 日对美帝侵略越南民主共和国的声明进行座谈。

1965 年

1 月 10 日　民建第二届中常委会第九次会议、中华全国工商业联合会第三届常委会第八次会议联席会议，通过“拥护和贯彻全国人大、全国政协两个会议的决议和精神的决议”。

6 月 26 日　黄炎培、李烛尘、胡子昂向台湾广播，指斥美帝侵占台湾 15 年，号召台湾同胞大家起来反对美帝国主义，打倒蒋介石，与祖国人民一道，为解放祖国神圣领土台湾而努力奋斗。

6 月 28 日　黄炎培参加各民主党派负责人、无党派民主人士、全国工商联负责人等为反对美帝国主义侵占台湾15周年举行的集会并发言。

12月21日 全国人民代表大会常务委员会副委员长、中国人民政治协商会议全国委员会副主席、中国民主建国会主任委员黄炎培在京逝世。

1966年

1月15日 民建中常会决定：民主建国会中央委员会主任委员由李烛尘代理。

3月4日 民建中央委员会副主任委员胡厥文从上海调来北京，任民建会常委副主委。

3月9日 民建、全国工商联两会主委、副主委举行碰头会，讨论在两会成立学习分会问题。讨论决定成立学习分会，组织两会在京中、执委学习。推定学习分会主任胡厥文、副主任孙晓村、胡子婴。

3月16日至19日 民建、工商联两会协作委员会召开浙江、江苏、江西三省两会组织工作汇报会。主要是汇报如何推动工商业者学习和工商业者的学习情况及思想动态。

6月16日 民建、全国工商联联合主办的《新工商》月刊发表停刊启事。

10月1日 胡厥文、胡子昂等应邀登上天安门参加国庆观礼，周恩来与他们一一握手，亲切交谈。

1967年

12月17日 章乃器撰写《关于救国会的概略回忆》。

1968年

10月 李烛尘逝世。李烛尘是著名的政治活动家，忠贞的爱国者，中国共产党的亲密朋友，民建的杰出领导人之一，著名的实业家，我国民族化学工业的开拓者。黄炎培逝世后，民建中央决定由李烛尘担任代主任委员。

1969 年

4 月 1 日　中国人民解放军代表进驻民建、工商联机关，宣布：一切权利归军代表。

5 月 4 日　民建、工商联两会机关干部、职工 20 人下放吉林省舒兰县五七干校劳动。

8 月 7 日　民建、工商联两会机关干部及参加学习的部分委员，去天津参观三条石展览会，接受“忆苦思甜”“剥削有罪”的教育。

11 月 27 日　民建、工商联两会机关大部分干部及勤工人员和部分委员、部分家属下放湖北沙洋“人大政协五七学校”（代号 1357）劳动。

1970 年

11 月 29 日　我国著名的政治家、社会活动家和经济学家，中国社会主义青年团早期主要领导人，我国著名的爱国民主人士，中国民主建国会主要发起人和领导人之一施复亮在京逝世。

1971 年

9 月　林彪反革命集团覆灭，周恩来亲自向民主党派、无党派人士传达、讲解。

10 月 5 日　民建、工商联参加“人大政协五七学校”的委员调回北京，参加机关内的委员学习组学习。

1972 年

10 月　各民主党派中央和全国工商联成立临时领导小组，撤销机关军代表，由临时领导小组负责领导联合办事机构的日常工作，正式恢复经常性学习活动。

1973 年

6 月　周恩来亲自关心过问并周到细致地安排了各民主党派负责人到

外地参观。胡厥文、胡子昂、孙晓村、沙千里、罗叔章、胡子婴、陈子彬、冯克煦到河南、广东、湖南进行参观考察。

10 月　叶剑英、邓颖超受中共中央委托，邀请各民主党派负责人和无党派人士协商第四届全国人民代表大会名单，开始恢复民主协商的优良传统。

1974 年

9 月 30 日　周恩来举行庆祝中华人民共和国成立 25 周年招待会，胡厥文等应邀出席招待会。

10 月 15 日　使馆临时代办罗斯为阿根廷议员团访问中国举行宴会，胡厥文等应邀出席宴会。

1975 年

1 月　第四届全国人大第一次会议在京召开，胡厥文当选为全国人大常委会副委员长。

1976 年

10 月 24 日　民建中央领导人和机关干部到天安门广场参加庆祝粉碎“四人帮”胜利的集会游行。

1977 年

2 月 18 日　胡厥文、胡子昂应邀参加十年以来首次举行的全国政协春节联欢会。

5 月 13 日　著名的经济学家和政治活动家，杰出的爱国民主人士，著名的“救国会七君子”之一，中国民主建国会创始人之一章乃器在京逝世。

12 月 24 日　民建中央成立了临时领导小组。恢复活动，建立中央领导机构。

1978 年

1 月起　民建中央、全国工商联联合编印了《工作通讯》《学习通讯》《各地情况摘编》等内部刊物，不定期分送地方组织。

2 月至 3 月间　胡厥文当选全国人大常委会副委员长，胡子昂、荣毅仁当选全国政协副主席。

5 月 13 日　经民建中常会临时领导小组和全国工商联临时领导小组联席会议决定，在两会临时领导小组之下成立由孙晓村、胡子婴、黄凉尘负责的临时联合工作委员会，负责处理民建、工商联协作的日常工作。

11 月至 12 月间　民建中央和全国工商联委派胡厥文、胡子昂分别赴武汉、成都召开座谈会，就民建、工商联今后的方针和任务、组织的恢复和发展等问题，进一步了解情况，开展讨论，统一认识。

12 月 17 日　孙起孟参加政协全国委员会举行的座谈会并发言。

1979 年

1 月 17 日　邓小平在人民大会堂约见胡厥文、胡子昂、荣毅仁、周叔弢、古耕虞五位民建、工商联老同志。邓小平认真听取了“五老”的意见，提出要落实原工商业者的政策，钱要用起来，人也要用起来。

10 月 11 日　民建第三次全国代表大会、中华全国工商业联合会第四届会员代表大会开幕。

10 月 19 日　民建中央、全国工商联两会代表大会全体代表下午在人民大会堂受到叶剑英、邓小平、李先念等党和国家领导人的亲切会见。

10 月 22 日　民建第三次全国代表大会全体会议，选举了民建第三届中央委员会委员 175 名，通过了关于两会工作报告审查决议，通过了《中国民主建国会章程》。

10 月 24 日　全国工商联四届常委会和民建中央三届常委会举行第一次联席会议，决定进一步做好工商联、民建的协作工作和各自的单独工作。决定工商联、民建联合工作委员会继续照常工作。决定增设联络委员会、生产技术经营管理委员会，原有的家属工作委员会改为妇女工作委员会。

1980 年

4 月 1 日至 10 日　全国工商联、民建中常会召开由两省八市地方组织参加的协助安置待业青年就业工作座谈会。会议交流了协助有关部门办好集体企业，安置待业青年就业的情况和经验。

7 月至 8 月　民建中央组织处改为组织部，开始编发《民建支部通讯》杂志，以指导和推动全会的组织工作。

8 月 23 日　南京市爱国建设公司成立。公司以原工商业者为主筹集资金，重点扶持街道企业发展生产、扩大安置待业青年、补充市场需要。

8 月　民建中央、全国工商联在调查研究的基础上，向中共中央提出了《关于落实对原工商业者的具体政策方面的一些意见和建议》。

9 月 14 日至 16 日　全国工商联四届常委二次会议和民建中央三届常委二次会议在北京举行联席会议。会议同意全国工商联、民建中常会 1980 年上半年工作汇报，通过了贯彻全国人大、全国政协五届三次会议精神的决议，关于协助党和政府做好对原工商业者的安排使用工作的决议，批准全国工商联、民建中常会协作工作机构负责人名单（共计建立：联络委员会、工商研究委员会、宣教工作委员会、妇女工作委员会、史料工作委员会和办公厅等六个协作工作机构），批准全国工商联和民建中常会各自的副秘书长和工作机构负责人名单。

9 月 16 日　民建中央、全国工商联召开联席会议。在联席会议上，孙起孟作了《广开才路，协助做好对原工商业者的安排使用》的发言；全国工商联、民建中常会向各地组织发出贯彻全国劳动就业工作会议精神，进一步做好协助就业工作的几点意见。

11 月　应香港中华总商会的邀请，以胡子昂为团长，孙晓村、胡子婴、古耕虞、刘靖基、张敬礼等组成的工商界代表团访问香港。这是中华人民共和国成立以来，内地工商界第一次组团访问香港，受到香港工商界人士的热烈欢迎和隆重接待。

1981 年

1 月 10 日　全国工商联和民建中常会向各地组织转发中共中央统战部、组织部印发民建、工商联中常委联席会议《关于协助党和政府做好对原工商业者的安排使用工作的决议》的通知。

1 月 18 日至 29 日　民建中央、全国工商联为社会主义现代化建设服务经验交流会在北京举行。参加会议的代表共 367 人。

3 月 3 日　全国工商联、民建中常会在京主、副委办公会议决定《服务与学习》1981 年下半年改版为 16 开，刊物名称不变；成立外贸咨询服务部；成立培训工作筹备小组。

3 月 10 日　全国工商联和民建中常会向中共中央和国务院报送《关于国民经济调整工作的建议书》。

4 月 25 日　胡厥文考察常州市工业发展情况后，写出《关于常州市工业发展情况的报告》，送邓小平、陈云、胡耀邦等中共中央领导同志。

6 月 7 日至 15 日　民建中央、全国工商联召开培训工作座谈会，学习贯彻中共中央、国务院《关于加强职工教育工作的决定》，落实民建、工商联为“四化”建设服务经验交流会提出的倡议精神，研究确定今后培训工作的任务。会议确定了工商联、民建各级组织开展培训工作的指导思想：扬长避短，拾遗补缺，稳步前进，讲求实效。

6 月 19 日　民建中央召开组织工作座谈会。这是在 1951 年组织工作会议 30 年以后，召开的第一次全国性组织工作会议。

7 月 15 日　全国工商联和民建中常会向各地组织发出拥护中共十一届六中全会精神，积极推动成员学习《建国以来党的若干历史问题的决议》的通知。

8 月 25 日　民建中央、全国工商联会同国家劳动总局发出《关于各地劳动服务公司和民建会、工商联密切配合广开门路，搞活经济，扩大城镇就业的通知》。

11 月 18 日　全国工商联、民建中常会联合向各地组织印发国家经委《关于进一步加强设备管理工作的通知》，推动两会成员围绕设备管理和保养维修问题积极为企业开展咨询、建议活动。

12月16日至21日 民建第三届中常会第三次、全国工商联第四届常委会第三次联席会议召开，会议通过执行中共中央、国务院《关于广开门路，搞活经济，解决城镇就业问题的若干决定》的请示报告。

12月28日 在全国统战工作会议期间（1981年12月21日至1982年1月6日），胡厥文、胡子昂联名写信给中共中央统战部乌兰夫部长并转报胡耀邦总书记、赵紫阳总理，就有关统战工作和民主党派、工商联工作提出建议。主要围绕加强统战理论、政策的再教育；经常尊重和听取各方面代表人士的意见；进一步贯彻落实党的统一战线有关政策；进一步提供民主党派和工商联必要的、迫切需要解决的工作条件等四个方面。

1982年

1月5日 胡耀邦在全国统战工作会议上讲话指出，在新的历史时期，统一战线仍然是中国共产党的一大法宝。指出要按照胡厥文、胡子昂意见书中提出的建议，抓好四件大事。

1月8日 全国工商联、民建中常会联合向中共中央办公厅、国务院办公厅报送《关于贯彻执行〈中共中央、国务院关于广开门路，搞活经济，解决城镇就业问题的若干决定〉的请示报告》。

3月18日 全国工商联和民建中常会向各地组织发出宣传和执行《关于严惩严重破坏经济的罪犯的决定》的通知。

4月13日 民建中央、全国工商联在京召开了工交企业设备管理和维修工作座谈会。经过认真讨论和研究，向中共中央、国务院提出了《关于进一步加强设备管理工作的建议》。建议的内容，大部分为1983年国务院颁布的《全民所有制工业交通企业设备管理条例》所采纳。

4月25日 全国工商联和民建中常会主副委、秘书长集体办公会议通过共同工作机构调整方案，决定设立全国工商联、民建中常会共同工作领导小组，由王光英、张敬礼轮流担任第一、第二主任。

5月10日 全国工商联和民建中常会联合向中共中央、国务院、全国人大常委会、政协全国委员会报送《关于进一步加强设备管理工作的建议》。据全国工商联、民建中常会培训工作办公室的不完全统计，到当年6月底为止，各地工商联、民建兴办业余学校（包括进修学校、补习学校）48所，全日制技术学校1所，各类专业训练班352个，学员6万多人，其中已结业的有近3万人。

9月2日　全国工商联和民建中常会在京主副委、秘书长举行办公会议，就传达贯彻经济咨询服务工作经验交流会精神的情况，以及进一步开展经济咨询服务工作的近期安排进行研究。会议决定：继续抓紧搞好中药材专题的调查研究，并在这个基础上召开专题座谈会，讨论并提出切实可行的建议；有重点地抓好少数民族地区发展经济提供咨询服务的工作。

9月13日　民建中央、全国工商联发出《关于开展帮助少数民族地区发展经济工作的通函》，要求各级地方组织到少数民族地区开展经济咨询工作。

9月17日　全国工商联和民建中常会联合向各地组织发出《关于认真学习中国共产党第十二次全国代表大会文件的通知》；国家经委向国务院有关部委、直属机构，各省、市、自治区经委发出《关于转发民建中常会、全国工商联〈进一步加强设备管理工作的建议〉通知》。

10月6日　民建中央召开了有15个省级组织代表参加的知识分子成员座谈会。会议强调，要进一步改进和加强对知识分子成员的工作，更好地发挥他们在为“四化”建设服务中的作用。会议提出，要吸收有代表性的、有影响的知识分子成员参加各级领导班子，充实和加强领导集体的力量。在此期间，甘肃、浙江、江苏、上海、辽宁等民建省级、直辖市级地方组织先后召开了基层组织工作经验交流会或组织工作座谈会，重点研究了组织发展特别是基层组织建设问题。

10月28日　民建中央会同农工民主党中央召开中药专业咨询座谈会，就继承和发扬祖国中药宝贵遗产、解决当前中药业存在的问题进行专题讨论和研究。

11月27日　全国工商联主任委员胡子昂、民建中央主任委员胡厥文、农工民主党中央主任委员季方，就中药专业咨询座谈会的情况，联名致函中共中央、国务院有关领导同志，报送《关于扶持和振兴中药事业的建议》；全国工商联和民建中常会联合向各地组织发出《关于帮助少数民族地区发展经济工作所需经费问题的意见》。

12 月 7 日　胡耀邦对《关于扶持和振兴重要事业的建议》作出批示，指出：党外三个党派团体对中药的发展问题提出许多好意见，值得我们重视。党外确有能人，他们有知识，又热心，因而能发现和提出问题。

1983 年

3 月 8 日至 15 日　全国工商联和民建中常会联合在北京召开少数民族地区经济咨询工作座谈会。会议提出要帮助少数民族地区出产品、出技术、出人才。

4 月　中国光大集团有限公司（又称光大实业公司）正式成立，总部设在香港，王光英出任董事长兼总经理。光大实业公司和 1979 年成立的中国国际信托投资公司都是中国对外开放的重要窗口，对引进资金、技术和人才，进一步做好进出口贸易等方面的工作发挥了积极作用。

5 月 19 日至 27 日　民建中央和全国工商联在广泛调查研究的基础上，召开传统食品咨询工作座谈会。座谈会有 28 个地方组织的民建、工商联代表和商业主管部门、食品工业协会负责同志共 220 人出席。中共中央政治局委员王震到会作了重要讲话。这次会议共提出 111 份、近 50 万字的调查材料。会议形成《关于恢复和发展传统食品的建议》。建议提出，要制订规划，改革经营管理体制，调整价格政策，组织好原料供应，培训技术人才，加强科学研究和设备技术改造，努力恢复和发展传统食品，走出一条发展中国食品工业的新路子。这个建议送中共中央、国务院后，受到重视和采纳。

7 月 30 日　民建、工商联和农工民主党根据八省市的调查，就“妥善解决中药业职工工资福利、劳保待遇和技术职称”问题提出了建议。

8 月 23 日至 29 日　全国发展集体经济和个体经济安置城乡青年就业

先进表彰大会举行，民建、工商联系统的七个单位和四名个人接受大会表彰。

11 月 8 日至 19 日　民建第四次全国代表大会和工商联第五届会员代表大会在北京同时举行。出席民建四大的代表共 500 人，来自 192 个地方组织，代表着 26372 名成员。会议的主要任务是，以中共十二大精神为指导，回顾和总结三大以来的工作，制定今后的工作方针和任务，动员全会为社会主义现代化建设贡献力量，开创民建工作的新局面。大会开幕时，中共中央政治局委员、书记处书记习仲勋宣读了中共中央的贺词。

1983 年，民建、工商联开始建立东、中部经济比较发达地区同西部地区的对口支援协作关系。

1984 年

5 月 27 日至 30 日　全国工商联五届常委会第二次会议、民建中央四届常委会第二次会议举行联席会议。会议通过《关于认真学习、坚决贯彻全国人大、全国政协六届二次会议精神的决议》《加强思想政治工作的意见》，追认了《共同工作领导小组暂行工作规程》和共同工作领导小组下设办事机构和负责人名单。全国工商联常委会通过了《全国工商联会务局暂行工作规程》和全国工商联各工作部门负责人名单。

8 月 7 日　胡厥文、胡子昂写信向胡耀邦总书记和赵紫阳总理提交《民建中央、全国工商联关于改革茶叶管理、流通体制的建议》。

9 月 6 日至 12 日　民建中央执行局和全国工商联会务局，召开第十八次联席会议。会议同意孙晓村因身体健康关系辞去民建中央执行局主任职务，由万国权代理执行局主任，并兼两会中央共同工作领导小组第一副主任。

9 月 27 日　胡厥文、胡子昂向中国新闻社记者就中英两国关于香港问题联合声明草签发表讲话指出，这不仅是中英两国间历史大事、好事，也是一件具有世界意义的大事、好事，为全世界树立了良好典范。

9 月 28 日　全国工商联和民建中央在京主席、副主席、常委举行座谈会，拥护和支持中英关于香港问题的联合声明。

10 月 11 日至 20 日　民建中央和全国工商联在广州召开沿海开放城市和特区民建、工商联工作座谈会，就两会为开放城市和特区建设服务工作交流了情况。

10 月 26 日　全国工商联和民建中央向各地组织发出认真学习《中共中央关于经济体制改革的决定》，号召为改革作出贡献。

1985 年

1 月 9 日　民建四届二中全会、全国工商联五届执委会二次会议在北京同时举行。会议通过了《关于认真学习和贯彻执行〈中共中央关于经济体制改革的决定〉的决议》和《关于拥护中英两国政府关于香港问题的联合声明的决议》。

1 月 19 日　民建中央、全国工商联向两会各地方组织发出关于张敬礼辞去民建中央、全国工商联共同工作领导小组主任职务，决定万国权为主任，增补叶宝珊为委员的通函。民建中央向各地方组织发出关于孙晓村辞去民建中央执行局主任，增选万国权为民建中央执行局主任，增补冯克煦为委员的通函。

5 月 8 日　民建中央和全国工商联在北京召开支援少数民族地区工作经验交流会，这次会议是在中央统战部和国家民委的关怀支持下召开的。与会人员共 224 人，会期 6 天，表彰了 29 个先进集体和 68 名先进个人代表。

8 月 1 日至 3 日　民建中央组织工作会议在北京召开。会议回顾了自民建“四大”以来发展会员的情况，交流了工作经验，探讨了当前和今后一个时期发展会员工作的一些重要问题，并将会议纪要印发各级地方组织。

10 月 2 日　各民主党派、工商联为“四化”服务先进集体和先进个人代表表彰大会开幕。有 404 位为“四化”建设作出成绩的代表受到表彰，其中民建、工商联代表为 96 人。习仲勋代表中共中央和国务院致辞。

12月16日　庆祝中国民主建国会成立40周年纪念大会举行。习仲勋等党和国家领导人出席，彭冲代表中共中央和国务院致贺词。纪念大会前习仲勋等领导同志还接见了民建第一届理监事。

1986年

1月22日　《民讯》复刊。

3月6日　民建中央、农工民主党中央、全国工商联中药咨询服务中心理事会成立大会在北京召开。会议推选胡厥文、季方、胡子昂为名誉理事长，段云为总顾问，万国权、沈其震、叶桔泉、黄凉尘为理事长。

5月26日　国家科委、民建中央、全国工商联、光大实业公司向各省、自治区、直辖市所属组织联合发出《关于密切配合为实施“星火计划”做贡献》的联合通知。

7月9日　民建四届四次中常委会议、全国工商联五届四次常委会在京联合举行。会议决定增设民建中央联络部；成立人事处，由中央执行局直接领导。

9月1日至6日　民建中央、全国工商联主要领导参加了中共中央邀请党外人士关于中共十二届六中全会将要审议通过的关于社会主义精神文明建设指导方针的决议稿征求意见座谈会。民建中央胡厥文递交了书面修改意见。

1987年

2月20日　中国民主建国会全国代表会议在北京隆重开幕。大会由孙起孟、孙晓村主持。宋任穷代表中共中央向大会表示祝贺并作了重要讲话，会议作《关于民建工作当前的形势和任务》的报告。代表们学习讨论了中共中央关于坚持四项基本原则，反对资产阶级自由化的重要文件和中共中央领导同志重要讲话。通过相应决议，调整了中央领导机构，补选了新的中央委员、选举了新的候补中央委员，通过成立并选举产生了中国民主建国会中央咨议委员会，通过了关于修改中国民主建国会章程的决议。

4 月 27 日　中国工商经济咨询公司被国家工商行政管理局核准登记。

9 月 4 日　纪念黄炎培先生诞辰 110 周年、中华职业教育社立社 70 周年大会在人民大会堂举行。习仲勋代表中共中央讲话。会上宣读了彭真的题词。邓颖超致电向纪念会表示祝贺，对黄炎培的亲属致以亲切慰问。

9 月 15 日至 21 日　民建中央组织工作会议在唐山市举行。出席这次会议的有来自 27 个省（自治区、直辖市）和 14 个市负责组织工作的同志以及民建中央有关同志共 55 人。孙起孟作了重要讲话。

11 月 18 日至 20 日　民建中央、全国工商联在北京召开两会全国培训工作会议，会议提出了《民建中央、全国工商联关于进一步开展工商专业培训工作的意见（稿）》。

12 月 21 日至 27 日　民建四届七次中常委会议在北京举行。会议通过了《关于学习和贯彻中国共产党十三次全国代表大会精神的决议》《关于接受胡厥文同志辞去中央主席和中央委员职务的请求，推举胡厥文同志为中央名誉主席和推选孙起孟同志任中央主席的决议》和《向胡厥文同志的致敬信》。会议关于第五次全国代表大会召开日期，代表名额和产生办法，提名五届中委、候补中委和常委会成员候选人的有关问题进行讨论并通过了相应的决议。

1988 年

4 月 8 日　孙起孟在七届全国人大一次会议上当选为全国人大常委会副委员长。

6 月 16 日至 28 日　民建第五次全国代表大会在北京召开。姚依林、阎明复、荣毅仁等党和国家领导人莅临大会。孙起孟作了题为《加强自身建设，发挥政党职能，为实现本会现阶段的总任务而团结奋斗》工作报告。

6 月 27 日　民建五届一中全会举行全体会议，推举胡厥文为中央委员会名誉主席，选举孙起孟为中央委员会主席。

9月5日　以孙起孟为团长的中国民主建国会代表团一行八人赴保加利亚进行友好访问。双方签订了《一九八八年—一九九一年保加利亚农民人民联盟和中国民主建国会合作和建立经常联系的协定书》。

1989年

1月5日　民建中央发出通函，会中央机关自1989年1月1日起，暂时将办公厅搬至西城区新街口航空胡同11号（本会机关宿舍院内）办公。

4月16日　忠诚的爱国主义者、著名的政治活动家、杰出的实业家、中国民主建国会创建人和卓越的领导人、中国共产党的亲密朋友、第六届全国人民代表大会常务委员会副委员长、中国民主建国会中央委员会名誉主席、中华职业教育社理事长胡厥文在京逝世。

12月26日　中共中央在中南海邀请各民主党派、全国工商联负责人及无党派人士举行座谈会，就中共中央关于坚持和完善中国共产党领导的多党合作和政治协商制度的意见进行座谈，孙起孟出席会议。

1990年

9月11日至17日　民建五届七次中常委会议在济南召开，会议通过《民建中央关于发挥政党职能、加强自身建设的几项工作的意见》。

1991年

3月15日　民建中央迁入海淀区学院南路62号新址办公。

4月5日至6日　民建五届九次中常委会议在北京举行。会议审议通过《民建中央关于开展为“质量、品种、效益年”献计出力活动的决定》《关于推迟召开全国优秀会员、先进集体表彰大会的决定》《关于调整民建中央机关工作机构的决定》。

6月8日　民建中央机关举行工会成立大会。

6月10日至14日　民建中央为两个文明建设服务工作会议在京举行。

会议通过了《民建中央关于贯彻中共十三届七中全会精神，进一步开展为两个文明建设服务工作的意见》。

6 月 15 日至 17 日　民建五届十次中常委会议通过了关于民建中央和省级组织换届中的几个组织问题的意见。

1992 年

3 月 14 日　中共中央在中南海怀仁堂举行党外人士座谈会，通报中共中央政治局会议精神，请党外人士就我国改革开放和发展的若干重大问题发表意见和建议。孙起孟出席会议并发言。

5 月 19 日至 22 日　民建全国优秀会员、先进集体表彰大会在人民大会堂开幕。谷牧、荣毅仁等国家领导人应邀到会。

11 月 19 日至 27 日　民建第六次全国代表大会在北京举行。孙起孟代表五届中央委员会作了题为《积极贯彻中共十四大精神，努力开创民建工作新局面》的工作报告。

11 月 25 日至 26 日　民建六届一中全会在京举行。会议选举产生了新一届中央常务委员会。第六届中央委员会主席孙起孟，副主席陈邃衡、陈铭珊、万国权（常务）、冯梯云、黄大能、李崇淮、白大华、朱元成、冯克煦、路明、刘珩，秘书长朱元成（兼）。

1993 年

1 月 20 日　孙起孟出席中共中央在中南海举行的党外人士迎春座谈会，在会上作了关于重视教育问题的发言，并简要介绍了民建对京、津、沪三市以转换企业经营机制为核心的企业改革情况的了解；民建中央邀请有关专家举行“关于修改宪法问题的座谈会”，会议由万国权主持。

2 月 12 日　民建中央召开修改宪法座谈会。

2 月 22 日　李崇淮在七届全国人大常委会第三十次会议上发言，建议“在宪法序言中增加中国共产党领导的多党合作和政治协商制度”。

3 月 1 日　民建中央向中共中央提出《关于在宪法中明确规定中国共

产党领导的多党合作和政治协商制度的建议》。

3 月 3 日　民建中央向中共中央提出《关于当前加强农业和农村工作的建议》。

3 月 6 日　孙起孟、万国权出席中共中央在中南海怀仁堂召开的民主协商会。孙起孟再次建议把中国共产党领导的多党合作和政治协商制度写进宪法。

7 月 22 日至 8 月 8 日　民建中央在中央社会主义学院举办第十一期读书班。

9 月　创办民主与建设出版社，孙起孟为名誉社长，庄浦明任社长兼总编辑。

9 月 24 日　民建中央向中共中央、国务院提出《关于加快西北经济发展的若干建议》。

10 月 9 日　孙起孟在人民大会堂参加江泽民主持的欢迎赞比亚总统访华的欢迎仪式。

10 月 19 日至 20 日　民建中央召开全国组织工作会议，着重研究新形势下如何开创民建组织工作新局面、如何加强领导骨干队伍和成员队伍建设等问题。会议形成了《关于当前组织工作若干问题的决定》。

10 月 22 日至 23 日　民建六届三次中常委会议通过《关于当前组织工作若干问题的决定》。

12 月 15 日至 17 日　孙起孟、冯克煦出席中央统战部、国家民委、各民主党派中央、全国工商联召开的全国智力支边扶贫经验交流暨表彰大会。民建有 12 个集体和 15 名成员受到表彰。孙起孟、万国权、朱元成、冯克煦在机关会见出席全国智力支边扶贫经验交流暨表彰大会的民建代表。

12 月 23 日　李瑞环在王兆国、刘延东等陪同下，来到民建中央机关看望干部并进行座谈。

1994 年

2 月 17 日　孙起孟、万国权在中南海出席李鹏邀集党外人士召开的座谈会。孙起孟代表民建中央对《政府工作报告（征求意见稿)》提出了修改意见。

4 月 25 日　民建中央举行六届十次主席会议。会议同意万国权由于全国政协任务加重，要求辞去民建中央常务副主席职务的请求，决定由冯梯云继任常务副主席职务。孙起孟通报了路明到民建中央任驻会副主席的情况。

5 月 5 日至 11 日　孙起孟、冯梯云、黄大能出席在京举行的中华职业教育社全国社员代表大会。孙起孟当选为第七届理事会理事长，冯梯云、黄大能当选为副理事长。

5 月 15 日至 16 日　民建中央与经济日报社共同举办“农村劳动力转移和流动问题的思路与对策研讨会”。26 日，民建中央向中共中央提出《关于农村劳动力转移和流动问题的思路与对策的建议》。

7 月 4 日　民建中央向中共中央、国务院提出《关于贯彻执行民主党派成员担任政府及司法机关领导职务的政策的建议》。

7 月 22 日　民建中央就《中国人民银行法（草案)》提出修改意见，并报送全国人大法制工作委员会。

10 月 11 日　孙起孟、冯梯云、冯克煦、路明在机关听取余振中、钱椿涛代表民建中央参加中共中央反腐败调查工作的情况汇报。同日，民建中央召开关于民主党派民主监督问题座谈会。

10 月 16 日至 18 日　民建中央在京召开民建全国宣传思想工作会议。会议提出，要加强反映社情民意的信息工作，建立信息交流制度。

10 月 27 日　民建中央向中共中央、国务院提出《关于三峡库区开发性移民的几点建议》。

1995 年

1 月　公开发行的综合性经济类杂志《经济界》正式出版发行。冯克煦任杂志社社长，萧灼基任主编。

5 月 28 日至 31 日　民建全国基层组织建设工作经验交流会举行。

8 月 10 日　李鹏为祝贺民建成立 50 周年题词：“发挥民建特点和优

势，共同致力于中国经济建设的宏伟事业。”

8 月 24 日至 26 日　应中共中央办公厅邀请，孙起孟、冯梯云、黄大能、朱元成、路明就准备提交中共十四届五中全会讨论的《中共中央关于制定国民经济和社会发展“九五”计划和二〇一〇年远景目标的建议（征求意见稿）》进行讨论，并提出了书面修改意见。

8 月 31 日　孙起孟、万国权、冯梯云在中南海怀仁堂参加中共中央召开的党外人士座谈会，孙起孟代表民建中央就准备提交中共十四届五中全会讨论的《中共中央关于制定国民经济和社会发展“九五”计划和二〇一〇年远景目标的建议（征求意见稿）》发表了意见；新闻出版署批准，北京市新闻出版局发给民建中央公开刊物《经济界》期刊登记证。

9 月 1 日　民建中央统一制发了《中国民主建国会会员证》。

9 月 14 日　民建中央向中共中央、国务院报送《关于“九五”期间农业改革和发展问题的几点建议》。

9 月 25 日　经民建中央第六届第九次常委会议决定，成立民建中央妇女工作委员会。

10 月 7 日　民建中央和中华职教社在人民大会堂联合举行纪念胡厥文诞辰 100 周年座谈会。

12 月 16 日　纪念中国民主建国会成立 50 周年大会举行。江泽民、李鹏、乔石、李瑞环等中共中央领导同志分别为大会题词。胡锦涛代表中共中央致贺词。孙起孟作了题为《弘扬民建优良传统，为促进中国共产党领导的多党合作的发展而团结奋斗》的重要讲话。会议表彰了全国优秀会员、先进集体。

12 月 19 日　民建六届四中全会增选成思危为民建中央副主席。

1996 年

3 月 1 日　经国家新闻出版署批准，民建中央主办的《经济界》刊物创刊发行。

3 月 6 日　成思危参加“两会”新闻中心举行的民主党派新任领导人以谈参政议政为主题的记者招待会。

6 月 23 日至 24 日　民建六届十二次中常委会议召开。会议学习江泽民关于领导干部一定要讲政治以及有关民主党派工作的重要讲话精神，通过《关于民建中央和省级组织 1997 年换届中几个组织问题的意见》《关于成立〈中国民主建国会章程〉修改工作小组的决定》，增选第六届中央委员会委员、中央常务委员会委员。

12 月 10 日至 13 日　民建召开六届五中全会。全会根据孙起孟的多次请求及十三次中常委会议的建议，接受孙起孟辞去民建中央主席和中央委员职务，并一致推举孙起孟为民建中央名誉主席。会议通过了向孙起孟的致敬信。选举成思危为民建六届中央委员会主席。

12 月 17 日　李瑞环在中南海会见民革、民盟、民建中央部分领导同志，代表中共中央对孙起孟等同志荣任各自党派中央名誉主席和对成思危等同志当选各自党派中央主席表示祝贺。

1997 年

1 月 1 日　成思危等民建中央领导在全国政协出席 1997 年新年茶话会。江泽民亲切会见民革、民盟、民建中央新任主席，代表中共中央向成思危等同志当选各自党派中央主席表示祝贺。

1 月 27 日　成思危等民建中央领导出席中央统战部迎新春联谊会，成思危代表各民主党派发言。

4 月 9 日　民建重庆市委成立。至此，民建在全国共建立了 30 个省级委员会组织。

5 月 28 日至 30 日　民建中央召开民建部分地方组织培训工作研讨会。会议围绕配合国家再就业工程的实施，研讨本会组织和所属学校如何开展下岗失业职工转岗转业培训的途径和办法。

7 月　下发了关于协助党和政府做好下岗职工再就业工作的通知，要求各级组织实事求是、因地制宜地开展下岗职工再就业培训，把做好再就业工作作为履行职能的重要内容。

7 月 1 日　成思危参加由江泽民率领的中国政府代表团在香港出席中英香港政权交接仪式、香港特别行政区成立暨特区政府宣誓就职仪式、香港特别行政区成立庆典等活动。

9 月 29 日　成思危、万国权等参加中共中央在中南海怀仁堂召开的党外人士座谈会。在中共十五届一中全会上新当选的江泽民等七位常委与党外人士亲切见面座谈。成思危代表民建中央在座谈会上发言。

11 月 13 日至 18 日　民建第七次全国代表大会在北京举行。出席会议的代表 580 名，来自 293 个地方组织，代表 69452 名会员。温家宝代表中共中央向大会致贺词。

11 月 16 日　大会选举出第七届中央委员会委员 185 名。

在随后举行的七届一中全会上，选举成思危为主席，冯梯云、白大华、朱元成、冯克煦、路明、刘珩、黄关从、黄孟复、朱相远、张榕明为副主席。

1998 年

3 月 3 日　民建中央七届二次主席会议通过了《中国民主建国会中央委员会秘书长工作职责》，实行主席会议领导下的秘书长负责制，理顺了领导机构与工作机构的关系。

3 月 8 日　民建七届二次中常委会议召开，成立了经济工作委员会、法制工作委员会、企业工作委员会、科教工作委员会、妇女工作委员会、会史研究委员会，这些专门委员会集中了各方面的优秀人才，从不同角度、不同方面，为民建的自身建设和参政议政作出了贡献。

3 月　民建中央向全国政协九届一次会议提交了《关于加快发展我国风险投资事业的提案》，被列为大会“一号提案”。

3 月 16 日　成思危在九届全国人大一次会议上当选为第九届全国人大常委会副委员长。

3 月　民建中央将“为两个文明建设服务部”改名为“社会服

务部”。

4 月 19 日至 20 日　民建中央在珠海召开部分省市联络工作座谈会，明确提出把“广交朋友、联络友谊，宣传政策、反映情况，服务建设、促进统一”作为联络工作的方针，进一步理清了工作思路，对拓展联络工作起到了推动作用。

6 月 1 日至 4 日　民建中央在上海召开全国组织工作会议，讨论形成了《民建中央关于当前加强组织工作的意见（稿）》，并经七届三次中常委会议审议通过。

9 月 30 日　民建中央举行“纪念黄炎培先生诞辰 120 周年座谈会”。

12 月 21 日　成思危、万国权等民建中央领导参加由中共中央召开的党外人士座谈会，征求各民主党派中央、全国工商联负责人和无党派代表人士对修改宪法部分内容的意见。成思危代表民建中央发言。

1999 年

4 月 8 日　民建中央、全国政协科教文卫体委员会联合举办“进一步推动风险投资事业发展研讨会”，并联合向中共中央、国务院提出《关于当前发展风险投资事业的几点建议》。

6 月 15 日至 17 日　民建中央在福州召开了全国参政议政工作会议。

10 月 7 日至 8 日　民建召开七届八次中常委会议，通过了《关于加强领导集体建设，加紧后备干部培养的意见》，确定了“保持特色，改善结构；坚持标准，择优选拔；加强培养，建立队伍；先进后出，平稳过渡；集体领导，分工负责”的工作原则。

2000 年

6 月 12 日至 14 日　民建全国思想建设工作会议在沈阳召开。会议对全会信息工作进行了研究，提出了改进措施，在此基础上，全会逐步建立了反映社情民意信息网络。

8 月 2 日至 6 日　民建西部 11 个省、区、市协作会议在银川召开。会议讨论通过了《关于进一步动员全会为实施西部大开发战略服务的建议》。

10 月 12 日　成思危、万国权等民建中央领导出席中共中央在中南海召开的征求各民主党派中央、全国工商联负责人和无党派人士对《中共中央关于制定国民经济和社会发展第十个五年计划的建议》意见座谈会。

12 月 1 日　民建中央机关新址启用并举行升旗仪式。此前，民建中央机关由北京市朝阳区东三环北路的京信大厦搬迁至新址朝阳区朝外大街吉祥里 208 号。

2001 年

3 月 4 日　中共中央总书记、国家主席江泽民，中央政治局常委、全国政协主席李瑞环看望了出席全国政协九届四次会议民建、工商联组的全国政协委员并参加联组讨论会。

4 月 18 日　由民建中央主办、中国风险投资公司承办的“2001 中国风险投资论坛”在京举行。本次论坛的主题是“风险投资家如何选择项目”。成思危出席并作专题报告。

6 月 15 日　民建中央召开七届十五次中常委会议。会议审议通过《民建中央关于深入学习贯彻全国统战工作会议精神的意见》《民建中央关于加强社会服务工作的意见》《民建中央会史研究委员会调整方案》。

会议决定将会史研究委员会更名为“会史及理论研究委员会”。

12 月 5 日　民建中央七届二十八次主席会议通过了《民建中央信访工作暂行规定》。

2002 年

2 月 8 日　在中共中央举办的党外人士迎春座谈会上，成思危就解决民建原工商业者会员生活困难问题作了发言，引起江泽民、胡锦涛等中共中央领导同志的高度重视。2 月 24 日，统战部、财政部、民政部、劳动部、民建中央、全国工商联召开专门会议研究解决办法，并由有关部门向中央政治局常委会作了汇报，随后，劳动部、统战部、财政部、民政部于

2002 年 4 月联合下发了《关于进一步解决部分原工商业者生活困难问题的通知》，对解决原工商业者生活困难的问题起到非常重要的作用。

5 月 28 日至 30 日　民建中央在北京召开了全国理论工作会议。

5 月 30 日　民建七届十九次中常委会议在京召开。会议审议通过《民建中央关于加强会的理论建设工作的意见》。

12 月 14 日至 18 日　民建第八次全国代表大会在北京举行。出席会议的代表 580 人，来自 326 个地方组织，代表 89139 名成员。曾培炎宣读了中共中央的贺词。

12 月 24 日　胡锦涛、贾庆林、曾庆红、王刚等中共中央领导同志走访民建中央机关，接见民建新老领导班子成员。胡锦涛总书记作重要讲话。

2003 年

3 月 4 日　民建召开了八届二次主席会议，按照主席分工，一致通过由张榕明担任民建中央常务副主席。

3 月 4 日召开的十届全国人大一次会议上，成思危再次当选为全国人大常委会副委员长。

3 月 7 日　中共中央政治局常委贾庆林在北京华润饭店看望参加全国政协十届一次会议的民建界政协委员，并参加联组讨论听取委员们的意见建议。

4 月 4 日　民建召开八届三次主席会议，研究确定民建中央各专门委员会委员名单，审议通过主席、副主席工作规则和民建中央秘书长工作规则。

4 月 8 日　由民建中央主办、中国风险投资公司承办的“2003 中国风险投资论坛”在京举行。成思危就“坚定信心，埋头苦干，促进风险投资发展”发表主题演讲。

4 月 21 日　民建中央向各省级组织发出《关于认真学习贯彻中共中央部署做好非典型肺炎防治工作的通知》。

10 月 9 日至 10 日　民建中央召开了非公有制经济代表人士工作会议，明确了积极稳妥地发展非公有制经济代表人士入会，引导和帮助他们自觉接受中国共产党的领导，拥护社会主义，爱国、敬业、诚信、守法，为全面建设小康社会作贡献，为民建履行参政党职能服务的工作原则。

10 月 11 日　民建八届四次中常委会议通过了《民建中央关于加强所联系的非公有制经济代表人士工作的意见》。

12 月 5 日至 6 日　民建中央在武汉举办了“2003 中国民营经济发展论坛”，这次论坛也被视为“中国非公有制经济论坛”的发端。

2004 年

3 月 8 日　民建召开八届六次中常委会议，学习中共中央总书记胡锦涛在党外人士迎春座谈会上的讲话；学习贯彻十届全国人大、全国政协二次会议精神并通过相应决议。

4 月 2 日至 3 日　民建中央、广东省政协、深圳市人民政府在深圳市联合主办“2004 中国风险投资论坛”。

6 月 10 日至 11 日　民建全国基层组织建设工作会议在南京召开，9 个省、市级组织在大会上交流了经验。

6 月 12 日　民建八届七次中常委会议通过了《民建中央关于进一步加强基层组织建设的意见》。

10 月 9 日至 10 日　民建中央召开八届八次中常委会议。会议认真学习中共十六届四中全会精神；听取并审议《关于当前经济工作的几点建议》；审议通过《民建中央扶贫工作意见》等。会议通过了《关于加强扶贫工作的意见》。随后，民建中央采取教育扶贫、科技扶贫、项目扶贫、就业扶贫等多种形式，重点落实贵州黔西和河北丰宁两个扶贫点的脱贫帮困工作，并协调组织东部地区与西部 11 个省、自治区、直辖市的地方组织开展对口帮扶与合作，推动西部地区的扶贫开发。

10 月 14 日　成思危在人民大会堂出席胡锦涛主持的欢迎俄罗斯总统普京访华仪式及宴会。

11月27日至28日　由民建中央和云南省人民政府共同举办的“2004中国非公有制经济发展论坛”在云南昆明举行。论坛主题为“科学发展观与中国非公有制经济发展”。

2005年

3月23日　成思危、张榕明等民建中央领导出席中央统战部召开的“加强中国共产党领导的多党合作和政治协商制度建设”座谈会。

4月7日至9日　民建中央、科学技术部、广东省政府、深圳市政府在深圳共同举办“第七届中国风险投资论坛”。成思危发表了题为“努力创造有利于中国风险投资发展的环境”主题演讲。

4月21日　由民建中央与中国人民大学合办的中国人民大学建华研究院举行成立揭牌仪式。

6月3日　民建八届十一次中常委会议召开。会议审议并通过了《民建中央关于加强联络工作的意见》和《关于批准成立地方组织的决定》。

9月28日　民建中央在机关召开纪念胡厥文先生诞辰110周年座谈会。

10月11日至12日　民建中央、国家发改委、安徽省人民政府联合召开“2005中国非公有制经济发展论坛”。论坛主题为“新环境 新经济”。

10月26日　中国现代民族工商业者的杰出代表，伟大的爱国主义、共产主义战士，中华人民共和国原副主席，第六、七届全国人大常委会副委员长，第五届全国政协副主席，全国工商联原主席，中国国际信托投资公司原董事长荣毅仁病逝。

11月8日　中国民主建国会成立纪念碑在重庆揭碑。

12月16日　中国民主建国会成立60周年纪念大会在全国政协礼堂举行。吴官正代表中共中央致贺词。成思危发表了题为《弘扬传统，团结奋进，为全面建设小康社会竭诚奋斗》的讲话。

12月17日至19日　民建八届四中全会举行。会议审议中央常务委员会工作报告，评审三个重点专题调研报告，补选陈政立为民建中央副主席，增选了19位中央委员。

12月19日　中国民主建国会“思源工程”启动仪式在京举行。成思危、张榕明等民建中央领导出席。

2006年

4月6日至7日　“2006（第八届）中国风险投资论坛”在深圳举行。成思危作题为“推进中国风险投资发展的若干重要问题”演讲。

6月6日至7日　民建中央召开首次全国社情民意工作会议，讨论形成《民建中央关于加强反映社情民意工作的意见（稿）》，并经随后召开的八届十五次中常委会议审议通过。

6月8日　民建中央八届十五次中常委会议在成都召开。会议审议并通过了《民建中央关于加强反映社情民意工作的意见》《民建中央关于省级组织换届工作的意见》。

6月9日　中共中央在中南海怀仁堂召开党外人士座谈会，征求对改革公务员工资制度和规范公务员收入分配秩序工作的意见和建议。成思危、张榕明参加。成思危代表民建中央发言。

9月20日　成思危、张榕明等民建中央领导在人民大会堂出席“各民主党派、工商联、无党派人士为全面建设小康社会做贡献经验交流暨表彰大会”。民建有50个先进个人和15个先进集体受到表彰；民建中央“为全面建设小康社会作贡献先进集体代表、先进个人座谈会”在京召开。

11月2日至3日　“2006中国非公有制经济发展论坛”在厦门举行。成思危作题为“市场准入与企业创新”的主题报告。

11月13日　在胡锦涛主持召开的高层协商会上，中共中央征求各民主党派中央、全国工商联和无党派人士对经济工作的意见。成思危就保护和支持我国大豆产业发展问题提出了一些建议。会后，民建中央进一步研究并形成了《关于保护我国大豆产业并提高其竞争力的建议》。《建议》得到了中共中央领导批示。

2007 年

7 月 4 日　中华思源工程扶贫基金会召开成立大会，成思危出任首任理事长。

7 月 7 日至 8 日　民建全国宣传思想工作会议讨论了《民建中央关于深入开展政治交接学习教育活动的意见》。

7 月　民建八届六十三次主席办公会议对专职副主席的分工作了调整，张榕明任第一副主席，陈昌智任常务副主席。

10 月 9 日至 11 日　民建中央八届二十次常委会议在长沙召开。会议审议通过《民建中央关于加强会内监督工作的意见》。

10 月 23 日　民建中央在京召开学习中共十七大精神座谈会暨中心组学习扩大会议。成思危作了“认真学习贯彻中共十七大精神，为全面建设小康社会献计出力”的中心发言。

11 月 5 日　以“平等竞争、相互促进、科学发展”为主题的 2007 中国非公有制经济发展论坛在重庆开幕。

12 月 16 日至 20 日　民建第九次全国代表大会在北京举行。出席大会的代表 580 名，来自 360 个地方组织，代表 112698 名会员。李长春宣读了中共中央的贺词。

12 月 19 日　在九届一中全会上，选举陈昌智为中央委员会主席，张榕明、马培华、程贻举、王少阶、陈政立、张少琴、辜胜阻、宋海、李谠、周汉民为副主席。

在随后召开的九届一次主席会议上，根据分工，张榕明任第一副主席，马培华任常务副主席。大会审议通过了给老同志的致敬信。

12 月 24 日　中共中央总书记胡锦涛在京接见各民主党派、全国工商联新老领导人并座谈，八届中央主席成思危，九届中央主席陈昌智、第一副主席张榕明、常务副主席马培华参加。

2008 年

1 月 18 日　中共中央统战部部长杜青林、副部长黄跃金等领导走访民建中央机关，与民建中央主席、在京副主席座谈并合影。陈昌智等民建中央领导参加。

2 月 2 日　中共中央政治局委员、全国政协副主席刘延东走访民建中央机关，就职业教育、民办教育等问题进行座谈。陈昌智等民建中央领导和部分会内专家学者参加。

3 月 4 日　中共中央政治局常委、全国人大常委会委员长吴邦国到京丰宾馆看望出席全国政协十一届一次会议的民建、工商联委员并参加联组会。

3 月 6 日　全国政协十一届一次会议举行记者招待会，我国八个民主党派领导人在中外记者面前首次集体亮相。民建中央主席陈昌智出席记者招待会。

4 月 11 日　“第十届中国风险投资论坛”开幕。成思危以“中国风险投资十周年回顾与展望”为题作了主旨演讲。

5 月 5 日　民建中央在京召开经济形势分析座谈会，研究探讨防止经济增长由过快转为过热、防止物价由结构性上涨转为明显通货膨胀等问题。

5 月 13 日　民建中央向四川灾区发出慰问信，通过民建四川省委会向地震灾区遇难者家属、受灾的群众和受灾地区民建会员表示亲切慰问，对民建四川各级组织和会员做好抗震救灾工作提出要求。民建中央向各省、自治区、直辖市委员会发出《关于做好抗震救灾及捐款捐物工作的通知》。民建中央机关干部积极踊跃向地震灾区捐款 65395 元，机关捐款 10 万元。

5 月 29 日　民建中央在京召开“5·12 地震后经济形势分析座谈会”。截至 5 月 30 日下午，民建各级地方组织积极组织会员捐款，据不完全统计，已捐款 4 亿元（含物资）。通过中华思源工程扶贫基金会募集善款 2888 万元。

6 月 10 日至 11 日　民建全国政治交接学习教育活动经验交流会在上海召开。

6月　陈昌智、张榕明向中共中央联名提出《关于加强农村环保工作的建议》，建议把加强农村环境保护、实施解决农村污染减排的工作作为中共中央加强农村工作1号文件的重要内容等，得到了批示。

7月24日　辜胜阻在京出席最高人民检察院召开的各民主党派中央和全国工商联负责人座谈会，就检察院工作和检察队伍建设方面提出意见建议。

7月30日　民建中央召开“三农”问题专家座谈会。

8月11日　民建中央“园丁培训计划”首期教师培训班开班典礼在河南郑州师范专科学校举行。来自河南、山东、山西、江苏、陕西、安徽、湖北七个省份的民建援建小学校长和骨干教师62人参加了开班典礼。

8月21日　陈昌智、张榕明、辜胜阻在京出席党外人士座谈会。陈昌智代表民建发言，就《中共中央关于推进农村改革发展若干重大问题的决定》提出建议。

9月11日　民建九届四次中常委会议讨论《民建中央关于当前经济工作的几点意见》，审议《中国民主建国会会内监督条例（试行）（草案)》，通过《民建中央监督委员会主任、副主任、委员产生办法》和向民建九届二中全会提交《中国民主建国会会内监督条例（试行）（草案)》的决定。

9月27日　民建中央举行纪念黄炎培先生诞辰130周年座谈会。

11月11日　“2008中国（广西）非公有制经济发展论坛”在南宁开幕。

12月15日　民建九届二中全会在京开幕。这次会议学习中共十七届三中全会精神和中央经济工作会议精神；审议通过了《中国民主建国会会内监督条例（试行)》，并选举产生了民建中央监督委员会：马培华为监督委员会主任，李说为副主任。

12月17日　民建中央在京召开中国民主建国会中央监督委员会第一

次全体会议。

12月22日　陈昌智在京出席最高人民法院听取各民主党派和工商联主要领导同志意见座谈会并发言。

12月26日　陈昌智在京出席最高人民检察院党外人士座谈会并发言。

2009年

1月10日至11日　由民建中央、科学技术部、四川省人民政府和深圳证券交易所联合主办的“2009中国（西部）高新技术产业与风险资本对接推进会”在四川成都举行。

3月4日　陈昌智、张榕明陪同中共中央政治局常委、中央纪委书记贺国强看望出席全国政协十一届二次会议民建、工商联界委员并参加联组讨论。

6月5日至6日　由民建中央、科学技术部、广东省人民政府和深圳市人民政府联合主办的“2009（第十一届）中国风险投资论坛”在深圳举行。陈昌智作题为《机遇挑战并存　动力压力同在——金融危机冲击下的我国风险投资事业》的主旨演讲。

7月14日　民建中央监督委员会第一次主任会议召开。会议审议通过了《关于中国民主建国会中央监督委员会委员分工联系省级组织工作的方案》和《中国民主建国会中央监督委员会办公室工作制度》等文件，研究成立省级组织监督委员会试点的有关工作。

9月4日至5日　由民建中央、工业和信息化部、辽宁省人民政府共同主办的“2009中国（辽宁）非公有制经济发展论坛”在沈阳举办。论坛主题为“非公有制经济发展与应对全球金融危机”。

12月15日　民建中央画院在京成立。

2010年

3月2日　著名的教育家和社会活动家，中国民主建国会和全国工商联的卓越领导人，第七届、八届全国人民代表大会常务委员会副委员长，中国民主建国会第七届、八届中央委员会名誉主席，中华职业教育社名誉理事长，中国共产党的优秀党员孙起孟同志在京逝世。

3 月 4 日　中共中央总书记胡锦涛到全国政协礼堂民建、工商联界联组会议会场看望委员并参加联组讨论、共商国是。

3 月 19 日　民建中央向全会发出《民建中央关于开展“弘扬民建优良传统、努力践行社会主义核心价值体系”系列活动的方案》。同日，向全会发出《民建中央关于开展追思、学习孙起孟同志活动的通知》。

6 月 4 日至 6 日　由民建中央、科学技术部、广东省人民政府、深圳市人民政府共同主办的“2010（第十二届）中国风险投资论坛”在深圳举行。陈昌智作“大力发展风险投资、加快培养战略性新兴产业”主旨演讲。

6 月 9 日至 10 日　民建全国自身建设工作会议举行。

6 月 11 日　民建九届中央常务委员会第十一次全体会议审议通过《民建中央关于新形势下进一步加强自身建设的意见》。

9 月 26 日至 27 日　由民建中央、工业和信息化部、陕西省人民政府共同主办的“2010 中国（陕西）非公有制经济发展论坛”在西安举行。论坛主题是“中国非公有制经济成长与发展方式转变”。

12 月 16 日　纪念中国民主建国会成立 65 周年大会在全国政协礼堂举行。大会对 153 个先进基层组织、398 名优秀会员进行了表彰。

12 月 16 日至 18 日　民建九届四中全会通过关于程贻举、王少阶同志不再担任民建中央副主席、委员职务的决定，补选吴晓青、王永庆同志为民建中央副主席。

12 月 23 日　辜胜阻在最高人民检察院机关出席最高人民检察院工作座谈会并代表民建中央发言。

2011 年

1 月 13 日　辜胜阻在最高人民法院机关出席最高人民法院召开的听

取各民主党派对最高人民法院工作的意见座谈会。

3 月 4 日　中共中央政治局常委、国务院副总理李克强到全国政协十一届四次会议民建、工商联界委员驻地看望委员并参加联组讨论。

6 月 10 日至 11 日　由民建中央、科学技术部、广东省人民政府、深圳市人民政府共同主办的“2011（第十三届）中国风险投资论坛”在深圳举行。陈昌智作《新形势下我国风险投资行业的发展机遇、挑战与对策》主旨演讲。

6 月 14 日至 15 日　民建全国社会服务工作会议在南宁举行。6 月 15 日，民建九届中央常务委员会第十五次全体审议通过《民建中央关于新形势下进一步加强社会服务工作的意见》《关于民建中央及省级组织换届工作的意见》。

10 月 20 日至 21 日　由民建中央、工业和信息化部、河北省人民政府共同主办的“2011 中国（河北）非公有制经济发展论坛”在河北石家庄举行。论坛主题是“新形势下非公有制经济的转型与升级”。

12 月 27 日　辜胜阻在最高人民法院出席各民主党派、全国工商联和无党派人士座谈会并就人民法院工作提出建议。

2012 年

2 月 14 日至 15 日　民建组织工作会议召开。

2 月 16 日　民建九届六十次主席办公会议在机关召开，审议通过《关于设立民建中央爱国主义教育基地暂行办法》。

6 月 8 日　“2012（第十四届）中国风险投资论坛”在广东深圳举行。陈昌智作题为《完美规范制度环境，促进 VC 助力经济发展方式的转变》主旨演讲。

7 月 16 日　“2012 中国（新疆）非公有制经济发展论坛”在新疆召开。论坛主题是“鼓励民间投资　助推区域经济发展”。

7 月 25 日　民建中央学习践行社会主义核心价值体系活动座谈会举

行，会议学习了胡锦涛总书记7月23日在“省部级主要领导干部专题研讨班”开班式上发表的重要讲话精神；学习贯彻统一战线“同心”思想论坛精神；交流各地开展学习践行活动的做法和亮点，总结取得的成效和经验，研究部署今后活动的主要任务。

11月19日　民建中央在京召开学习贯彻中共十八大精神座谈会。会议指出：要认真学习中共十八大精神，把中共十八大精神贯彻落实到全会履行职能和自身建设的各个方面，紧紧围绕十八大确定的目标任务，充分发挥密切联系经济界的特色和优势，为全面建成小康社会，夺取中国特色社会主义新胜利建功立业。

11月29日　民建中央监督委员会第五次全体会议在京召开。

12月16日　第十次全国代表大会在人民大会堂隆重开幕。刘云山代表中共中央向大会致贺词。

12月19日　第十次全国代表大会全体会议通过了《中国民主建国会章程》，选举产生了由215人组成的十届中央委员会。

12月20日　十届一中全会第二次会议选举产生了十届中央委员会主席、副主席、常务委员。陈昌智当选主席；马培华、陈政立、张少琴、辜胜阻、宋海、李说、周汉民、吴晓青、王永庆、郝明金当选为副主席。会议还选举产生了十届中央监督委员会主任、副主任、委员。马培华当选主任；李说、郝明金当选为副主任。

12月24日　中共中央总书记习近平和中央政治局常委俞正声到民建中央走访并发表重要讲话。

2013年

1月28日　第十届民建中央监督委员会第一次全体会议在京召开，陈昌智出席会议并讲话。

5月16日　民建第十届中央委员会专门委员会成立大会在京召开。

6月29日　2013（第十五届）中国风险投资论坛在深圳召开。马培华发表了题为《抓住机遇，创新驱动，推动我国风险投资事业健康发展》

的主旨演讲。

9 月 5 日　民建全国基层组织建设研讨会闭幕。

9 月 25 日　民建中央爱国主义教育基地黄炎培故居在上海揭牌。

11 月 5 日　“2013 中国（贵州）非公有制经济发展论坛”在贵州毕节召开，陈昌智出席开幕式并致辞。论坛主题是“创新改革发展、激活后发优势、打造非公经济升级版”。

2014 年

6 月 13 日　“2014（第十六届）中国风险投资论坛”在广东深圳开幕。陈昌智发表题为《促进风险投资与科技创新深度融合，推动经济发展提质增效》主旨演讲。

7 月 9 日　民建中央爱国主义教育基地冷遹纪念馆在镇江揭牌。

7 月 10 日　民建中央爱国主义教育基地南京民间抗日战争博物馆在南京揭牌。

9 月 18 日　“2014 中国（宁夏）非公有制经济发展论坛”在宁夏银川召开。论坛主题为“全面深化改革，激发非公经济活力，促进西部经济转型升级”。

12 月 19 日　陈昌智在民建中央机关会见最高人民法院党组书记、院长周强一行并座谈。

2015 年

1 月 8 日　中共中央政治局委员、统战部部长孙春兰一行走访民建中央，陈昌智、马培华等出席座谈会。

1 月 26 日　郝明金在京出席最高人民检察院召开的各民主党派中央、全国工商联负责人和无党派人士民主监督座谈会，并就检察院工作提出建议。

1 月 27 日　陈昌智、马培华在京出席党外人士座谈会。陈昌智发言就《政府工作报告（征求意见稿）》提出健全多层次资本市场体系、大力推进京津冀大气污染防治、推进现代职业教育发展等建议。

1 月 30 日　辜胜阻在京出席最高人民法院组织召开的民主党派中央、全国工商联、无党派人士征求意见座谈会，并就司法体制改革有关问题提出具体建议。

4 月 30 日　民建中央爱国主义教育基地施复亮故居在浙江金华揭牌。

7 月 3 日　“2015（第十七届）中国风险投资论坛”在广东深圳举行。陈昌智发表《把握和适应经济发展新常态，促进中国风险投资事业新发展》主旨演讲。

7 月 12 日　著名的经济学家和社会活动家，中国民主建国会和中华职业教育社的杰出领导人，中国共产党的亲密朋友，第九届、十届全国人民代表大会常务委员会副委员长，中国民主建国会第六届、七届、八届中央委员会主席，中华职业教育社第八届、九届理事会理事长成思危同志在京逝世。

7 月 24 日　陈昌智、马培华等在京出席党外人士座谈会。陈昌智在发言中就推动长江经济带健康发展、推进大众创业万众创新的战略举措落地生根、促进资本市场稳定健康发展等提出建议。

9 月 1 日　民建中央纪念中国人民抗日战争暨世界反法西斯战争胜利 70 周年座谈会召开。会议强调，要自觉继承发扬抗战精神，学习传承民建前辈先贤在抗战历程中凝结的“爱国、民主、建设”的价值理念，坚定不移地坚持中国共产党的领导，走和平发展道路，为实现中华民族伟大复兴的中国梦不懈奋斗。论坛主题是“适应新常态，促进新转变，谋划非公经济新发展”。

9 月 6 日　“2015 中国（湖南）非公有制经济发展论坛暨海外侨领侨商三湘行”活动开幕。

9 月 16 日至 17 日　民建中央参政议政工作会议在京召开。会议对 2008 年以来在参政议政工作中作出突出贡献的 200 名民建全国参政议政先进个人和 100 个先进集体进行表彰。

9 月 29 日　纪念胡厥文诞辰 120 周年暨民建中央爱国主义教育基地胡

厥文同志生平事迹展览馆在上海揭牌。

11 月 2 日　民建中央学习贯彻中共十八届五中全会精神座谈会召开，马培华出席并讲话。

12 月 10 日　陈昌智出席党外人士座谈会，发言就培育多元创业生态、营造良好创新环境，深化金融体制改革、促进民营银行发展，加强社会征信体系建设、完善公平竞争市场环境等提出建议。

12 月 16 日　中国民主建国会成立 70 周年纪念大会在京举行，孙春兰出席并代表中共中央致贺词。陈昌智发表了题为《坚持与时俱进，凝聚价值共识，为建设中国特色社会主义参政党而努力奋斗》的讲话。

2016 年

1 月 25 日　陈昌智出席党外人士座谈会，在发言中提出推进供给侧改革、优化供给体系，稳妥推进股票发行注册制改革，加强对政府存量资金的管理，把修复长江生态环境摆在压倒性位置等建议。

1 月 28 日　辜胜阻在京出席最高人民法院组织召开的民主党派中央、全国工商联、无党派人士征求意见座谈会并发言。

2 月 16 日　郝明金在京出席最高人民检察院召开的各民主党派中央、全国工商联和无党派人士征求意见座谈会并建言。

3 月 4 日　中共中央总书记、国家主席、中央军委主席习近平看望出席全国政协十二届四次会议民建、工商联界委员并参加联组讨论。中共中央政治局常委、全国政协主席俞正声参加看望和讨论。

3 月 5 日　民建中央在京召开学习习近平总书记在民建、工商联联组会议上重要讲话精神座谈会。会议指出，习近平总书记参加民建、工商联委员联组会发表的重要论述，为推动各种所有制经济健康发展、进一步增强中国经济活力指明方向，为提振非公经济释放了强烈的信号。要引导民建企业家会员做爱国敬业、守法经营、创业创新、回报社会的典范。

5 月 19 日　中国民主建国会成立旧址陈列馆开馆暨民建中央爱国主义教育基地命名仪式在重庆复建的西南实业大厦前举行。

5月24日　民建中央专门委员会工作研讨会在京召开，会议强调要发挥专委会的专业优势开展调研形成参政议政成果，完善专委会工作的管理和激励机制，形成中央专委会与地方专委会的联动机制。

6月7日　“2016（第十八届）中国风险投资论坛”在广东深圳开幕。陈昌智发表题为《扶持与监管并重，成长与智慧并重，促进VC/PE行业更好地健康发展》的主旨演讲。

6月14日　“2016中国（河南）非公有制经济发展论坛”在河南举行。论坛主题是“非公有制经济创新发展与中部崛起”。

6月21日　马培华在中共中央统战部出席各民主党派中央开展脱贫攻坚民主监督工作启动会，张少琴出席并代表各民主党派发言。

7月4日　民建中央纪念中国共产党成立95周年座谈会在京召开。

7月5日至6日　民建全国省级组织建设工作研讨会在京开幕。

7月17日至18日　陈昌智率队赴广西就民建中央脱贫攻坚民主监督工作进行调研，出席民建中央、广西壮族自治区脱贫攻坚民主监督工作座谈会。

7月25日　陈昌智出席党外人士座谈会，提出有效提升民企投资能力、激活投资动力，加快新生中小城市的培育，大力培育具有核心竞争力的创新型企业等建议。

9月12日　民建全国社会服务工作会议在京召开。

10月28日　民建中央在京召开学习贯彻中共十八届六中全会精神座谈会。

12月6日　陈昌智出席中共中央党外人士座谈会，提出加强财政和金融支持精准扶贫力度，降低基本养老保险缴费率，采取更加市场化、法治化的措施去产能，深入推进供给侧结构性改革等建议。

12月15日　在民建十届十九次主席会议上，经中共中央批准，民建中央部分副主席会内工作分工调整。马培华作为第一副主席协助主席抓全会工作，重点负责换届工作；郝明金作为常务副主席协助主席负责全会的日常工作，协助第一副主席抓换届工作。

12月16日至17日　民建十届五中全会在京召开。

2017 年

1 月 18 日　张少琴在中共中央统战部出席各民主党派中央开展脱贫攻坚民主监督工作座谈会；辜胜阻在京出席最高人民法院组织的与各民主党派中央、全国工商联、无党派代表人士座谈会并发言。

1 月 19 日　陈昌智出席党外人士座谈会，在发言中提出加大降费力度、降低企业生产经营成本，推进雾霾污染防治，加快建立房地产健康发展长效机制，落实和完善营改增试点政策等建议。

2 月 10 日　郝明金在京出席最高人民检察院召开的各民主党派中央、全国工商联和无党派人士代表座谈会并建言。

3 月 1 日　郝明金在京出席中央社会主义学院 2017 年春季开学典礼并代表各民主党派、全国工商联和无党派人士讲话。

3 月 23 日　中国人民政治协商会议第八届、九届全国委员会副主席，中国民主建国会第六届中央委员会常务副主席，第七届、八届中央委员会名誉副主席万国权同志在京逝世。

6 月 17 日　“2017（第十九届）中国风险投资论坛”在广东广州开幕。陈昌智发表《规范与扶持并重，提升 VC/PE 金融服务品质》的主旨演讲。

6 月 30 日　陈昌智出席党外人士调研协商座谈会，提出多措并举解决弃光限电问题、进一步落实和完善相关政策、推动光伏企业拓展国际能源合作等建议。

7 月 21 日　陈昌智出席中共中央召开的党外人士座谈会，提出防范和化解地方政府债务风险、积极推进光伏产业持续健康发展、支持设立崇明国家级生态文明试验区等建议。

8 月 4 日　民建中央在京召开学习习近平总书记“7・26”重要讲话精神座谈会。会议要求，民建全会要把学习好、宣传好、贯彻好习近平总书记“7・26”重要讲话精神，作为当前重要的政治任务抓紧抓好，用讲话精神统一思想、凝聚人心，指导工作、履职尽责。

9 月 12 日　民建中央坚持和发展中国特色社会主义学习实践活动座谈会在京召开。

9 月 22 日　“2017 中国（江西）非公有制经济发展论坛”在南昌举行。论坛主题为“非公有制经济转型升级与绿色发展”。

9 月 27 日　孙起孟故居陈列馆开馆暨民建中央爱国主义教育基地揭牌仪式在安徽省黄山市休宁县商山镇孙起孟故居举行。

10 月 27 日　民建中央学习贯彻中共十九大精神座谈会在京召开。

11 月 12 日　中共中央统战部部长尤权走访民建中央机关，陈昌智主持座谈会，马培华、郝明金等出席并发言。

12 月 16 日　中国民主建国会第十一次全国代表大会在京开幕，汪洋会见全体与会代表，并代表中共中央致贺词。杨洁篪、尤权、吉炳轩、陈元以及张榕明出席开幕会。大会主席团常务主席郝明金作关于《中国民主建国会章程（修正案）》（草案）的说明。

12 月 19 日　民建十一大第三次全体会议在京召开，选举产生了由 205 人组成的民建第十一届中央委员会。会议期间举行的民建第十一届中央委员会第一次全体会议，选举产生了由 47 人组成的第十一届中央常务委员会，郝明金当选主席，辜胜阻、张少琴、李说、周汉民、吴晓青、高峰、陈文华、孙东生、秦博勇、李世杰当选副主席；选举产生了由 19 人组成的十一届中央监督委员会，辜胜阻当选主任，李说、秦博勇当选副主任。

12 月 20 日　在民建十一届一次主席会上，根据分工，辜胜阻任民建中央常务副主席。

2018 年

1 月 6 日　民建中央和省级组织部分新任领导干部集体谈话座谈会在重庆召开，郝明金出席并讲话。与会人员瞻仰了民建成立旧址陈列馆和纪念碑，参观了红岩村。

1 月 9 日　郝明金、辜胜阻在中共中央统战部出席民主党派中央、全国工商联换届工作总结会。

1 月 30 日　辜胜阻在京出席由最高人民法院组织召开的与各民主党派、全国工商联、无党派人士座谈会，听取法院工作情况通报并在发言中结合实地调研情况提出建议。

2 月 6 日　习近平同各民主党派中央、全国工商联负责人和无党派人士代表座谈并共迎新春，郝明金出席座谈会并介绍了民建顺利召开全国代表大会、圆满完成换届工作情况以及下一步工作打算。

2 月 6 日和 28 日　中共中央分别举行党外人士座谈会和民主协商会，就《中共中央关于深化党和国家机构改革的决定》《深化党和国家机构改革方案》、中共中央拟向十三届全国人大一次会议推荐的国家机构领导人员人选建议名单和拟向全国政协十三届一次会议推荐的全国政协领导人员人选建议名单，向各民主党派中央、全国工商联和无党派人士代表通报情况，听取意见。郝明金发言，赞同《中共中央关于深化党和国家机构改革的决定》，认为中共中央关于深化党和国家机构改革方案、新一届国家机构和全国政协领导人员人选建议名单，都是在广泛征求意见、充分酝酿协商的基础上形成的，体现了中共十九大精神，顺应新时代中国特色社会主义事业发展新形势新任务的要求，表示坚决拥护。

3 月 2 日　辜胜阻在京出席中央社会主义学院 2018 年春季开学典礼并代表各民主党派、全国工商联和无党派人士讲话。

3 月 4 日　中共中央政治局常委栗战书看望出席全国政协十三届一次会议的民建、九三学社界委员并参加讨论。

3 月 14 日　全国政协十三届一次会议在人民大会堂举行第四次全体会议，辜胜阻、高云龙当选中国人民政治协商会议第十三届全国委员会副主席。

3 月 17 日　十三届全国人大一次会议在人民大会堂举行第五次全体会议，郝明金当选为十三届全国人大常委会副委员长。

3 月 21 日　郝明金、辜胜阻在中共中央统战部出席党外人士座谈会，深入学习贯彻习近平总书记在看望参加全国政协十三届一次会议的民盟、致公党、无党派人士和侨联界委员时的重要讲话精神。

3 月 23 日　受习近平总书记委托，汪洋代表十九届中共中央走访民建中央并同领导班子成员座谈。郝明金介绍了有关情况和工作打算，并就发展新时代统一战线和多党合作事业等提出了意见建议。

4 月 11 日　中国民主建国会第十一届中央委员会专门委员会成立大会在京召开。郝明金出席并讲话，强调只有加强专委会工作，才能进一步提升民建参政议政能力和水平；才能有效发挥民建的整体功能；才能发现和培养更多优秀人才，保证民建自身建设和工作持续健康发展。

4 月 19 日　中共中央统战部组织各民主党派中央负责人和无党派人士赴西柏坡、李家庄参观学习并举行座谈会，郝明金、辜胜阻参加活动。

5 月 3 日　民建中央纪念中共中央发布“五一口号”70 周年座谈会在京举行。郝明金出席并在讲话中指出，响应中共“五一口号”是民建作出的自觉的、正确的历史抉择，为民建未来事业的蓬勃发展奠定了正确的思想基础。辜胜阻主持会议。

5 月 23 日　郝明金在沪出席民建中央爱国主义教育基地上海中华职业教育社揭牌仪式并讲话。

6 月 4 日至 8 日　郝明金、辜胜阻在京参加“统一战线深入学习贯彻习近平新时代中国特色社会主义思想和中共十九大精神专题研讨班”。

6 月 9 日　由民建中央、广东省人民政府、深圳市人民政府和广州市人民政府共同主办，科学技术部、中国证券监督管理委员会支持的“2018 第二十届中国风险投资论坛”在深圳开幕。郝明金发表题为《完善股权投资市场，助推中国经济高质量发展》的主旨演讲。

7 月 17 日　郝明金出席党外人士座谈会，并就建设粤港澳大湾区、发展农村电商等提出意见建议。

7 月 19 日　统一战线参与毕节试验区建设座谈会在贵州召开。郝明金出席并在发言中指出，30 年来，民建始终把参与试验区改革发展和脱贫攻坚作为发挥我国新型政党制度效能的重要实践，在历任领导班子推动下，民建各级组织凝心聚力、发挥优势、接续奋斗，全力推动试验区改革发展。

8 月 24 日　民建中央脱贫攻坚民主监督工作会在京召开。

8 月 28 日　辜胜阻出席中共中央召开的调研协商座谈会，并介绍了相关调研成果。民建中央就加快海南自由贸易试验区建设提出一系列建议，包括加强港口和航空基础设施建设、提高口岸监管水平、改进旅游管理服务质量等。

9 月 7 日　民建十一届四次中常委会议审议通过《民建中央关于加强会的思想政治建设的意见》。

9 月 13 日　由民建中央、工业和信息化部、四川省人民政府共同主办的“2018 中国（四川）非公有制经济发展论坛”在四川成都举行。论坛主题是“弘扬企业家精神，推动非公有制经济高质量发展”。

9 月 18 日　民建中央在京召开座谈会，隆重纪念黄炎培先生诞辰 140 周年。

11 月 8 日　民建中央在京召开座谈会，学习贯彻习近平总书记在民营企业座谈会上重要讲话精神。郝明金指出，民建作为密切联系经济界的中国特色社会主义参政党，完全赞成和坚决拥护习近平总书记在民营企业座谈会上的重要讲话，在思想上政治上行动上同以习近平同志为核心的中共中央保持高度一致。

11 月 22 日至 23 日　郝明金出席由中共中央统战部主办的脱贫攻坚民主监督工作经验现场交流暨 2018 年度成果会商会并致辞。

12 月 1 日　民建中央庆祝改革开放 40 周年座谈会在京召开，郝明金出席并在讲话中指出，民建庆祝改革开放 40 年，要深刻认识中国共产党的领导是改革开放取得历史性成就的根本保证，要深刻理解改革开放具有的重大而深远的历史意义，要深刻总结改革开放的宝贵经验和深刻启示，切实增强全面深化改革的信心和定力。

12 月 1 日至 2 日　民建十一届二中全会在京举行。

12 月 11 日　中共中央在中南海召开党外人士座谈会，辜胜阻出席。民建中央就攻坚核心技术创新、降低企业税费负担等提出意见建议。

12 月 19 日　民建中央学习贯彻习近平总书记在庆祝改革开放 40 周年大会上的重要讲话精神座谈会在京召开，郝明金在讲话中强调，民建要自觉承担起中国特色社会主义参政党在新时代改革开放中的历史担当。

12 月 21 日　郝明金在中共中央统战部出席党外人士学习贯彻习近平总书记在庆祝改革开放 40 周年大会上重要讲话精神座谈会并发言。民建中央爱国主义教育基地黄炎培职业教育思想展览馆揭牌仪式在南京举行。

2019 年

1 月 9 日　民建中央脱贫攻坚民主监督领导小组会、民建中央定点扶贫工作领导小组会先后在京召开。

1 月 11 日　辜胜阻在京出席民建中央参与承办的十三届全国政协第十八次双周协商座谈会并作主题发言。

1 月 17 日　郝明金在京出席党外人士座谈会，并提出要积极稳妥推进新旧动能转换、构建长江经济带多元化生态补偿机制。

1 月 24 日　郝明金在民建中央机关会见了中共中央统战部副部长邹晓东一行并座谈，辜胜阻参加。

2 月 20 日至 22 日　郝明金、辜胜阻在京出席中华职教社第十二次全国代表大会。会议选举产生了新一届理事会，郝明金当选为理事长，辜胜阻等当选为副理事长。

3 月 4 日　中共中央政治局常委、国务院总理李克强看望出席全国政协十三届二次会议的民建、工商联界委员并参加分组讨论，同大家共商国是。

3 月 26 日　纪念万国权同志诞辰 100 周年座谈会在京举行，郝明金出席。

5 月 16 日至 17 日　民建在政府和司法机关任厅局级实职领导干部培训班在中央社会主义学院举办，郝明金出席开班式并在讲话中指出，民建中央高度重视实职干部队伍建设，这是会的事业长期持续发展的重要保证。

5 月 23 日至 28 日　郝明金作为习近平主席特使赴南非出席南非总统

拉马福萨就职仪式。

5月24日　民建中央在京举办“第20届两岸财经论坛”。

5月31日　由民建中央、广东省人民政府、广州市人民政府和深圳市人民政府共同主办，科学技术部支持的“2019（第二十一届）中国风险投资论坛”在广州开幕。辜胜阻发表题为《让资本赋能大湾区全球创新高地的建设》主旨演讲。

6月10日　郝明金出席中共中央召开的调研协商座谈会，介绍了相关调研成果。民建中央围绕先进制造业和现代服务业融合发展，建议尽快编制发展规划，完善税收金融等配套政策，加强技术创新平台建设和共享，强化人才支撑。

7月24日　民建中央“不忘合作初心，继续携手前进”主题教育活动动员部署大会在京召开，郝明金出席并讲话中指出，开展“不忘合作初心，继续携手前进”主题教育活动是用习近平新时代中国特色社会主义思想武装全会的迫切需要，是推进新时代中国特色社会主义参政党建设的迫切需要，是坚守政治信念、巩固政治共识的迫切需要，是践行中国特色社会主义参政党使命任务的迫切需要。

7月29日　中共中央在中南海召开党外人士座谈会。郝明金出席会议并就推动先进制造业和现代服务业融合发展、增强民营经济发展活力等提出意见建议。

8月9日　民建青年会员工作座谈会在京召开。

8月20日至21日　民建全国秘书长和办公室主任会议在京召开。

8月28日　政协第十三届全国委员会常务委员会决定，任命郝明金为中央社会主义学院院长。

9月9日至10日　民建全国组织建设工作会议在京召开。郝明金出席会议并在讲话中指出，加强组织建设是中国特色社会主义参政党建设的重大战略任务，是完成新时代参政党历史使命的重要基础性工作，是推动民建自身建设再上新水平的迫切需要，是传承和发扬民建优良传统的内在要求，要提高政治站位，充分认识加强组织建设的重要性和紧迫性，大力加强组织建设，增强组织凝聚力。辜胜阻作题为《提高政治站位，夯实组织基础，为高质量建设中国特色社会主义参政党提供坚强保障》的工作报告。

9 月 10 日　民建十一届八次中常委会议通过《中国民主建国会中央委员会工作规则》《中国民主建国会中央常务委员会工作规则》《中国民主建国会中央委员会主席会议工作规则》。

9 月 11 日　郝明金、辜胜阻出席在京召开的统一战线庆祝中华人民共和国成立 70 周年座谈会。

9 月 12 日至 17 日　辜胜阻作为习近平主席特使前往哈拉雷出席津巴布韦前总统穆加贝葬礼。

9 月 19 日　由民建中央、工业和信息化部、甘肃省人民政府共同主办的“2019 中国（甘肃）非公有制经济发展论坛”在兰州开幕。郝明金出席论坛并致辞。论坛主题为“新时代 新格局 新使命，‘一带一路’与西部开发中的非公有制经济”。

9 月 20 日至 21 日　中央政协工作会议暨庆祝中国人民政治协商会议成立 70 周年在京召开，郝明金出席开幕会，辜胜阻全程出席会议。

9 月 25 日　郝明金出席党外人士座谈会并发言，赞同中共中央关于坚持和完善中国特色社会主义制度、推进国家治理体系和治理能力现代化若干重大问题的决定。

10 月 1 日　郝明金、辜胜阻在京出席庆祝中华人民共和国成立 70 周年大会并参加首都国庆联欢活动。

10 月 12 日　尤权与各民主党派中央常务副主席谈心谈话，辜胜阻参加。

10 月 30 日至 31 日　郝明金率领民建中央理论学习中心（扩大）组到福建省龙岩市上杭县古田镇，开展“不忘合作初心，继续携手前进”主题教育活动现场集体学习。

10 月 31 日　郝明金参加民建中央爱国主义教育基地古田干部学院（社会主义学院）揭牌仪式并讲话。

12 月 3 日　民建中央脱贫攻坚表彰大会在京召开，郝明金出席会议并在讲话中指出，在脱贫攻坚决战决胜、全面收官的关键阶段，要将先进典型所昭示的政治意识、大局意识、奉献精神、为民情怀、社会担当转化为助力脱贫攻坚的精神动力，将“不忘合作初心，继续携手前进”主题教育活动激发的正能量转化为参与脱贫攻坚实际行动，坚决助力打赢打好脱贫攻坚战。

12 月 4 日　郝明金出席党外人士座谈会，赞同中共中央对当前我国经济形势的分析和明年经济工作的考虑，并就促进稳定制造业、增强中心城市辐射带动力等提出意见建议。

12 月 4 日至6 日　民建十一届三中全会在京召开。会议补选十位民建中央委员，四位民建中央常委。

12 月 6 日　民建中央青年工作委员会成立会议在京举行。

12 月 10 日　郝明金在浙江宁波出席民建中央爱国主义教育基地包达三生平陈列馆揭牌仪式并讲话。

12 月 20 日　民建中央主席会议成员 2019 年民主生活会在京召开。郝明金通报了民建中央开展“不忘合作初心，继续携手前进”主题教育活动的整体情况；主席会议成员郝明金、辜胜阻、张少琴、李谠、吴晓青、高峰、孙东生、秦博勇、李世杰逐一发言，开展批评与自我批评；周汉民、陈文华提交了书面发言材料。

12 月 30 日　民建中央召开“不忘合作初心，继续携手前进”主题教育活动总结大会，郝明金出席并在讲话中强调，主题教育活动的开展使民建全会形成了“大学习、大调研、大整改”的氛围，广大会员“四个意识”进一步增强，“四个自信”更加坚定，“两个维护”更加自觉，政治意识、政治站位、政治能力进一步提升。

2020 年

1 月 8 日　民建中央定点扶贫工作领导小组会议暨脱贫攻坚民主监督工作领导小组会议在京召开。

2 月 7 日　民建中央下发《关于进一步助力打赢疫情防控阻击战的通

知》。

2 月 20 日　民建中央发出《致奋战在抗疫一线民建会员的慰问信》。

2 月 28 日　民建中央召开专题会议，学习贯彻习近平总书记在统筹推进新冠肺炎疫情防控和经济社会发展工作部署会议上的重要讲话精神，结合民建实际研究部署贯彻落实工作。

3 月 2 日　民建中央办公厅下发《关于做好服务会员企业复工复产和健康发展的通知》。

6 月 12 日　民建中央全面加强作风建设动员部署大会在京召开。民建中央决定 2020 年在全会开展作风建设年活动。

6 月 22 日　民建中央在京召开“不忘合作初心，继续携手前进”主题教育活动整改提高工作汇报会。

7 月 13 日　民建十一届十一次中常委会议在北京召开，会议采取现场和网络视频相结合的方式举行。郝明金指出，在抗击新冠肺炎疫情的非常时刻，民建坚定不移地同中国共产党想在一起、站在一起、干在一起，坚决学习贯彻习近平总书记关于疫情防控工作系列重要讲话精神，坚决贯彻落实中共中央决策部署，第一时间动员全会组织和广大会员积极投身这场疫情防控的人民战争，凝心聚力、共克时艰，为夺取疫情防控和经济社会发展“双胜利”贡献了智慧和力量。

7 月 28 日　郝明金出席党外人士座谈会，并就创新经济体制建设、发展供应链金融、推动小微企业园建设等提出意见建议。

8 月 25 日　郝明金在党外人士座谈会上发言，提出把提高产业链、供应链稳定性和竞争力作为国家安全战略，发挥企业创新主体作用，推动职业教育发展等建议。

9 月 4 日　民建十一届十二次中常委会议在北京召开，会议采取现场和网络视频相结合的方式举行。会议主题是：深入学习贯彻习近平总书记关于加强参政党自身建设重要论述，总结交流民建自身建设工作和经验。

9 月 10 日　郝明金、宰胜阻在京出席中国特色社会主义参政党建设研讨会。

10月19日　民建中央脱贫攻坚民主监督研讨会在京召开。会议指出，民建中央将对口广西开展脱贫攻坚民主监督作为重要政治任务，认真履行民主监督职能，助力广西脱贫攻坚，取得可喜成果。

11月2日　民建中央学习贯彻中共十九届五中全会精神座谈会在京召开，郝明金主持会议并讲话。会议要求，民建要把中共十九届五中全会精神落实到实际工作之中，在广泛凝聚共识和积极建言资政上双向发力。

11月6日　民建中央全面加强作风建设总结大会在京召开。

11月16日　郝明金在重庆出席民建中央爱国主义教育基地中国民主党派历史陈列馆揭牌仪式并讲话。

12月1日　民建成立75周年全国优秀会员和先进集体暨抗击新冠肺炎疫情先进个人和先进集体表彰大会在北京举行。大会对500名全国优秀会员、200个全国先进集体，以及408名抗击新冠肺炎疫情先进个人和89个抗击新冠肺炎疫情先进集体进行了表彰。

12月2日至3日　民建十一届四中全会在京举行。大会审议通过了《中国民主建国会全国代表大会工作规则》。

12月8日　郝明金出席党外人士座谈会，就推动落实碳中和目标、加快推进数字经济发展、加速科技成果产业化等提出意见和建议。

12月16日　纪念中国民主建国会成立75周年座谈会在京召开。郝明金出席座谈会并指出，在新时代新征程上，民建要更加自觉坚持中国共产党领导，始终做到初心如磐；要更加自觉坚持以习近平新时代中国特色社会主义思想为指导，始终做到理论清醒；要更加自觉致力于中国特色社会主义伟大事业，始终做到履职尽责；要更加自觉走中国特色社会主义政治发展道路，始终做到政治自信；要更加自觉提高中国特色社会主义参政党建设水平，始终做到素质过硬。

后　记

《中国民主建国会史》编写工作开篇于举国同心抗击新冠肺炎疫情的庚子之春，成稿于实施“十四五”规划、开启全面建设社会主义现代化国家新征程的第一年，这一年正是中国共产党成立 100 周年。

民建中央高度重视《中国民主建国会史》编写工作，专门成立编写工作领导小组，郝明金主席担任组长、吴晓青副主席担任副组长，机关各工作部门及培训中心、服务中心的主要负责人作为小组成员。编写工作始终坚持守正创新，在吸收《中国民主建国会史稿》《中国民主建国会简史》等会史正史之精华、全面反映民建光荣历史的基础上，聚焦我们正在经历的新时代，新编写的内容重点反映了民建在中国特色社会主义新时代的新面貌新作为。《中国民主建国会史》写的是历史，叙的是奋斗，述的是大道，蕴藏着资政育人的丰厚滋养。郝明金主席对全部书稿进行了审定，并为本书作序。民建中央常务副主席辜胜阻，副主席张少琴、李谠、周汉民、高峰、陈文华、孙东生、秦博勇，副主席兼秘书长李世杰等对编写工作提供了重要的指导性意见。

陈昌智、张榕明、马培华以及白大华、朱元成、冯克煦、路明、黄关从、朱相远、程贻举、王少阶、陈明德、陈政立、宋海、王永庆等民建中央原领导同志对编写工作提供了宝贵意见。民建各省、自治区、直辖市委员会负责人，以及民建中央理论研究委员会专家学者、京内外老领导和老同志及时提供了指导意见或书面意见。编写工作领导小组成员和有关同志提供了具体建议。民建各级地方组织，民建中央机关各工作部门及培训中心、服务中心在编写和收集资料、查阅档案等方面给予了大力支持和热情帮助。

本书编写工作得到了中共中央统战部一局桑福华、张衍前、王非、胡昊聪、易玉娟等同志的悉心指导。本书在查阅史料过程中得到了全国工商联等有关单位的大力协助。本书的出版还得到华文出版社的大力支持，在此一并致以诚挚的感谢！

本书的具体编写工作由民建中央宣传部承担。蔡玲、王暖、王永飞、丁亮春、叶葳、管鑫、陶晓琼、刘婕、周勇、郑娟娟、逯岳参加编写工作。本书由吴晓青、蔡玲、王暖、王永飞统稿。本书编写组编辑了中国民主建国会大事记，作为《中国民主建国会史》的附录。

本书编写工作是在疫情防控特殊情况下开展的，时间紧、任务重、要求高。虽然我们认真收集、整理和研究了大量资料，力求准确反映民建的历史，但由于水平有限，难免有疏漏和不妥之处，恳请广大会员和读者朋友予以指正。

《中国民主建国会史》编写组

2021 年 5 月